탈사회의 사회학

나비사회연구총서 01

탈사회의 사회학

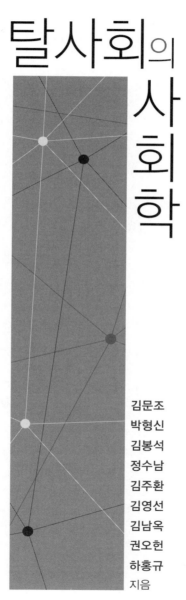

김문조
박형신
김봉석
정수남
김주환
김영선
김남옥
권오헌
하홍규
지음

한울
아카데미

'나비사회연구총서'의 발간을 시작하며

　　'사회이론학교: 나비'라는 작은 교육·연구 단체가 있다. 공간이라
야 아직 사무실과 강의실 하나밖에 없는 기관이다. 하지만 역사는 그
리 짧지 않다. 사회이론 강좌를 개설해 온 것이 곧 10년이 된다. '나비'
는 역설적이게도 대학이라는 넓은 제도적 공간에서 채우지 못하는
사회이론―고전 사회이론과 현대사회이론, 최신 사회이론―강의를 좁은
비제도적 공간에서 채우려는, 소박하지만 야심 찬 소망에서 시작되
었다. 이제 우리는 욕심의 폭을 넓혀 연구총서의 발간으로까지 한 걸
음 더 내딛게 되었다. '나비'의 출판 사업은 두 가지 트랙으로 진행된
다. 하나는 서구의 여러 사회이론을 소개하고 사회분석력 함양에 기
여하기 위해 기획된 '나비사회이론총서'를 발간하는 것이고, 다른 하
나는 우리 사회를 조명하는 연구의 성과를 모아 '나비사회연구총서'
를 출판하는 것이다.

　　우리의 사회이론 강의가 원래부터 순수 이론적 차원에 머물렀던
것은 아니다. 우리가 사회이론 강좌를 열기 시작한 것은 단순히 이론
을 학습하기 위해서가 아니었다. 항상 그 끝은 우리 사회를 보다 예
리하게 조망할 수 있는 렌즈를 가다듬는 데로 향해 있었다. 하지만

우리는 그간 그 렌즈를 우리 사회에 대어보지 못했었다. 하나의 연구 프로젝트를 끌어가는 데에는 재정적 기반이 필요했지만, 우리 같은 조그만 조직에 연구비를 지원할 기관이 없었기 때문이다. 다만 우리가 개발한 이론적 자원을 가지고 한국연구재단의 프로젝트를 수행하는 형식으로 간접적으로 연구를 진행해 왔다. 우리가 '나비사회연구총서'를 발간코자 계획할 수 있었던 것은 고려대학교 사회학과 명예교수로 계신 김문조 선생님 덕분이었다. 우리의 열의에 공감하신 선생님은 우리가 뜻을 펼칠 수 있도록 연구비를 개인적으로 마련해 주시고 직접 연구에 참여하셨다. 이 자리를 빌려 선생님께 깊은 감사를 드린다.

우리가 이 첫 책에서 주제로 삼은 것은 우리 사회의 '탈사회적' 현상을 사회학적으로 진단하는 것이었다. 이 주제를 제일 먼저 선택한 까닭은 사회이론을 발흥시켰던 근대사회로의 이행기에서와 유사한 현상들—겉으로 보기에 기존 사회의 틀을 이탈하거나 심지어는 깨는 듯이 보이는 현상들—이 오늘날 더욱 고도화된 형태로 발현하고 있기 때문이었다. 당시나 지금이나 이러한 현상들은 보수적인 사람들에게 사회해체 내지 사회병리적 현상으로까지 진단되며 심각한 우려를 자아내기도 한다. 그러나 사회이론가들은 그 새로운 현상들로부터 새로운 사회질서나 변화의 동력을 찾아냈으며, 그 이론들은 근대 세계를 설명하고 틀 짓는 유용한 전거로 활용되어 왔다. 우리가 사회학의 대가들처럼 그러한 작업을 할 수 있는 것은 아니지만, 우리는 '사회의 사망'이라는 논급까지 나오는 마당에 "탈사회적인 시대에 '사회적인 것'은 무엇인가?"라는 질문을 던지고, 이론사회학자로서 현실 사회를 진단해 보고 싶었다. 우리는 작업을 마치면서, 의욕은 앞섰지만 우리의 이론적 렌즈가 여전히 밝지 못함을 체험할 수밖에 없었고, 이는 다시 한 번 우리의 '사회이론학교: 나비'의 의미를 되씹게 했다. 부끄러움을 감수하기로 하고, 그 결과물 『탈사회의 사회학』을 세상에 내놓는다.

이러한 연구나마 결실을 얻을 수 있었던 것은 그간 나비 사회이론 강좌를 맡아준 여러 선생님 덕분이다. 김덕영 선생님은 나비 강좌 첫 회부터 지금까지 빠지지 않고 강의를 맡아주었다. 그 외에도 민문홍 선생님, 박영도 선생님, 홍성민 선생님, 하홍규 선생님, 김주환 선생님, 박치현 선생님, 김봉석 선생님 등 여러 분께서 바쁜 일정에도 불구하고 강의를 이어가주었다. 그간 나비 바람을 일으켜준 선생님들께 감사를 전하며, 앞으로도 계속해서 '나비'의 토대가 되어달라는 간절히 바라는 마음도 함께 전한다. 작은 학교이지만, 학교를 운영하는 데에는 많은 실무적 뒷받침이 필요했다. 책을 출간하자니 그간 함께 고생했던 많은 분의 얼굴이 떠오른다. 모두 다 거론할 수는 없지만, 자신의 일보다 나비 일에 더 열정을 가진 것처럼 보이는 김정환 님께 각별한 감사를 전한다.

김문조 선생님은 이 프로젝트에 재정적 지원을 해주었을 뿐만 아니라 연구에도 직접 참여하면서 계속해서 연구를 자극하고 독려해주었다. 다시 한번 더 감사드린다. 하홍규 선생님, 김주환 선생님, 김봉석 선생님은 강의는 물론 이 연구에도 참여해 주셨다. 김남옥 선생님과 권오헌 선생님, 김영선 선생님은 이 프로젝트의 뜻에 공감하고 연구에 참여하여 이 연구가 그럴듯한 모습을 갖출 수 있게 힘을 보태주었다. 이 분들은 나비의 든든한 후원자이기도 하다. 이 모든 분과

이 작은 성과의 기쁨을 나누고자 한다.

　한울엠플러스(주)의 김종수 사장님은 '나비'를 물심양면으로 지원하고 있다. 어려운 출판계 상황에서도 '나비사회연구총서'와 '나비사회이론총서' 모두의 발간을 맡아준 사장님께 깊은 감사를 드린다. 항상 독자의 마음에서 저자들의 글쓰기를 인도해 주는 최고의 편집자 신순남 팀장과 우리의 의도를 멋진 표지로 표현해 주는 디자인 팀과도 첫 총서의 발간에서 누릴 수 있는 모든 것을 함께하고 싶다.

2022년 여름
'사회이론학교: 나비'를 대신하여
박형신·정수남

차 례

제1부. 술, 스포츠, 사랑

제1장
혼술의 감정 동학: 탈사회 시대의 하나의 취향?   박형신

제2장
'나 홀로 스포츠 관람'은 '탈사회적'인가   김봉석

제3부. 예술, 죽음, 종교

홀로 시대의 탈사회 시나리오

—

김문조

남과 어울리지 않고 홀로 지내려는 사람들이 늘어나고 있다. 혼자 먹고 마시고 공부하고 쇼핑하고 여행 가는 혼밥, 혼술, 혼공, 혼쇼, 혼행 등이 확산 중이다. 혼자 사는 모습을 영상으로 담아 인터넷에 올리는 '혼놀로그'(혼자 노는 브이로그)에 빠져든 젊은이들도 많다고 한다. 집을 떠나 산골이나 오지로 들어가 사는 세칭 '자연인'을 다룬 프로그램도 등장했다. 이 프로그램에서 출연자의 칩거 동기나 사연보다 더 인상적인 것은 꺾일 줄 모르는 높은 시청률이다. 혼자 살기를 원하는 '혼족' 예비군이 사회 저변에 두텁게 포진해 있다는 방증인 것이다.

홀로 현상이 나타나는 것은 무엇 때문일까? 이러한 현상이 개인적 취향을 넘어 집단적 성향으로 나타나는 만큼, 사회 조건이 변화한 데서 답을 찾아야 할 것이다. 가장 쉽게 떠올릴 수 있는 것이 인구학적 동향이다. 세계 최저 수준의 출산율과 혼인율로 인구절벽에 직면한 한국사회는 어울릴 사람이 날로 줄어들 것이 분명하다. 하지만 사람 수 감소나 인구밀도의 하락과 같은 인구학적 변인은 홀로 시대를 추동하는 요인이 아닌 배경 요소에 가깝다. 독존적 삶의 주된 원인은 혈연관계를 위시한 제반 인간관계를 부담스러운 것으로 인식시키는 개인화 과정에 있다. 따라서 최근 지구 차원의 보편적인 추세로 자리잡아가는 홀로 현상을 '개인화 테제(individuation thesis)'에 의거해 간략히 살펴보도록 하자.

개인이 사회적 존재의 원천이자 행동 주체라는 신념이나 정서를 기축으로 하는 개인화의 기원은 약화되어 가는 공동체 의식을 대신해서 개인주의가 발흥한 근대 서구사회로 소급된다. 17~18세기 서구사회에서 출현한 개인주의는 개인을 독립적 존재이자 사회구성의 기본 단위로 설정했는데, 추후 개인적 자율성과 소유권을 인정하는 자연법적 권리가 부가되면서 근대사회의 주도적인 관념으로 발돋움했다. 관념으로서의 개인주의는 직주분화나 분업으로 사회적 이동성이 높이 요구되는 산업화 시대에 개인을 제반 사회활동의 주역으로 간주하는 개인화 테제로 안착했다.

한편, 울리히 벡과 엘리자베트 벡-게른샤임은 지난 반세기 동안 서구 선진사회에서 진행되어 온 개인화 과정을 종전의 개인화와 속성을 달리하는 새로운 유형으로 구분한다. 이들은 현대사회에서는 '위험'이나 '불확실성'으로 대변되는 근대적 부작용이 누증하고 있어 개인적 선택 및 그에 대한 개인적 책임을 강조하는 '제2의 개인화'가 진전되고 있다고 주장한다(Beck and Beck-Gernsheim, 2002). 그럼으로써 인류 역사상 최초로 가족도 계급도 아닌 개인이 자신의 인생 노선을 결정하는 실천적 주체가 되었다는 것이다. 이러한 경향은 심화되는 경쟁체제하에서 각자도생, 각개약진을 강조하는 신자유주의적 논리의 확산과 더불어 강화되어 왔다.

하지만 인공지능을 동반한 디지털 전환이 가속화되는 최근에는 전술한 관념적·실천적 유형과 변별되는 '제3의 개인화'를 식별할 수 있다. 세계 각처를 거미줄처럼 이어주는 초고속 정보통신망의 구축과 더불어 언제 어디서든 의사소통을 가능케 하는 소형 정보통신기구의 확산, 더불어 클릭이나 터치만 하면 원하는 화면을 손바닥 위에 불러낼 수 있는 스마트 시대가 열리면서 개인이 자기 본위로 세상을 바라보고 이해하며 대처하는 생활양식의 개인화가 촉진되고 있다. 특히 코로나19가 지구촌을 엄습한 2021년경부터는 디지털 전환(digital transformation)이 사회 혁신의 총아로 각광받으면서 생활양식의 개인화가 가속화되고 있다.

따라서 홀로 사회는 의식적·실행적·문화적 형태로 이어진 개인화 과정의 소산이라 할 수 있는데, 그런 양상은 한국사회에서도 대동소이하게 드러난다. 다만, 한국사회의 경우에는 아직 집단주의적 잔재가 엄존하고 있으므로 사회성(sociality)의 거소(居所)인 인간관계가 다른 나라보다 급속히 와해될 개연성이 높다. 따라서 한국사회에 초점을 맞춰 홀로 현상의 특징적 면모를 간략히 개관한 후, 한국사회의 탈사회적 행보를 세 가지 경로로 탐지해 보고자 한다.

홀로 현상의 특징적 면모

한국사회에서 홀로 현상을 식별할 수 있는 가장 가시적인 단면으로 꼽을 수 있는 것은 1인 가구의 증가이다. 지금까지 일반적인 가족 형태로 인식되어 온 부부 + 미혼자녀로 구성된 핵가족의 비율은 2016년도에 전체 가구의 32.0%였다. 이 비율은 매년 감소해 2019년 29.8%, 2020년에 29.1%로 하락했다. 반면 1인 가구는 2016년 27.9%에서 2019년 30.2%, 2020년 31.7%로 증가했다(통계청, 2022). 2019년 이후부터 1인 가구가 우리나라 가구 유형에서 가장 큰 비중을 점하게 된 것이다. 더구나 1인 가구 응답자에게 '향후에도 혼자 살 의향이 있느냐'고 물은 결과 '그렇다'(72.1%)라는 답변이 '아니다'(27.9%)라는 답변을 압도하고 있으며, 이혼이나 사별 혹은 학교나 직장 때문에 어쩔 수 없이 혼자 살게 되었다는 사람보다 혼자 사는 게 편해서, 독립하고 싶어서 등 자발적인 이유로 혼자 살기 시작했다는 사람이 훨씬 많아, 1인 가구 증가세는 지속적으로 고조될 전망이다(허민숙, 2022; KB금융지주 경영연구소, 2020).

한편, 여성가족부가 전국 17개 시·도에 거주하는 성인 표본 1600명을 대상으로 실시한 '다양한 가족에 대한 국민인식조사'에서는 결혼을 '당연히 해야 하는 바람직하고 옳은 것'이라는 사회적 태도가 크게 약화되고 있는 것으로 밝혀졌다. 즉, '결혼은 꼭 해야 한다는 데 동의하는가'라는 물음에 대해 56.3%가 '동의하지 않는다'고 응답한 반면, '동의한다'는 응답은 43.8%에 그쳤다(여성가족부, 2021). 이 같은 결혼관 변화도 1인 가구의 증가세 못지않게 한국사회의 홀로 현상을 뒷받침하는 유력한 증거가 된다. 그러나 모든 것을 가치관 차이로 전가하는 단순한 해석은 지양해야 한다. 2019년 경기도민을 대상으로 실시한 한 의식조사 결과에 따르면, 결혼을 기피하는 이유로 남성은 '출산·양육 부담'을, 여성은 '개인의 삶·여가 중시'를 일차적으로 꼽았으며, 남녀 모두 '과도한 주거비용'에도 큰 부담을 느끼고 있다고 답했다. 즉, 결혼을 싫어서 안 하기보다는 하고 싶어도 못한다는 속내를 내비치고 있는 것이다(최인진, 2019.11.18).

혼자 사는 사람의 혼인 형태도 지난 15년간 적지 않게 변화해 왔다. 이전까지는 혼자 산다고 하면 대개 미혼이었다. 이를 반영하듯 1인 가구 중 미혼의 비율은 2000년 43.0%에서 2015년 43.8%로 소폭 상승하는 데 그쳤다. 하지만 1인 가구 가운데 이혼한 사람의 비율은 2000년 9.8%에서 2015년 15.5%로 크게 증가했다. 주거 형태도 시기별로 크게 바뀌었다. 2005년만 해도 '자기 집'에 산다는 1인 가구가 대다수였다. 그러나 2010년 이후로는 오피스텔을 위시한 '보증금 있는 월세'(36.0%)에 산다고 응답한 비율이 높아졌다(서유진, 2018.9.28).

한편, 취업포털 잡코리아가 성인남녀 4674명을 대상으로 실시한 '1인 가구 현황' 조사에서 혼자 사는 생활에 대한 만족도를 물은 결과, '매우 만족한다'는 응답자가 33.1%이고, 전체 응답자의 절반 이상인 60.1%가 '대체로 만족한다'고 답한 반면, '불만족(대체로 불만족 + 매우 불만족)한다'는 응답자는 6.8%뿐이었다. 만족하는 이유로는 '혼자 보내는 시간이 많아서 좋다'는 답변이 59.3%로 가장 높았고, 이어 '먹거리, 놀거리 등을 마음대로 해서 좋다'는 답변이 47.2%였다. 이는 곧 혼족 증가와 연동해 라이프스타일에 대한 관심이 고조될 것임을 시사한다(잡코리아, 2020).

실제로 가구제조업체 이케아는 광고 'perfect 15'에서 홈인테리어나 홈퍼니싱 장면 대신 한 소녀가 남자친구를 집으로 초대하기 전 널린 물건을 치우거나 침대보를 정리하는 혼족의 일상을 광고 콘텐츠로 채택했다. 이는 1인 가구 소비자들을 타깃으로 삼은 것으로, 라이프스타일 소비에 관심이 많은 1인 가구 소비자의 기호를 반영한 것이라 하겠다. 이러다 보니 최근 '조모(Joy of Missing Out: JOMO)' 현상, 즉 다른 사람을 의식하지 말고 오직 자신의 라이프스타일만 신경 쓰자는 현상이 성행하면서 생활양식의 개인화가 촉진되고 있다(서희정, 2019).

홀로 시대의 탈사회적 행보

홀로 시대를 계기로 우리가 몸담고 사는 사회가 어떻게 변모할 것인지에 대해서는 퇴조, 전환, 종언 명제로 대변되는 다음 세 가지 시나리오를 상정할 수 있다.

탈사회 시나리오1: 퇴조론(Diminishing Thesis)

사회학의 탐구 대상인 사회를 정립하는 과정에서 초창기 사회학자들이 제기했던 질문은 "무엇이 사회를 가능케 하는가?"였고, 그에 대한 답변을 강구하는 학자들은 사회적 연대나 결속으로 불리는 것들을 주시했다. 그 후로 이들 용어가 사회의 현존성을 담보하는 중심 개념으로 수용되어 오랫동안 내적 연대나 결속 없는 사회를 주장하기는 어려웠다. 하지만 근자 들어 견고한 응집성을 전제로 하는 강한 사회론에 대한 반론이 속출하고 있다.

강한 사회론의 반명제에 해당하는 약한 사회론의 기원은 공동체나 공동체 의식의 상실을 애탄하던 근대 초로 거슬러 올라갈 수 있다. 그러나 뒤르켐주의자들이 강조해 온 '유기적 연대'의 사회결속적 효과를 인정한다면, 다품종소량생산 체제의 등장과 더불어 시작된 포스트포디즘 시대를 대변하는 유연사회론을 약한 사회론의 현대판 효시로 삼을 수 있을 것이다(Amin, 1994). 하지만 약한 사회를 대표할 수 있는 성과는 그러한 동향을 상전이(相轉移, Phase Transition) 논리에 의거해 개진한 지그문트 바우만의 액체사회론이라고 할 수 있으며, 자크 아탈리의 노마디즘론이나 존 어리의 유동사회론도 그러한 사유의 반열에 포함시킬 수 있다(Bauman, 2000; 아탈리, 2005; 어리, 2014).

이들 논의의 배후에는 사회적 연대나 결속을 표상해 온 끈끈한 인간관계가 나날이 희석되어 가고 있다는 문제의식이 공유되어 있다. 유체역학적 용어로 표현하자면 인간관계의 점성(粘性, Viscosity)이 낮아지는 것이요, 보다 쉽게 표현하자면 짙은 피가 묽은 물에 씻겨가는 세상이 되어감을 뜻하는 것이다. 요컨대 '교제적 인간(Homo Socius)'이 지닌 어울리고 싶어 하는 욕구를 충족시켜 줄 수 있는 인간관계의 밀도가 날로 약화되어 가고 있다는 진단이 오늘날의 사회성 퇴조를 역설하는 탈사회 시나리오1의 핵심 내용인 것이다. 혈연이나 친분이 더 이상 소기의 위력을 발하지 못하는 이런 상황에서는 "가족은 한 몸이요, 결혼한 부부는 일심동체가 되어야 한다"거나 "의리에 죽고 의리에 살라"는 부담스러운 권고에 손사래 칠 사람이 적지 않을 것이다.

관행에 의해 지탱되어 오던 접촉적 사회성이 도전받게 된 결정적인 계기는 코로나19 팬데믹 사태이다. 대학에서부터 초등학교에 이르는 각급 학교활동, 대부분의 직장활동, 시장, 교회 및 선거유세를 비롯한 각종 정치활동은 코로나19라는 초유의 상황 속에서도 디지털 전환이라는 기술 혁신의 덕택으로 기사회생했다. 그뿐만 아니라 온라인 효과를 맛보고 나니 모든 것을 만나서 해결하고자 하던 예전 생활이 번거롭고 비효율적이어서 더 이상 과거로 되돌아가고 싶지 않다는 사람도 무척 많아졌다. 시간적·경제적 부담, 과도한 책무의 전가, 취향 불일치 등 면대면 상호작용의 역기능에 대한 우려로 물리적 회합을 기피하려는 행태가 급등했는데, 이러한 추세는 접촉성을 기반으로 한 강한 사회성의 퇴조를 예고하는 탈사회 시나리오1을 뒷받침하는 증좌이다.

탈사회 시나리오2: 전환론(Conversion Thesis)

전환이라는 명제로 대변되는 두 번째 탈사회 시나리오는 새로운 사회성의 생성이다. 요컨대 새로운 사회적 결속 기제를 통한 사회성 회복을 전제로 사회체계의 탈바꿈을 강조하는 견해이다. 이는 현존하는 사회성의 약화나 퇴조에 대한 주장을 넘어, 사회성의 공백을 메울 수 있는 새로운 사회성의 출현을 예고하기 때문에 전환론이라고 불린다.

요즘 우리는 아무도 만나지 않고 하루를 보내는 경우가 있다. 심지어 같은 집에 사는 식구들끼리도 각자의 방에서 스마트폰으로 문자를 주고받는 순간이 많지 않은가. 오늘날 우리는 수많은 동시대인, 동공간인들과 접촉하는 대신 스크린상으로만 교신하는 시대를 살고 있으며, 부산스러운 P2P(Person to Person)의 상당 부분이 S2S(Screen to Screen)로 대체되는 상호작용 양식의 혁명적 전환기에 처해 있다.

실물적 타자가 아닌 타자의 이미지와 소통하며 살아간다는 것은 우리 모두가 인터넷이 확산되던 시절부터 문제시된 은둔형 외톨이로 전락할 위험을 안고 있음을 암묵적으로 시사한다. '사회적인 것(the Social)'이 네트워크에 포획되고, 미디어가 메시지 발신자인 메신저를 집어삼키고, 리얼 소셜이 미디어상의 버추얼 소셜로 대체되고, 요소적 존재가 아닌 연결적 존재로서의 개인이 탄생하고, 견고한 결속적 관계보다 느슨한 교량형 관계를 선호하는 오늘날의 현상은 '약한 관계의 강한 효과(strong effect of weak ties)'라고 표현되기도 한다.

금세기 초입에 미래학자 제러미 리프킨은 "이제 저물어가는 접촉의 시대를 대신해 접속의 시대가 다가오고 있다"라고 선언했다(Rifkin, 2000). 이에 앞서 마누엘 카스텔도 사회체계를 구성하는 모든 요소나 부문이 극소전자 기반의 정보통신 기술로 촘촘히 연결된 네트워크 사회의 도래를 예고한 바 있다(카스텔, 2014). 이 모든 것은 안드레아 위텔(Wittel, 2001)이 '네트워크 사회성(Network Sociality)'이라고 지칭한 것, 즉 접속적 사회성이 접촉적 사회성을 대체한다는 인간관계 전환론을 뒷받침하는 논리적 근거이다.

탈사회 시나리오3: 종언론(Ending Thesis)

"사회는 더 이상 없다"라는 전망은 현존 사회체제와 이를 대체할 수 있는 새로운 사회적 대안 모두를 부정하는 견해로서, 그 같은 파국적 전망의 근저에는 사회성 성격에 관한 논의를 넘어 사회의 존재 기반이자 인간관계의 주체인 개인이 소멸되고 있다는 새로운 인식이 자리하고 있다. 이때 소멸하는 개인 대신 사회적으로 부각되는 개념이 '분인(分人)'이다.

영어에서 개인을 뜻하는 단어 'individual'은 '분할할 수 있는'이라는 뜻의 형용사 'dividual'에 부정접두사 'in'이 결합된 것이다. 따라서 in+dividual이라는 단어는 불가분(不可分), 즉 더 이상 나눌 수 없음을 함의한다. 『일식(日蝕)』이라는 작품으로 1999년 120회 아쿠타가와상을 수상한 일본 소설가 히라노 게이치로는 『나란 무엇인가』라는 철학적 에세이에서 분인 개념을 적극 활용한 바 있다.

'분인'은 대인 관계에 따라 양상을 달리하는 다채로운 자아를 뜻한다. 집안에서의 가족관계, 직장에서의 동료관계, 교회에서의 사제관계 등 만나는 사람에 따라 '분인'은 달리 나타난다. 분인론적 관점에서 보자면 '나'라는 존재는 단 하나인 것이 아니라 상호작용하는 모든 타자와의 관계에서 드러나는 자잘한 편린의 조합으로 이루어진다.

분인에 관한 사회과학적 논의가 최초로 성행한 영역은 문화인류학이다. 분인에 대한 관심은 "인간에 대한 개념이 문화권에 따라 달라지는가?"라는 질문에서 촉발되었는데, 그에 관한 연구를 수행하는 과정에서 개인 중심적인 서구와 공동체 의존성이 큰 비서구 지역이 개인-분인의 이분법으로 특성화된 것이다(Smith, 2012).

그런데 이 같은 분인 개념을 탈사회 논제와 접합시킬 수 있는 계기가 마련된 것은, 미셸 푸코가 『감시와 처벌』이라는 저작에서 밝힌 '규율사회론'에 대해 1992년 질 들뢰즈가 한 에세이를 통해 비판을 제기하는 과정에서 분인을 언급하면서부터이다. 그 에세이에서 들뢰즈는 "프롤레타리아와 부르주아 계급 모두 해방의 역사적 주체가 아닌 시대에 해방의 가능성을 이론화할 새로운 방법을 모색했다"라고 밝히면서, 감시나 처벌 등 기본적으로 개인을 표적으로 한 규율적 통제의 한계를 넘어서는 관리적 통제의 등장 배경과 기대 효과에 대해 논한다(Deleuze, 1992).

들뢰즈는 규율사회의 기술이 그와 확연히 다른 유형의 기술로 대체되고 있다고 주장한다. 예컨대 직장에서의 컴퓨터 사용과 키 스트로크를 감시하는 컴퓨터 모니터링 소프트웨어, 교통 위반을 감시하는 CCTV, 그리고 지구 주위를 도는 첩보위성은 우리의 움직임, 다른 사람들과의 상호작용, 수많은 전자 네트워크의 인터페이스를 세밀하게 조사한다. 〈에너미 오브 스테이트〉 같은 할리우드 영화는 전 방위 통제기술이 지닌 막강한 효능을 뒷받침한다. 이러한 새로운 관리적 통제기술은 개인이 수행하려는 금융 거래를 허용하거나 불허할 수 있을 뿐 아니라, 액세스 포인트를 통해 입국을 허용하거나 거부할 수도 있다. 그런데 여기서 특기할 점은 통제의 궁극적인 대상은 개인일지 모르지만 그 실질적 과정은 다양한 경로나 방법으로 수집한 데이터를 목적에 맞게 임의적으로 활용하는 분인적 절차로 진행된다는 사실이다(Bruno and Rodríguez, 2022).

이처럼 기술발달과 더불어 개인의 사회적 존재 양식은 날로 분인화할 전망이다. 즉, 종언을 표제로 하는 탈사회 시나리오3의 골자는, 첨단 정보통신망의 확장과 더불어 요소 중심 사회가 연결 중심 사회로 이행하면서 분인화가 강화될 것이고, 개인의 존재론적 기반이 와해됨으로써 개인의 활동 무대인 사회가 사멸할 것이라는 점이다.

책의 구성

이 책은 "사회적 난제(難題)가 있는 곳에 우리가 간다"라는 소명감으로 충만한 사회학 전사들의 합작품이다. 이들 사회학자는 홀로 현상이 우리 사회의 존립을 위협하는 심각한 위기 요소가 될 것이라는 문제의식을 공유했다. 이 책은 그러한 문제의식을 다양한 방식으로 규명하고 향후 사태를 탈사회론적 관점에서 조망한 결과를 선집 형태로 엮은 것이다. 총 3부에 걸쳐 펼쳐질 본론의 내용을 간추려 소개하면 다음과 같다.

제1장 '혼술의 감정 동학: 탈사회 시대의 하나의 취향?'에서 저자 박형신은 혼술 현상을 통해 우리 사회의 탈사회적 모습을 감정사회학적으로 진단한다. 저자는 혼자 술잔을 기울이는 자음(自飮)을 탈사회의 전령(傳令)으로 소환하는 시각에 의문에 제기하면서, '혼술자는 일탈자'라는 낙인을 지우고 혼술을 하나의 취향으로까지 발전시킨 것은 무엇인지를 혼술자의 시각에서 '내재적'으로 접근한다.

저자는 혼술을 고도 개인화 시대에 술과 술자리의 분리에서 발생하는 현상, 즉 "술의 공간에서 사회적 관계가 사라진, 즉 탈사회적 맥락에서 술을 마시는 것"이라고 정의한다. 다시 말해 술은 즐기되, 술자리의 속박과 감정노동에서 해방되어 자기만의 프라이버시의 섬을 창조하려는 현대인의 열망을 반영한다는 것이다. 하지만 저자는 오랫동안 사회적 기피 범주에 머물렀던 자작이 최근 혼술로 재현한 것은 이기심이나 자기애와 같은 개인 심리의 발현이기보다는 고도 경쟁사회에서 개인화된 주체들이 타인을 '상상적으로 배려'한 결과라고 파악한다.

캐럴라인 냅은 술의 감정 정화 과정을 불편＋술＝편안, 두려움＋술＝용기, 억제＋술＝해방, 고통＋술＝망각이라는 방정식으로 정식화한 바 있다. 저자에 따르면, 혼술은 마법으로 인정받기까지 했던 술의 이 같은 탈주적 효능을 탈사회적 맥락에서 극대화한 것으로, 탈사회화된 현실에 적응하려는 현대인에게 나타나는 지극히 '사회적인' 적응양식의 하나이다. 이는 게오르그 짐멜의 도시적 심성론, 즉 감당하기 힘든 외적 자극에 직면한 대도시 주민들은 자신의 개체성을 담보하기 위해 무관심(indifference), 무감각(apathy), 혹은 심드렁한 태도(blasé attitude)를 체화하게 된다는 짐멜 이론의 현대 버전이라 할 수 있다.

제2장 "나 홀로 스포츠 관람'은 '탈사회적'인가"는 예기치 못한 코로나 사태로 많은 관중이 참여하는 스포츠 관람이 장기간 불허된 악조건에서 오직 자신의 체험 및 '직관자'로 불리는 직접 관람자 한 사람과의 면담만으로 서사를 이끌어간 저자 김봉석의 고충이 물씬 느껴지는 분투의 산물이다.

기행문이나 소설과 같은 문학세계에서는 일인칭 작품을 널리 찾아볼 수 있다. 프란츠 카프카의 소설『어느 학술원에 드리는 보고』를 각색한 독백극 작품『빨간 피터의 고백』을 통해 모노드라마라는 하위 장르를 구축한 희곡에서는 일인칭 작품이 더욱 보편적이다. 하지만 보편타당한 진술을 궁극적 목표로 하는 사회과학 분야에서는 '나'라는 존재가 형식적 화자나 관찰자 역할을 넘어선 탐구 내용의 중심 인물로 등장하는 경우가 흔치 않다. 개인적 판단이나 해석을 배제한 객관적인 설명이 사회과학의 과학성을 담보하는 핵심 요건으로 꼽혀왔기 때문이다. 따라서 저자의 이번 시도는 '일인칭 사회학' 또는 '사회학적 자기분석'의 가능성을 엿볼 수 있는 기회를 제공한다는 점에서 주시할 가치가 충분하다고 본다.

저자가 의도한 논지의 핵심은 다음과 같은 물음으로 압축된다. "스포츠 경기장을 찾는 관람객들은 주로 집합적 열광이나 연대를 추구하는데 이를 외면하는 '나 홀로 직관'은 그 동기가 무엇인가?" 그에 대한 저자의 일차적 응답은 "탈사회적인 듯하지만 아주 그런 것도 아닌"이라든가 "탈사회적인가 아니면 또 다른 무엇인가"라는 식이라서 얼핏 보기에는 불분명한 것처럼 보인다. 그러나 후반부에서 저자는 "나만의 세계 속에서의 관람", 요컨대 거대한 경기장을 내 세계 안에 끌어들여 경기 자체에 몰입하면서 내가 관람의 주체가 되고자 한다는 솔깃한 답변을 제시한다. 그리고 최근 디지털 미디어가 발달함에 따라 경기 현장을 직접 찾지 않더라도 그러한 관람 방식을 구현할 수 있게 되었다는 점 또한 덧붙인다.

제3장 '탈사회적 로맨스와 친밀한 시시포스: 플랫폼 짝짓기의 논리

와 역설'에서 저자 정수남은 엄청난 잠재적 가치를 내포하고 있음에도 아직 우리 사회과학계에서 온전히 다루어지지 못한 사랑이라는 소재를 주도면밀하게 공략한다. 논의가 소셜데이팅앱을 중심으로 한 접속성 구애 행위에 한정되어 있지만, 이 글은 『낭만적 유토피아 소비하기』, 『사랑은 왜 아픈가』, 『사랑은 왜 끝나나』 같은 사랑 연구물로 세계 사회학계를 주름잡는 에바 일루즈의 작업에 못지않은 의미 있는 성과라고 여겨진다.

여섯 명의 인터뷰 대상자와의 심층 인터뷰를 통해 저자가 색출한 친밀성 장(intimate field)의 기본 특성은 통상적인 서사적 사랑에 대한 거부감을 담지한 파상성이다. 파상성은 로그인/로그아웃으로 언제든 부담 없이 맺고 끊을 수 있는 캐주얼한 행태로 구현된다. 이처럼 진지함이나 진정성이 거세된 온라인 친밀성 공간은 되면 좋고 안 돼도 그만이라는 가벼운 짝짓기가 무한 반복되는 광활한 실습장이요, 소셜데이팅앱에 등록해 스크린상에 출현하는 참여자는 백화점 진열대의 물품과 같은 사물화된 존재일 뿐이다. 이처럼 깊이 있고 지속적인 관계가 배제되고 인간과 사물의 구분마저 와해되는 탈사회적 정경은 자유분방하되 궁극적으로 낭만적인 사랑과 동떨어진 새로운 친밀성 장의 출현을 예고한다.

데이팅앱의 세계에서 쓰이는 전략으로 저자가 지적하는 것은 이미지 관리를 통한 서사적 자기 연출이다. 즉, 외모, 이력, 화법, 임기응변 등 연출에 유리한 자원들을 허용된 룰에 따라 적절히 동원해서 자신의 실제 모습보다 업그레이드된 형태로 자신을 연출해야 한다는 것이다. 이것이 가벼움의 윤리가 지배하는 탈사회적 짝짓기 세계에서 애욕을 탐할 수 있는 최적의 자세이자 방안이기 때문이다. 그러나 역설적이게도 이용자 모두 데이팅앱에 빠져들면 들수록 낭만적인 사랑을 더욱더 열망한다는 점에서 이들은 또 다른 방식의 '관계'를 꿈꾼다고 할 수 있다.

제4장 '탈사회화의 시대, 개별화된 청년들의 삶의 감각과 정념의 정치'에서 저자 김주환은 최근 우리 사회에서 성행하는 20~30대 담론이나 Z세대론 등이 젊은 세대의 고뇌를 온전히 짚어내지 못한 한계를 지양하기 위해 사회문제로서의 사회적인 것과 문제해결방식으로서의 사회적인 것을 구분한 독창적인 분석틀을 제시한다. 요즘 우리 청년들에게 삶의 위기로 다가오는 사회문제는 다분히 사회적인 데 반해, 문제에 대한 해결방식은 고스란히 개개인에게 전가되는 탈사회적 상황이라는 것이 저자의 진단이다.

이처럼 상충된 감각하에서 오늘날 청년들이 느끼는 세상은 물리적으로는 존재하지만 의미가 없는 공허한 공간이며, 해법으로 주어진 출구들도 사실상 출구 기능을 하지 못하는 무력한 장치일 뿐이다. 따라서 청년들은 주어진 삶이 이미 과거에 의해 미래가 결정되는 반복의 삶이며, 그 속에서 자신이 로봇, 먼지, 구름, 수증기와 같이 쉽게 폐기되거나 사라질 수 있는 별것 아닌 존재로 전락해가고 있다고 느낀다는 것이다.

저자는 '부존재적 존재 상태'로 축약할 수 있는 이 같은 참담한 여건 속에서도 존재의 이유를 모색하려는 청년 세대의 고투를 논하는 한편, 한나 아렌트의 통찰을 빌려 고통에 대한 동감이 다원적인 말의 공간으로서의 공적 정치 영역을 소멸시키고 폭력적 결과를 낳는 것을 경계한다. 저자는 고통의 순수성에 대한 강박관념으로 인해 입장을 달리하는 상대를 적으로 삼아 그들에게 공격과 혐오를 일삼는 도덕적 단죄에 대해 경고하는데, 이러한 도덕적 단죄는 문제를 해결하는 것이 아니라 오히려 문제를 키우는 역효과를 낳기 때문이다.

제5장 '탈노동적 노동의 현실: 플랫폼 자본주의 시대의 노동자상'의 저자 김영선은 탈사회의 양상으로 플랫폼 노동에 주목해 생산방식의 변화에 따라 등장하는 노동자상을 분석한다. 이를 위해 두 가지 질문을 던진다. 첫째 질문은 왜 탈사회 논의에서 플랫폼 노동을 다루는가 하는 것이다. 저자는 플랫폼 노동은 디지털 모바일 기술을 매개로 극단적으로 개별화된 노동이라고, 다시 말해 기존 노동-자본 관계의 물질성이 비가시화된 새로운 노동 패턴이라고 말한다. 플랫폼 노동자들이 주요한 정신적 고통으로 고립감을 호소하는 이유가 바로 여기에 있다.

둘째 질문은 왜 노동자상을 이야기하는가 하는 것이다. 저자는 특정 생산방식은 그에 부합하는 노동자상을 요구하는데, 플랫폼 자본주의가 요구하는 노동자상을 분석함으로써 기존의 어법과는 다른 착취의 새로운 면모들을 포착할 수 있다고 보았다. 플랫폼 자본주의 시대의 노동자상을 탐구하기 위해 저자는 기계제 이전 단계, 포드주의 단계, 유연 생산방식 단계, 플랫폼 단계라는 네 가지 범주, 쉽게 말해 전(前)산업, 산업, 후기 산업, 4차 산업으로 구분하여 노동자상의 역사적 형태를 추적한다. 기존의 '근면한', '유연한' 노동자상과 대비해 플랫폼 자본주의가 내세우는 노동자상은 꽤 '독립적'이다. 이는 기존 노동자상에 비추어보면 분명 '탈노동적'이다. 그렇지만 동시에 사회적인 것에 꽤나 구속적인 모습을 보인다. 플랫폼 노동을 요약하면, "자유롭지만 연결된", "노동자가 아니라지만 노동자인", "자율적이지만 예속된"이라는 특징을 띤다. '플랫타리아트'로서의 플랫폼 노동자는 플랫폼 장치를 매개로 노동-자본 관계가 사업자 관계로 대체되는 과정에서 철저히 비가시화되어 있지만 여전히 착취 관계에 놓여 있다는 것이다.

따라서 저자는 노동-자본 착취 관계를 비가시화하는 기술 장치들을 문제화하는 한편, 비가시화 과정에 은폐된 착취, 소외, 불평등 같은 문제적 현실을 드러내고자 한다. 이를 통해 플랫폼 자본주의가 아름답게 포장하는 '독립적인' 노동자상은 사실상 노동과정상의 위험을 기존 노동 관계법이나 사회 보장법의 보호 대상으로 놓는 것이 아니라 개별 노동자에게 전가하는 노동력 활용방식임을 강조한다.

제6장 '탈사회적 전환과 예술: 인공지능 예술을 중심으로'에서 저자 김남옥은 원리에서부터 사례에 이르는 폭넓은 스펙트럼을 통해 다양한 장르의 예술 활동을 응시함으로써, 인문학적 외연을 넓히는 사회학의 확장적 역능을 여실히 보여준다. 이때 저자가 화두로 제시하는 탈사회는 전술한 탈사회 시나리오의 두 번째에 해당하는 것이다. 이 글에서 저자는 0과 1이라는 이원적 부호체제로 세상 모든 것을 분할·정리·저장·가공·활용하는 디지털 기술력이 인간 중심의 사회성을 만물이 참여하는 새로운 사회성으로 확장함으로써 태동된 가공할 새로운 예술세계(Brave New Art World)의 면모를 독자들에게 선보인다.

창조성을 생명으로 하는 예술세계의 혁명적 전환을 추동하는 결정적인 요소로 저자가 중시하는 것은 인공지능(AI)이다. 오늘날에는 인공지능이 인간이 지시하는 바를 따르는 도구적 단계를 넘어 인간처럼 생각하고 느끼고 판단하고 행동하는 자립적 대행자로 변신해 현생 인간과 동등한 입장으로 행위자 네트워크에 참여하고 있다. 이로 인한 예술세계의 변모를 저자는 회화, 문학, 음악이라는 3대 장르를 중심으로 상론한다. 그뿐만 아니라 저자는 인공지능이 마거릿 보든이 창의성의 최종 단계로 설정한 변형적 창의성 수준에 이르면 '새로운 아우라의 생성' — 사진과 영화로 대변되는 복제기술이 예술계에 등장하던 시절에 발터 베냐민이 제기했던 '아우라의 상실'과 대비되는 — 이라는 뜻밖의 결과가 초래될 수 있음을 다양한 사례를 통해 암시한다.

그러나 저자의 논변은 예술세계에 관한 논의를 예술계 밖으로까지 확장한 종반부에 최고조에 달한다. 영특한 인공지능이 인간의 능력을 넘어설 때 우리 인류가 지금까지 고수해 온 인간 중심주의를 어떻게 처리해야 할 것인지에 대한 화답으로 저자는 사물이나 기술과 세상을 함께 만들어가는 공동생산, 즉 심포이에시스(sympoiesis)를 대안으로 제시한다. 심포이에시스를 실천해야만 일찍이 니체가 언명한 바 있는 '신의 죽음'의 속편인 '인간의 죽음'이라는 비극을 면할 수 있다는 것이다.

제7장 '고독사, 한국사회의 위기와 죽음의 탈사회화'에서 저자 권오헌은 지난날에는 사람들이 지켜보는 가운데 맞이했던 저승길이 차츰 외로운 행로가 되어가는 현대적 죽음의 탈사회화를 고독사를 사례로 논의한다. 전통사회에서 망자는 가족과 친인척, 지인과 마을 사람들에게 둘러싸여 임종을 맞이했고, 이런 관습은 근대사회에 이르

기까지 지속되었다. 그러나 의학 및 의료기술의 발달로 죽음의 의료화가 촉진되어 죽음에 이르는 모든 과정이 의학적 결정에 귀속됨에 따라 죽어가는 사람이 사회생활에서 배제된 채 낯선 환경에서 고독하게 죽음을 맞이하게 되었다는 것이다.

고독사의 전제 조건이 사회적 고립임을 각별히 강조하는 저자는 도시 중심적 산업화가 진행된 한국사회에서는 황폐해 가는 농촌을 떠나 도시 주변부로 진입한 이주민들이 온전한 사회관계를 형성하지 못했고, 1990년대 중반 이후 진행된 세계화 과정 및 1997년 IMF 사태 이후 강화된 적자생존 경쟁체제로 인해 그나마 잔존하던 인간관계마저 파괴됨으로써 사회 주변부로 내몰린 사회적 약자들이 고독사의 대상으로 몰릴 수밖에 없었다고 주장한다.

생전의 고독이 사람들을 고독한 죽음의 길을 인도한다는 저자의 가설은 거의 모든 연령층에서 1인 가구가 급등하는 최근 우리 사회 현실에 비추어 보면 고독사가 독거노인에만 국한된 문제가 아니라 향후 모든 한국인이 일상으로 마주할 국민적 사안임을 절감케 된다. 더구나 부실한 복지체제하에서 최후의 보루 역할을 해왔던 가족적 연대가 약화되고 가족적 연대를 대체할 만한 사회안전망이 완비되지 못한 한국사회에 고독사가 미칠 충격에 대한 저자의 경고는 매우 울림이 크다.

제8장 '탈사회적 사회의 종교: 자기만의 신, 신으로서의 개인'에서 저자 하홍규는 절대자로서의 신을 개인적으로 따르는 영성 추구자들, 그리고 자기중심적 세계가 강화되는 가운데 형성되는 '나'라는 신에 대한 이야기로 글을 시작한다. 급변하는 세계에서 현세적 초월성

을 바탕으로 한 영성 추구를 본원적 목표로 삼는 종교의 존재 이유를 사회과학적 방식으로 되묻는 것이다.

고전사회학자 게오르그 짐멜은 근대 세계에서 융기하던 객관 문화와 생활 세계의 밀실에서 위축되어 가던 주관 문화 간의 불일치를 '문화의 비극'이라는 논제로 주제화한 바 있다. 주체중심적 사고가 지배하는 작금의 탈사회적 현황은 당시 모습이 재현된 상태로 이해할 수 있다. 이러한 정신적 조류하에 막강한 영향력을 행사하던 제도적 종교는 쇠퇴한 반면 자기만의 신을 섬기는 개인이라는 존재 형태가 등장했다. 16세기 초 종교개혁을 주도한 마틴 루터가 신과 개인 사이의 매개를 제거하자 자기만의 신이 탄생했는데, 이러한 자기만의 신은 제2차 세계대전 이후 등장한 유럽의 복지국가에 의해 제도화된 개인화의 흐름 속에서 성찰적인 종교적 실천을 하는 개인들에게서 그 모습을 드러내고 있다.

하홍규는 여기서 멈추지 않고 거룩함을 홀로 독점하는 자기만의 신을 징검다리 삼아 종교의 개인화를 넘어 개인주의의 종교로 건너간다. 이것은 "종교는 사라진다기보다는 변형되도록 요구받는 것 같다"라는 에밀 뒤르켐의 예언에 대한 응답이다. 집합생활이 만들어내는 창조적 흥분의 열매로서 인간성의 종교가 탄생한 것이다. 이 종교는 개인 일반에 대한 칭송이요, 사람을 존중하는 종파이다. 저자는 여기에 '신으로서의 개인'이라는 탈사회 시대의 또 다른 개인주의 종교를 추가한다. 이는 사람은 서로 경배하되 동시에 경배받는 성스러운 존재가 되어야 한다는 개인의 신성성을 지향한 것으로, 이러한 논의는 20세기의 대표적인 사회이론가로 평가받는 어빙 고프먼의 개인에 대한 존대(deference)라는 착상을 거쳐, 예절, 인권, 시민성 등에 대한 논의로 연결되고 있다(Goffman, 1967).

어느 저자가 자신의 책이 널리 읽히기를 마다할까마는, 반응의 폭보다 지속성에 역점을 두고 기획된 이 책은 한국사회의 미래에 관심이 많은 진지한 독자층에 지속적인 호소력을 발하는 롱테일 애독서가 되었으면 한다.

참고문헌

서유진. 2018.9.28. "우리나라 29%는 '나혼자 산다' … 서울 관악구가 1등인 이유는?".
≪중앙일보≫.
서희정. 2019. "나로부터 시작되어 나로 끝나는 콘텐츠 소비, 〈나 사용 콘텐츠〉 시대".
한국문화관광연구원 웹진 7월호 이달의 이슈 2.
아탈리, 자크(Jacques Attali). 2005. 『호모 노마드 유목하는 인간』. 이효숙 옮김. 웅진하우스.
어리, 존(John Urry). 2014. 『모빌리티』. 강현수·이희상 옮김. 아카넷.
여성가족부. 2021. 「다양한 가족에 대한 국민인식조사」. http://www.mogef.go.kr/mp/pcd
/mp_pcd_s001d.do?mid=plc503&bbtSn=704893(검색일: 2022년 8월 17일)
잡코리아. 2020. "성인 10명 중 4명 '나 혼자 산다'". https://www.jobkorea.co.kr/goodjob/tip
/view?News_No=17961(검색일: 2022년 8월 17일)
최인진. 2019.11.18. "'비혼 증가하는 이유' 1위는 … 남성 "출산과 양육 부담", 여성 "개인
삶·여가 중시"". ≪경향신문≫.
카스텔, 마누엘(Castells Manuel). 2014. 『네트워크 사회의 도래 정보시대: 경제, 사회, 문화』.
김묵한·박행웅··오은주 옮김. 한울아카데미.
통계청. 2022. 「인구총조사: 가구형태별 가구 및 가구원」. https://kosis.kr/statHtml/statHtml.
do?orgId=101&tblId=DT_1JC1501&conn_path=I2(검색일: 2022년 8월 17일)
허민숙. 2022. 「가족 다양성의 현실과 정책 과제: 비친족 친밀한 관계의 가족 인정 필요성」.
국회입법조사처. ≪NARS현안분석≫ 제251호.
히라노 게이치로(平野啓一郎). 2015. 『나란 무엇인가』. 이영미 옮김. 21세기북스.
KB금융지주 경영연구소. 2020. 「2020 한국 1인가구 보고서」. https://www.kbfg.com/kb
research/report/reportView.do?reportId=2000126(검색일: 2022년 8월 17일)

Amin, Ash(ed.). 1994. *Post-Fordism: A Reader*. Malden, MA: Blackwell.
Bauman, Zygmunt. 2000. *Liquid Modernity*. Cambridge, UK: Polity Press.
Beck, Ulrich and Elisabeth Beck-Gernsheim. 2002. *Individualization: Institutionalized
Individualism and its Social and Political Consequences*. London: Sage.
Bruno, Fernanda and Pablo Manolo Rodríguez. 2022. "The Dividual: Digital Practices and
Biotechnologies." *Theory, Culture & Society* 39(3): 27~50.
Deleuze, Gilles. 1992. "Postscript on the Societies of Control." *October* 59(Winter): 3~7.
Goffman, Erving. 1967. *Interaction Ritual: Essays on Face-to-Face Behavior*. New York,
NY: Anchor Book.
Rifkin, Jeremy. 2000. *The Age of Access: The New Culture of Hypercapitalism, Where all
of Life is a Paid-For Experience*. New York, NY: Penguin Putnam.
Smith, Karl. 2012. "From Dividual and Individual Selves to Porous Subjects." *The
Australian Journal of Anthropology* 23: 50~64.
Wittel, Andreas. 2001. "Toward A Network Sociality." *Theory, Culture & Society* 18(6):
51~76.

제1부

술,
스포츠,
사랑

제1장

혼술의 감정 동학
탈사회 시대의 하나의 취향?

—

박형신

술과 홀로임, 어울리지 않는 조합?

얼마 전까지만 해도 혼자 술을 마신다는 것은 숨겨야 하는 일 중의 하나였다. 일명 '혼술' 자체 때문이 아니라 혼술에 부여된 부정적인 이미지 때문이었다. 혼술자라고 해서 모두 알코올중독자가 아님에도 불구하고, 혼자 술을 마신다고 하면 알코올중독자—또는 술을 즐기는 것이 아니라 취하기 위해 마시는 사람—내지는 알코올중독일 가능성이 있는 사람으로 의심되었다. 심지어는 혼자 술을 마시는 사람조차도 혹시 자신이 알코올중독자가 아닐까 우려하기도 한다. 그렇기에 혼술은 혼자 할 수 있는 것 중 가장 어려운 단계로 인식되곤 했다. 이러한 인식의 기저에는 술과 홀로임을 서로 어울리지 않는 것으로 바라보는 사회적 통념이 자리하고 있었다. 하지만 현재 혼술자들은 혼술을 자신의 취향이라고 당당히 밝히고, "혼술은 로망이다"라고 표현하기도 한다.

이러한 혼술 현상은 홀로 하는 다른 현상들, 즉 '혼밥', '혼영', '혼여' 등의 현상과 함께 우리 사회의 개인화 경향을 보여주는 중요한 사례로 언급된다. 그리고 언론에서는 이러한 혼술 현상을 개인주의의 확산에서 기인하는 것으로 인식하고, 1인 가구의 증가가 이를 가속화시킨 것으로 분석하곤 한다. 이러한 평가는 혼술을 개인들이 점점 더 집합체 지향보다는 자기중심적 지향을 가지면서 나타나는 일반적인 사회적 현상의 하나로 바라본다. 하지만 이러한 인식은 '함께하기'를 이상적인 것으로 보거나 '함께하기'를 하나의 규범으로 상정하고 '홀로하기'의 원인을 개인의 성향에서 찾는 경향이 있다.

하지만 근대사회의 역사를 살펴볼 때, 개인화는 개인이 지닌 이기심이나 자기애와 같은 개인적 심리가 단순히 발현된 것이 아니라 사회에 대한 저항의 산물이었다. 근대적 개인은 사회적 속박에서 벗어나고자 하는 노력 속에서 탄생했다. 이러한 점에서 근대사회의 역사는 개인화의 역사라고 할 수 있다. 그러나 개인화된 사회에서도 사람들의 삶은 함께하기라는 양식까지 벗어나지는 않았다. 사람들은 사회(의 제약)로부터의 탈출을 감행하더라도 함께 행동했다. 함께 영화 보고, 함께 스포츠 행사에 참여하고, 함께 술 마시고, 함께 여행했다. 개인화의 시대에도 함께하기는 개인의 삶의 방식이자 생존전략이었다. 따라서 혼술을 비롯한 홀로하기가 하나의 독자적 영역을 구축하고 나선 오늘날, 홀로하기 현상은 그것을 '탈사회적인 것'으로 바라보도록 유혹한다. 하지만 이러한 시각에서 홀로하기를 분석한 논의들 역시 여전히 개인(홀로하기)과 사회(함께하기)의 관계에서 사회에 방점을 두고 홀로하기를 일탈적인 것으로 인식하는 경향이 강하다. 사회의 입장에서는 그러한 현상들이 사회의 구성원리를 침해하는 것으로 보이기 때문이다.

이러한 인식은 극단적인 경우 혼밥, 혼술, 비혼 등을 사회해체적 징후로 바라보고 비난하기도 한다. 하지만 이러한 접근방식으로는 일명 '혼족'이 오늘날 자신의 홀로하기의 삶을 생활양식화하고 그러한 삶을 하나의 선택지로 여기는 양상을 포착할 수 없다. 따라서 이 글에서는 홀로하기의 삶—여기서는 혼술—을 함께하기라는 외부의 시각에서 바라보는 것이 아니라 혼족의 입장에서 '내재적'으로 접근한다. 하지만 앞서 언급했듯이, 홀로하기는 함께하기에 대한 저항으로부터 출현하는 것이기 때문에, 이 글에서는 함께 마시는 술과 혼자 마시는 술 간의 긴장 관계를 논의의 중심축으로 설정하고, 혼술이 어떻게 함께하는 술에 대응하여 자신의 영역을 구축하는지를 포착해 내고자 한다.

이를 위해 이 글에서는 먼저 혼술의 대응 양식으로서 함께 술을 마시는 행동의 양태와 그 변화과정을 기존의 연구들을 통해 탐색한다. 술에 대한 국내 문헌을 살펴보면, 술 제조 방법을 소개하는 책과 술을 더욱 즐기는 방법을 소개하는 가이드북 형태가 주종을 이룬다. 학술연구의 경우 대부분 음주를 신체적·정신건강적 측면에서 다루고 있다. 혼술의 연구 또한 이러한 맥락에서 벗어나지 않는다(이효영 외, 2019; 이혜규, 2017). 이러한 연구 상황에서도 일상성·일상문화연구회(1999)의 공동 저작 『술의 사회학: 음주공동체의 일상문화』와 이상훈

(1998), 최원기(2004)의 연구는 함께하는 술의 사회학적 연구에서 좋은 전거의 역할을 한다. 그러나 혼술에 대한 사회학적 연구는 아직 찾아볼 수 없다. 이는 맹아적 현상보다는 구조화된 패턴을 연구하기를 좋아하는 사회학의 성향 때문인 것으로 보인다.

앞서 언급했듯이, 이 글은 혼술자의 입장에서 혼술을 '맥락화'한다. 여기서 맥락화란 혼술자의 혼술 동기와 그 동기를 형성해 온 외적 상황을 연계지어 혼술의 자기 확대 과정을 포착한다는 것을 의미한다. 이 혼술의 자기 확대 과정은 단지 혼술자가 늘어나는 과정뿐만 아니라 술과 홀로임 간의 간극이 외부자의 시선에 의해 일탈이라는 부정적 의미로 채워지던 것에서 혼술이 내부자와 외부자 모두에 의해 하나의 취향으로 얼마간 받아들여지는 과정까지를 포함한다. 이 맥락화 작업은 겉으로는 개인화 현상으로 보이는 혼술이 과연 탈사회적인 것인지를 검증하는 절차이기도 하다.

다음으로 혼술자의 입장에서 혼술을 바라본다는 것은 혼술자의 감정에 집중한다는 것을 의미한다. 개인들이 술의 해악을 익히 알고 있으면서도, 또한 혼술에 대한 부정적인 인식에도 불구하고, 혼자서라도 술을 마시는 것은 자신이 경험한 '술의 감정 정화작용' 때문이다. 따라서 술 마시는 행위에 대한 연구에서는 술의 감정 작용과 술을 통한 감정 '전환' 과정에 주목하는 것이 필수적이다. 따라서 이 글은 술의 감정방정식을 규명하고, 함께 술 마시기와 혼자 술 마시기에서 그러한 감정 동학이 어떻게 다르게 작동하는지를 탐구하는 데 주안점을 둔다.

이러한 목적을 달성하기 위해 이 글은 혼술자의 목소리에 의존했다. 그리고 이 작업을 수행하기 위해 우선 술 마시는 행위—함께 마시기와 혼자 마시기 모두—에 대한 자료를 수집했다. 자료 수집을 위해서는 46명을 대상으로 서면 인터뷰를 실시했고, 다음으로 인터넷상에서 혼술자들의 경험에 대한 글을 수집하여 분석했다. 하지만 코로나19라는 특수한 비대면 상황의 영향이 과대 맥락화되는 것을 피하기 위해 코로나19를 혼술 경험의 직접적인 원인으로 거론하는 자료는 제외했다. 서면 인터뷰 역시 코로나19 이전인 2019년에 실시되었다. 이 글에서 구체적인 인용 없이 경향성을 진술하는 경우는 이 서면 인터뷰에 근거한 것이다. 하지만 이 글은 서면 인터뷰를 통해 혼술자의 일반적인 음주 형태나 심리적 특성을 밝히는 것을 목적으로 하지 않는다. 이 글에 인용된 혼술자들의 목소리는 이론적 논의의 단초를 찾기 위한 보조 수단이다. 다시 한번 더 언급하지만, 이 글의 목적은 혼술의 사회적 출현과 정착 과정을 혼술자들의 목소리를 통해 감정사회학적으로 재구성하는 데 있다.

술, 의례, 함께하기

술의 기원론에서 감초처럼 언급되는 흥미로운 이야기 가운데 하나가 인간보다 원숭이가 먼저 술을 만들었다는 이른바 '원숭이 가설'이다(더글리, 2019). 하지만 사회학적으로 볼 때, 보다 중요한 것은 술은 신의 음료였다는 주장이다. 술은 신에게 바치는 신성한 공물이며, 신에게 술을 바치는 행위는 숭고하고 경건한 마음을 표현하는 것이었다는 것이다(오재환, 1999: 96~97). 따라서 인간은 한껏 예를 갖추어 그러한 의례를 수행했다. 뒤르켐(2020: 213)에 따르면, 인간은 그러한 종교의례를 통해 거룩한 존재와 자신을 결합하는 관계를 견고하게 하고 재확인하고자 하는 욕구를 실현한다. 그러나 신에게 바친 술, 즉 신의 음료를 실제로 마시는 것은 언제나 신이 아닌 인간이다. 하지만 의례에서 신에게 바친 술은 음료가 아니라 신의 피를 상징하며, 인간은 그 술을 마심으로써 신의 영혼을 영접한다. 의례에서 술은 신과 공동체 구성원을 하나로 묶어주는 하나의 상징적인 매개체이다.

신에게 바친 술을 특정 개인이 만들었다고 하더라도 그 술은 신에게 바친 한 개인의 사적인 것이 아닌 신이 내린 것이 되어 의례 참여자 모두의 것이 된다. 따라서 그 술은 누군가가 독점할 수 없는 것으로, 함께 나누어 마셔야만 한다. 또한 그 술을 거역할 수도 없다. 술을 거역하는 것은 불경한 일이기 때문이다. 그리고 그 술을 함께한 사람들은 그 신을 공동의 숭배자로 삼는 더 큰 공동체의 일원이 된다. 더 나아가 집단은 각 성원의 허물도 비난하기보다는 보듬어야 한다. 이제 개인의 허물은 집단의 허물이 되기 때문이다. 이처럼 술은 속세에서 신과 인간의 융합을 넘어 인간과 인간을 융합시키는 접점이 된다. 사회학적으로 말하면, 술은 개인들을 하나의 집합체로 결합시키는 시멘트이다. 이러한 논리로 보면, 사회는 술의 공동체인지도 모른다.

술이 갖는 이러한 상징성은 현실의 거의 모든 사회적 의례에서 하나의 기본 메커니즘으로 작동한다. 그중에서도 특히 신입생 환영회나 신입사원 환영회 등 각종 조직이나 단체에서 신참자를 맞이하는 의례들은 술의 이 같은 신비한 속성을 의식적으로 작동시킨다. 이들

의례에서 술은 단순히 알코올이 아닌 집단의 상징이다. 따라서 그러한 술자리에서 술은 거부될 수 없다. 술을 마시는 것 자체가 그 집단을 받아들인다는 것을 상징하기 때문이다. 따라서 더 많이 마실수록, 그리하여 자신을 상실할수록 그 집단에 더욱 동화되는 것으로 여겨진다. 그렇기에 술을 강요하는 것 역시 정당화된다. 그리고 집단의 성원들은 억지로 힘겹게 술을 마시는 사람을 집단의 구호를 외치며 응원한다. 다른 사람들이 그 모습을 지켜보는 것은 단지 술을 마시는 과정을 바라보는 것이 아니라 그가 그 집단의 성원이 되는 과정을 직접 주시하는 것이며, 따라서 이는 그가 가진 조직인의 의지를 시험하는 과정이기도 하다. 그렇기 때문에 그것을 지켜보던 사람들은 마침내 그가 술잔을 비웠을 때 환호로 맞이한다. 이제 그는 그 집단의 문지방 안으로 발을 들여놓은 것이다. 그 과정에서 수반되는 구토나 불미스러운 행동은 통과의례를 위해 수행해야 하는 고통스러운 과정일 뿐이다. 그러한 행동은 절차이지 문제가 아니다. 그것은 집단의 성원이 되기 위해서 개인 자신이 극복해야만 하는 것이다.

인터넷상에서 발견한 아래의 경험담은 앞서 설명한 의례에서 술이 갖는 의미를 잘 보여준다.

내가 처음 술을 마시게 된 건 대학교 신입생 환영회 날이다. 앞으로 몇 년을 같이 지내게 될 것만 같은 사람들과 친해지기 위해 술에 대한 순결을 포기하고 말았다. 고등학교 친구들이 몇 번을 권유해도 절대 마시지 않았던 술인데 말이다. 솔직히 부모님이 권유하는 술이라도 내가 미성년자라면 정중히 거절했을 것이다. 그만큼 술에 대해선 상당히 보수적인 편이다. 그러나 신입생 환영회는 대학생이 된 성인들이 모여 친목을 도모하는 자리 아닌가? 용기를 내서 술을 마셨다. 내 인생에서 처음 마신 술맛이 어땠냐고 물어본다면, "죄송하지만 기억이 나지 않습니다"라고 대답할 수밖에 없다. 고삐 풀린 망아지마냥 해방감에 신이 나서 술을 들이부었으니 당연한 결과이다. 다음날 들어보니 귀여운 척, 멋있는 척, 세상에 있는 척이란 척은 다 했다고 한다. 지금 생각해도 너무 부끄러운 일이지만, 그럼에도 그날을 후회하지 않는 이유가 하나 있다. 바로 좋은 사람들을 만났다는 것이다. 고민을 진지하게 들어주는 사람, 사소한 일상을 공유하고 공감해 주는 사람, 힘들 때 아무 말 없이 손을 내밀어주는 사람, 모두 그날 만난 고마운 사람들이다. 지금은 모두 졸업하고 각자의 삶을 살아가고 있지만, 질긴 인연은 서로의 노력을 통해 이어지고 있다. (김피플, 2020)

이처럼 의례에서의 술은 사업상 마시는 술과 본질적으로 다르다. 의례에서의 술은 일상에서의 이해타산을 초월하여 구성원 전체가 '하나가 됨'을 확인하는 계기가 된다. 이때 술을 마시는 행위는 단순히 술이라는 음료를 마시는 데 그치는 것이 아니라 그 행위 자체가 공동체를 새로 일구는 의식이 된다(박재환, 1999: 42).

이러한 의례는 항상 축연과 같은 장면을 연출한다. 뒤르켐에 따르면, 그러한 '집합적 흥분'이 연대의 근원이다. 따라서 사람들은 술이 그러한 광경을 연출하는 것으로, 즉 술을 흥분제로 바라보는 경향이 있다. 그러나 술은 의학적으로 진정제의 일종이다(이종기, 2000: 342). 냅(2017: 101)의 표현에 따르면, 술을 마시면 "미간을 쪼그라들게 하던 것, 손을 멈칫거리게 하던 것, 아무리 긁어도 사라지지 않는 가려움증 같던 것이 스르르 씻겨 내려간다." 그렇다면 술자리에서의 이러한 집합적 흥분은 어떻게 설명될 수 있는가? 이는 역설적이게도 술이 진정제라는 사실에 있다. 술은 자기 자신에 대한 집착과 자기 보호 본능을 이완시켜 준다. 다시 말해 술은 공포감이나 경계심을 없애주고 열등감도 완화시켜 준다. 이는 자기 자신을 집단 앞에서 타인의 시선에 대한 두려움 없이 표현할 수 있게 해준다. 이처럼 술은 개인으로 하여금 평상시에는 할 수 없던 행동을 서슴없이 할 수 있게 해준다. 게다가 의례 속에서 외치는 구호와 이른바 떼창은 자신을 망각하게 하고 집단을 향해 끝없이 향해하게 한다. 이제 나는 없고 집단만 존재한다. 그리고 그것은 황홀함으로 경험된다. 현대의 알코올 부족체는 음주 토템을 서로 나누는 행위를 통해 몽롱하고 장엄한 공동체의 영역으로 입장하며, 이를 통해 표면적인 관계성을 떠나 새로운 교감 관계를 형성하는 감정과 정서의 공동체가 된다(윤명희, 1999: 86).

이처럼 술자리라는 무절제의 문화 속에서 무의식적으로 수행한 자기 행동은, 한편으로는 술이 깬 다음에 기억하지 못하는 자신의 행동에 대한 우려로 인해 자신에게 불안감으로 엄습해 들어오지만, 다른 한편으로는 그 집단 의례의 참여자들 역시 동시적인 자기 망각자이기에, 그리하여 동지가 되었기에 혹시 있었을지 모를 실수나 불미스러운 일도 전혀 문제가 되지 않는다. 간혹 그러한 문제를 지적하는 것은 술에 대한 예의가 아닌 것으로 간주된다. 오히려 불안감은 술자리에 참석하지 않았다는 데서 생겨난다. 이는 술자리의 분위기를 공유하지 않았다는 사실이 자신에게 이방인 같다는 느낌을 받게 하기 때문이다. 특히 술자리에 초대받지 못했을 경우에는 불쾌감마저 든다. 그것은 바로 자신이 배제되었다는 것을 의미하기 때문이다. 이러한 불안감은 인간이 사회적 존재임을 반증한다.

이러한 집단 만들기 기제로서의 술은 집단의 연대감 강화를 목적으로 하는 다양한 의례에서 의식적·반복적으로 활용되며, 자신과 타자의 경계를 없애고, 외부인과 대비되는 집합적 정체성을 형성시킨다. 술의 이러한 성격 때문에 우리는 술을 '사회성'을 길러주는 것으로 생각하기도 한다. 그러나 이러한 사회성은 집단의식을 강화하기는 하지만, 항상 자기희생과 '자아 축소'를 동반한다. 이러한 '집단의 존적' 자아는 집합체에 속해 있지 않는 한 자아 상실감과 불안감에 휩싸이곤 한다. 따라서 사람들은 항상 집단적인 술자리를 만들거나 술자리에 참여하려는 욕망을 가진다. 함께하는 술자리에서 안도감을 느끼고 자기 확인을 할 수 있기 때문이다.

개인화, 접대, 사회적 자본

이러한 의례를 통한 공개적인 공적 술자리 모임은 여전히 계속되고 있지만, 개인화의 진전과 함께 젊은 층에서는 이른바 '회식거부운동'을 하는 등 집단적 술자리 행사에 대해 공개적으로 거부감을 드러내기도 한다. 하지만 일상의 사적인 모임에서도 술을 매개로 하지 않는 모임은 찾아보기 힘들다. 따라서 모임에 간다거나 누구를 만난다고 하면 "오늘 술 많이 하겠네. 술 조금만 마시고!"라는 말이 저절로 뒤따르기도 한다. 그리고 사람들이 사적인 술자리를 찾는 것 역시 공적인 술자리에서와 마찬가지로 다른 사람과의 유대감을 느끼거나 유대감을 유지하기 위해서인 경우가 많다. 그렇다면 왜 개인화 시대에도 술자리를 통해서까지 유대감을 증진해야 하는가? 그것은 역설적이게도 바로 개인화의 시대이기 때문이다. 사회는 상호 관련된 부분의 체계라는 사회유기체론의 거대한 가정을 들먹이지 않더라도, 그리고 분업은 상호의존성을 강화한다는 뒤르켐의 분업이론을 거론하지 않더라도, 개인화 시대에도 개인이 홀로 생존할 수 없다는 것은 자명한 사실이다. 따라서 개인화 시대가 진척될수록 개인은 자신의 생존을 위해 항상 타자와 접속하기 위한 노력을 배가해야 한다.

하지만 개인화 시대에 개인적 초대에 의해 이루어지는 접대 술자리에서 '사적으로' 함께 술을 마시는 행위는 그 성격 면에서 의례를 통해 '공적으로' 함께 술을 마시는 행위와 확연히 다르다. 양자 모두가 집합의식의 강화라는 동일한 목적을 추구하는 경우라고 하더라도, 후자는 이미 존재하는 집단에 새로운 성원을 통합시키는 작업을 수행한다면, 전자는 술자리를 통해 새로운 유대를 형성하거나 기존의 유대를 강화하는 것, 다시 말해 사회적 네트워크를 구축하는 것을 주요 목적으로 한다. 사회학적으로 말하면, 그것은 퍼트넘이 말하는 '사회적 자본'을 축적하기 위한 것이다. "물리적 자본이 물리적 사물을, 인적 자본이 개인의 특성을 가리킨다면, 사회적 자본이란 개인들 사이의 연계, 그리고 이로부터 발생하는 사회적 네트워크, 호혜성과 신뢰의 규범을 가리키는 말이다"(퍼트넘, 2009: 17). 퍼트넘이 지적하듯이, 이 용어에는 우리의 삶이 사회적 유대에 의해 더 풍부해진다는 의미가 함축되어 있다.

이처럼 술자리가 개인적·집단적 친밀감을 형성하는 기제로 작동한다는 점에서 술은 커뮤니케이션의 수단으로 정의되기도 한다(박재환, 1999). 앞서 논의했듯이, 진정제로서의 술은 대화 속에서 자기표현을 원활하게 해주고, 자신의 내면 역시 쉽게 드러내게 해주어 타자와의 신뢰를 구축하는 데 도움을 주기 때문이다. 즉, 술은 대화에서 윤활유의 역할을 한다. 그러나 개인화 시대에 타자와의 친밀감 형성은 단순히 신뢰 관계의 구축만을 목적으로 하지 않는다. '사회적 자본'이라는 개념이 암시하듯이, 개인들은 술자리를 통해 자신의 이익에 보탬이 되는 연결고리를 구축하고자 한다. 의례에서의 술이 집단의식을 강화하는 것이 목적이라면, 개인적 접대 술자리에서는 사람들이 겉으로는 항상 '우리' 의식을 내세우면서도 그 기저에서는 끊임없이 사적 관계와 개인적 이익을 추구한다. 이른바 '집단주의적 개인주의'의 논리가 작동하는 것이다.

따라서 개인적 접대 술자리는 의례 형태의 술자리와 그 양태에서도 여러모로 다르다. 첫째, 접대 술자리에는 항상 초대하는 자와 초대받는 자가 존재한다. 그리고 그들은 유대 형성이라는 공통의 목적을 가지지만, 최종 목적은 항상 개인의 이익이다. 둘째, 의례의 경우와 달리 접대의 경우에 준비된 술은 공통의 것이 아니라 항상 참여자만을 위한 사적 소유물이다. 따라서 준비한 술의 종류와 등급은 그 술자리의 위세를 보여주는 것일 뿐만 아니라 접대하는 사람의 등급을 평가하는 기준이 되기도 한다. 다시 말해 술과 사람이 등치된다. 셋째, 술자리 자체가 하나의 시험장이다. "그 사람을 알려면 술을 먹여보라"는 말은 이러한 상황을 대변한다. 따라서 그러한 술자리에서 사람들은 한편으로는 자신을 버림으로써 타자 또는 자신이 집단에 융합되는 정도를 최대한으로 드러내야 하면서도, 다른 한편으로는 자기통제와 자기조절을 철저하게 해야만 한다. 이처럼 신뢰와 연대 역시주어지는 것이 아니라 '관리'의 대상으로 변한다. 넷째, 술자리가 그자체의 즐거움에 의해 평가되는 것이 아니라 그 결과에 의해 평가된다. 따라서 술자리 역시 도구화되어 일종의 '노동'의 장이 된다. 접대는 치밀하고 치열한 감정노동의 장이다.

이처럼 접대의 술자리는 자신의 심성을 공개적으로 드러내어 인정받고 검증받는 장, 즉 사람들이 자기 가치를 협상하는 장소, 호네트(Honneth, 1995)의 용어로는 '인정투쟁'의 장이다. 하지만 다른 사람들로부터 '보편적으로' 인정을 받기 위해서는 자신의 독특함을 드러내는 것보다 타자의 생각과 감정을 수용하는 태도가 더욱 요구된다. 즉, 접대의 술자리는 감정 '표출'의 장소가 아니라 감정 '수행'의 장소이다. 다시 말해 사람들은 리즈먼(1999)이 말하는 타자지향적 태도와 메스트로비치(2014)가 말하는 사회적으로 용인되는 '제조된 감정'을 드러낼 것을 요구받는다. 개인화·개성화 시대에도 사회적 관계는 탈개인화와 몰개성화를 요구한다. 이제 '진짜 나(true self)'는 숨겨야 하는것이 된다. 따라서 사회적 자본을 획득함으로써 자신을 계발하고자욕구는 자아를 '버림'으로써 완성된다. 그리하여 술자리에서의 성과는 결국에는 자아 충족감이 아니라 공허함을 낳는다. 이 공허함은 또다시 술자리에서의 인정을 통해 메워진다. 이것이 바로 술자리가 또다른 술자리를 낳는 현상의 기저에서 작동하는 숨어 있는 법칙이다.

술자리 자체에서만 성취감을 느끼고, 술자리를 떠나면 또다시 허전함이 엄습하기 때문이다. 술이 부족하다는 것은 여전히 공허하다는 것과 다름없다. 술꾼들이 인사불성이 될 때까지 2차, 3차를 외쳐대는 것도 이 때문일 것이다. 그리고 아마도 이것은 술이 술을 부르는 것처럼 보이는 이유이기도 할 것이다.

일상, 술, 감정

술은 의례와 접대의 장소에만 존재하지 않는다. 일상에서도 사람들이 함께하는 장소라면 술이 빠지지 않는다. 그렇기에 우리는 "술은 인생의 모든 순간을 함께한다"라는 말을 듣기도 한다. 하지만 이는 사람들이 실제로 항상 술을 마시기 때문이 아니라 거의 모든 감정 상태에서 술을 떠올리기 때문이라고 할 수 있다. 실제로 술을 마시지 않는 사람도 극심한 슬픔을 느낄 때나 아주 기쁠 때 갑자기 술을 마시고 싶다는 생각이 든다고 말하기도 한다. 왜냐하면 술을 마시지 않는 사람도 술이 감정을 정화하는 작용을 하기도 하지만 동시에 감정을 증폭시키기도 한다는 사실을 알고 있기 때문이다. 그러나 과도한 술 섭취는 이성의 통제 능력까지 상실시키고 금기를 넘어서는 영웅적인 행동(?) 내지는 심지어 허튼 수작을 하게 하기도 한다. 즉, 술에서 기인하는 감정이 삶 자체를 훼손하기도 한다. 또 신체적으로도 술은 에너지를 주기도 하지만 숙취라는 고통도 준다. 실제로 한 응답자는 술이 연상시키는 것으로 "어떨 때는 징글징글하고, 어떨 때는 해방구,

어떨 때는 승리자, 어떨 때는 지긋지긋, 어떨 때는 오아시스"라고 답했다(박○○, 사무직, 남, 30세). 같은 맥락에서 다른 사람들은 술은 '양날의 칼'이라고 표현하기도 했다(은○○, 대학생, 남, 25세; 박○○, 타투이스트, 여, 30세). 따라서 이성적 자아는 항상 술을 멀리하거나 조심하라고 말하지만, 감정적 자아는 어느 샌가 다시 머릿속에서 술이 스멀스멀 올라오고 있음을 느낀다. 이는 아마도 자신이 경험한 술의 감정작용을 몸이 기억하고 있기 때문일 것이다.

이 글을 쓰기 위해 수행한 서면 인터뷰에 응한 사람들의 절대다수(46명 중 45명)는 일상에서의 술을 기쁨보다는 삶의 고단함과 연결시켰다. 이는 아마도 기뻐서 마셨던 술이 축하연—생일, 취업, 승진 등의 술자리—과 같은 의례 술자리나 초대에 의한 접대 술자리와 연관되어 있었다면, 일상에서는 술이 삶의 스트레스나 지친 심신을 연상시키기 때문인 것으로 보인다. 다시 말해 현대인에게 술은 현실로부터 탈출하는 기제로 작동한다. 그런데 거기에는 항상 고통의 회피와 쾌락의 추구라는 쾌락주의의 명제가 자리하고 있다. 서면 인터뷰에서 한 응답자가 답한 다음과 같은 진술은 술과 고통 회피의 관계를 잘 보여준다.

'술'이라는 단어 자체뿐만 아니라 그것과 관련된 상황을 연상하면 극과 극의 이중적인 감정이 든다. 대부분 부정적인 감정들을 느끼거나 이를 회피하기 위해 '술'을 떠올렸던 것 같다. 이와 관련하여 진지하게 고민해 보지 않았는데, 인터뷰지를 작성하면서 공허함, 외로움, 슬픔, 분노와 같은 표현들이 가장 먼저 떠올랐다. 그런데 이러한 표현들

은 결국 서로 닮아 있다고 생각한다.(박ㅇㅇ, 대학원생, 여, 32세)

그렇다면 술은 어떻게 고통의 상태를 즐거움의 상태로 전환시켜주는가? 슈라이버는 『어느 애주가의 고백』에서 술의 감정 작동 방식을 이렇게 설명한다.

> 술에 취하면 한계를 뛰어넘는 듯한 정복감과 충족감을 느낀다. 술은 도취감 이외에도 심리적인 기능이 있다. 자아의 판타지를 유지하게 해주고 그 판타지에 방해가 되지 않도록 현실을 숨기고 감추는 데 도움을 준다. 그런 점에서 술은 나르시시즘의 엔진이다. 우리를 기쁘게 해주는 상상의 세상을 창조하고, 정신적 풍선을 띄워 견딜 수 없는 기억이나 느낌이 망각될 수 있도록 내면의 방을 만들어준다.(슈라이버, 2018: 196~197)

서면 인터뷰의 응답자들도, 동일한 용어로 표현하지는 않았지만, 술을 통해 대동소이한 감정 전환을 경험하는 것으로 보고했다. 심지어 고통에 빠진 사람들은 술이 주었던 과거의 즐거움에 사로잡혀 술이 주는 또 다른 고통, 즉 숙취와 실수 같은 것을 망각하고 또다시 술을 찾기도 했고, 심지어 어떤 경우에는 숙취의 고통 속에서 술을 찾게 했던 고통을 잊기도 했다.

그렇다면 술은 어떻게 사람들로 하여금 부정적인 감정 상태에서 벗어날 수 있게 해주는가? 대부분의 사람은 술의 효과에 갇혀서 그 과정에는 그리 주목하지 않는 것으로 보인다. 하지만 술의 고통 속에서 금주를 결심하고 실행한 사람들은 자신이 술을 마시는 순간과 과정을 성찰하고 술의 감정 메커니즘을 예리하게 포착해 내기도 했다. 특히 냅(2017: 97~114)은 『드링킹, 그 치명적 유혹』에서 이 감정 메커니즘을 술의 방정식이라는 이름으로 기술하고 있다.

냅이 제시하는 첫 번째 방정식이 바로 "불편+술=편안함"이라는 등식이다. 다시 말해 술은 우리로 하여금 불편한 감정 상태에서 벗어나 편안함을 느끼게 한다는 것이다. 윌리스(Willis, 1990: 101)는 "술집의 온기, 규모, 편안함, 보호가 그러한 것처럼, 술의 직접적 효과는 자아의 긴장을 풀어주고 현실 세계와 거리를 두게 해준다는 것이다"라고 지적한다. 술은 현실 속에서 나를 괴롭히던 아픔과 괴로움을 녹여버리고, 술과 나 이외의 모든 것을 배경으로 만듦으로써 "어떤 황홀경의 영역, 심리적 비상이 허용되는 곳, 물질을 들이켜고 자기 자신을 벗어던지는 은밀한 공간"(냅, 2017: 99)을 창조한다. 이것이 바로 술을 '영혼의 진통제'라고 표현하기도 하는 이유이다. 따라서 사람들은 자신을 제약하고 있던 모든 것을 분출시킨 알코올의 세계에서 원래의 나, 즉 진정한 자아에 도달한 것처럼 느낀다. 그리하여 술은 잃어버린 나를 되찾는 수단이 된다. 현실은 항상 나를 좀먹어 들어오지만, 술은 나로 돌아가는 수단을 제공한다는 것이다.

하지만 과도한 술은 '내면의 나'인지 아니면 '내가 아닌 나'인지를 알 수 없는 자아를 만들어내기도 한다. 이것은 냅이 정식화한 두 번째 술의 감정 방정식으로 이어진다. 그것이 바로 "두려움+술=용기"라는 등식이다. 앞에서도 언급했듯이, 술은 평소에 억눌려 있던 감정을 이완시킬 뿐만 아니라 자신의 소심함이나 공포심, 경계감을 없애주고 열등감도 완화시켜 준다(이종기, 2000: 342). 냅은 술이 자신의 소심함을 어떻게 당당함으로 바꾸어주었는지를 다음과 같이 묘사한다.

어린 시절 나는 지독히 소심하고 낯을 가리는 성격이라서 무슨 일만 있으면 쌍둥이 자매 베카의 등 뒤로 숨었다. 손님들이 와서 우리에게 "몇 살이니? 몇 학년이니?" 하는 뻔한 말을 물을 때에도 베카에게 모든 대답을 맡겼다. 더는 베카의 등 뒤로 숨을 수 없게 되었을 때, 그러니까 우리가 쌍둥이가 아닌 분리된 개인으로 살아가야만 했을 때, 술을 마시기 시작했다. 때로는 학교에서, 때로는 파티장에서, 때로는 남자아이들 차의 뒷좌석에서 마셨다. 소심한 성격 때문에 입도 제대로 못 열던 내 곁에 술이라는 해결책이 놓이자, 나는 얼른 그것을 잡았다. … 그런 불안감은 내 뼛속에 달라붙어 오래도록 떠나지 않았다. 그런데 알코올이 그것을 몰아내어주었다. 그리고 그 자리에 용기를 채워주었다. … 그러자 비로소 소심함을 떨치고 누가 나를 바라보는지, 남들이 무슨 생각을 하는지 신경을 쓰지 않게 되었다.(냅, 2017: 105~107)

같은 맥락에서 이 글을 위한 서면 인터뷰에 참여한 한 응답자는 술을 '마법의 약'이라고 표현했다. 그녀는 "술을 마시면 사람이 완전히 바뀌고, 세상에서 가장 용감한 사람처럼 평소엔 행동할 수 없던 것, 말할 수 없던 것들을 모두 실행에 옮기게 된다"라고 말한다(박○○, 학원 강사, 여, 26세).

냅이 제시하는 세 번째 방정식은 "억제 + 술 = 해방"이라는 등식이다. 엘리아스(1996)의 지적대로, 문명화과정은 자기통제와 신체 규율을 강화해 왔고, 이러한 제약은 그것의 당연한 결과로 '위반의 쾌락'을 낳았다. 자기 자신에게 규칙을 부과하는 것은 순응하지 않을 가능성, 즉 위반의 가능성을 낳는다. 다시 말해 욕망과 금지 간의 끝없는 상호작용을 발생시키는 것이다(럽턴, 2016: 298). 술은 조정되지 않은 원래의 경험과 감정에 대한 욕망을 표출할 수 있는 장을 제공한다. 술은 이러한 위반의 쾌락을 보장한다. 취기는 사람들에게 규칙 따르기를 중단하고 위계질서를 전도하는 에너지—술이 아니었다면 통제되었을—를 분출하고 소모할 수 있게 한다. 커피가 자기통제, 냉철함, 합리적 사고와 결부지어지는 반면, 술은 자기통제의 상실, 자기 탐닉, 탈억제라는 의미를 지니는 것(럽턴, 2016: 304)도 바로 이 때문이다.

냅이 제시한 마지막 방정식은 "고통+술=자기 망각"이라는 등식이다. 슈라이버에 따르면, "일상의 고뇌와 괴로움, 그리고 세상에 대한 절망감"에서 벗어나 "망각 속으로 탈출"하고자 하는 것은 현대인의 본능이다(슈라이버, 2018: 40, 139). 그는 자신의 논거를 다음과 같이 정당화한다.

우리는 성공에 대한 압박과 행동 제약, 실패에 대한 잠재적 불안을 품고 일 문화 속에서 산다. 많은 노동량과 경쟁적인 환경, 전망의 부재 등은 감당할 수 없는 무게처럼 다가오곤 한다. 이런 스트레스를 해소할 방법으로 가장 쉽게 떠올릴 수 있는 게 바로 술이다.(슈라이버, 2018: 192~193)

이처럼 슈라이버가 보기에, 술은 자신을 자신의 '머릿속 감옥'으로부터 탈출시켜 주는 기제이다. 그는 이 과정을 다음과 같이 묘사한다.

술은 불안과 정신적 상처로 생긴 괴로운 내면과 죄의식을 완화시키는 최고의 약이다. 술은 내면의 이야기를 정돈하고 정리하며 수정함으로써 자아가 그 무게를 견딜 수 있게 해준다. 가벼운 망각을 통해 행동을 결정할 수 있게 해준다. 술은 현존하는 최고의 진정제이다. 스트레스에 이만한 것도 없다. 즐거운 느낌을 만드는 데 가장 짧고 효과적인 방법이다. 무엇을 하건 어디에 있건 술을 한잔 쥐고 있으면 인생이 좀 더 견딜 만해지고 멋지게 보인다. 그것만으로 충분하게 느껴진다. (슈라이버, 2018: 198)

이 네 가지 방정식은 별개로 작동하는 것이 아니라 동시에 서로를 증폭시키며 고통의 감정을 즐거움으로 전환시킨다. 하지만 술은 현실을 변화시키지 않는다. 연극이 끝나면 일상으로 돌아가야 하는 것과 마찬가지로, 술자리가 파하면 우리는 일상의 현실로 돌아가야 한다. 그러나 술이 현실을 변화시키지는 않지만, 현실에 대응하는 사람들의 행동 방식은 변한다. 그것과 함께 술 마시기의 패턴 또한 변화한다. 이러한 변화의 모습을 보여주는 뚜렷한 징후 중의 하나가 바로 혼술의 유행이다.

혼술: 일탈에서 취향으로

혼자 술 마시면 안 된다는 법칙은 어디에도 존재하지 않는다. 하지만 공개된 장소에서 혼자 술을 마시는 것은 부정적으로 인식되는 경향이 있다. 그렇다면 왜 사회는 혼술을 일종의 일탈로 간주하는가? 첫째는 우리 인간이 '사회적으로' 술을 마셔왔다는 사실 때문이다. 우리에게 술자리란 술을 마시는 자리가 아니라 함께하는 자리였다(이상훈, 1998: 143). 게다가 술 마시기에는 '주도(酒道)'라는 사회적 규칙도 존재한다. 이는 곧 술은 타자와의 관계 속에서 사회가 허용하는 방식으로 마시는 것임을 의미한다. 이러한 맥락에서 혼술은 사회적 통제권 밖에 있는 것이기에 비정상적인 행동이 된다.

둘째는 술이 술이라는 물질의 나눔이 아닌 마음의 나눔이라는 이상화를 통해 정당화되어 왔다는 데서 기인한다. 이러한 방식으로 술을 정당화하는 것은 혼자 술을 마시는 사람을 적어도 공감 능력이 부족하거나 자신의 마음을 나눌 수 있는 상대가 없는 사람으로 보게 한다. 이는 혼술자를 외톨이로, 그리고 더 나아가 성격상 문제 있는 사람으로 추론하게 한다. 그렇기에 혼술자는 술 마시고 사고 칠 수 있는 위험한 존재이며, 따라서 경계해야 하는 존재가 된다. 그 결과 주변 사람들에게 혼술자는 항상 의식해야만 하는 존재이고, 따라서 그들로 하여금 혼술자를 흘끗흘끗 바라보게 한다.

셋째로, 술은 의례를 위한 자리에서든 커뮤니케이션을 위한 자리에서든 항상 도구로 등장한다. 즉, 술은 사회적으로는 목적이 아닌 도구라는 점에서 허용된다. 하지만 혼자 술을 마시는 것은 술을 위해 술을 마시는 것으로 간주된다. 혼술은 술의 또 다른 효능, 즉 개인적 쾌락—쾌락의 추구와 고통의 회피라는 의미에서의—을 위한 것으로 간주된다. 쾌락주의자에게 금욕은 또 다른 고통을 의미하지만, 따라서 금욕주의는 인간을 지배하는 '천부적' 쾌락주의를 위반하는 것이었지만(벨, 2021: 65), 사회의 도덕률은 절제와 자제를 상위의 가치로 상정해 왔다. 따라서 혼술하는 사람은 자기 통제력이 없는 사람으로 간주된다.

이처럼 혼술을 꺼리는 것은 혼술을 금지하는 규칙이 있어서가 아니라 '사회적 시선' 때문이다. 뒤르켐의 지적대로, "자신이 경험한 사회적 거리감은 한결 완곡한 형태이기는 하지만 어떤 현실적 형벌과도 동일한 결과를 자아낸다"(Durkheim, 1982: 51). 이는 사람들로 하여금 공개적인 자리에서 혼자 술 마시는 일을 어렵게 한다. 하지만 혼술이 전혀 없었던 것은 아니다. 이를테면 우리는 영화나 드라마에서뿐만 아니라 현실에서도 고급 바에서 혼자 술잔을 기울이는 사람들의 모습을 일상적으로 목격해 왔다. 하지만 사람들은 그들에게 일탈자라는 낙인을 찍지 않았다. 왜냐하면 그곳은 혼술의 장소라고 인식되기 때문이다. 따라서 도리어 분위기 있는 바에서 마시는 혼술은 낭만의 일종으로 인식되었고, 술꾼들에게 홈바는 로망의 대상이 되었다.

그러나 바는 서민들의 공간은 아니다. 혼자 술을 마실 수밖에 없는 사람은 손님이 없는 동네 포장마차에서, 그것도 구석진 자리에서 처량한 모습으로 주변의 눈치를 보며 소주를 마셔야만 했다(이것 또한 혼술에 대한 부정적인 인식에 일조했다). 가족이 있는 집에서의 혼술은 더더욱 피해야만 하는 것이었다. 집은 외부인의 시선에 아랑곳하지 않을 수 있는 사적 공간이지만, 집에서 마시는 혼술은 자신의 부정적인 감정을 가족 성원에게 '전염'시키는 행동이기 때문이다. 그것은 바깥 세계의 위험으로부터 가족을 지키는 공간을 파괴하는 행위로, 가족 성원이라면 피해야만 하는 것이었다. 집에서의 혼술은 혼술자에게는 또 다른 감정적 '짐'으로, 앞서 언급한 술의 방정식에 위배되는 것이다.

하지만 최근 들어 일반 술집이나 집에서 혼자 술을 마시는 일이 일상화되고 있으며, 그것을 숨기는 것이 아니라 SNS상에서 공유하는 일이 하나의 유행 같은 흐름을 형성하고 있다. 그렇다면 이러한 혼술 현상은 어떻게 가능해진 것인가? 우선 혼술자들의 경험담을 검토해 보면, 혼술자들은 사회적 시선에 '둔감해'짐으로써 자신이 이겨내야 하는 감정의 무게를 덜고 있는 것으로 보인다. 짐멜(2005: 41)에 따르면, '둔감함'은 비인격적 관계를 특징으로 하는 근대인에게는 하나의 감정적 생존방식이다. 도시적 삶에서 마주치는 무수한 자극에 대해 민감한 반응을 보이는 것은 신경과민을 만들어낼 수밖에 없기 때문이다. 이는 주변에 대한 무관심으로 이어진다. 다른 한편 이러한 둔감함과 무관심의 원리는 혼술자를 바라보는 사람에게서도 동일하게 작동한다. 실제로 현대인은 자신과 직접적인 관계에 있지 않은 사람들의 행동에 대해서는 깊이 관여하지 않는다. 따라서 현대인들에게 눈의 작용은 자신의 시계에 있는 대상을 의식적으로 주시하는 것이 아니라 단지 눈에 주어진 기능에 따라 그냥 바라볼 뿐일 수도 있다. 그 눈은 뇌의 평가를 동반하지 않는다. 그리고 혼술자들 역시 다른 사람들의 시선이 뜻하는 바를 알 수 없으며, 혼술자에 대한 고정관념에 의거해 자신을 스스로 평가하고 있는 것일 수도 있다. 다시 말해 혼술자가 느끼는 부정적인 자기 이미지는 실제 이미지가 아니라 자신이 느끼는 감정적 부담감이라고 할 수 있다.

다른 한편 오늘날에는 주변 사람들 역시 혼술자에게 부정적인 시선을 보내기보다는 혼술의 심리에 '공감'하는 경향을 드러내기도 한다. 자신 역시 혼술의 충동을 느끼지만, 사회적 시선에 대한 두려움이 혼술의 실행을 가로막고 있음을 경험했기 때문이다. 따라서 주변 사람들은 혼술자를 한편으로는 측은하다고 생각하면서도 동시에 '용감한' 사람이라고 인식하기도 한다. 이 경우 주변 사람들은 일부러 혼술자에게서 자신의 시선을 거두어주기도 한다. 이것이 바로 고프먼(Goffman, 1963)이 말하는 '예의 있는 무관심(civil inattention)'이다. 이는 나도 혼술의 기회가 주어진다면 혼술을 할 수 있을 것이라는 생각으로 이어지며, 혼술 현상을 확대재생산한다. 또한 이러한 상황은 혼술은 사회적 금기가 아니라 개인적 '선택'이라는 인식을 확산시킨다. 그리하여 혼술에 대한 우려는 소심함에서 기인하는 것이지 사회적 문제가 아니게 된다.

하지만 혼술자들은 여전히 사회적 시선으로부터 자유롭지 못한 것으로 보인다. 이는 미혼남녀가 혼술하기에 최고로 좋은 장소로 집(혼자 사는 집)을 선택하고, 밖에서 혼술을 할 때 가장 선호하는 자리로 '밖을 구경할 수 있는 창가 자리'를 선택하는 것에서 알 수 있다(결혼정보회사 '듀오' 조사, ≪스포츠경향≫, 2018년 9월 30일자에서 인용). 하지만 밖에서의 혼술 역시 늘어나는 경향을 보이고 있다. 드라마 〈혼술남녀〉의 영향 때문일지도 모르지만, 혼술 전문집─심지어는 혼술 서점도 있다―이 생기는가 하면, 인터넷에는 혼술하기 좋은 곳, 혼술하기 좋은 술과 안주를 소개하는 글이 넘쳐난다. 그리고 「혼술하기 좋은 밤」이라는 노래가 혼술자의 마음을 달래주기도 한다.

또한 혼술자들은 혼술의 수칙을 정하기도 한다. 좋은 분위기의 음식점에서 좋은 안주와 함께 마시고 절대 취하지 않을 정도로 기분 좋을 만큼만 마신다는 것 등이 그것이다(정덕현, 2016). 이른바 혼술의 '주도'이다. 이는 혼술에 대한 부정적인 이미지를 벗겨내기 위한 노력의 일환이기도 하다. 또한 혼술의 레벨(편의점에서의 혼술에서부터 삼겹살집에서의 혼술에 이르기까지)을 올려가면서 술을 마시는 등 이제 혼술은 '놀이'로까지 확장되고 있다. 이제 혼술은 우려되는 습관이 아니라 하나의 취향으로 진화하고 있다. 그렇다면 혼술은 어떻게 일탈행동에서 취향으로 진화할 수 있었을까? 많은 일반적 설명처럼, 또는 쉽게 추론할 수 있는 것처럼, 단순히 1인 가구라는 사적 공간이 확대된 것만으로 이를 설명할 수 있을까? 1인 가구의 구성원 모두가 혼술자가 아니라는 것은 이에 대한 또 다른 해명을 요구한다. 이것이 바로 이 글이 해명하고자 하는 것이다.

탈사회 시대 혼술의 감정 메커니즘

혼술이란 앞서 논의한 술의 감정 메커니즘에 의존하면서도 술과 등치되던 술자리와 술이 분리된 채 음주가 일어나는 현상을 의미한다. 다시 말해 혼술이란 술의 공간에서 사회적 관계가 사라진, 즉 탈사회적 맥락에서 술을 마시는 것을 뜻한다. 이는 사람들이 술은 즐기되 술자리는 멀리한다는 것을 의미한다. 왜 이러한 현상이 발생하는가? 이를 앞서 논의한 것처럼 감정의 맥락에서 살펴보자.

혼술은 기본적으로 술이 아닌 술자리의 문제가 만들어내는 현상이다. 왜냐하면 거기에는 술은 존재하나 술자리는 존재하지 않기 때문이다. 우선 혼술은 함께하는 술자리가 소속감과 유대감에 기반한 편안함을 만들어내는 것이 아니라 일상의 틀에 박힌 일에서와 마찬가지로 감정적 불편함을 만들어낸다는 데서 기인하는 것으로 보인다. 아래의 글은 왜 사람들이 술을 좋아하면서도 함께하는 술자리는 피하고 싶어 하는지를 잘 보여준다.

> "회식도 업무의 연장이야! 한 사람도 빠지지 마." 미리 정한 회식도 달갑지 않은데, 상사의 기분에 따라 갑작스럽게 통보되는 술자리는 정말 최악이다. 할 일은 없는데, 상사 눈치를 보며 자리를 지켜야 하는 야근만큼이나 가혹하다. 상사의 썰렁한 아재 개그에 영혼 없는 리액션으로 답해야 하고, 눈은 웃지 않더라도 입꼬리는 시종일관 힘주어 끌어 올려야 하고, 축하할 일도 기분 좋은 일도 없는데 돌아가며 건배사도 해야 한다. 정말이지 에너지가 너무 많이 든다.(마음컬러리스트, 2016)

이 인용문이 보여주듯이, 술자리가 항상 즐거운 자리인 것은 아니다. 특히 회식자리 같은 경우는 단지 유대 형성의 자리가 아니라 권력관계가 동시에 존재하는 장으로 인식된다. 이러한 관계 속에서는 "술은 즐기는 것이 아니라 대적해야 하고 극복해야 하는 또 하나의 힘으로 존재한다. 술을 마시는 것이 아니라 내 몸에 침입해 들어오는 술을 잘 받아내야 한다"(이상훈, 1998: 151). 이처럼 때에 따라서 술자리는 해방의 공간이 아니라 속박의 공간이기도 하다. 이러한 불편한 술자리는 앞서 언급한 첫 번째 술의 방정식과 정면으로 배치된다. 반면 혼술자들은 이구동성으로 혼술은 편안하고 자유롭다고 예찬한다.

하지만 이전에도 술자리에서 강요나 속박이 없었던 것은 아니다. 그럼에도 불구하고 술자리를 통한 사회적 네트워크(즉, 사회적 자본)의 형성이라는 메커니즘은 '알코올 부족'에게 '회식'이라는 독특한 술 문화를 창출해 냈다. 이러한 문화에서는 술자리에서의 불편함이 그 자리를 떠나거나 피하는 합당한 구실이 아니라 감내해야 하는 것이었다. 그렇다면 무엇이 의례나 회식의 술자리뿐만 아니라 일상적인 술자리에서조차 술자리의 불편함을 참을 수 없는 것으로, 따라서 가능하다면 피하고자 하는 것으로 만들었을까? 우리는 이를 몇 가지 면에서 추론해 볼 수 있다.

먼저 지적할 수 있는 것은, 사람들이 마음속에 그리는 술의 효과와 실제 술자리에서의 경험이 충돌하고 있다는 점이다. 좀 더 거창하게 표현하면, 혼술은 술의 '주술화'와 술자리의 '탈주술화' 간의 모순에서 발생하는 하나의 사회적 현상이다. 사람들은 일반적으로 자신의 지친 몸과 감정에서 벗어나기 위한 방편 가운데 하나로 술을 찾는다. 이를테면 한 응답자는 다음과 같이 말한다.

'술'을 마시고 싶다거나 마셨던 경우는 대부분 일상에서 느끼는 불편한 감정을 지우고 싶었을 때였다. 그리고 시간이 허락하고 마음의 여유가 있으면 내게 언제 어떻게 닥쳐올지 모르는 불편한 감정에 대한 예방접종처럼 '술'을 가까이했던 것 같다. (박○○, 대학원생, 여, 32세)

하지만 문제는 술자리에는 그러한 불편한 감정을 가진 사람들이 그 감정을 해소하기 위해 모인다는 사실이다. 이렇듯 술자리는 참석자들의 감정을 해소하는 자리이며, 그렇다 보니 술자리 역시 자신의 감정에너지를 소모하는 장이다. 앞서 인용한 응답자는 이렇게 말한다.

나를 비롯한 모두가 뿜어내는 에너지들을 감당하기 어렵다고 느낀다. 그 에너지가 아무리 긍정적일지라도 그러한 술자리를 가지고 집에 들어가면 에너지가 고갈되는 느낌이다. (박○○, 대학원생, 여, 32세)

이처럼 술자리는 신체적 피로감뿐만 아니라 감정적 피로감을 동반한다. 반면 혼술자들에게 아무런 강요가 없는, 즉 자신의 통제권하에 있는 혼술은 그러한 피로감 모두를 피하면서도 짓이겨지고 찢기고 허물어진 나를 자신만의 안식처로 인도하는 유일한 수단이다. 동일한 응답자는 혼술에 대해 이렇게 언급한다.

다른 누군가의 방해를 받지 않고 온전히 나와 시간을 보낼 수 있다. 다른 누군가와 함께 시간을 보내면서 상대방을 배려하면서 정작 나 자신을 배려하지 못했다고 느꼈는데 [혼술을 할 때는] 온전히 나 자신만을 배려할 수 있기 때문이다. (박○○, 대학원생, 여, 32세)

실제로 혼술자들은 혼자 술을 마실 때면 "'내'가 '나 자신'과 마주하며 술을 마시는 느낌이 들고" "순간의 감정에 집중하기 때문에" "친구들과 술을 마시며 위로받는 것보다" "잔잔한 위로가 되고, 술을 더 음미하면서 마시기 때문에 훨씬 더 맛이 있다"라고 말한다(세은, 2020). 즉, 혼술자들은 술자리를 즐기는 것이 아니라 술 자체를 즐긴다.

이러한 인식은 혼술 관찰자의 시각에서도 마찬가지로 나타난다. 한 혼술자는 자기 주변의 혼술자들을 둘러보고 다음과 같이 말한다.

> 휴대폰으로 게임 방송을 보면서 칵테일을 마시는 사람도 있었고, 손으로 턱을 괴고 사색을 하면서 소주를 마시는 사람도 있었다. 저마다의 방식으로 혼술을 즐기고 있었지만, 다들 하나같이 편안한 표정을 짓고 있었다. 혼자만의 시간을 온전히 즐기고 있는 표정이랄까.(김피플, 2020)

그러면서 그는 혼술의 매력을 이렇게 말한다.

> 내가 원하는 속도로 천천히 술을 마실 수 있어서도 아니고, 술을 마시면서 읽었던 시집이 좋아서도 아니었다. 그렇다고 술집에서 나던 나무 냄새가 매력적이지도 않았다. 오랜 고민 끝에 내린 질문에 대한 답은 자유로움이다. 혼자서 술을 마시는 동안만큼은 다른 사람들의 눈치를 보지 않고 내게 집중할 수 있다는 점이 진정한 가치가 아닐까. (김피플, 2020)

이처럼 혼술은 나만의 공간이 아닌 공개된 장소에서도 '프라이버시의 섬'을 만들어준다. 이처럼 혼술자들에게 혼술은 자유의 공간을 창출하는 기제이며, 술의 유토피아를 창조한다. 그들에게 혼술은 술의 도구성을 버리고 술의 진정한 가치를 실현하는 장이다.

사람들이 일상적인 술자리조차 피하려는 그다음 이유로 추론할 수 있는 것은, 술자리는 연대감 형성의 기제로 예찬되면서도 배타성 또한 내포한다는 점이다. 다시 말해, 술자리는 아웃사이더 만들기를 포함한다. 또한 술자리에서의 담화는 참석자/비참석자에 대한 평가―특히 부정적 평가―를 포함하기도 한다. 혼술자들은 이처럼 술자리에서 자신이나 타자를 '술안주'로 만드는 것에 대해 심한 거부감을 드러낸다. 그들은 단순히 술을 강요하는 것뿐만 아니라 술자리에서 흔히 행해지는 인물 비평―비난뿐만 아니라―도 일종의 폭력으로 인식한다. 따라서 일부 사람들은 그러한 행위들을 술자리에서 있을 수 있는 가벼운 농담 정도가 아니라 자신에게 가하는 정신적 학대라고 생각한다. 한 응답자는 피하고 싶은 불편한 술자리를 이렇게 묘사한다.

부정적인 이야기만 하거나 누군가를 험담만 하는 자리, 비교 대상을 찾고 세상에 대해 한탄만 하는 사람들과의 술자리는 피하고 싶으며, 직장에서 계급관계가 놓인 상사와의 관계도 피하고 싶은 술자리 중 하나입니다. 그곳을 가지 않았을 때 아쉽다거나 그런 느낌은 없으나 … 내가 직장에서 어떻게 평가되고 있는지 가십거리가 되지 않을지에 대한 걱정과 고민은 하는 편입니다. 그런 술자리를 참석했을 시[에]는[] 있는 내내 편히 있지 못하고 벗어나고 싶다는 생각과 함께 불편하

고 싶어요. (김○○, 개인 사업가, 여, 34세)

혼술자에게 술이 자유를 연상시킨다면, 술자리는 정신적·감정적 폭력의 장소이다. 하지만 이러한 느낌 역시 어제오늘의 일이 아니다. 그렇다면 사람들은 왜 오늘날 술자리의 불편함을 더 느끼는 것일까? 이는 그간 불편함을 느끼는 한계점의 수준이 더 낮아졌다는 것에서 찾아볼 수도 있을 것이다. 이 점에서 쉔과 로버그의 다음과 같은 지적은 음미해 볼 필요가 있다.

> 곳곳에 편의시설이 쭉 깔려 있는 덕에 생활도 너무나 편안해졌고, 인터넷이나 다른 기술의 혜택도 풍족하게 누리고 있으며, 먹거리도 넘쳐나고, 저렴한 교통수단도 널려 있다. 하지만 그 덕에 우리는 불편함에 대한 내성이 점점 떨어지고 있고, 불편의 역치도 급속도로 낮아지고 있다. 불편해지려나 싶은 기색만 비쳐도 사람들은 불편을 제거하려고 호들갑을 떤다. 어떤 편법을 써서라도 그런 불편을 해결하지 않으면, 거기에 적응하지 못하고 무언가 끔찍한 일이 일어날 것만 같은 두려움이 커진다. (쉔·로버그, 2014: 33)

그렇다고 혼술을 쉔과 로버그의 지적처럼 작은 불편에도 적응하지 못하는 '취약한' 인간의 선택지라고 할 수 있을까? 아마도 쉔과 로버그의 지적대로, 우리가 어느새 편안함에 중독되고 불편함에 과도하게 민감해졌다는 것은 부정할 수 없을 것이다. 하지만 우리가 느끼는 물질적 측면의 편안함이 사회적 삶 전체를 편안하게 하지는 않는다.

오히려 고도기술 사회가 만들어낸 고도경쟁 사회는 우리의 일터의 업무와 사회적 관계를 더욱 피로하게 만들고 있다. 실제로 물질적 삶의 편안함과 사회적 삶의 불편함 간의 간극은 더욱 커지고 있다. 이것이 사람들로 하여금 틀에 박힌 일상의 탈출구로서 술을 더욱 찾게 한다. 하지만 앞서 살펴보았듯이, 술자리 역시 휴식의 영역이 아니라 일터의 논리가 작동하는 공간으로 변질되어 있다. 회식자리에서 일어난 사고를 업무의 연장으로 인정하는 것은 이를 반증하는 사례의 하나이다. 혼술자들에게는 이제 술자리 역시 탈출의 대상이다.

따라서 혼술자들에게는 현실의 불편함과 그로 인한 감정─화, 걱정, 불안─을 해소하는 방식에서도 변화가 일어난 것으로 보인다. 앞서 논의했듯이, 술은 현실의 고통과 감정적 불편함을 잊게 해주는 망각의 기제이다. 하지만 함께하는 술과 혼자 하는 술은 망각에 이르는 방법에서 다르다. 먼저 함께하는 술은 자신의 감정을 '방출'함으로써 잠시 자신의 불편함을 잊게 해준다. 냅은 이 과정을 다음과 같이 설명한다.

> 그들은 그저 술을 마시고 마음속에 들끓는 온갖 감정을 바깥으로 철철 쏟아낸다. 쏟아져 나온 감정이 테이블 위로 질펀하게 흘렀다. 나는 그게 좋았다. 감정을 그렇게 다루는 사람들, 속마음을 줄줄 흘리면서 통찰이니 분석적 사고니 하는 것들을 비웃어주는 사람들, 그 틈에 있는 것이 좋았다. 그런 사람들과 함께 웃을 수 있는 것이 좋았다. 술집에서 그들과 나란히 앉아 똑같이 감정을 쏟아내면 해방된 도락의 경지에 이른 것 같았다. (냅, 2017: 111)

이처럼 애주가들에게 술자리는 자신의 억눌린 감정을 방출함으로써 일상으로부터의 해방감을 만끽할 수 있게 해주는 공간이다. 한 응답자는 술의 이러한 기능을 "좀 더 신나게 수다 떨 수 있게 해주는 촉진제"라고 말한다(이○○, 학생, 여, 25세). 이처럼 술자리의 미덕 중 하나는 문제를 해결하는 것이 아니라 함께 자리하는 사람들끼리 마음 속에 있는 갑갑함과 답답함을 그냥 배출하는 것이다. 그렇기에 특히 "술에 만취하여 오가는 말은 큰 의미가 없다. 무슨 말을 하는지, 어떤 의미로 그런 말을 하는지는 취한 상태에서는 크게 중요하지 않다. 마치 술을 서로 건네듯이 소리를 주고받는다"(이상훈, 1998: 147). 술자리에서 이 같은 소통양식이 가능한 것은 앞의 인용문이 지적하고 있듯이, 우리는 술자리가 일터와 달리 '분석'과 '평가'가 유예되는 공간이라고 믿기 때문이다. 따라서 우리의 인지 작업 역시 잠시 중지된다. 술자리에서 무슨 일이 있었는지 술이 깨고 나서 생각나지 않는 것도 바로 이러한 술자리 대화의 '비소통적' 성격 때문이다. 술은 현실의 고통을 잊게 할 뿐만 아니라 그 망각의 순간 역시 잊게 한다.

하지만 사람들이 현실을 잊기 위해서만 술을 마시는 것은 아니다. 많은 사람은 술자리에서나마 자신의 지친 몸과 마음을 따뜻하게 위로받고 싶어 한다. 그러한 사람들에게 그냥 마시고 떠들어대는 술집의 왁자지껄한 분위기는 자기 망각이 아니라 오히려 '군중 속의 고독감'을 불러낸다. 다시 말해 술집은 또 다른 외로움 내지는 소외감을 낳는다. 게다가 자신이 집단적 흥분에 합류하지 않을 경우, 자신의 '속내 드러내기'는 위로를 받기보다는 자칫 자신의 약점을 노출하는 것이거나 자신에 대한 부정적인 평가의 빌미를 제공하는 것이 될 수도 있다. 술자리가 신뢰 형성의 장소인 동시에 불신의 씨앗으로 작동하는 것도 바로 이 때문이다. 이러한 이유에서 인터뷰에 응한 거의 모든 응답자가 많은 사람이 모이는 술자리보다 소수의 사람만 모여서 진솔하게 이야기할 수 있는 술자리를 더 선호한다고 말했다. 같은 맥락에서 한 응답자는 최고의 술친구로 "말과 행동을 조심할 필요가 없는 친구"를 꼽았다(고ㅇㅇ, 대학원 준비생, 남, 26세). 하지만 오늘날과 같이 개인화된 고도경쟁 사회에서는 개인들은 타인을 배려할 만한 시간적·감정적 여유조차 없다. 이것은 혼술의 또 다른 사회적 맥락을 구성한다. 2016년 방영되어 인기를 끌었던 드라마 〈혼술남녀〉에 나오는 다음과 같은 대사는 이를 웅변적으로 보여준다.

내가 혼술을 하는 이유는 힘든 날 진심으로 이해해 줄 수 있는 사람이, 내 마음을 진심으로 이해해 주는 사람이 그리 많지 않기 때문이다. 그래서 내 아픔을 나누기보단 혼자 삭히는 것이, 이렇게 혼자 마시는 한잔의 술이, 더 위로가 되기도 한다. 그래서 난 오늘도 이렇게 혼자 마신다. 사람들 속에 시달리며 하루를 보내는 우리는 술 한잔만이라도 마음 편하게 마시고 싶어 혼자 마시기도 하고, 앞이 안 보이는 현실을 잠시나마 잊기 위해, 골치 아픈 걱정거리를 놓기 위해 혼자 마시기도 한다. 바쁜 하루 끝에 마시는 술 한잔. 나 혼자만의 시간은 수고한 나에게 주는 선물이며 '내일도 힘내'라고 하는 응원이기도 하다.(tvN 드라마 〈혼술남녀〉 중에서)

혼술을 대변하는 이 대사는 혼술의 이유를 말해줄 뿐만 아니라 혼술에 적극적인 의미도 부여하고 있다. 이 대사에서도 술은 망각의 기제이다. 하지만 혼술은 감정의 분출을 통해서가 아니라 자기 위로를 통해 망각에 이른다는 점에서 함께하는 술과 다르다. 게다가 이 대사에서 혼술은 열심히 일한 자신에게 주는 상이자 격려라고 표현되고 있다. 하지만 누군가는 이를 놓고 혼술을 미화하는 레토릭에 불과하다고 주장할 수도 있다. 왜냐하면 술 자체가 마음의 상처를 치유하는 치료제는 아니며, 자신을 위로해 주는 친구도 아니기 때문이다. 이는 하나의 은유일 뿐이다. 따라서 우리는 혼술의 순간에 우리의 내면에서 일어나는 감정 전환 과정을 분석해 볼 필요가 있다.

이를 위해 먼저 '홀로임'에 주목해 볼 필요가 있다. '함께'의 세계관에서 '홀로'는 외로움과 고독함을 의미한다. 그러한 시각에서는 항상 타자로서의 대상을 상정하기 때문이다. 하지만 '홀로'의 관점에서 보면, 홀로는 타자에서 벗어남, 즉 자유를 의미한다. 술자리에서 사람들은 자신의 일터에서 벗어나 있다는 사실로부터 자유를 느끼지만, 여전히 타자―눈빛으로 통하는 사람이라고 할지라도―와의 관계에서는 벗어날 수 없다. 자신과 가장 친밀한 사람은 자신의 내밀한 것까지 가장 많이 아는 사람이고, 따라서 신뢰 관계가 약화된 고도경쟁 사회에서는 가장 위험한 존재가 될 수도 있기 때문이다. 하지만 혼자임은 상황과 타자 둘 다에서 벗어나 있다. 그러나 홀로임 자체가 자신의 머릿속을 지배하는 감정적 속박에서까지 벗어나게 해주지는 않는다. 그렇다면 혼술은 어떻게 적어도 일상의 작은 불만과 미련이나마 잊게 해주고 심지어는 내일을 위한 힘이 되어주는 것일까? 아마도 언론에 보도되듯이, 사람들이 홀로 좋은 안주를 잘 차려놓고 우아하게 와인을 마신다는 것, 그리고 와인 매출이 증가했다는 경험적 사실을 그 증거로 제시하는 것만으로는 충분한 설명이 될 수 없을 것이다.

우리는 그 답을 술은 상상력의 기제이기도 하다는 점에서 찾아볼 수 있다. 위대한 예술가 중 많은 이가 술 예찬가, 심지어는 알코올중독자였다는 것은 널리 알려진 사실이다. 올리비아 랭이 『작가와 술』에서 분석해 내듯이, 그들 역시 현실로부터 탈출하기 위해 술을 마셨고 그로 인해 파멸에 이르기도 했지만, 술이 그들에게 영감을 주는 원천 중 하나였음은 부정하기 어렵다. 랭은 실제로 "술은 기분을 돋워주고, 술을 마시면 감정이 고양되고, 나는 그런 감정을 이야기로 담아낸다"는 스콧 피츠제럴드의 말을 자기 정당화로 치부하지만(랭, 2017: 129), 이는 랭이 작가들의 삶의 궤적에서 그들의 음주 행태를 이해하려고 했을 뿐, 술이 어떻게 그들의 고통을 잊게 하고 창작을 가능하게 하는지를 살피지 않기 때문이다. 하지만 술과 예술적 상상력의 관계를 다루는 것은 이 글의 논지에서 벗어나며, 필자의 영역 밖이다. 그러나 우리는 감정사회학의 맥락에서 혼술이 어떻게 상상의 공간을 통해 우리를 위안에 이르게 하는지, 즉 현실의 고통을 잊고 미래에 대해 희망을 품을 수 있게 하는지는 추적해 볼 필요가 있다.

진정제로서의 술은 극단의 감정을 중화시키고, 그리하여 감정의 영역에 빈 공간을 만들어낸다. 이 공간을 채우는 것이 바로 상상이다. 흔히 상상이란 일상의 지각과정보다는 정신의 활동을 통해 하나의 환상을 창조하는 것으로, 즉 우리를 현실과 분리시키는 것으로 인식된다. 이러한 맥락에서 우리는 술이 우리를 환상의 세계로 인도해서 현실을 망각하게 한다고 쉽게 해석할 수도 있다. 하지만 이것만으로는 혼술자들이 왜 술이 위로가 되고 내일을 위한 에너지가 된다고 생각하는지까지를 설명할 수 없다. 우리는 이 문제를 해명하는 단서를 상상에 대한 에바 일루즈와 이안 버킷의 보다 사회학적인 견해에서 발견할 수 있다. 그들에 따르면, 상상은 현실과 단절된 것이기는커녕 우리의 감각적·실제적 경험과 밀접히 관련되어 있고, 그러한 경험에 대한 우리의 인식을 보충하고 심화할 뿐만 아니라 자주 그 경험의 대체물이다(Illouz, 2012: 199; 버킷, 2017: 188).

이러한 견해에 입각해서 혼술자들의 상상의 세계를 추적해 보자. 혼술자들에 따르면, 그들이 홀로 술잔을 손에 쥐는 까닭은 자신을 지치고 힘들게 하는 현실 때문이다. 하지만 사람들의 감정은 그들이 현실에서 겪는 삶 자체에서 기인하는 것이 아니라 자신들의 꿈과 이상에 견준 현실의 상황에서 기인한다(동일한 상황이 모두에게 동일한 감정을 만들어내지 않은 것은 이 때문이다). 즉, 감정은 단순한 반응이 아니라 평가 또한 포함한다. 다시 말해 우리가 현실에서 느끼는 감정의 근원은 현실 자체가 아니라 현실과 우리가 가진 이상 간의 간극이다. 혼술의 시간에 이 간극을 메워주는 것이 바로 상상이다. 술과 독대하는 시간은 술이라는 친구와 대화하는 시간이 아니라 실제로는 나와 '상상적 대화'를 하는 시간이고, 따라서 하루의 끝에서 나를 돌아보는 자기 성찰의 시간이며, 더 나아가서는 자신의 삶에 의미를 부여하는 과정이다. 그렇다면 술을 매개로 한 자기와의 대화가 어떻게 우리의 감정을 전환시키는가?

혼자만의 술이 만들어내는 이 빈 시간은 단순한 신체적·심리적 반응으로 경험되던 자신의 감정의 근원을 자신의 내면으로 읽어낼 수 있는 여유를 가져다준다. 술 한잔이 주는 몽롱함과 함께 오늘 하루를 지배했던 감정들—풀리지 않는 일과 온종일 씨름하며 나던 짜증, 상사의 잔소리에 참았던 화, 이러다가 내가 도태되는 것 아닌가 하는 생각에 갑자기 밀려왔던 미래에 대한 걱정과 불안감—이 몰려온다. 하지만 외부적 속박이 아니라 나 자신이 수행한 하루의 행동이라는 측면에서 보면, 이러한 스트레스와 우울감은 자신이 현실에 대응해 가는 과정에서 생기는 것으로, 치열한 삶의 일부이다. 이제 지친 나는 자신의 꿈을 향해 나아가는, 참고 견디며 고생한 존재이자 위로받아야 하는 존재가 된다. 그리하여 내가 스스로에게 내리는 술은 자신에게 주는 하나의 위로이자 선물이 된다. 그리고 술로 위로받은 존재는 다시 현실과 이상의 간극을 좁히기 위한 힘을 얻는다. 이제 현실의 고통에서 벗어난 이 빈 공간은 미래의 희망으로 채워진다. 이제 혼술자는 다시 자신의 꿈을 설계하며 잠든다. 따라서 많은 혼술자가 말하듯, 술은 행복한 꿈을 꾸게 하는 수면제가 된다. 이러한 점에서 술은 또한 혼술자들이 자주 언급하듯이 삶의 활력소이기도 하다. 그러나 내일의 현실은 다시 술이라는 치료제를 요구한다.

혼술, 과연 탈사회적인가?

지금까지의 혼술 분석에 따르면, 현재는 '자기 위로'의 시대이다. 이제 위로마저도 스스로 해야 하는 시대이다. 이러한 점에서 피상적으로는 혼술은 '감정의 개인화' 현상을 뚜렷하게 보여주는 하나의 사레일 수 있다. 이는 앞서 논의했듯이 혼술이 일탈이 아닌 하나의 '취향'으로 인식되고 있다는 점에서도 알 수 있다. 사회학적으로 볼 때, 일탈은 사회적 규범에 준거하지만 취향은 개인적 '선택'의 문제이기 때문이다. 혼술이 옳고 그름이라는 판단의 영역이 아니라 좋고 싫음이라는 감정의 영역으로 전화된 지금, 혼술은 누군가의 비난의 대상이 될 수 없다. 이처럼 혼술이 사회적 시선에서 벗어나 있다는 사실은 혼술자로 하여금 자유를 느끼게 할 수도 있다. 하지만 다른 한편에서 사람들은 혼술의 관계 기피증적 요소나 현대인의 사회 도피적 성향을 우려하기도 한다. 그렇다면 혼술은 과연 탈사회적 현상일까?

함께하는 술이 술의 해악에도 불구하고 사회적으로 용인되는 이유 중 하나는 술자리의 너그러움—일터에서처럼 옳고 그름을 따지지 않고 내 편 네 편을 나누지 않는 '이상화된' 술자리 상황—이 타인에 대한 배려의 마음을 낳고 그것이 서로 간의 유대를 형성해 주기 때문이다. 반면 혼술을 즐기는 사람들은 자신이 좋아하는 술과 안주를 마음껏 선택할 수 있고, 남의 눈치를 보지 않아도 되며, 자유롭고 편안하기 때문에 혼술이 좋다고 말한다. 하지만 그러한 상황과 느낌은 혼술 자체에서 나오는 것이 아니라 구속과 강요로 인해 불편하고 부자유스러웠던 술자리와의 비교에서 비롯되는 것이다. 그리고 혼술자들이 항상 혼자 술을 마시는 것도 아니다. 서면 인터뷰에 응한 응답자들은 소중한 사람들—서로를 이해하고 위로하고 배려하는, 그리하여 공감하는 사람들—과 함께하는 술자리를 가장 즐거웠던 순간—그리하여 현실을 떠나 함께함에 몰두했던 순간—으로 기억한다. 그리고 여전히 그러한 술자리를 원한다. 한 기자는 이 같은 마음을 "문득 술 한잔이 생각나는 저녁, 눈빛만

봐도 통하는 친구와 만나 말없이 한잔에 추억과 한잔에 사랑과 한잔에 쓸쓸함을 나누고 싶은 건 두말하면 잔소리이다"라고 쓰고 있다(최상진, 2016). 이러한 점에서 혼술은 인간의 본능을 위배한다. 그럼에도 불구하고 사람들은 왜 혼술을 택하는가? 아래의 인용문은 자신을 위로해 줄 사람을 그리워하면서도 혼술을 처음으로 선택하게 된 이유에 대해 다음과 같이 설명한다.

> 기분 꿀꿀한 저녁이다. … 우울한 기분에 문득 술 생각이 간절해진다. 평일 밤에 친구와 술잔을 기울였던 게 언제인지 기억조차 가물가물하다. 그래, 오늘 제대로 달려보자! 하지만 누구에게도 선뜻 통화 버튼을 누르지 못한다. 결혼한 친구들은 아이와 복작대며 저녁을 보내고 있을 게 분명하고, 미혼인 친구에게 연락하려니 느지막이 시작한 연애를 차마 방해할 수가 없다. 그냥 집에 가서 주말에 사둔 맥주나 마실까 하며 회사 문을 나서다 문득 까짓것 혼자 먹어보재(는) 용기가 샘솟는다.(ㅇㅇㅇ, 2017)

이 인용문은 외로움을 느끼는데도 불구하고 '함께'가 아닌 '홀로'를 선택한 이유가 '타인에 대한 배려'임을 보여준다. 혼술자들은 함께하기를 싫어하거나 함께할 사람이 없는 것이 아니라 나와 함께할 수도 있는 사람의 상황과 마음을 상상 속에서 배려한다. 이러한 '상상적 배려' 역시 함께하던 술자리에서 자신이 느꼈던 불편함에 대한 성찰에 근거한다. 술자리가 자신에게는 스트레스를 해소하는 즐거운 자리일 수 있지만, 자신의 고충을 들어주는 상대방에게는 감정 에너지를 소모 당하는 자리일 수도 있다. 또는 그 반대의 경우가 펼쳐질 수도 있다. 실제로 술자리의 감정적 기능의 하나로 예찬되는 공감은 상대가 자신의 불편함을 드러내지 않을 때, 또는 자신이 술로 인해 그러한 사실을 의식하지 않거나 의식하지 못할 때 느끼는 '의식'이거나 술자리에 참석하는 사람들이 원하는 하나의 '바람'일 수도 있다. 따라서 사람들은 술자리를 파할 때 "덕분에 즐거웠다"라며 자신의 감정을 확인하기도 하고, 술이 깬 후에는 혹시 상대를 불편하게 하지는 않았을까 우려하면서 자신의 말과 행동을 복기해 보기도 한다. 자신의 감정을 있는 그대로 표출하는 것이 자신에게는 마음속의 응어리를 들어내는 것이지만, 간혹 그 응어리를 상대에게 넘기거나 또는 또 다른 응어리를 만들어냈을 수도 있기 때문이다. 이러한 맥락에서 한 응답자는 혼술의 장점으로 "타인에게 피해를 주지 않고 천천히 생각을 지워나갈 수 있다"는 것이라고 말한다(김○○, 학생, 여, 22세). 이처럼 혼술자들은 외톨이이기 때문이 아니라 지극히 사회적인 사유의 결과로 혼자 술을 즐긴다. 다시 말해 그들은 '나'를 위해서가 아니라 '나에게 소중한 존재'를 위해 홀로 현실을 탈출하는 방식을 선택한다. 게다가 SNS에 자신의 우아한 혼술 광경을 올림으로써 친구들에게 혼자서도 잘 지내고 있음을 확인시켜 준다. 이는 또한 자신에게 소중한 존재가 자신을 걱정하지 않게 하려는 것이기도 하고, 타인들이 자신의 SNS에 보이는 관심 속에서 자신이 혼자가 아님을 확인하는 과정이기도 하다. 혼술 역시 관계지향적인 것이다.

그렇다면 혼술은 과연 현실을 탈출하는 과정일까? 우리는 "혼술은 낭만이다"라는 혼술자들의 주장에서 이 질문에 대한 답을 찾아볼 수 있다. 어쩌면 혼술의 몽롱함 속에서 몽상에 빠져드는 것은 낭만적 감상의 전형적인 모습일 수 있다. 여기서 말하는 낭만적이라 함은 "감성과 상상력이 이성을 지배하는 마음의 상태로, 새로운 것을 지향하고, 개인주의, 반항, 도피, 우울, 공상을 특징으로 한다"(캠벨, 2010: 336). 이러한 감정 상태에 있는 사람들은 세상사에 대한 불만과 걱정을 공상과 몽상을 즐김으로써 벗어난다. 이처럼 술은 혼술자에게 현실을 초월하여 자유로운 상상을 할 수 있는 낭만의 세계로 들어가는 문의 역할을 한다. 이제 혼술자는 꿈꾸기를 '실행'한다. 하지만 문제는 술을 통한 상상적 탈출은 순간일 뿐 결국은 현실로 돌아간다는 데 있다.

앞서 논의했듯이, 혼술 상태에서 자기 위로를 통해 느끼는 상상의 쾌락은 고통의 망각과 미래에 대한 희망 갖기에서 절정에 이른다. 이 자기 치유 속에서 내일을 사는 힘을 얻는다. 이런 점에서 혼술자들은 혼술의 시간을 '힐링의 시간'이라고 말한다. 그러나 이러한 자기 치유는 현실을 바꾸는 기제가 아니라 현실에 적응하는 양식의 하나이다. 이처럼 혼술은 탈사회적이기보다는 지극히 사회적이다. 혼술자들은 개인화된 맥락 속에서 또 다른 사회적 적응을 준비한다. 이것이 바로 혼술이 사회에 저항하면서도 하나의 취향으로 인정받을 수 있었던 이유이다. 그러나 혼술은 꿈을 키워주지만, 현실은 여전히 그 자리에 있다. 현실과 꿈 간의 이제는 더 커진 간극은 다시 고통을 낳고, 그 고통이 다시 '환상적 자기 쾌락'으로서의 혼술을 부른다. 이것이 바로 우리 사회에서 혼술을 하나의 사회적 트렌드로 만드는 자기 증식 메커니즘이다. 따라서 혼술은 즐거움이자 또한 슬픔이다. 그러나 혼술의 즐거움은 그 슬픈 모습을 취향이라는 말로 위로받을 수 있게 해준다.

이상에서 살펴본 바와 같이, 혼술은 형식의 측면에서는 지극히 탈사회적인 현상으로 보이지만, 그 내용을 살펴보면 지극히 사회적인 현상이다. 하지만 이러한 혼술의 형식과 내용 역시 분석적으로만 구분될 뿐이다. 지금까지의 혼술 분석이 보여주듯이, 개인화와 사회화(sociation)는 실제로는 그 방향이 다를 뿐 항상 맞물리면서 동시에 진행되는 현상이다. 홀로일 수 없는 인간은 사회를 욕망하지만, 자유롭고 싶은 인간은 다시 사회에서 벗어나고 싶어 한다. 하지만 그 사회를 벗어나지 못하는 인간은 외관상 개인화 현상으로 보이는 또 다른 사회 적응양식을 만들어낸다. 혼술은 이 '이중 인간'이 만들어내는 사회적 현상으로, 자신의 꿈과 이상을 실현하고자 하는 인간이 자신이 현실에서 만들어내는 의도하지 않은 비극 속에서 홀로 연출하는 희극이다.

참고문헌

김피플. 2020. "혼술을 왜 할까요?". 브런치 매거진 '시시한 여행'. https://brunch.co.kr/@
　　zprzpr22/19.

냅, 캐럴라인(Caroline Knapp). 2017. 『드링킹, 그 치명적 유혹』. 고정아 옮김. 나무처럼.

더들리, 로버트(Robert Dudley). 2019. 『술 취한 원숭이: 왜 우리는 술을 마시고 알코올에
　　탐닉하는가?』. 김홍표 옮김. 궁리.

뒤르켐, 에밀(Emile Durkheim). 2020. 『종교생활의 원초적 형태』. 민혜숙·노치준 옮김.
　　한길사.

랭, 올리비아(Olivia Laing). 2017. 『작가와 술』. 정미나 옮김. 현암사.

럽턴, 데버러(Deborah Lupton). 2016. 『감정적 자아』. 박형신 옮김. 한울.

리즈먼, 데이비드(David Riesman). 1999. 『고독한 군중』. 이상률 옮김. 문예출판사.

마음컬러리스트. 2016. "퇴근 후, '혼술'보다 더 위로가 되어 주는 것". 브런치 매거진
　　'한눈팔기의 재발견'. https://brunch.co.kr/@annmy1005/17.

메스트로비치, 스테판(Stjepan G. Meštrović). 2014. 『탈감정사회』. 박형신 옮김. 한울.

박재환. 1999. 「술, 노동, 커뮤니케이션」. 박재환 외. 『술의 사회학』. 한울.

버킷, 이안(I. Burkitt). 2017. 『감정과 사회관계』. 박형신 옮김. 한울.

벨, 다니엘(Daniel Bell). 2021. 『자본주의의 문화적 모순』. 박형신 옮김. 한길사.

세은. 2020. "혼술의 힘: 누구에게도 간섭받지 않는 여유로운 한 잔의 술". 브런치 매거진
　　'잃어버린 자존감을 찾아서'. https://brunch.co.kr/@coffeejoha/21.

손봉석. 2018. "미혼남녀 '혼술하기 좋은 곳' 2위 동네 선술집, 1위는?". ≪스포츠경향≫.
　　http://sports.khan.co.kr/bizlife/sk_index.html?art_id=201809301836003&sec_id=
　　564001#csidx1235d158a49733fa4d52006f9781df5.

쉔(Marc Schoen)·로버그(Kristin Loberg). 2014. 『편안함의 배신』. 김성훈 옮김.
　　위즈덤하우스.

슈라이버, 다니엘(Daniel Schreiber). 2018. 『어느 애주가의 고백: 술 취하지 않는 행복에
　　대하여』. 이덕임 옮김. 스노우폭스북스.

엘리아스, 노르베르트(Norbert Elias). 1996. 『문명화과정 1』. 박미애 옮김. 한길사.

오재환. 1999. 「신과 인간 융합의 접점」. 박재환 외. 『술의 사회학: 음주공동체의 일상문화』.
　　한울.

윤명희. 1999. 「알코올 연줄의 한국사회」. 박재환 외. 『술의 사회학』. 한울.

이상훈. 1998. 「술의 사회학」. 일상문화연구회 편. 『일상 속의 한국문화』. 나남.

이종기. 2000. 『술, 술을 알면 세상이 즐겁다』. 한송.

이혜규. 2017. 「음주자 유형별 정신건강 분석: 혼술 대 집단음주의 비교연구」. ≪알코올과
　　건강행동연구≫, 18(2), 1~14쪽.

이효영·임혁·김혜숙·김민정. 2019. 「스트레스와 혼술과의 관련성: 부산시의 구도심과
　　구도심을 제외한 부산 지역을 중심으로」. ≪보건의료산업학회지≫, 13(3),
　　149~162쪽.

일상성·일상생활연구회. 1999. 『술의 사회학: 음주공동체의 일상문화』. 한울.

정덕현. 2016. "혼밥, 혼술, 쏟아지는 나홀로 문화". ≪법원 사람들≫. https://www.scourt.go.kr/portal/gongbo/PeoplePopupView.work?gubun=44&sDate=201610&seqNum=1502.

짐멜, 게오르크(Georg Simmel). 2005. 『짐멜의 모더니티 읽기』. 김덕영·윤미애 옮김. 새물결.

최상진. 2016. "'혼술남녀' 혼자이되 혼자인 게 아니다". ≪서울경제≫. https://www.sedaily.com/NewsVIew/1L2KQV8SYA.

최원기. 2004. 「한국인의 음주 문화: 일상화된 축제의 탈신성성」. ≪역사와 사회≫, 66, 100~119쪽.

캠벨, 콜린(Colin Campbell). 2010. 『낭만주의 윤리와 근대 소비주의 정신』. 박형신·정헌주 옮김. 나남.

퍼트넘, 로버트(Robert D. Putnam). 2009. 『나 홀로 볼링』. 정승현 옮김. 페이퍼로드.

○○○. 2017. "혼술, 다녀왔습니다". 'STYLER'. https://www.stylermag.co.kr/?p=8633.

Durkheim, E. 1982. *The Rules of Sociological Method*. London: The Macmillan Press.

Goffman, E. 1963. *Behaviour in Public Places*. New York: Free Press.

Honneth, A. 1995. *The Struggle of Recognition: The Moral Grammar of Social Conflicts*. London: Polity

Illouz, E. 2012. *Why Love Hurts: A Sociological Explanation*. London: Polity Press.

Willis, P. 1990. *Common Culture: Symbolic Work at Play in the Everyday Cultures of the Young*. Milton Keynes: Open University Press.

제2장

'나 홀로 스포츠 관람'은 '탈사회적'인가

—

김봉석

시작하기에 앞서

나는 초등학생 시절부터 경기장에서 스포츠를 관람(이른바 '직관')
하기 시작해서 본격적으로는 대학생이 된 이후부터 현재까지 이를
매우 즐기는 사람이다. 예전에는 지인들과 함께 경기장을 찾아 단체
응원에 동참하며 경기 결과에 따른 희비의 감정을 공유했던 적도 있
지만, 지금은 대부분 혼자 관람하며 대체로 함성이나 박수 없이 조용
히 경기에 몰입하는 편이다. 이러한 스타일의 스포츠 관람, 즉 경기장
관중석에 있지만 집합적 응원과는 거리를 두는 스포츠 관람을 '탈사
회의 사회학'이라는 주제와 관련지어 논의할 수 있을까? 이것이 논의
의 최초 출발점이었다.

사실 이러한 논의를 하려면 나와 같은 스포츠 관람 스타일을 가진

사람들을 만나 그들의 이야기를 듣고 이를 바탕으로 이야기를 풀어 나가야 했다. 하지만 2020년과 2021년은 코로나19 팬데믹 여파로 스포츠 관람 기회 자체가 제한되었다(간혹 제한적으로 관중 입장이 허용되어 K리그(프로축구)와 V-리그(프로배구) 경기를 가뭄에 콩 나듯 직관하기는 했지만, KBO리그(프로야구)는 이 두 해 동안 단 한 번도 직관하지 못했다). 그렇다 보니 스포츠 관객들을 만나 이야기를 들을 기회를 만들기도 매우 어려워 이래저래 답답하고 안타까운 시간이었다(다른 방법을 동원해서라도 자료를 수집해야 했겠지만, 그렇게 하지 못했던 것은 오롯이 내 탓이다). 그런 이유로 이 글은 기본적으로 나의 자전적인 이야기들로 구성되었다. 이 점에 대해 독자들의 양해를 구하며, '나 홀로 스포츠 관람'이라는 주제를 내 스포츠 관람 이력에 대한 자기분석(auto-analysis)(부르디외, 2008)에 기초해 논의하는 시도로 이해해 주기를 부탁드린다.

한편 코로나19 팬데믹 변수로 인해 사실상 연달아 개최된 2020년 하계올림픽(실제로는 2021년 개최)과 2022년 동계올림픽 중계방송을 시청하던 중 인터넷과 디지털 미디어의 발달로 인한 '나 홀로 스포츠 관람'의 또 다른 측면에 대해 논의할 수 있겠다는 생각이 떠올랐고, 이와 관련된 이야기를 앞서 언급한 최초의 구상에 더해 추가했음을 아울러 밝혀둔다.

'집합적 열광과 연대'에서 '나 홀로 직관'으로

오늘날 스포츠는 고전사회학자 에밀 뒤르켐(Emile Durkheim)이 원시종교 분석(뒤르켐, 2020)에서 논의한 '성(聖)과 속(俗)의 구분', '집합적 열광과 연대'를 적용해 설명할 수 있는 전형적인 사례 중 하나라 할 수 있다. 국내의 경우만 놓고 보더라도 K리그 경기장에서 펼쳐지는 각 팀 서포터즈 그룹의 집단 응원, KBO리그 경기장에서 볼 수 있는 각 팀 선수별 응원가와 그에 맞춘 관중의 집단 응원은 물론이거니와, 국제경기가 열릴 때 경기장을 가득 메운 관중이 대한민국 대표팀의 선전을 기원하면서 일제히 외치는 구호와 응원가, 더 나아가 경기장이 아닌 길거리에서 펼치는 집단 응원(주로 남자 축구 월드컵 때)은 뒤르켐이 말한 집합적 의식(儀式, ritual)과 그로 인한 집합적 열광(collective effervescence), 그리고 그 귀결인 집단연대(group solidarity)의 사례로 손색이 없다. 다음의 논의들 또한 그러한 점을 잘 보여준다.

> 뒤르켐의 관점에서 본다면 … 스포츠 이벤트는 통합적이고 종교와 유사한 관행을 통해 하나의 가능성을 제시한다. 스포츠 이벤트는 씨족이 그들의 성스럽고 토템적인 대상을 경배하고 자신들을 축복하는 것을 허락하면서 정해진 시간에 행하여진다. 여기서 성스러운 대상은 그 씨족을 대표하는 스포츠팀을 포함한다. … 서포터들은 경기장 노래들, 선수들의 사인 받기 등 숭배의 적극적인 예식을 통하여 그 클럽에 대한 사랑을 공개적으로 표현한다. 중요한 경기에서 승리할 경우 향연을 베풀거나 술을 마시든지 또는 공동의식을 조장하는 축제와 같은 형식으로 축하된다.(줄리아노티, 2010: 6)

올림픽이나 월드컵 같은 오늘날의 다양한 국제 이벤트는 국가를 성스러운 것으로 묘사한다. 그렇기 때문에 집합적 통합을 증진하는 수많은 의식을 가지고 있다. 매스미디어는 국가의 특성을 언급해서 대표팀과 청중의 정체성을 묶는 논평을 냄으로써 이러한 메가 스포츠 이벤트를 국가 전체로 전달하는 데 중요한 역할을 하고 있다.(줄리아 노티, 2010: 7)

사회학적 관점에서 가장 핵심적인 점은 아마도 (메가 스포츠 이벤트가 갖는) 집합적 상상력의 중요성일 것이다. (메가 스포츠 이벤트는) 집합적 성취의 표시, 그리고 공유와 소속의 경험을 위한 무대를 제공한다.(Manzenreiter, 2015: 355)

나의 스포츠 관람 이력 또한 '성과 속의 구분'과 '집합적 열광과 연대'의 맥락에서 시작되었다. 초등학교 4학년이던 1982년에 프로야구가 출범했고, 그해 8월 18일 아버지를 따라 서울운동장 야구장[1]에서 열린 MBC청룡과 해태타이거즈의 경기를 관람한 것이 최초의 스포츠 경기 직관이었다. 서울에서 태어나 살고 있다는 이유로 서울 연고 팀인 MBC청룡을 '성스러운 대상'으로 여기고 있던 나는 그날 경기에서 MBC청룡의 승리에 무척이나 기뻐했었다.[2] 같은 해 국내에서 개최된

---

1   서울운동장 야구장은 1985년 서울종합운동장 야구장(잠실야구장)이 개장되면서 동대문운동장 야구장으로 개칭되었고, 이후 2017년 12월 18일 철거작업에 들어가 2018년 3월 14일 철거작업이 완료되었다.

2   그런데 이 경기에는 의문점이 하나 있었다. 서울에서 열린 경기였음에도 MBC청룡 선수들이 원정 유니폼을 입고 선공을, 해태타이거즈 선수들이 홈 유니폼을 입고 후공을 했다는 것이다. 나중에 알고 보니 이날 일정은 당시 시간제한 규정(오후 10시 30분 이후 새로운 이닝에 돌입하지 못한다는 규정)에 의해 서스펜디드 게임(suspended game)이

제27회 세계야구선수권대회 기간에는 아버지를 따라 9월 8일 서울종합운동장 야구장(이하 잠실야구장)에서 열린 대만전을, 그리고 14일에는 동년배 친구와 단 둘이서 같은 경기장에서 열린 일본전을 관람했다. 일본전은 대회 최종전으로서 대한민국 팀이 8회 말 김재박 선수의 일명 '개구리 번트'와 한대화 선수의 승부를 결정짓는 3점 홈런으로 대역전극을 펼치며 우승을 차지한 경기인데, 당시 입추의 여지없이 들어찬 5만여 관중의 열광적인 함성은 지금도 나의 뇌리에 강렬한 기억으로 남아 있다.[3]

KBO리그는 출범 당시부터 봐왔기 때문인지 몰라도 집합적 열광과 연대의 기억이 적지 않은 편이다. 특히 대학교 3학년 시절인 1993

선언된 양 팀의 8월 5일 광주 경기를 연장 10회 초부터 서울에서 재개해서 치른 후 양 팀이 한 경기를 더 치르는 순서로 편성된 것이었고(≪동아일보≫, 1982.8.6; ≪조선일보≫, 1982.8.19), 나는 먼저 열린 서스펜디드 게임 속개 경기는 관람하지 않았다(두 경기 모두 MBC청룡이 승리했다). 문제는 서스펜디드 게임이야 원래 해태타이거즈가 홈 팀인 경기이므로 MBC청룡 선수들이 원정 유니폼을 입고 선공을 했다 치더라도, 이어진 경기까지 왜 같은 방식으로 진행되었느냐는 것이다. 후에 프로야구 기록 제공 사이트 스탯티즈(statiz.co.kr)에서 1982년 시즌 MBC청룡과 해태타이거즈의 대진 일자를 확인해 보니, 내가 관람한 게임도 원래는 광주에서 열려야 하는 경기를 서울에서 치른 것이었다. 즉, 장소만 서울이었지 MBC청룡이 원정팀 자격이었던 것이다. 정확한 이유는 알 수 없지만 파행운영이나 다름없는 처사였고, 이를 알고 난 후 진정한 홈경기를 직관한 것이 아닌 듯해서 뭔가 서운한 기분이 들기도 했던 기억이 난다. 어쨌든 KBO리그 역사상 최초의 서스펜디드 게임은 경기가 시작된 구장이 아닌 다른 구장에서 재개되었으며, 이는 현재까지 있었던 10번의 서스펜디드 게임(≪스포츠경향≫, 2021.10.6) 중 유일한 사례이다.

3 1982년 서울종합운동장 야구장 개장 당시 신문기사를 보면 5만 명의 관중을 수용할 수 있다고 되어 있는데(≪조선일보≫, 1982.7.16), 당시는 지금보다 좌석 간 간격이 좁았고 본부석 외에는 테이블석도 없었다. 현재 관람석 규모가 2만 5000석인 것은 좌석 간 간격을 늘리고 팔걸이를 설치했으며 내야석 일부에도 테이블석을 도입했기 때문이다. 어쨌든 당시 경기 관련 기사에 나오는 '5만 관중'이라는 표현(≪동아일보≫, 1982.9.15; ≪조선일보≫, 1982.9.15)은 결코 허언이 아니며, 실제로 내가 그날 본 관람석 풍경은 그야말로 '입추의 여지없이'라는 말이 딱 들어맞았다.

년에는 학과 신입생 중 LG트윈스 팬이 꽤 있어서 이들과 함께 잠실야구장 홈경기 직관을 다니며 기억에 남는 경험을 많이 했는데, 그중에서도 여름방학 때의 일들은 특히 손꼽을 만하다. 7월 21일 치러진 LG트윈스와 삼성라이온즈의 3연전 중 두 번째 경기에서는 당시 신인이었던 이상훈 선수가 1 대 0 완봉승을 거두었다. 승리가 확정된 순간 이상훈 선수는 마운드에서 하늘을 쳐다보며 양팔을 역동적으로 위로 뻗는 특유의 동작을 취했고 관중석에 있던 나는 그 동작을 똑같이 따라했는데, 그때 나는 팀 및 선수와 강한 일체감을 느낄 수 있었다. 7월 22일 치러진 LG트윈스와 삼성라이온즈의 3연전 중 마지막 경기에서는 9회 말에 최훈재 선수의 끝내기 만루홈런(KBO리그 통산 5호)이 터졌다. 당시는 내가 직관한 KBO리그 경기에서 가장 열광했던 순간 중 하나였다(아마 그날 같이 직관한 후배들도 마찬가지였을 것이다. 끝내기 만루홈런을 경기장에서 직접 볼 수 있는 확률이 얼마나 될까). 8월 17~19일 LG트윈스와 해태타이거즈의 3연전 기간에는 오후 6시 30분에 시작하는 경기 입장권을 사기 위해 오전 8시부터 잠실야구장 매표소에서 나와 후배들이 교대로 줄을 서가며 오후 3시까지 무려 7시간을 기다렸다. 입장권을 구매한 후에는 좋은 자리를 잡기 위해 바로 야구장으로 들어가 경기 시작 전까지 다시 3시간을 한여름 땡볕 아래 관중석에서 기다렸었다. 예매 시스템과 지정좌석제가 있는 지금 같으면 상상도 못할 일이다.

또 다른 집합적 열광과 연대의 기억은 내가 성균관대학교 대학원 사회학과 석사과정에 입학한 1995년 3월 2일부터 14일까지 잠실학생체육관에서 열린 '95 한국배구 슈퍼리그 4차대회이다. 당시 남자부

4차대회에 올라 최종결승 진출을 다투던 네 팀은 실업팀 둘(LG화재, 현대자동차서비스)과 대학팀 둘(경기대학교, 성균관대학교)이었다. 성균관대학교는 다른 세 팀과 두 번씩 대결하는 더블리그 일정 첫날에 현대자동차서비스와의 경기에서 승리하는 등 선전을 펼치며 단독 선두를 달리고 있었고, 학교 측에서는 응원단 파견을 공지하면서 재학생들의 경기 관람을 독려했다. 특히 3월 9일에 열린 성균관대학교와 경기대학교의 더블리그 두 번째 맞대결은 가히 하이라이트라 할 만했다. 양교 응원단이 모두 출동한 가운데 관중석은 양교 재학생들로 만원을 이루었고, 나 또한 모교 사회학과 후배들과 함께 응원에 동참했다. 풀세트 접전 끝에 성균관대학교의 세트스코어 3 대 2 승리로 경기가 끝난 후 성대생들은 잠실학생체육관 주변에서 한동안 축제 분위기를 연출했고 나 역시 사회학과 후배들과 어울려 기쁨을 만끽했다. 그때 입학한 지 일주일 남짓 된 신입생 몇몇은 흥분이 가시지 않은 표정으로 "성대생인 것이 자랑스러워요"를 연발했다. 그야말로 뒤르켐이 말한 집합적 열광과 연대의 생생한 사례를 목격한 순간이었다. 비록 성균관대학교가 이후 경기를 연달아 패하면서 최종결승전 진출에 실패하기는 했지만(최종결승전에 진출한 것은 실업팀 둘이었다), 적어도 3월 9일 하루만큼은 많은 성대생이 자신이 재학 중인 학교에 강한 소속감을 느끼기에 충분한 날이었을 것이다.

2002년 한일월드컵의 기억 또한 빼놓을 수 없다. 6월 18일 대한민국과 이탈리아의 16강전 당일, 나는 서초구에서 일을 보고 난 후 강북구에 있는 집으로 가기 위해 버스를 탔다. 원래 계획은 대학로에서 버스를 환승한 후 집에 도착해 TV로 경기를 시청하는 것이었는데, 그만

일이 틀어지고 말았다. 대학로에서 열리는 길거리 응원 때문에 교통 통제를 한다는 사실을 몰랐던 나는 멈춰버린 버스 안에서 한참을 머물다가 뒤늦게 하차했다. 이미 그때는 서둘러 귀가한다 해도 전반전 일부를 놓칠 것이 뻔한 상황이었다. 결국 대학로 길거리 응원용 대형 스크린으로 경기를 보기로 했고, 나는 대규모 청중 속에 지인 한 명 없이 덩그러니 홀로 있는 상황에 놓였다. 그래서 그랬는지 경기 상황에 따라 청중의 함성과 탄식이 교차하는 와중에도 나는 미동도 없이 조용히 경기를 보고 있었다. 하지만 연장 후반 안정환 선수의 골든골로 승리가 확정된 순간부터 이야기가 달라졌다. 머리로는 이러면 안 된다고 생각하는데 몸은 이미 주체를 못하고 엄청난 집합적 열광에 동참하고 있었으니 말이다(일행도 없이 혼자 온 사람이 처음 보는 사람들과 한데 어울려 열광하고 있는 모습이 이상하거나 우스워 보일 수도 있었겠지만, 다른 한편으로는 그때 그 분위기 속에서 누가 그런 걸 신경 썼겠는가 싶기도 하다). 또 하나, 6월 22일 스페인과의 8강전에서 승리한 후 9시 뉴스에서 본 한 시민의 인터뷰는 앞서 언급한 뒤르켐과 줄리아노티의 논의와 너무도 잘 부합했다. "대한민국 국민인 게 너무 자랑스러워요!!!"

여담이지만, 2002년은 나에게 집합적 열광과 연대에 대한 경험으로 기억할 만한 해이다. 그해 2월 나는 캐나다 밴쿠버에 있었는데, 당시 미국 솔트레이크시티에서 열린 동계올림픽에서 캐나다는 아이스하키 여자부와 남자부에서 모두 금메달을 획득했다. 특히 남자부는 50년 만의 금메달이었다. 대회 최종일 남자부가 결승전에서 승리하자 밴쿠버 시내 중심가는 축제 분위기로 교통이 마비될 정도였고(아이스하키가 국기(國技)나 다름없는 캐나다이니 비단 밴쿠버에서만 그랬겠는가), 나도 TV 중계로 시청한 후 거리에 나가 그 광경을 인상 깊게 지켜봤다. 그때만 해도 몇 달 뒤 내 나라에서 똑같은 광경을 보게 되리라고는 짐작조차 하지 못한 채 말이다.

그러나 사실 나의 스포츠 관람 이력에서는 집합적 열광과 연대보다 '나 홀로 직관'이 더 많은 부분을 차지한다. '나 홀로 직관'의 본격적인 시작은 대학교에 합격한 직후부터이지만, 첫 테이프를 끊은 것은 초등학교 6학년이던 1984년 10월 6일 잠실야구장에서 열린 롯데자이언츠와 삼성라이온즈의 KBO리그 한국시리즈 5차전으로 거슬러올라간다. 그때 어떻게 나 혼자 매표소에서 티켓을 사서 입장했는지 잘 모르겠다(당시는 지금 같은 예매 시스템이 없었으니 오랜 시간 매표소 앞에서 줄을 서서 기다렸다는 것은 분명하다). 또한 삼성라이온즈가 롯데자이언츠의 에이스 최동원 선수를 상대로 승리했다는 것 말고는 구체적인 경기 내용도 잘 기억나지 않는다(그날 경기는 그해 한국시리즈 4승을 혼자 거두었던 최동원 선수의 유일한 패전, 그것도 완투패 경기였다). 오히려 가장 기억에 남는 것은 내 옆자리에 앉아 계셨던 어르신 두 분과 나눈 대화이다. 정확하지는 않지만 대략 재구성해 보면 이렇다.

"너 혼자 왔냐?"

"네."

"진짜로?"

"네."

"몇 학년이냐?"

"6학년이요."

"어디 팬이냐?"

"청룡이요."

"청룡? 그러면 여기 왜 왔냐?"

"전력분석 하러요."

　그분들 표정이 정확히 기억나지는 않지만, 나를 보는 시선이 황당함 반 감탄 반이었던 것 같은 느낌은 남아 있다. 황당함은 아마도 '전력분석'이라는 말 때문이었을 텐데, 질문을 받았으니 뭔가 답을 하긴 해야겠고, 롯데도 삼성도 아닌 MBC청룡 팬인 내 머릿속에 가장 먼저 떠오르는 말이 그것이었으니 그렇게 말했던 것이리라. 그나저나 앞서 1982년 초등학교 4학년일 때 세계야구선수권대회 최종일 한일전 직관을 동년배 친구와 단 둘이 다녀온 경험을 언급한 바 있는데, 야구장 관객 대다수가 성인 남성이었던 그 당시에 초등학교 6학년생이 혼자 직관을 다녀오겠다고 마음먹을 수 있었던 것은 그 경험으로 인해 나름대로 용기를 얻었기 때문이었을지도 모른다(돌이켜 생각해 보면, 초등학교 4학년생 두 명이 어떻게 성인 보호자도 없이 엄청난 인파가 몰릴 것이 분명한 야구장을 찾아가 경기를 관람할 결심을 했을까 싶다).

　이후 중학교와 고등학교 시절 나의 스포츠 경기 관람은 KBO리그 MBC청룡 홈경기를 가족 단위로 직관하는 경우가 전부였다.[4] 앞서 말

4　고등학생 시절 이야기를 더 하자면 1학년 때였던 1988년 6월 19일 수원실내체육관에서 열린 제5회 전국 남녀 고교 우수팀 핸드볼 대회 결승전을 직관한 경험도 있기는 하다. 당시 내가 재학 중이던 영동고등학교는 1학년생 전체를 동원해 경기장에서 응원전을 펼쳤

한 대로 본격적인 '나 홀로 직관'이 시작된 것은 대학교에 합격한 직후였다. 당시 겨울 스포츠 이벤트는 '농구대잔치'와 '백구의 대제전'이 대표적이었다(이 두 대회는 현재의 프로농구와 프로배구 이전에 있었던 대규모 겨울 스포츠 이벤트였다). 예전부터 배구를 좋아했던 나는 1991년 1월 서울 장충체육관에서 열린 백구의 대제전 1차대회 경기를 거의 매일 혼자 직관했다. 1차대회는 전체 예선 성격의 풀리그 방식으로, 남자 실업부, 여자 실업부, 남자 대학부 경기들로 구성되어 있었다. 오전 10시 첫 경기를 시작으로 하루에 적게는 세 경기, 많게는 네 경기를 치르는 일정이었는데, 그렇다 보니 경기가 있는 날이면 온종일 장충체육관에서 살다시피 했다(점심 저녁을 체육관 매점에서 사 먹어서 나중에는 매점 직원이 나를 알아볼 정도였으니 말 다 했다). 네 경기가 열리는 날, 두 경기 또는 그 이상이 풀세트 접전으로 흘러가면 밤중에 귀가하기도 했다.[5] 이후 현재의 V-리그 체제로 바뀌기 전까지는 백구의 대제전 1차대회를 나 홀로 직관하는 것이 겨울방학 기간 중 나의 주요 일과였다.

고, 팀은 우승을 차지했다. 영동고등학교 핸드볼 팀은 당시 고교 남자부 최강자였고, 이 날 우승으로 대회 4연패를 달성했다(《동아일보》, 1988.6.20). 그러나 학교에 대한 소속감은 고사하고 고등학교 생활을 '견디는' 것이 당면과제였던 나는 동원되어 참여한 단체응원에서 집합적 열광과 연대감을 전혀 느낄 수 없었고(느끼고 싶지 않았다는 게 맞는 말인지도 모른다), 그런 이유로 앞선 '집합적 열광과 연대' 부분에 이 이야기를 포함하지 않았다.

5   당시만 해도 1세트부터 4세트까지는 서브포인트 제도, 즉 서브권을 가지고 있어야만 득점할 수 있는 경기방식이다 보니 풀세트 접전을 치르면 경기 시간이 상당히 길었으며, 심지어 양 팀이 득점을 못하고 서브권만 주고받느라 한 세트가 한 시간 가까이 걸리는 일도 있었다. 1998년 국제배구연맹(FIVB)에서 모든 세트에 서브권과 상관없이 득점이 이루어지는 랠리포인트 제도(1세트부터 4세트까지는 25점, 5세트는 15점)를 도입한 것은 이런 맥락과 관련이 있다.

대학교에 입학한 후부터는 이전까지 가족 단위로 관람했던 KBO 리그 경기도 혼자 직관하기 시작했다. 내가 고3이던 1990년 MBC청룡을 인수해 창단한 LG트윈스는 그해에 정규시즌 1위와 한국시리즈 우승을 차지했다. 이듬해 대학생이 된 나는 '서울의 자존심'이자 디펜딩 챔피언인, 그래서 '성스러운 대상'인 LG트윈스의 야구에 대한 부푼 기대를 안고 잠실야구장을 자주 찾았으나 1991년 LG트윈스의 성적과 경기 내용은 전년도만 못했고, 경기에 패한 날이면 "그래, 팩 소주 두 개 사 오길 잘했다"라면서 패전의 쓰라림을 취기로 달래기도 했다.[6] 한편 내가 재학 중이던 성균관대학교와 가까운 위치에 있었던 (지금은 없어진) 동대문운동장도 잠실야구장만큼은 아니지만 내 스포츠 직관 이력의 한 부분을 차지했던 곳이다. 그때는 아마추어 야구대회가 동대문운동장 야구장에서 열렸는데, 나는 대학야구 연맹전 같은 대회에서 성균관대학교 야구단의 일정이 있는 날이면 혼자 직관을 가곤 했다. 또한 그 옆에 있는 종합운동장은 당시 K리그 3개 구단 (LG치타스, 유공 코끼리, 일화 천마)의 공동 홈구장이었는데, 나는 그중 LG치타스의 경기를 종종 혼자 직관했었다(KBO리그에 비해 뒤늦게 K리그에 입문한 내가 상기 3개 구단 중 LG치타스의 팬이 된 데는 아무래도 LG트윈스의 팬이라는 점이 작용했을 것이다).[7] 그러던 중 1996년 프로축구 서

6　그때는 팩 소주 모서리를 펴서 납작하게 만든 후 가방 밑바닥에 숨긴 채 반입하는 일이 드물지 않았고, 심지어 더플백에 관광소주를 한가득 넣고 관중석 사이를 돌아다니며 파는 불법 상인도 있었다.

7　축구 전문 채널 '원투펀치'에서 2022년 2월 21일 유튜브에 업로드한 시즌4 45회 동영상에 축구해설가 장지현과 송영주가 당시 동대문운동장에서 축구를 직관한 추억을 이야기하는 내용이 수록되어 있는데, 당시 상황을 비교적 상세히 알 수 있는 자료이다. https://www.youtube.com/watch?v=CMjE6eH906s&list=PLpb9TD5c4h8Mj4a_9CDD4UR2d_

울 연고 공동화(空洞化) 정책이 시행됨에 따라 3개 구단이 모두 연고
지를 이전하면서 2004년 이전까지 서울에서 K리그를 직관할 기회는
사라졌다.[8] 배구도 2005년 프로화를 통한 V-리그가 출범할 당시 서울
연고 구단이 없었기 때문에 2009년 이전까지는 서울에서 직관할 기
회가 상당히 제한되었다.[9]

한편 프로스포츠 구단들이 시즌티켓 제도를 도입한 이후 나는 해
마다 K리그1의 경우 FC서울의 시즌티켓을, V-리그의 경우 서울 우리
카드 WON, GS칼텍스 서울 KIXX 구단이 판매하는 시즌티켓을 구매
해 모든 홈경기를 직관해 왔고, KBO리그의 경우 연간 72게임이나 되

AEhdKlG&index=21

[8] 현 FC서울의 전신인 럭키금성 황소축구단은 1983년 창단 이후 초창기에 충청권을 연고
지로 했었고, 시도별 연고에서 시별 연고로 방침이 변경된 1990년에 서울로 연고지를 옮
겼으며(≪경향신문≫, 1990.1.20), 이듬해에 팀명을 LG치타스로 바꿨다. 당시 동대문운
동장을 공동으로 사용하던 LG치타스, 유공 코끼리, 일화 천마 3개 구단은 팬 확보를 위
한 공동홍보와 각 구단 연간회원권 공통 사용 방침에 합의하는 등 적극적인 정착 노력을
기울였다(≪동아일보≫, 1992.3.10; ≪스포츠조선≫, 2014.4.9). 그러나 한국프로축구
연맹이 지역연고제 정착을 내세우며 서울 연고팀이 전용구장 건립계획을 내놓지 못하면
1996년 시즌부터 서울을 떠나야 한다고 결의했다. 이에 3개 구단이 강력히 반발했으나
결국 LG치타스는 안양으로, 유공 코끼리(현 제주 유나이티드)는 부천으로, 일화 천마
(현 성남FC)는 천안으로 연고지를 이전했다(청와대가 세 팀의 연고지 이전 지침을 하달
했다는 일각의 주장도 있었지만 확실히 밝혀진 바는 없다). 이후 한국프로축구연맹이 서
울을 연고지로 하는 신생팀 창단을 추진했으나 창단 의향을 밝히는 기업이 나타나지 않
자 기존 팀의 서울 입성 허용으로 방침을 변경했고(YTN, 2004.1.29; ≪스포츠한국≫,
2004.2.6), 이에 전부터 적극적으로 서울 복귀를 추진해 온 LG치타스가 2004년 서울로
돌아와 현재의 FC서울이 되었다.

[9] 2008년 창단한 남자부 우리캐피탈 드림식스(현 우리카드 WON)가 2009년 서울을 연고
지로 해서 정식으로 V-리그에 참가하고 같은 해 여자부 GS칼텍스 KIXX 배구단이 연고
지를 서울로 옮기기 전까지는 송파구 올림픽공원 제2체육관(펜싱경기장)에서 전 구단
이 중립 경기로 한 라운드를 치르는 것이 서울에서 열리는 프로배구 경기의 전부였다.
앞선 각주에서 언급한 프로축구 서울 연고 공동화 정책을 포함한 이러한 일련의 과정
은 "가장 적극적으로 덤벼들어야 할 시장을 다 같이 비워놓자는 희한한 발상"(≪한국일
보≫, 2017.4.20)이 초래한 어처구니없는 처사였다.

는 홈경기를 모두 직관할 수는 없더라도 현실적으로 가능한 범위 내의 티켓 패키지를 구매해 직관해 왔다.[10] 그리고 대학생 시절부터 그랬듯이 거의 모든 경기를 혼자서 직관한다. 물론 예외가 없는 것은 아니어서 축구를 매개로 친분을 쌓은 대학교 후배 두 명과 함께 K리그1 FC서울 홈경기를 관람하는 일이 종종 있긴 하지만, 현재 나의 스포츠 관람은 대부분 '나 홀로 직관'이라 해도 과언이 아니다.

'탈사회적'인 듯하지만 아주 그런 것도 아닌

지금까지 나의 스포츠 관람 이력을 살펴봤는데, 집합적 열광과 연대와 관련된 강렬한 기억도 있긴 하지만 어쨌든 대학교 입학 이후 현재까지 나의 주된 스포츠 관람 스타일은 '서울 연고 프로스포츠 클럽 (야구, 축구, 배구)'과 '나 홀로 직관'이라는 두 가지 키워드로 요약된다.

서울 연고 프로스포츠 클럽: 스포츠 관중의 정체성

먼저 첫째 키워드인 '서울 연고 프로스포츠 클럽'을 스포츠사회학자 줄리아노티(2010: 240)가 제시한 스포츠 관중이 지닌 정체성(identity)의 유형에 기초해 이해해 보자. 그는 스포츠 관중이 지닌 정체성의 유형

---

10 2022년 기준 KBO리그 한 시즌 팀당 경기 수는 144게임이다. 반면 K리그1 한 시즌 팀당 경기 수는 38게임(홈경기 19게임), V-리그 한 시즌 팀당 경기 수는 36게임(홈경기 18게임)이므로 모든 홈경기를 직관할 수 있는 구조이다.

을 서포터(supporter), 추종자(follower), 팬(fan), 떠돌이(flaneur)로 제시하는데, 서포터는 지역 클럽에 대한 견고한 동일시를 가진 사람, 추종자는 특정 선수를 추종하면서 그 선수가 다른 클럽으로 이적하면 그를 따라 클럽 동일시를 바꾸는 사람, 팬은 팀 복장을 소비하고 미디어에 의존해 스타 선수를 동일시하는 사람, 떠돌이는 결속감을 의식하지 않고 떠돌면서 다양한 전 지구적 상품 기표(global commodity signifier)를 소비하는 사람이다.[11] 이에 대해 지역 스포츠클럽에 대한 강한 동일시와 결속감을 가진 사람들은 팀 복장 및 기타 관련 상품소비에도 열성적인 경우가 많다는 점에서 '서포터'와 '팬'을 확실히 구분하기 어려운 것 아니냐는 반론이 제기될 수도 있다. 그러나 줄리아노티는 '팬' 정체성을 스포츠의 프로화, 마케팅, 미디어가 산출한 결과라고 분석함으로써 지역 공동체에 대한 결속감에 기초한 '서포터' 정체성과 구분한다. 다음과 같은 논의를 보면 그러한 구분이 잘 드러난다.

예를 들면, 유명한 축구 클럽은 지역의 '서포터'들과 함께 공동체 관계를 만들고, '팬'에게 주식과 상품을 팔고, 인기 지역의 선수들과 계약함으로써 '추종자' 관중을 끌어들이며, 대륙 간 컵대회에서 우승하거나 전지구적인 상품 사인으로 클럽의 로고와 이미지를 디자인하여 국제적인 '떠돌이'들에게 관심을 끈다.(줄리아노티, 2010: 240~241)

---

11 줄리아노티의 표현을 빌리자면 뉴욕 양키즈 야구모자, 시카고 불스 티셔츠, 브라질 축구 팀 유니폼, 이탈리아 국기가 새겨진 트랙슈트를 구매하는 사람은 진정한 스포츠 떠돌이 의 사례이다.

어쨌든 줄리아노티의 유형화에 기초해서 본다면, 나는 지역 연고 팀에 대한 동일시에 기초한 '서포터' 정체성과 팀의 마케팅에 적극적으로 반응하는 '팬' 정체성이 결합된 유형의 스포츠 관람객이라 할 수 있다. 앞서도 말했듯이 나는 1982년 프로야구 출범 당시 내가 나고 자란 서울 연고 구단이라는 이유로 MBC청룡을 응원하기 시작해 현재는 그 팀의 역사를 잇는 LG트윈스를 응원하고 있으며, 해마다 경기 직관은 물론 유니폼 및 기타 구단 상품 구매에도 비용을 지출하고 있다. 사실 1990년대 언젠가부터 "나도 선수들과 같은 유니폼을 입고 직관하고 싶은데 구단에서는 왜 (MLB 구단들처럼) 유니폼을 판매하지 않느냐"는 의문과 불만을 품었고, 2000년대 들어 구단 상품 판매가 시작된 이후로 기다렸다는 듯 해마다 어김없이 유니폼을 비롯한 여러 가지를 사고 있다. '서포터' 정체성으로 시작했으나 구단의 마케팅이 본격화되면 '팬' 정체성을 겸비할 태세 또한 갖추고 있었달까. 축구와 배구의 경우도 마찬가지이다. 내가 FC서울, 우리카드 WON 배구단, GS칼텍스 서울 KIXX 배구단을 응원하는 것은 이들이 서울을 연고지로 하는 구단이기 때문이며, 해마다 시즌권과 유니폼은 물론 기타 구단 상품 구매에 비용을 지출하는 것 또한 야구의 경우와 다르지 않다.

나 홀로 직관: 탈사회적인가, 아니면 또 다른 무엇인가

다음으로는 둘째 키워드인 '나 홀로 직관'에 대해 논의해 보자. 앞서 언급했듯이 나는 대학생 시절부터 거의 모든 스포츠 경기를 혼자

직관해 오고 있다. 축구 관람은 예외적인 경우가 있지만, 이때도 나는 동석한 지인들과 경기 내용에 관한 코멘트를 주고받는 정도에 그칠 뿐 육성응원 등의 서포팅에 동참하지는 않는다. 내가 FC서울 시즌티켓을 구매할 때 서울월드컵경기장 본부석 아래쪽 VIP 지정석(〈그림 2-1〉에서 W-D 구역과 W-K 구역 사이의 좁게 표시된 구역) 중 센터서클에 가장 근접한 위치를 선택하는 것은 그러한 관람 스타일을 유지하기 위해서이다. 이 위치는 서포터석(N구역)과 거리를 두고 경기에 몰입할 수 있는 곳이다(〈그림 2-2〉). TV 중계 시 필드 전체를 커버하는 카메라 앵글과 거의 비슷한 위치에서 경기를 전체적으로 조망할 수 있다는 점 또한 내가 이 위치를 선호하는 이유이다.[12]

배구 경기 관람 시 좌석을 선택하는 기준도 마찬가지이다. 우리카드 WON 배구단과 GS칼텍스 서울 KIXX 배구단의 홈구장인 장충체육관 일반석은 지정석이 아니므로 어느 좌석에든 앉을 수 있는데,[13] 나는 VIP석/테이블석 위쪽의 일반석 상단 중 코트 정중앙에 가장 근접한 위치(〈그림 2-3〉에서 GATE 1 우측 일반지정석 중 중앙선에 가까운 곳)를 선택한다. 이곳은 응원단과 함께하는 단체응원석 정반대편에 자리 잡고 있으며, 비록 코트와의 거리가 멀긴 하지만 TV 중계 시 코트

---

12 2020년과 2021년에는 코로나19 여파로 인해 구단에서 시즌티켓을 판매하지 않았지만, 향후 시즌티켓 판매가 재개되면 같은 W-K 구역 VIP 테이블석을 선택할 생각이다. 가격은 더 높지만, 관람 시야와 경기에 대한 몰입 측면에서는 그편이 훨씬 나을 것 같다.

13 2020년과 2021년에는 두 구단 모두 시즌권을 판매하지 않았고(우리카드 WON 배구단이 '언택트 멤버십'을 판매했지만, 이는 기존 시즌티켓과 달리 예매 우선권 부여를 골자로 하는 것이었다), 관중 입장이 재개된 이후에는 코로나19 방역을 위해 일반석에도 전좌석 지정좌석제를 도입했다. 하지만 일상 회복 단계로 진입하면 예전 방식으로 돌아가지 않을까 한다.

그림 2-1 | 서울월드컵경기장 좌석배치도

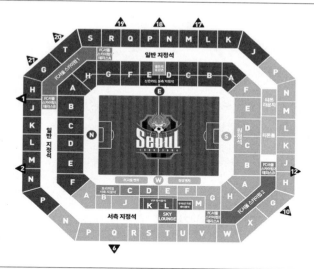

자료: FC서울 홈페이지

그림 2-2 | 서울월드컵경기장 K리그 경기 관람 시 필자가 선호하는 좌석에서 본 필드 전경

자료: 2019년 5월 11일 서울월드컵경기장의 FC서울 대 대구FC 경기 직관 중 필자 촬영

전체를 커버하는 카메라 앵글과 거의 같은 시야에서 경기를 전체적으로 조망하면서 몰입할 수 있는 위치이다(〈그림 2-4〉).[14]

야구의 경우, 예전에 가족 혹은 지인들과 함께 관람할 때는 단체응원이 벌어지는 1루 내야석을 이용했지만(LG트윈스는 홈경기 때 1루 더그아웃을 사용한다), 나 홀로 직관을 본격적으로 시작한 이후부터는 홈플레이트 뒤쪽 상단 좌석(〈그림 2-5〉에서 317번 구역)을 주로 이용한다. 그 위치가 투수의 투구 구종, 수비수들의 위치 이동(시프트), 타구의 방향 등을 가장 잘 볼 수 있는 위치라고 생각하기 때문이다(〈그림 2-6〉). 즉, 어떤 종목이든 단체응원석과 거리를 두고 경기를 전체적으로 조망하면서 몰입할 수 있는 위치가 좌석 선택의 기준인 것이다.

나는 서울 연고 스포츠클럽에 대한 강한 동일시를 가진 '서포터'이면서 팀의 마케팅에 열심히 호응하는 '팬'이기도 하지만, 직관 시에는 집합적 응원 분위기를 즐기기보다 나 홀로 경기 자체를 관전한다. 여기까지만 놓고 본다면 내 스포츠 관람 스타일을 '탈사회적'이라 할 수도 있을 것이다. 그러나 내가 집합적 열광과 연대로부터 아주 벗어난 것은 아니다. 팀 유니폼을 입고 경기를 직관하는 것은 여전히 팀과의 일체감을 중시하기 때문이다. 또한 KBO리그와 V-리그 경기 직관 중 홈팀 선수들의 멋진 플레이가 나오면 비록 짧기는 하지만 탄성과 박

---

14 관람 시야와 경기 몰입도 측면에서 본다면 최적의 자리는 중앙 테이블석(〈그림 2-3〉에서 까만색으로 표시된 구역)인데, 사실 그곳은 내가 대학생 시절 백구의 대제전 1차대회 기간에 지정석처럼 이용했던 위치였다(날마다 가장 먼저 경기장에 입장하다시피 했으니 가능했던 일이다). 그러나 지금은 일반 관중의 접근 가능성이 제한되어 있는지라(가격도 높을뿐더러 좌석 수도 매우 적다), 이 위치에서 V-리그 경기를 관람할 수 있으리라는 기대는 별로 하지 않았다. 예전 생각을 하다 보면 아쉬움이 없을 수 없지만 어쩌겠는가?

그림 2-3 | 장충체육관 좌석배치도

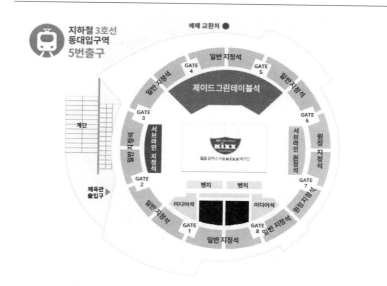

자료: GS칼텍스 서울 KIXX 배구단 홈페이지

그림 2-4 | 장충체육관 V-리그 경기 관람 시 필자가 선호하는 좌석에서 본 코트 전경

자료: 2020년 1월 25일 장충체육관 GS칼텍스 대 한국도로공사 경기 직관 중 필자 촬영

그림 2-5 | 잠실야구장 좌석배치도

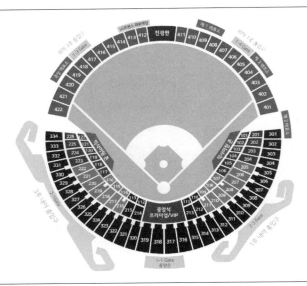

자료: LG트윈스 홈페이지

그림 2-6 | 잠실야구장 KBO리그 경기 관람 시 필자가 선호하는 좌석에서 본 그라운드 전경

자료: 2019년 9월 30일 잠실야구장 LG트윈스 대 롯데자이언츠 경기 직관 중 필자 촬영

수를 보낸다(경기 중 한 번, 많으면 두 번 정도). 특히 FC서울의 골이 터지면 환호성을 지르면서 경기장 전체를 휘감은 집합적 열광에 잠시 나 자신을 맡긴다. 김홍중(2020: 16)은 야구와 축구를 비교하면서 "축구는 여전히 합리성으로 감쌀 수 없는 열정이 넘실거리는 스포츠"라고 했는데, LG트윈스 선수의 홈런에는 박수 몇 번 치는 정도이지만 FC서울 선수의 골에는 다른 관중과 다를 바 없는 환호로 반응하는 나의 모습을 떠올려 보면 그 말에 고개가 끄덕여진다(모르긴 해도 축구에는 집합적 열광의 측면에서 야구와는 다른 무언가가 있는 것 같다). 어쨌든 단체응원에 동참하기보다 경기 자체를 관전하는 쪽으로 나의 관람 스타일이 변한 것은 사실이지만 그렇다고 전적으로 '탈사회적' 스포츠 관람 스타일이라 단언하기는 어렵다는 것이다. 그렇다면 '탈사회적'이 아닌 뭔가 다른 용어가 필요할 것 같다.

앞서 좌석 선택에 관한 이야기를 할 때도 했던 표현이지만, 나 홀로 스포츠 관람을 하는 가장 큰 이유는 '경기 자체에 대한 몰입' 때문이다. 나는 언제부터인가 단체응원에 동참하면 그만큼 경기 자체에 몰입하기 어렵다고 느끼기 시작했다. 특히 KBO리그 각 팀 단체응원에 앰프가 사용되기 시작하면서 이러한 생각은 더욱 굳어졌다. 야구장에서 함성과 앰프 소리가 합쳐지면 최고 115데시벨(dB)에 이르는데, 이는 비행기 이착륙 소음과 비슷한 수준이라고 한다(≪중앙일보≫, 2014.4.26). 이는 그라운드 위에서 플레이하는 선수들의 집중력에 영향을 미칠 수 있음은 물론 경기 자체에 몰입해 관전하고자 하는 관객에게도 방해 요소가 되기에 충분하다.[15] 실제로 나는 KBO리그 경기를 직관할 때 단체응원 앰프 소리를 최소화한 상태로 경기 자체에 몰입하기 위해 블루투스 이어폰을 귀마개 삼아 착용하는 경우가 적지 않으며, K리그 경기 직관 시에도 간혹 서포팅 소리를 덜 듣고 싶을 때면 같은 방식을 사용한다. 특히 체육관에서 열리는 V-리그 경기를 직관할 때는 실내에 단체응원 앰프 소리가 울려 퍼진다는 점을 감안해 거의 예외 없이 이어폰을 착용한다. 물론 단체응원과 거리를 둔다고 해서 내가 단체응원의 목적과 가치를 폄하하는 것은 결코 아니며, 단체응원에의 동참과 집합적 열광을 관람의 주된 목적으로 여기는 스포츠 관객의 입장을 평가절하하는 것 또한 결코 아니다. 그러나 어쨌든 나로서는 경기 자체를 관전하는 것이 스포츠 경기를 관람하는 주된 목적이다 보니 개인적으로는 단체응원에 참여하는 것이 주객전도처럼 느껴지기도 한다. 그렇다면 '전적으로 탈사회적인 것은 아니지만 경기 자체에 대한 몰입을 중시하는' 나의 스포츠 관람 스타일을 압축적으로 표현할 적당한 말로는 무엇이 있을까?

---

15 1980년대, 그리고 아마도 1990년대 초중반까지 KBO리그에는 마이크도 없이 혼자 호루라기 하나만 가지고 관중의 육성응원을 이끄는 응원단장들이 있었다. 당시의 단체응원 모습은 지금도 인상적인 기억으로 남아 있다. 그렇기 때문에도 앰프를 사용하는 지금의 단체응원이 나의 눈에는 그리 좋아 보이지 않는 것이리라. 2001년 시즌 종료 후 열린 단장회의에서 최종준 당시 LG트윈스 단장이 응원단상을 외야석으로 옮기자는 제안을 했고 몇몇 구단이 이를 실행에 옮겼으나 오래가지 못했는데(≪중앙일보≫, 2014.4.26), 당시 비록 한동안이지만 응원단상이 외야로 이동한 서울종합운동장 야구장 내야석에서 홀로 직관을 하던 나는 "응원단상을 아예 없애는 건 불가능하겠지만 외야로 옮긴 건 잘한 일이다. 진작 그렇게 했어야지"라고 혼잣말을 했던 적이 있다.

'나만의 세계' 속에서의 스포츠 관람

스포츠 캐스터 캐스터안이 나의 자문에 응해 보내준 답변이 그 실마리가 될 듯하다. 캐스터안은 2003년 LG트윈스 홈경기 장내 라디오 캐스터로 시작해 현재는 개인방송 플랫폼인 아프리카TV에서 LG트윈스 편파중계를 진행하고 있는 20년 경력의 스포츠 캐스터이다. KBO리그 시즌 중 야구 중계를 비롯해 V-리그 시즌 중에는 배구 경기 중계 또한 진행하며, 국가대표 축구팀 A매치, 올림픽, 아시안게임 등의 국제경기를 중계하기도 한다(즉, 아프리카TV가 중계권을 구매한 범위 내에서 다종다양한 스포츠 중계를 진행한다고 보면 된다). 특히 그가 프로야구 시즌 종료 후 다음 시즌 개막 전까지 진행하는 KBO리그 10개 구단 시즌 리뷰 및 다음 시즌 프리뷰는 그야말로 심혈을 기울여 준비하고 진행하는 콘텐츠이다(리뷰 및 프리뷰 콘텐츠는 유튜브 채널 '안캐스터'에서도 시청할 수 있다). 캐스터안의 스포츠 중계는 내가 아프리카TV에서 고정적으로 시청하는 유일한 콘텐츠이며, 심지어 다른 팀의 팬이 LG트윈스 편파중계를 하는 그의 방송을 찾아 시청하며 후원하는 경우도 적지 않다.

나는 캐스터안의 방송을 2011년부터 시청해 왔으며, 2015년 4월에는 연구 프로젝트와 관련된 인터뷰를 통해 그를 직접 만나기도 했었다.[16] 원래는 이 글을 구상하는 과정에서 다시 한번 그를 직접 만나

---

16 당시 연구주제가 '직업이동'이었고, 나는 IT, 제약, 금융업계의 이직 경험자들을 대상으로 한 인터뷰를 수행 중이었다. 마침 그 무렵 캐스터안이 방송 중 종종 이야기했던 자신의 전직(前職)이 상기 업종 중 하나에 속했기 때문에 인터뷰를 요청했고, 그가 내 요청을

서 나 홀로 스포츠 관람 경험 및 그와 관련된 견해를 듣고자 했으나 코로나19 여파 및 기타 이유로 인해 여의치가 않아 이메일로 문의했고, 그는 다음과 같은 답변을 보내주었다(방송 활동으로 바쁜 와중에도 답변을 보내준 캐스터안에게 거듭 감사를 전한다).

1인 스포츠 관람에 대한 동기

저는 어린 시절 아버지의 영향으로 야구라는 스포츠에 일찍 입문하게 되었습니다(7살 즈음~1981년). 이 당시는 프로야구 출범 직전이라 아직은 고교 야구에 대한 인기가 꽤 높은 시대였습니다. 그 당시 동대문야구장에서 벌어지는 고교 야구 경기를 아버지와 함께 관람을 하면서 자연스레 프로야구 출범 이후 프로야구에 대한 관심이 높아졌습니다. 물론 영향은 분명히 아버지께 받았지만 제 적성에도 맞고 흥미를 느끼다 보니 또래 아이들에 비해서 야구에 대한 관심이 굉장히 높았습니다. 이런 관심은 자연스레 나이를 들면서 더욱 깊어지게 되었습니다. 그러다 보니 이제 스포츠, 즉 야구를 단순히 관람하는 것에 그치지 않고 나름 분석을 하게 되었고, 그런 관심은 스포츠를 보는, 야구를 보는 관점에 변화를 주게 되었습니다. 또한 그런 관심은 타 스포츠 종목에 대한 관심으로 이어졌고, 어린 시절부터 구기 종목에 대한 애착이 상당히 강한 편이었습니다.

저 역시 나이를 먹으면서 친구들, 가족들과 야구 관람을 했고, 경험이 꽤 있습니다. 그런데 정확하게 대학교 1학년 시절부터 야구장을 자연

수락해 인터뷰가 성사되었다.

스럽게 혼자 가게 되었습니다. '집중력'의 차이였다고 봅니다. 일행과 같이 가게 되면 야구 본연의 '맛'을 느끼기 어려웠고, 특히 우리나라 야구장 특성상 '응원문화'로 인하여 더욱 집중하기 어려웠습니다. 한 마디로 표현하면 야구에 대한 깊이를 전혀 느끼기 어려웠습니다. 아마 혼자서 관람하게 된 동기는 '야구에 대한 강한 애착과 깊이에 대한 갈증'이라고 표현하고 싶습니다.

1인 스포츠 관람의 장점

지극히 개인적인 의견입니다만, 스포츠를 단순한 콘텐츠로 접근하느냐, 아니면 일종의 '나만의 세계' 속의 놀이터로 보느냐에 따라 시각 자체가 완전히 달라진다고 생각합니다. 단순한 콘텐츠라면 '즐기는 문화'로 접근하는 것이 맞습니다. 그러나 '나만의 세계'로 접근한다면 그때부터는 얘기가 좀 달라집니다. 나라면 이 상황에서 이렇게 했을 텐데, 혹은 반대의 경우도 있겠죠. 1인 관람의 장점은 내가 직접 경험하기 어려운 것을 '대리만족'할 수 있는 쾌감을 주게 됩니다. 내가 감독이 되고 내가 선수가 되어서, 감정 이입은 물론 수없이 많은 경우의 수를 스스로에게 던져줄 수 있습니다. 그 수많은 경우의 수에서 내 생각이 맞았을 때 느끼는 쾌감은 이루 말할 수 없습니다. 특히 야구처럼 수많은 상황이 펼쳐지는 종목이라면 그 쾌감은 배가 되겠죠.

현대 사회는 넘쳐나는 콘텐츠로 볼거리, 즐길 거리가 많은 세상입니다. 하지만 반대로 그 콘텐츠의 대부분은 일방적으로, 수동적으로 즐길 수 있는 것입니다. 하지만 내가 콘텐츠 안으로 직접 들어가서 '내 마음대로 능동적으로 조절할 수 있는' 콘텐츠라면 얼마나 훌륭하

겠습니까? 바로 이 부분이 저에게는 스포츠를 혼자 즐기는 가장 큰 이유가 아닌가 싶습니다. '콘텐츠의 고급화'라고 굳이 표현하면 어떨까요?

앞서 '탈사회적' 말고 뭔가 다른 용어가 필요할 것 같다고 했는데, 그런 나의 눈을 끌어당긴 표현이 있었으니, 바로 '나만의 세계'였다. 캐스터안은 야구 경기를 관전하면서 스스로 감독이 되고 선수가 되어 수없이 많은 경우의 수를 생각한다고 했다. 모르긴 해도 이는 경기 시작 전 양 팀 선발 라인업이 전광판에 표시되었을 때 양 팀 선발투수는 누구이고 타순은 어떻게 짜여 있는지, 이 경기에서 눈여겨볼 포인트는 무엇인지를 체크하는 것에서부터 시작될 것이다. 그리고 경기가 시작되면 타자가 노리는 구종과 포수와 투수의 구종 선택, 수비수들의 위치, 주자의 움직임, 벤치의 작전과 선수교체 등 여러 상황을 감안해서 내가 감독이라면, 내가 선수라면 이렇게 또는 저렇게 할 것이라는 생각을 경기가 끝나는 순간까지 계속해서 할 것이다. 그야말로 '나만의 세계' 속에서 경기를 관람하면서 스스로 경기를 구상하고 실행하는 것이다. 그런 점에서, 자신의 생각이 맞았을 때 이루 말할 수 없는 쾌감을 느낀다는 캐스터안의 말은 내가 보기에 결코 허언이 아니다(실제로 캐스터안이 아프리카TV에서 진행하는 야구 중계 멘트에서는 상기한 경기 관전 포인트, 선수 기용, 작전 구상, 상황 대처 등과 관련된 내용이 상당 부분을 차지하며, 이는 그 자신이 말한 야구의 깊이를 느끼는 데 많은 도움을 준다. 바로 그 점이 나를 비롯한 많은 애청자를 보유하게 된 이유일 것이다).

그렇다. 나도 캐스터안이 말한 것처럼 '나만의 세계' 속에서 홀로 경기를 관람하는 사람이다. 경기 자체에 몰입하면서 나의 시선과 생각으로 경기를 분석한다. 그리고 그렇게 분석한 내용을 스스로 캐스터가 되고 해설자가 되어 머릿속으로 되뇐다. 실제로 방송을 하는 것은 아니지만 내가 나 스스로를 시청자 삼아 그야말로 '나만의 중계방송'을 하는 것이랄까. 앞서 K리그 경기를 지인들과 함께 관람하기도 한다고 했는데, 그때도 마찬가지로 이러한 관람 스타일을 유지한다. 차이가 있다면 혼자 있을 때에는 머릿속에서만 되뇌던 중계와 해설 멘트를 옆에 있는 지인과 주고받는 것뿐이다(하긴 그 지인들도 나의 이런 스타일을 충분히 알고 있기에 나와 함께 관람하는 것이리라).

보다 심화된 '나만의 세계': 디지털기술과 나 홀로 스포츠 관람

　지금까지 이야기한 나의 스포츠 경기 직관 이력과 현재의 직관 스타일은 '집합적 열광과 연대에서 나만의 세계로의 이행'으로 요약할 수 있다. 사실 여기까지 이야기하고 끝낼 수도 있겠지만, 서두에서 언급한 대로 2020년 하계올림픽과 2022년 동계올림픽 경기 중계를 시청하면서 떠오른 생각을 이 글의 최초 구상에 더해 추가하게 되었다. 그것은 바로 디지털 혁명, 즉 아날로그 및 기계적 테크놀로지에서 디지털 전자 및 컴퓨터 시스템으로의 변화와 그로 인한 문화적 결과 (Giddens and Sutton, 2021: 5)로서의 스포츠 관람에서 나타난 '나만의 세계'의 확장이다.

기왕 올림픽 이야기가 나왔으니, 본격적인 논의에 앞서 고교 1학년 생이던 1988년 서울 하계올림픽 경기를 직관했던 추억을 잠시 되새겨 보고자 한다. 당시 나에게 고등학교 생활이란 (각주4에서도 언급했듯이) 하루빨리 벗어나고픈 것이자 견뎌내야 하는 것이었는데, 그 와중에 몇 안 되는 좋은 기억 중 하나가 학교 덕에 올림픽 경기를 직관했던 것이다. 내가 재학 중이던 학교에서는 올림픽 기간 중 남자 펜싱과 남자축구 경기 입장권을 염가로 판매했는데,[17] 특히 9월 27일 남자축구 경기는 준결승전이기도 했거니와 무엇보다도 올림픽 성화가 타오르는 서울종합운동장 주경기장을 직접 볼 수 있는 기회라는 점에서 결코 놓칠 수 없는 경기였다. 또 하나, 내 관람석 위치가 경기장 최상단이어서 필드와의 거리가 꽤 멀긴 했지만(염가 티켓이었으니 필드와 가까운 자리일 리는 없었다), 그나마 TV 중계 카메라 앵글과 거의 같은 시야로 경기를 관람할 수 있는 센터서클 쪽이었다는 것도 나름 괜찮았다(그러고 보니 그날은 국가에 대한 집합적 연대감과 나 홀로 직관 두 가지 측면 모두에서 얘깃거리가 있는 하루였다). 그날 준결승에서 맞붙은 두 팀은 브라질과 서독이었는데, 전후반과 연장전을 거쳐 승부차기까지 가는 접전을 펼치면서 최대한 오랜 시간 경기를 관람할 수 있게 해줬

17　펜싱의 경우는 남자축구 준결승전 날인 9월 27일보다 며칠 앞선 평일에 남자부 경기와 이어진 시상식을 직관했다는 것만 기억할 뿐, 다른 것은 잘 기억나지 않는다. 위키피디아에 수록된 서울올림픽 남자 펜싱 경기 일정(https://en.wikipedia.org/wiki/Fencing_at_the _1988_Summer_Olympics)에 따르면, 단체전 일정이 남자축구 준결승 일정과 겹치거나 매우 근접해 있으므로 내가 직관한 경기는 단체전 이전에 열린 개인전 일정 중 하나였을 것이다. 그리고 주말이 아닌 평일이었고 사브르 종목은 아니었던 것으로 기억하므로, 그에 기초해 추론해 보면 9월 21일 남자 플뢰레 개인전 2일차였을 가능성이 높다(남자 에페 개인전 2일차는 주말인 9월 24일에 열렸다). 그나저나 다른 것도 아닌 올림픽 경기 입장권을 보관할 생각을 왜 그때 하지 못했을까? 돌이켜 볼수록 두고두고 아쉬운 일이다.

으니 나로서는 두 팀 모두에게 고마워해야 할 일이었다(결과는 브라질의 결승 진출이었으며, 당시 브라질 팀에는 훗날 1994년 미국 월드컵 최고의 스타가 된 호마리우가 있었다).

올림픽은 남자축구 월드컵과 더불어 대회 규모, 관객 수, 시장가치, 미디어 주목도 등에서 진정한 메가 스포츠 이벤트로 인식되는 행사이다(Manzenreiter, 2015: 355).[18] 나는 어릴 때부터 올림픽을 '종합 선물세트'에 비유할 정도로 매우 좋아했고,[19] 대회 기간이면 TV 앞에서 살다시피 했다. 심지어 지구 반대편에서 올림픽이 열려 밤낮이 뒤바뀌더라도 말이다. 이토록 올림픽을 좋아하는 나에게 2020년 하계올림픽과 2022년 동계올림픽이 인접 국가인 일본과 중국에서 개최되는 것은 그야말로 천재일우의 직관 기회였고, 나는 부푼 마음을 안고 올림픽 기간 중 두 도시를 방문할 계획을 세워놓고 있었다. 그러나 코로나19 팬데믹 때문에 하계올림픽이 1년 연기되었고, 이듬해에 열리기는 했으나 여전히 계속되는 팬데믹 여파로 인해 무관중 경기로 치러짐으로써 나의 도쿄 방문은 무산되었다. 또한 그 이후에도 팬데믹 상황이 계속되는 바람에 베이징 방문 계획 또한 틀어지고 말았다. 당연히 아쉬움이 클 수밖에 없었다. 모 일간지 스포츠부 기자로 올림픽 기간 동안 도쿄와 베이징에 다녀온 지인에게서 취재와 관련된 이런저런 이야기를 들을 기회가 있었는데, 그때 나는 그 지인에게

---

18 원래 만젠라이터는 하계올림픽을 특정해서 언급하는데, 이는 아무래도 동계 스포츠 종목이 활성화된 국가 또는 지역이 제한적이라는 점 때문일 것이다. 그렇지만 나는 동계올림픽도 상기 요인들의 측면에서 결코 크게 뒤지지 않는다고 생각한다.
19 여기서는 올림픽만 이야기하고 있지만, 아시안게임 또한 같은 이유로 좋아한다.

일(취재) 때문에 간 것이고 방역수칙에 따른 제약을 받긴 했겠지만 그래도 올림픽 기간 중 도쿄와 베이징 현장에 있었으니 나로서는 부럽기 그지없다는 취지의 말을 했었다. 어쨌든 상황이 그러했으니 도쿄 하계올림픽과 베이징 동계올림픽 모두 중계방송으로만 접할 수밖에 없었는데, 이 과정이 스포츠 관람에서 '나만의 세계'의 확장을 경험하는 계기가 되었다. 그러면 당시의 경험을 바탕으로 이야기를 풀어나가 보자.

올림픽 대회 기간에는 TV 앞에서 살다시피 하는 나이지만, 그런 와중에도 올림픽 중계방송에 대한 아쉬움 또한 적지 않았던 것이 사실이다. 국내 방송사들의 중계가 우리나라 국가대표 선수들의 경기 위주로 이루어지다 보니 국내에서 인기가 높지 않거나 인지도가 낮은 종목 경기를 TV에서 볼 수 있는 기회가 많지 않았고, 또한 대회 초반부터 종반까지 긴 일정에 걸쳐 진행되는 구기종목들의 예선 및 토너먼트 경기 중계를 보기도 어려웠다. 특히 구기종목에 관심이 많은 나로서는 예선의 조 편성과 대진 순서에 따른 각 팀의 유불리, 예선 경기 과정에서 드러나는 각 팀의 경기력과 전략, 예선 종료 후 결정되는 토너먼트 대진에 따른 각 팀의 희비 등 어느 하나 궁금하지 않은 것이 없는데, 이 모든 과정을 충분히 접할 수 없으니 답답한 노릇이었다. 단적인 예로, 1992년 바르셀로나 하계올림픽 당시 '드림팀'이라 불리며 많은 관심을 끌었던 남자농구 미국 대표팀의 경기를 결승전 말고는 국내 방송사 중계로 본 기억이 없다. 한참 뒤에야 유튜브를 통해 드림팀의 전 경기를 풀영상으로 볼 수 있었는데, 뒤늦게나마 디지털 혁명의 덕을 본 것이랄까.

앞서 언급했듯이 1988년 서울 하계올림픽 때는 내가 재학 중이던 고등학교에서 염가로 입장권을 판매한 덕에 직관을 두 번 할 수 있었지만, 2018년 평창 동계올림픽 때는 나의 개인적인 상황 때문에 직관을 갈 수 없었다. 지금도 그 생각만 하면 아쉬움을 금할 수 없는데, 특히 더 아쉬운 것은 흔치 않은 아이스하키 국제경기 직관 기회를 눈앞에 두고 놓쳤다는 사실이다. 비록 북미 아이스하키 리그(NHL)에서 국가대표 선수 차출에 협조하지 않아 초특급 스타 선수들이 한국에 오지는 못했지만, 그래도 아이스하키 강국이라는 캐나다, 미국 등의 경기를 국내에서 직접 볼 수 있는 기회가 언제 또 오겠는가? 그런데 대회 개막 며칠 후, KBS 홈페이지와 모바일 앱 myK에서 TV 중계와는 별도로 여러 다른 경기 중계화면 송출 서비스를 제공한다는 것을 우연히 알게 되었다. 직관을 갈 수 없었던 나에게 이는 그야말로 희소식이 아닐 수 없었다. 접속을 해보니 지상파 TV 중계 이외에 같은 시간대에 펼쳐지는 다른 경기를 볼 수 있는 중계방송 창이 여섯 개 있었는데, 이를 통해 다양한 종목의 경기를 시청할 수 있었음은 물론, 특히 아이스하키와 컬링 같은 종목의 예선에서부터 토너먼트에 이르는 과정까지의 상당 부분을 시간과 장소에 구애받지 않고 휴대전화와 태블릿 PC를 통해 실시간으로 확인할 수 있었다. 게다가 그 여섯 개의 창은 클린피드(clean feed), 즉 화면과 현장음만 제공되는 원본이기 때문에 내가 마치 경기가 열리는 현장에 있는 듯한 느낌을 주는 효과까지 있었다. 그러나 이때만 해도 지상파 TV로 중계되지 않는 다른 경기들을 볼 수 있다는 사실에 기뻐했을 뿐, 아직 '나만의 세계의 확장'을 본격적으로 경험한 것은 아니었다.

시간이 흘러 2021년 여름, 1년 연기된 끝에 2020 도쿄 하계올림픽의 막이 올랐다. KBS는 지상파 중계방송 창과는 별도로 홈페이지와 myK에 클린피드 중계방송 창을 여섯 개 여는 한편, 스포츠 전문 채널 KBSN Sports에서도 중계방송 임시 오픈 창을 열었다(〈그림 2-7〉은 myK에서 제공한 서비스 화면을 캡처한 것이다). MBC 또한 지상파 중계방송 창과는 별도로 홈페이지와 모바일 앱에 클린피드 중계방송 창을 두 개 여는 한편, 스포츠 전문 채널 MBC Sports+에서도 중계방송 임시 오픈 창을 열었다(〈그림 2-8〉은 MBC 모바일 앱에서 제공한 서비스 화면을 캡처한 것이다). 동계올림픽 때 아이스하키와 컬링 경기의 상당수를 놓치지 않아서 좋았던 것처럼, 하계올림픽 때는 특히 관심이 큰 종목인 축구, 야구, 배구 경기의 상당수를 실시간으로 볼 수 있어서 매우 기뻤다. 어디 그뿐이랴. 상기한 세 종목 외에도 각종 구기종목과 육상, 수영은 물론 국내 비인기종목의 중계화면 또한 볼 수 있었으니, 나로서는 그야말로 진정한 '종합 선물세트'로서의 올림픽을 즐길 수 있었다.

당시 나는 노트북과 듀얼 모니터, 휴대전화와 태블릿 PC를 이용해 한꺼번에 여러 경기를 시청했고(〈그림 2-9〉), 동시에 열리는 경기가 많을 때는 듀얼 모니터에 여러 중계방송 창을 띄워놓고 시청하기도 했다(〈그림 2-10〉). 그러던 중 어느 순간부터인가, 나는 클린피드 화면을 그냥 보기만 하는 것이 아니라 스스로 중계와 해설 멘트를 하기 시작했다. 마치 경기장에서 나 홀로 직관을 하며 경기 자체에 몰입한 채 나만의 중계방송을 하듯이 말이다. 비록 코로나19 팬데믹으로 인해 현지 직관 기회는 놓쳤지만, 인터넷과 디지털 미디어 기술은 나에게

그림 2-7 | KBS myK에서 도쿄 하계올림픽 기간 중 제공한 중계 서비스 화면

자료: 2021년 8월 8일 KBS 모바일 앱 myK 화면 캡처

그림 2-8 | MBC 모바일 앱에서 도쿄 하계올림픽 기간 중 제공한 중계 서비스 화면

자료: 2021년 8월 8일 MBC 모바일 앱 화면 캡처

홀로 있는 공간에서 나름대로 현장감을 느끼며 경기에 몰입해 관람할 수 있는 여건을 조성해 주었다. 즉, 스포츠 관람에서 '나만의 세계'를 확장해 준 것이다. 클린피드가 중계 멘트 없이 화면과 현장음만 제공하므로 경기에 몰입해서 시청하기에 제격이라는 생각은 평창 동계

올림픽 때부터 했지만, 이것이 '나만의 세계' 속에서의 스포츠 관람과 본격적으로 연결된 것은 도쿄 하계올림픽 때부터였다.

해가 바뀌고 얼마 되지 않아 개막한 2022 베이징 동계올림픽 때도 KBS와 MBC는 앞서 언급한 것과 같은 형태로 홈페이지와 모바일 앱에 별도의 중계방송 창을 열었다(서비스 방식은 〈그림 2-7〉 및 〈그림 2-8〉과 동일했다). 도쿄 하계올림픽 때와 마찬가지로 여러 경기를 동시에 시청하는 것이 대회 기간 중 나의 일과였는데(〈그림 2-11〉), 그중에서도 컬링 예선 경기를 시청할 때의 경험이 특히 기억에 남는다.

베이징 아쿠아틱 센터 내의 여러 시트에서 동시에 벌어지는 컬링 예선 경기 중계화면을 컴퓨터 모니터와 태블릿 PC를 이용해 한꺼번에 보고 있노라니(〈그림 2-12〉) 내가 실제로 현장에 있으면서 모든 시트를 조망하고 있는 듯한 기분이 들었는데, 좀 과장되게 말한다면 그것이야말로 인터넷과 디지털 미디어 기술이 선사하는 현장감의 극치라 할 수 있었다.

어쨌든 중요한 것은 인터넷과 디지털 미디어를 통해 확장된 '나만의 세계'가 나의 올림픽 중계 시청에서 매우 결정적인 부분이 되었다는 점이다. 비록 예기치 못한 변수로 인해 현지 직관 기회를 놓치는 바람에 집에서 시청하게 되었지만, 방송사가 제공하는 클린피드 중계화면을 통해 실제 직관 때처럼 경기에 몰입해 분석하고 나만의 중계방송을 하며 대회를 즐길 수 있었다는 점에서, 이 두 번의 올림픽은 나의 스포츠 관람 이력에서 또 다른 전환점이었다.

21세기 들어 인터넷과 디지털 미디어의 영향으로 스포츠 팬덤이 지역적 범위를 넘어 전 세계적 범위로 확대되었다는 논의(Kelly, 2015:

그림 2-9 | 노트북, 듀얼 모니터, 태블릿 PC를 이용해 실시간 중계되는 2020 도쿄 하계올림픽 세 종목 경기를 동시에 시청하는 모습

자료: 2021년 8월 2일 필자 촬영

그림 2-10 | 노트북, 듀얼 모니터, 태블릿 PC를 이용해 실시간 중계되는 2020 도쿄 하계올림픽 여섯 종목 경기를 동시에 시청하는 모습

자료: 2021년 8월 3일 필자 촬영

그림 2-11 | 노트북, 듀얼 모니터, 태블릿 PC 두 대를 이용해 실시간 중계되는 2022 베이징 동계올림픽 세 종목 네 경기를 동시에 시청하는 모습

자료: 2022년 2월 10일 필자 촬영

그림 2-12 | 듀얼 모니터, 태블릿 PC 두 대를 이용해 실시간 중계되는 2022 베이징 동계올림픽 컬링 예선전 세 경기를 동시에 시청하는 모습

자료: 2022년 2월 10일 필자 촬영

315)[20]에 더해, 나는 스포츠 관람에서 '나만의 세계'가 확장된 것 또한 인터넷과 디지털 미디어가 미친 효과로 충분히 꼽을 만하다고 생각한다. 만약 '나만의 세계' 속에서 스포츠를 관람하는 것을 선호 또는 추구하는 사람이 일정한 비중을 차지한다면, 그러한 사람들을 위한 중계 콘텐츠 서비스(이를테면 멘트 없는 중계방송 서비스 같은)가 등장하지 않을까 하는 예상 또는 바람도 조심스럽게 제시해 본다. 가능성이 희박해 보이기는 하지만, 이런 서비스가 실제로 제공된다면 나는 아주 적극적으로 이용할 것 같다. 비록 직관이 아니라 중계방송을 시청하는 경우라 할지라도 '나만의 세계' 속에서 경기 자체에 몰입하고 싶기 때문이다.[21]

앞으로도 계속될 '나만의 세계'

이 글의 최초 구상은 나 홀로 스포츠 관람을 '탈사회의 사회학'과 관련지어 논의하는 것이었으나, 현재까지의 결론은 나 홀로 스포츠 관람을 '탈사회'보다 '나만의 세계'라는 측면에서 이해할 필요가 있다는 것이다. 비록 나의 개인적 경험에 기초한 자기분석적 논의의 결과라는 점에서 한계가 있으며, 차후 나와 같은 관람 스타일을 공유하는 다

---

20 한국에서 해외 스포츠팀 또는 선수에 대한 팬층이 형성되는 것도 그러한 예라 할 수 있다 (특히 근래의 경우 유럽 축구팀, 선수 또는 리그에 대한 팬층 형성이 두드러진다).
21 덧붙이자면, 근래 들어 TV 중계방송 시청 시 일부 캐스터의 중계 멘트를 듣는 것이 상당한 고역이 되어버린 것도 하나의 이유라면 이유이다.

른 여러 스포츠 관객의 목소리를 더해 보완해야 하지만 말이다. 그래도 스포츠 관람 스타일 또는 취향에 대한 본격적인 연구 이전의 시론적(試論的) 논의로서는 나름대로 의미가 있지 않을까 한다.

이 글의 요지를 다시 한번 말하자면, 단체응원을 통한 집합적 열광과 연대에서 완전히 이탈한 것은 아니지만 그것과 어느 정도 거리를 두면서 경기 자체에 대한 몰입을 추구하는 나의 스포츠 관람 스타일을 적절히 요약하는 키워드는 '나만의 세계'라는 것, 아울러 인터넷과 디지털 미디어의 발달로 인해 스포츠 관람에서 '나만의 세계'가 확장될 수 있다는 것이다. 그러나 거듭 말하거니와 나 또한 스포츠를 통한 집합적 열광과 연대에 대한 경험과 기억을 가지고 있으며, 그렇기 때문에 단체응원을 통한 집합적 열광과 연대가 가진 의미와 효과를 결코 평가절하하지 않는다. 다만 스포츠를 보는 취향이 '나만의 세계' 쪽으로 변화됨에 따라 집합적 일체감의 측면이 최소화된 것뿐이다.

굳이 '고독'이라는 단어를 써서 표현하자면, 나는 스포츠 관람에서 '고독을 선택한' 사람이다. 경기 자체에 몰입하고자 하는 나에게는 고독이 경기의 깊이를 느끼는 데 훨씬 좋은 방식이라고 생각하기 때문이다. 에세이 작가 캐럴라인 냅(Caroline Knapp)의 표현을 빌리자면, "내가 선택한 고독의 수준이 어떤 면에서든 내게 좋았기 때문에, 나와 내가 잘 맞았기 때문에 그래 왔을 것"(냅, 2020: 46)이다. 그리고 앞으로도 스포츠 관람에서 "스스로 쌓아올린 나만의 세계를 여간해서는 떠날 마음이 들지 않을 것"(냅, 2020: 49)이다.

참 고 문 헌

≪경향신문≫. 1990.1.20. "프로축구 3월 17일 개막, 올해부터 시(市) 연고로 바꿔".
김홍중. 2020. 「야구」. 『은둔기계』. 문학동네, 10~22쪽.
냅, 캐럴라인(Caroline Knapp). 2020. 『명랑한 은둔자』. 김명남 옮김. 바다출판사.
≪동아일보≫. 1982.8.6. "엎치락 OB 뒤치락 삼성".
_____. 1982.9.15. "세계를 잡은 한대화 역전3런".
_____. 1988.6.20. "영동고 4년 거푸 우승: 전국 우수고교팀 핸드볼".
_____. 1992.3.10. "프로축구 서울 3구단 팬 확보 공동홍보 합의".
뒤르켐, 에밀(Emile Durkheim). 2020. 『종교생활의 원초적 형태』. 민혜숙·노치준 옮김.
    한길사.
부르디외, 피에르(Pierre Bourdieu). 2008. 『자기 분석에 대한 초고』. 유민희 옮김. 동문선.
≪스포츠경향≫. 2021.10.6. "10가지 재미… 드디어 열리는 롯데-두산의 '서스펜디드 게임'".
≪스포츠조선≫. 2014.4.9. "K리그 서울 연고의 어제와 오늘".
≪스포츠한국≫. 2004.2.6. "프로축구연맹 '서울 연고 이전 가능'".
원투펀치. 2022. "시즌 4 45회 BLUE 클립: 알아두면 쓸데없는 신비한 축구 사전 - 라방에서
    나온 명장면"(2월 21일 업로드). https://www.youtube.com/watch?v=CMjE6eH906
    s&list=PLpb9TD5c4h8Mj4a_9CDD4UR2d_AEhdKlG&index=21.
≪조선일보≫. 1982.7.16. "잠실야구장 개장".
_____. 1982.8.19. "OB, 힘겹게 롯데 제압 / 프로야구 MBC, 해태에 2연승".
_____. 1982.9.15. "김재박, 필사의 번트… 한대화, 역전홈런".
줄리아노티, 리처드(Richard Giulianotti). 2010. 『스포츠 비판사회학』. 조성식 옮김.
    범한서적주식회사.
≪중앙일보≫. 2014.4.26. "앰프를 껐더니 야구가 보이네요".
≪한겨레≫. 1995.11.9. "프로축구 지역연고 먼 길인가".
≪한국일보≫. 2017.4.20. "'프로축구 서울팀을 없애라' 청와대가 개입했을까?".
YTN. 2014.1.28. "서울 연고 신생구단 공모 불발".

FC서울 홈페이지 www.fcseoul.com
KBS 모바일 앱 myK
KBS 홈페이지 www.kbs.co.kr
LG트윈스 홈페이지 www.lgtwins.com
MBC 모바일 앱
MBC 홈페이지 www.imbc.com
GS칼텍스 서울 KIXX 배구단 홈페이지 www.gsvolleyball.com
스탯티즈 www.statiz.co.kr
https://en.wikipedia.org/wiki/Fencing_at_the_1988_Summer_Olympics
https://en.wikipedia.org/wiki/Football_at_the_1988_Summer_Olympics

Giddens, Anthony and Philip W. Sutton. 2021. *Essential Concepts in Sociology*, 3rd ed. Cambridge: Polity Press.

Kelly, Wiliam W. 2015. "Sport Fans and Fandoms." in Richard Giulianotti(ed.). *Routledge Handbook of the Sociology of Sport*. London: Routledge, pp.313~323.

Manzenreiter, Wolfmam. 2015. "Sport Mega-Events." in Richard Giulianotti(ed.). *Routledge Handbook of the Sociology of Sport*. London: Routledge, pp.355~365.

제3장

탈사회적 로맨스와 친밀한 시시포스*
플랫폼 짝짓기의 논리와 역설

■

정수남

로맨스의 시련

오늘날 로맨스는 대격변 혹은 큰 시련을 겪고 있으면서 어떤 면에서는 극단적인 분열로 치닫고 있는 것처럼 보인다. 한편에서는 로맨스가 남성 중심의 이성애적인 서사이자 서구 가부장적 질서의 산물이라는 비판을 받으면서 탈연애, 비연애, 비혼, 모쏠, 초식남, 건어물녀 등 비연애 담론과 행태가 확산되는 근거가 되고 있으며(이진송, 2016), 다른 한편에서는 그 어느 때보다도 계급재생산 전략 및 문화자본을 축적하는 하나의 수단처럼 물화되는 경향을 띠고 있다(이현재,

---

* 이 글에서 직접 인용된 인터뷰 문장들의 경우 가독성을 높이기 위해 본래의 의미를 해치지 않는 범위 내에서 약간의 수정을 가했다.

2014: 223~224; 일루즈, 2014).

　로맨스의 이러한 이중적 분열은 그동안 우리에게 익숙했던 사랑 (형식)에 대해 근본적인 의문을 제기하게 만든다. 사랑이 특정한 타자를 신성화함으로써 서로에 대한 헌신, 희생, 충성, 배려, 이해를 기반으로 그/그녀와 신체적·정신적 교감을 나누는 상호 간의 존중 및 인정 행위라고 볼 때, 오늘날 로맨스의 위기는 타자에 대한 신성화가 매우 유동적이고 지속적이지 못하며, 사회적·문화적 조건 또한 이러한 불안정성(바우만, 2005)을 심화시키는 방향으로 재구조화되고 있다는 데서 비롯된다. 이러한 불안정성은 로맨스가 더 이상 집단주의적 윤리나 젠더규범에 종속되지 않고 개인의 자율적이고 내밀한 감정에 기대어 행해진다는 친밀성의 구조변동과 밀착되어 있다(기든스, 1999; 벡·벡-게른샤임, 1999). 이와 관련하여 에바 일루즈는 현대인의 새로운 관계유형을 "감정 진정성 체제"라는 개념으로 포착하는데, 이는 오늘날 연인 간의 결속 혹은 상호성이 규범이나 의례가 아닌 자신의 진정한 감정을 기초로 한다는 것을 뜻한다(일루즈, 2014: 64~67).

　로맨스가 이처럼 재구조화된 것은 장기간에 걸쳐 가부장제적 질서가 해체되고 자본주의적 생활양식 및 개인적 자유(정확히는 성적 자유)가 확대된 데 따른 역사적 산물이다. 남성 중심 로맨스 서사의 붕괴, 여성의 지위 향상, 자본주의적 계급질서로의 재편, 성적 자유의 소비주의화(일루즈, 2014) 등은 연애와 결혼을 둘러싼 전통적인 규범과 제도적 양식을 급격하게 변화시켰다. 이 과정은 또한 여러 모순적인 상황을 동반했다. 친밀성의 영역이 소비자본주의적 논리로 포섭되기 시작하면서 한편에서는 성적 자유가 확대되었지만, 다른 한편에서는 사랑의 물화 또한 심화되어 왔다. 이러한 모순적 상황은 오늘날 포스트자본주의체제 혹은 사회 라이트(light)(슈트렉, 2018: 31)에서 가중되고 있는 일상적 삶의 유동성과 맞물려 더욱 심화되고 있다. 유동적 삶의 보편화는 친밀성의 자율성을 확장시키지만 동시에 연애의 예측 불가능성과 불안정성을 높이는 딜레마를 낳기도 한다. 이 두 극단 사이에서 '사랑은 확실성을 생산해 주는 사회적 구조 없이 그 자체만으로는 확실성을 만들어낼 수 없'게 되었다(일루즈, 2020: 85).

2000년대 이후 젊은 세대를 중심으로 연애, 결혼, 출산 및 육아, 이혼, 비혼 등 친밀성의 영역에서 급격한 변화가 일어났다. 그 변화에는 고용불안정이나 경제적 불평등 심화로 인한 생계적 불안정을 포함해 탈조직화된 관계 형성, 짝 찾기 행태의 탈근대적 전환이 주요한 원인으로 작동한다. '돈'이 없으면 연애는 피곤해지거나 지속시켜 나가기 어렵고, 불가능해지기까지 한다. 경제적 자원이 부족하고 선택경쟁에서 밀려난 사람일수록 연애 기회는 박탈당한다. 가령 취업준비 때문에 연애를 포기하거나(≪서울경제≫, 2018.1.19) 시간이 부족하고 데이트 비용이 부담되어 연애를 미룬다는 반응에서부터 '연애를 강요하는 사회적 압박'(이진송, 2016)에 대한 반발 때문이라는 반응에 이르기까지 그 이유는 다양하다. 연애는 이제 '첫눈에 반하는' 느낌만으로 이루어지기에는 역부족인 것이다.

연애의 불가능성은 두 가지 의미로 다가온다. 하나는 물적 기반의 불안정으로 인한 강제적 포기이고, 다른 하나는 미학적 선택의 까다로움으로 인한 윤리적 주저함이다. 이 둘은 상호 교차하면서 연애의 성공 가능성을 결정짓는다. 이념형적으로 분류해 본다면 물적 기반이 안정적이고 미학적 선택에 주저함이 없다면 가장 만족할 만한 연애가 이루어질 수 있다. 하지만 나머지 경우에는 연애가 불만족스럽거나 불안정해진다. 이러한 불만족과 불안정성을 상쇄할 만한 전통적인 윤리나 규범이 더 이상 효력이 없다는 점에서 이제 사랑은 만성적인 혼란상태로 빠져들 수밖에 없다.

이 글에서 주목하는 소셜데이팅앱(social dating app)(혹은 소셜매칭앱, 데이팅앱 등)의 세계는 이러한 모순들이 집약된 네트워크화된 친밀성의 장이다. 온라인상에서의 짝짓기는 인터넷이 보급되는 순간부터 시작되었다고 볼 수 있지만, 이것이 본격화된 것은 스마트폰의 보급으로 모바일 데이트 서비스, 이른바 소셜데이팅앱이 등장하면서부터라고 볼 수 있다(심성욱, 2015). 데이팅앱은 로맨스의 환상과 냉소가 공존하는 공간에서 짝짓기에 들어선 인간들이 서로 전략적 합리성에 기반해 매칭을 시도하도록 조직된 디지털장치이다(안사리, 2019). 마치 대형쇼핑몰이나 대형마트 입구에 들어섰을 때 단박에 느껴지는 풍족함, 모든 물건이 내 손 안에 있다는 즐거운 착각, 무엇이든 살 수 있다는 설렘 같은 감정은 데이팅앱에서도 그대로 구현된다. 하지만 구매할 수 있는 품목은 애초부터 정해져 있다. 무엇이든 소유할 수 있는 것처럼 보이지만 정작 선택하려고 다가가면 여러 가지 제약이 따른다. 이 글은 이러한 논의를 배경으로 소셜데이팅 장의 논리와 그것의 모순을 드러내는 것을 목적으로 한다.

이를 위해 소셜데이팅앱을 활용해서 데이트상대를 만나본 경험이 있는 젊은 남성들과의 심층인터뷰를 시도했다. 여성 대상자도 섭외했지만 이들은 데이팅앱을 사용해 본 경험이 없었다. 하지만 여성

대상자들이 말해준 자신의 연애경험은 젊은 세대의 로맨스 감각을 파악하는 데 도움을 주었다. 그리고 필자가 직접 만나지는 못했지만 면접 대상자를 고려하는 과정에서 간접적으로 들은 여성들의 데이팅앱 사용 경험 또한 비교 분석의 차원에서 활용했다. 그럼에도 불구하고 남성의 경험에 근거한 인터뷰라는 점에서 젊은 세대의 짝짓기 양상을 총체적으로 파악하는 데는 한계가 따를 수밖에 없다. 이 인터뷰는 2020년 1월에서 2월까지 두 달 동안 이루어졌다. 피면접자들의 특성을 간략히 말하자면, 남성 4명, 여성 2명으로 총 6명이고, 연령대는 20대 중후반의 대졸자이며, 서울에 거주하고 있다. 이들 모두 프리랜서 형태로 경제활동을 하고 있으며, 2명은 대학원생이기도 하다.

이들과의 인터뷰는 반구조화된 질문지를 활용해 각각 회당 2시간씩 2회에 걸쳐 심층인터뷰로 진행했다. 주요 내용은 소셜데이팅앱을 사용하게 된 계기와 동기, 사용절차, 구체적인 경험담, 연애관, 사용 이후의 감정 등을 묻는 개방형식의 질문으로 구성되었다. 이름은 모두 가명으로 처리했다. 수집한 자료는 해석학적 분석을 통해 이들의 주관적인 경험세계와 이들의 행위가 지닌 의미를 이해하는 데 활용되었다. 이 연구의 목적은 피면접자들이 소셜데이팅앱이라는 디지털화된 알고리즘체계와 지속적으로 상호작용하면서 자신의 행위를 어떻게 의미화하려고 했는지 파악하는 것이기도 하다.

디지털 짝 찾기의 감정장치

파상적 친밀성의 도래

개인들이 짝을 선택하는 경쟁은 순수하게 자율적인 것이 아니라 행위자가 보유한 여러 상징적·물리적 자원을 수반하면서 이루어진다. 사회적 권위와 경제적 자본을 내세워 한층 위계화되고 폐쇄적인 방식으로 짝을 찾는 행태에서부터 자신의 내밀한 감정과 에로티시즘적 매력에 우위를 두고 짝을 택하는 방식에 이르기까지 선택의 범주는 사회적으로 구성된다. 사회적으로 범주화된 짝짓기 선택의 장은 여러 자원을 소유한 행위자 간의 경합이 이루어지는 공간이다. 이 공간을 필자는 부르디외의 개념을 빌려 '친밀성 장(intimate field)'으로 개념화하고자 한다. 친밀성 장은 짝짓기를 둘러싸고 행위자 간의 유대·갈등·투쟁이 벌어지는 일련의 사회적 공간으로서, 특정한 실천감각이 요청된다.

친밀성 장은 전통사회에서는 재산 상속, 신분 유지 등 집단주의적 및 가부장제적 규범을 근간으로 구축되어 왔다면, 근대 이후로는 물적 기반의 재생산 및 성적 매력, 감정적 이끌림, 진정성 등과 같은 낭만적 사랑의 수행성을 토대로 개별적인 투쟁이 벌어지는 곳으로 변해왔다. 이러한 이분법적인 구분은 논리적 차원의 구분일 뿐, 친밀성 장의 역사적 변화과정은 각 사회의 정치적·경제적·문화적 맥락에 따라 특수성을 내재하고 있다. 근대 이후 국가권력, 경제적 상황, 문화적 규범 등은 내밀한 친밀성의 영역에 대해서도 세밀하게 개입하고

통치를 행하기 때문에 사회역사적 맥락을 고려하지 않을 수 없다(엘리아스, 1999). 일찍이 기든스는 후기근대적 사회에서 뚜렷하게 나타난 친밀성의 구조변동의 핵심을 성찰성을 내재한 순수한 관계 혹은 합류적 사랑의 민주화로 보았다(기든스, 1999: 115~116). 하지만 기든스의 테제는 친밀성 장에서 벌어지는 다차원적인 역동성 및 젠더화된 투쟁을 간과할 뿐만 아니라 상호탐색의 항구적인 역동성을 강조함으로써 실제로 연인들 사이에서 더 중요하게 작용하는 정서적 유대감을 소홀히 다룬다(Jamieson, 1999). 기든스는 친밀성의 구조변동을 말 그대로 순수하게 낭만화했다.

오늘날 우리가 실질적으로 경험하는 친밀성은 표면적으로는 자유롭고 평등한 성적 관계를 기반으로 한 듯 보이지만 그 내부로 들어가면 매우 냉혹하고 차별적이며, 복합적인 모순으로 가득 찬 세계임을 알 수 있다. 결혼을 유토피아적 세계로 진입하는 관문으로 유도하면서 지위와 취향이 유사한 사람들을 이어주는 결혼정보회사, 번아웃된 세계를 버티는 섹스리스 커플, 자기생존에 급급한 청년들의 비연애, 젠더화된 위계와 차별로 여전히 고통 받는 여성, 결혼 자체를 근본적으로 의심하는 비혼주의에 이르기까지 친밀성 장은 내적 분화와 함께 '순수한 관계'를 탈순수화시킨다.

친밀성 장의 탈순수화는 낭만적 유토피아의 상상이 파괴되는 과정이기도 하다. 근대적 친밀성이 낭만적 유토피아의 상상력을 에너지원으로 삼았다면, 오늘날의 친밀성은 상상이 불가능한 혹은 상상이 파괴되는 순간 체험되는 그리고 그러한 폐허를 직시해야 하는 고통으로부터 기인하는 파상력을 에너지원으로 삼는다. 파상력은 미래를 확신하거나 총체적으로 구성하는 상상력과는 정반대로 미래에 대한 근원적인 회의이자 기존 가치를 파괴하면서 그 체험을 통해 새로운 것을 창조해 내려는 파편적인 힘이다(김홍중, 2016: 9~13). 백마 탄 왕자도 신데렐라도 사라진 바로 그 자리에서 자기 자신을 직시해야 하는 당혹감, 초라함, 불안감을 내내 마주할 뿐이다.

이는 친밀성이 자본의 논리와 결합해 오면서 발생한 역사적 귀결이기도 하다. 데이트와 연애를 위한 의례는 점차 등가교환의 법칙에 따라 행해지고 있으며, 인격적 교감을 탈신성화하고 있다. 대부분의 연애 의례는 상품소비 행위로 전환되었기 때문이다. 역설적이게도 후기자본주의사회에서 연애는 상품소비를 통해 신성화되고 있다(김주은, 2013). 이는 물화된 혹은 비인격적인 교감이 신성화된다는 것을 의미한다. 자본이 이윤창출의 무대로 친밀성의 영역을 공략해 온 역사가 꽤 오래되었지만(권오헌, 2019), 그럼에도 20세기 중반까지 일반 사람들에게 로맨스는 적어도 경제력에 크게 의존하는 영역이 아니었다. 남녀 간의 연애는 '돈'을 초월할 때 더 진실하고 순수한 관계로 나아갈 수 있다고(실제 현실에서는 그렇지 않더라도) 믿거나 상상되었다. 하지만 오늘날 데이트는 로맨스 의례 상품을 소비함으로써 가능해질 수 있으며, 데이트를 둘러싼 문화적 레퍼토리 혹은 '데이트 테크놀로지'도 그런 식으로 조직되어 있다(김주은, 2013: 83). 연인들이 주로 만나서 관계를 형성해 가는 대부분의 의례공간, 예를 들어 커피숍, 술집, 레스토랑, 극장, 여행지, 쇼핑몰, 모텔 등은 모두 일정한 비용이 요구되는 장소이다. "로맨스와 자본주의의 결합은 현재를 기꺼이 희생하면 미래 어느 시점에 이르러 삶이 더욱 나아진다고 약속함으로써 힘을 얻는다"(에시그, 2021: 30).

하지만 화폐는 데이트의 시간과 공간, 연인들의 데이트 의례에서의 자율성을 확장시킨 결정적인 매체이기도 하다. 화폐는 로맨스를 에워싼 전통적인 규범과 물리적 장벽을 해체하는 데 기여했다. 추상적인 교환매체로서의 화폐는 로맨스의 상징적·물리적 경계를 초월하게 함으로써 개인 간의 관계 또한 추상화시켰다. 이로써 개인들이 짝을 선택하는 자율성은 높아졌으며, 그에 따라 데이트와 연애의 기존 규범은 자유로운 선택경쟁 메커니즘으로 인해 효력을 상실했다. 다시 말해 남녀 사이를 오랫동안 규정해 왔던 가부장적 젠더규범이나 '백마 탄 왕자와 신데렐라' 서사와 같은 불평등한 위계구조는 개인주의 및 성평등 의식이 확산됨에 따라 더 이상 효력을 발휘할 수 없게 되었다. 이 과정에서 자유로운 연애와 짝짓기 관행이 보편화되었으며, 연애와 결혼은 전적으로 개인 자신의 선호와 책임의 영역으로 전환되었다. 짝 찾기를 둘러싼 선택경쟁은 점차 가속화되었다.

지난 십수 년 동안 젊은 세대의 연애와 사랑을 다룬 드라마, 영화, 소설에 등장하는 많은 인물들은 파상적 공간을 부유하는 존재였다. 특히 청년세대의 빈궁한 삶을 문학적으로 형상화한 여러 작품 속에서도 연애는 매우 버거운 남녀 간의 신체적·정신적 관계 맺음이었다. 하지만 파상적 공간은 진작부터 우리의 현실을 에워싸고 있었다. 엄기호는 대학생들의 사랑을 다음과 같이 규정한다. "이 시대에 우리가 이야기하는 '서사적 사랑'이란 불가능하다. 세상은 서사에 목을 매는 이들을 비웃는다. 그저 사랑을 즐기라고 조언한다. 그리고 유통기한이 지난 사랑은 과감하게 버리라고 조언한다. 사랑은 더 이상 무엇인가를 새롭게 생산하는 에너지가 아니다. … 사랑이 없어진 것이 아니라 사랑이 지속될 수 있는 가능성이 사라진 것이다"(엄기호, 2010: 153).

웰컴 투 로맨틱 웹: 가볍게 부담 없이?

후기근대적 삶의 특징을 '액체성'(혹은 유동성) 개념으로 포착한 바우만의 주장에 따르면, 사람들은 자신의 경험이나 전망에 대해 표현할 때 '관계 맺음'이나 '관계(relationship)'라는 말보다 '연결하기'나 '연결됨(connection)'이라는 말을 더 선호한다(Bauman, 2007). 여기서 연결은 온라인에 기반한 네트워크 양식으로서, 이는 연결하는 동시에 연결을 끊을 수 있는 망(matrix)을 의미한다. 네트워크 속에서 연결하기와 연결 끊기는 동등하게 적법한 선택이며, 동일한 지위를 누리고 동일한 중요성을 가진다(바우만, 2013: 24). 이처럼 사회적 관계가 가상화되는 현실 속에서 대면접촉을 통한 관계 맺기는 좀처럼 쉽지 않다. 짝짓기 과정도 예외는 아니다.

덕현은 대학 졸업 후 "활동하는 범위가 한정적이니까 사람을 만나고 싶어도 그렇게 막 다양하게 만날 기회가 없어요. 근데 이제 이런 거(데이팅앱_필자) 같은 경우에는 저와 전혀 교집합이 없는 사람인데도 매칭해서 만날 수 있고 대화를 할 수 있"어서 "그냥 재미"로 한다고 했다. 그런 점에서 데이팅앱은 대면적 만남의 버거움을 단숨에 덜어버릴 수 있는 '가벼움'을 가져다준다. 이는 전략적 모호함을 내세워서 가벼운 긴장을 즐기는 '썸'의 형태와 유사하다. 즉, 관계 맺기의 부담(물적 자원, 지속성, 성별분업 등)을 최소화하면서 상호 간에 순전히 연애감정만 누리는 가벼움이 데이팅앱 세계의 에티켓이다. 하지만 그 가벼움은 물질적·심리적 불안정성을 근간으로 한다는 점에서 리스크에 대한 반응이자 적응이기도 하다(안혜상, 2017). 피면접자들 중에서 직업이 연애상담사인 은정은 자신의 세대를 "유동적으로, 능동적으로 움직이는 세대"라고 규정하면서, 연애도 "훨씬 개방적"이라고 말한다. "예를 들면 옛날에는 사귀고 한 6개월에서 1년 정도 있다가 잠자리를 가지자고 말하는, 그런 암묵적인 약속이 보편적이었다고 하면 지금은 먼저 잠자리하고 후에 정말 연인으로서의 관계를 가지는 경우도 생각보다 굉장히 많"다고 한다. 경민은 이러한 현상에 대해 다음과 같이 말한다.

> 썸, 이런 거는 어떻게 보면 되냐면, 연애는 하기 싫은데 남녀관계 간의 그런 짜릿함은 가지고 싶은 분들은, 어떤 여러 가지 조건이 있겠죠. 진짜 사는 게 힘든데 여기서까지 힘들기는 싫다, 저는 기본적으로 그거라 생각해요. 연애관계에서 썸 타서 남녀 간에 노는 거랑, 거기서 좀 더 발전해서 연인관계 되는 거랑, 나중에 결혼까지 하는 거랑, 뭐가 다르냐면 책임이 조금씩 가중된다고 생각해요. 서로에 대해 책임 져야 할 부분이 점점 더 많이 생기는 거라고 생각하는데, 그게 싫은 거죠.(면접자: 그게 싫다?) 네. 서로에 대한 책임은 지기 싫은 거죠.

데이팅앱은 이러한 가벼움을 극대화함으로써 관계 맺음에 수반되는 물질적·심리적 부담을 최소화하는 짝짓기 플랫폼이다. 피면접자들 모두 데이팅앱 사용과 관련해 '가볍게'라는 말을 자주 사용했다.

정현의 경우 "이 소셜 어플을 저는 주관적으로, 제 개인적으로는, 사실 좀 가볍게 생각하는 편이에요.(면접자: 가볍게는 어떤?) 그니까 진지한 연애를 여기서 하고 싶진 않다는 생각을 가지면서 어플을 이용하는 거죠"라고 말했다. 덕현 또한 "그냥 가벼운 마음으로 하는 거"라고 말했다. 이러한 가벼움이 가능하려면 전통적인 관계 맺기와는 다른 온라인 네트워크를 기반으로 한 물적 토대가 뒷받침되어야 한다. 데이팅앱을 운영하는 플랫폼업체들은 개인정보를 수집해서 빠르고 유동적인 연결을 극대화하는 알고리즘을 만듦으로써 이용자들로부터 이윤을 축적한다. 이 업체들은 "후디니식 '탈출 마술사'들의 사라지는 기술, 도피와 회피의 전략, 필요하면 언제든 달아날 수 있는 민첩함과 능력, 이러한 결속 끊기와 비헌신의 새로운 정책의 축"을 경영의 지혜와 성공의 증표로 삼는다(바우만, 2005: 242).

이 업체들이 이용자에게 보내는 정언명령은 '결제하라. 그러면 상대방의 정보에 무한히 접근할 수 있다'로 축약된다. "(특정 몇몇 어플을 제외하고_필자) 다른 어플 같은 경우에는 뭘 하든 다 돈을 내야 되거든요. 매칭이 되었어도 말이죠. 그러니까 그쪽에서도 '좋아요'를 누르고 저도 '좋아요'를 누르면 매칭이 되는 거예요. 거기서 이제 대화를 하고 싶잖아요. 근데 그러려면 항상 돈을 내야 돼요."(덕현) 역설적이게도 이용자가 짝짓기에 실패하면 할수록 소셜데이팅앱 운영업체들은 이윤을 축적하게 된다. 상대방에 대한 접근 가능성은 지불된 비용에 비례한다. 즉, 이용자는 비용을 지불해야 데이트 상대를 선별할 수 있는 자율권을 부여받는다.

네트워크화된 친밀성의 장에서 가벼움에 대한 아무런 도덕적 책임감을 갖지 않아도 되는 이유는 바로 이러한 자율성이 전제되어 있기 때문이다. 가벼움은 탈사회적 로맨스의 지배적인 에토스로 작용하면서 친밀성의 중심축을 진지함에서 즉흥적인 유희로 바꿔놓았다. 가벼움 에토스는 데이팅앱 이용자들이 자유롭게 로그인/로그아웃을 반복하면서 관계 맺음에 따르는 책임과 부담감을 '쿨하게' 떨쳐내는 행위에 대한 정당성을 부여한다. 이 과정에서 초래될 수 있는 인격적 모함, 상처, 감정적 소모는 온전히 개인이 감당해야 하는 몫이 되었다. 데이팅앱 사용과정에서 경험하는 감정적 소모와 상처는 다양한 형태로 나타나지만 피면접자들은 대체로 외모차별, 피상적인 대화, 상호존중 결핍, 성적 대상화 등을 겪으면서 비참함, 죄책감, 피로감을 느끼게 되었다고 한다.

그럼에도 불구하고 피면접자들은 데이팅앱을 지속적으로 이용하는 이유로 '외로움'을 꼽았다. 우선 이들은 데이팅앱을 사용하게 된 계기를 오프라인에서 협소해진 관계 맺기에서 찾았다. 관계망 축소는 두 가지 의미로 나타나는데, 하나는 관계 맺기 자체가 어렵다는 것이고, 다른 하나는 자신의 좁은 활동영역 밖에서는 사람들을 만나기 어렵다는 것이다. 피면접자 모두 대학 졸업 후 파트타임으로 일하면서 구직활동을 하고 있거나 대학원 과정에 있었는데, 현재 인간관계가 절대적으로 좁아진 상황이라 연애상대를 쉽게 만날 수 없다고 했다. "그게 대학생 때는 좀 쉬운데, 졸업을 하고 나서는 진짜 더 힘든 것 같아요."(덕현) 경민은 이에 대해 의미심장한 이야기를 들려주었다. 자신의 주변에 있는 20대 남자들은 "스스로를 아싸, 아웃사이더라고" 여긴다고 한다. 경민은 그런 또래 남자들이 "되게 많다고 생각해요. 자존감을 하락시키는 요소가 워낙 많기 때문에.(쓴웃음) 제가 이런 말을 하는 건 너무 꼰대 같은데, 인터넷이라는 요소가 발전하다 보니까 이제 외적으로 친구들을 만나지 않아도 컴퓨터 앞에 있으면 혼자 재미있게 놀 수 있거든요. 그니까 좀 사회성이 결여된다고 할까요?"라고 말했다.

대학원 생활과 함께 취업준비도 해야 했던 경민은 물리적 시간이 부족했을 뿐만 아니라 심리적으로도 불안해 이전에 사귀던 여자친구와의 관계를 유지하지 못했다. 이별 후 외로움과 자책감을 강하게 느꼈고, 친구들의 소개로 몇 번 소개팅을 했지만 모두 실패로 끝났다. 이 과정에서 "스스로 자존감에 상처를 되게 많이 입기도 했고, 내가 이렇게 소개해 줄 만큼의 사람이 아니구나라는 생각을 되게 많이 하기도 했"다. 경민은 그 이유를 가장 먼저 자신의 외모에서 찾았다. 그는 외적인 부분이 매우 중요하다고 거듭 말하면서, 자주 만나는 사람들 사이에서는 외모가 덜 중요하게 작용할지 모르지만 "그런 환경이 아닌 이상에야 기본적으로 첫인상을 결정하는 게 외모적인 부분이 많다고 생각"했다. 다른 피면접자들은 경민과 달리 외모 콤플렉스는 없었지만, 연애상대가 없다는 것 자체가 외로움의 근원이라고 말했다.

외로움은 사람들과의 육체적·감정적·상징적 관계가 단절된 데서 비롯된다. 더욱이 후기근대적 상황에서 이전과 같은 사회적 관계 맺기는 구조적 난맥에 빠졌다(Franklin, 2012). 탈산업화된 자본주의적 질서(Lash and Urry, 1996), 네트워크화된 작업장 구조와 일상적 삶, 과열경쟁과 자기계발 문화 등은 사회적 유대를 느슨하게 만들면서 파편화된 방식으로 개인들 간의 관계를 재구조화한다. 이러한 관계의 재구조화는 단순히 인간세계의 관계에만 한정되는 것이 아니라 '사물' (인터넷, AI, 동물 등)과의 관계 영역까지 포괄한다. 일찍이 크노어 체티나는 이를 '탈사회적' 상황으로 규정하고 사물과 연계된 새로운 사회적 관계를 불가피한 존재적 조건으로 받아들였다(Knorr-Cetina, 1997). 이런 상황에서 외로움은 얼마만큼 사람들과 긴밀하게 감정으로 '관계'를 맺느냐가 아니라 얼마나 많은 사람과 온라인으로 '연결'되어 있느냐에 의해 상쇄된다. 그런 점에서 데이팅앱은 표면상으로는 상호 만남을 나타내지만 만남의 공간이 디지털네트워크, 즉 매트릭스라는 점에서 사물과의 관계를 전제로 한다. 여기서부터는 디지털화된 알고리즘에 따라 짝짓기 과정을 수행해야 하며, 우연적이고 우발적인 만남마저도 디지털화된 매칭 논리의 부수적인 효과라고 볼 수 있다.

이처럼 사물관계로 만나는 네트워크화된 친밀성의 장에서 상호 간 '가벼움'은 데이팅앱의 세계로 진입하기 위한 마음가짐이다. 이 공간에서는 진지함 혹은 진정성을 전면에 내세울수록 오히려 초라함과 공허함을 감내해야 할 수도 있다. 따라서 가벼움은 관계 맺기의 물리적·감정적 부담감을 최소화하면서 즉흥적 쾌락을 누리려는 전략일 수도 있지만 이 과정에서 발생할 수 있는 정서적 상처에 대한 감정적 방어막이기도 하다. 승수는 데이팅앱을 친구 소개로 '재미삼아' 시작했다고 한다. 그는 "깊이 감정을 남기기는 귀찮고 … 성적인 욕구나 이런 것들은 해결해야 하니까 그거에 부합하는 사람들끼리 만나서 그렇게 지내"는 것이라고 말한다. "어떻게 보면 그런 사람들은 이 욕구만 해결"하려는 것이라 여기면서 "외국에서는 프렌드 위드 베네핏(Friend with Benefit: FWB)이라고 해서 이득만 서로 취하는 친구 관계"

를 맺는데 본인도 데이팅앱의 친구를 그런 정도로 여긴다고 말한다. "클럽 가기에는 시간이 없고 귀찮고 돈도 너무 많이 드니깐 이런 거라도 해볼까 하는 거죠. 이게 밑져야 본전으로 돈이 안 드니까."(승수) 이처럼 승수는 데이팅앱을 '기회비용'이라는 말로 표현했는데, "본인이 마음에 안 들면 바로 그냥 블록할 수 있기 때문에" 경제적으로 매우 효율적이라고 생각했다. 여기서 경제적 효율성은 가벼운 관계 맺음으로부터 유발될 수 있는 도덕적 부담을 덜어내기 위한 정당화라고도 볼 수 있다. 또한 승수는 데이팅앱을 통해 만난 사람들과의 경험이 나중에 진정한 짝을 만났을 때 성관계 측면에서도 "도움이 되지 않을까라는 생각"도 한다. 그에게 데이팅앱은 진지한 연애와는 상관없는 짝짓기 연습장이자 상호 인정하에 성적 쾌락을 자유롭게 추구할 수 있는 기회의 공간이다.

이와 같은 경제적 효율성이 섹스와 극적으로 결합한 형태가 '캐주얼 섹스'이다(일루즈, 2020: 133~135). 모바일 기반의 데이팅앱은 온라인데이트 형태보다 훨씬 더 극대화된 경제적 합리성을 배태하고 있다. 유동성, 이동성, 실시간 등 온라인매체의 특징을 극대화한 스마트폰은 데이팅앱을 통해 최소비용 최대이윤을 창출하는 경제적 환상을 실현할 수 있게 해준다. 마치 대형마트의 진열된 상품을 자유롭게 선택할 수 있다는 환상에 길들여진 소비자처럼 데이팅앱의 이용자들 또한 소비자본주의적 상품논리를 적극적으로 따른다. 가볍게 쓰고 버릴 수 있는 소모품처럼 데이트 상대 또한 즉흥적인 만남과 성적 쾌락을 위해 활용했다가 언제든 처분 가능한 일회용품이 된다. 이는 '가볍고 부담 없이 자유롭게'라는 탈근대적 유동성과 탈포드주의적 소비윤리가 결합된 실천감각과 친화력을 갖는다. 승수는 "세게 표현하면 그냥 먹고 버릴 수 있는, 그냥 이렇게, 간편하게 하고 지나가는, 그런 만남일 거라고" 생각했다.

데이팅앱의 이와 같은 논리에 익숙해진 정현은 소셜데이팅앱을 통한 '진지한 연애'는 전혀 기대하지도 않고 원하지도 않는다. 경민도 "결혼 같은 건 전혀 고려를 안 하죠. 아예 그냥 완전 순수하게 연애. 연애까지 안 되더라도, 그냥 친하게 지낼 수 있는 친구?" 정도로 여긴다. 덕현 또한 "헌팅포차나 클럽 같은 곳에서 만난 여자와 연애를 하고 싶지는 않"다고 했다. 정현은 소셜데이팅앱을 "흥미가 생겨서 … 원나잇으로만" 사용했고, 연결이 되더라도 대체로 "이상형이랑 너무 떨어져 있고 해서" 어느 정도 외모만 되면 "다발적으로 해서, 제 이상형이 아닌 사람과 하루 놀고 그냥 말고" 한다고 했다. 그럼에도 자신과 만난 상대가 진지한 만남을 기대하고 있다는 느낌을 받았을 때에는 "너무 미안해서 좀 죄책감이 들었"다고 한다.

한편 정현은 자신도 다른 이용자들로부터 비슷한 대우를 받은 적이 많다고 했다. "처음엔 기분이 나쁘죠. 근데 그렇게까지 막 기분이 나쁘지도 않아요. 왜냐면 제가 애를 좋아하지도 않았기 때문이죠. 그래서 뭐 그런가 보다 하고 그냥 넘겨요. 그니까 애초에 저는 마음 자체가 그렇게 진지하진 않아서 그런 상처받을 일이 있어도 상처를 별로 안 받았던 것 같아요." 이러한 이중적 태도는 승수와 덕현에게서도 나타났는데, 그들 또한 데이팅앱에서는 별 기대를 하지 않는다고 말한다. "어플이라는 매체 자체가 옛날에 핸드폰 나오기 전처럼 편지 쓰고 이렇게 진중하고 무게감 있는 느낌이 아니라서 훨씬 가볍게 다가"가며, "정말 운이 좋아야 좋아할 만한 사람이 되는 거"라서 대체로 진정한 연애상대를 기대하지 않는다고 한다(덕현). 덕현은 자신의 주변 또래들과 나눴던 대화를 언급하기도 했는데, 여자 친구들도 데이팅앱에 대해 "되게 많이 얘기하거든요. 원나잇이 어쨌고 저쨌고, 자기는 뭐 해봤고. 이제 여자 친구들도 그런 거에 대해서 옛날만큼 그렇게 안 좋게 보고 그렇진 않은 것 같"다고 말한다. 그럼에도 피면접자 모두 주관적인 경험에 근거한 것이지만 소셜데이팅앱의 세계에서 남성은 대부분 캐주얼 섹스를 기대하는 반면, 여성 중에는 "그냥 대화만 하고 싶어 하는 사람도 되게 많고"(덕현), 진지한 만남을 기대하는 사람도 많다고 했다. 그리고 "남자는 원나잇 이런 거에 있어서 안정성을 크게 중요시하지 않"지만 "여자는 그거에 대한 안정성을 되게 중요하게" 여긴다고 한다(정현). 여기서 안정성은 여성에게 매우 민감한 문제이다. 여성이 임신, 성폭력, 사생활 폭로 등의 문제에 상대적으로 더 쉽게 노출될 수 있기 때문이다. 이 글에서는 본격적으로 다루지 못하지만 데이팅앱에 대한 젠더적 차이는 별도의 지면을 통해 상세히 논의할 필요가 있다.

이처럼 데이팅앱 세계에 익숙해질수록 상호 간 감정적 무시와 불쾌함을 견뎌내려는 품행은 네트워크화된 친밀성 장에서 형성된 감정적 하비투스이다. 이 장에 진입한 순간부터 이용자들은 상호 간 이러한 품행을 전제로 짝 찾기 과정에 들어선다. 그래야만 이 선별투쟁의 공간에서 감내해야 하는 상처와 고통에 적절히 처신할 수 있다. 그런 점에서 이들이 행하는 가벼움, 쾌락, 즐거움, 부담 없음과 같은 실천 감각은 이러한 선별투쟁에서 활용하는 일종의 부정적 감정자본이라고 볼 수 있다.

'무한성' 판타지

피면접자들은 인터넷 및 TV 광고(또는 이용자 후기), 옥외광고 등을 통해 데이팅앱 정보를 얻기도 했지만 실제로는 직접 어플을 사용해서 짝 찾기에 성공했거나 '재미를 본' 친구들의 소개와 추천을 통해 앱에 대한 신뢰성을 갖게 되었다. "성공했든 실패했든, 이런 걸 사용하고 있다, 혹은 요즘은 이런 거를 통해서 남녀가 만난다더라, 이런 내용들을 심지어 TV에서도 얘기하고 그러다 보니까 신뢰도가 올라가기도 하는데, 가장 큰 이유는 주변에서 사용하는 게 가장 크죠."(경민) 그런데 데이팅앱의 작동원리 자체가 짝 찾기를 위한 다양한 판타지적 요소 혹은 오인메커니즘을 내재하고 있다는 점에서 이용자들에게 어필할 만한 충분한 매력을 갖고 있다.

먼저, 데이팅앱에 접속하면 백화점 상품들을 윈도 쇼핑하듯이 데이팅앱에 접속한 모든 대상을 시공간적 제약 없이 맘껏 들여다볼 수 있는 '무한선택' 판타지를 누릴 수 있다(물론 1일 제한 양이 있긴 하다). 이는 '항상 연결되어 있음'이라는 관념과 결합된다. 이때 연결은 '가상적인 관계'(바우만, 2013: 25)임에도 불구하고 실시간으로 연결되어 있다는 점에서 단순한 가상 그 이상이다. 게다가 인근에 위치한 사람과 언제든 연결될 수 있다는 점에서 물리적으로도 제약이 없다. 가상과 현실의 경계가 흐릿한 세계에서 데이팅앱이 가져다주는 환상은 '항상 누군가와 연결되어 있고 언제든 만날 수 있다'는 잠재성(virtuality)이다. 그런 점에서 외로움은 마치 이러한 연결성 덕택에 상쇄되는 것처럼 보인다. 덕현, 태훈, 승수는 외롭다고 느낄 때마다 데이팅앱에 접속한다고 한다. 덕현의 경우는 "그 판타지가 더 크기 때문에 저 같은 경우에도 끝이 좋지 않은 만남을 가졌는데도 불구하고 계속 하는 거예요. 그리고 일단 너무 편하기 때문"이라고 말했다. 이러한 연결성은 '외롭지 않다'는 심리적 안정을 가져다주는 것처럼 보이지만 상대의 평가에 따라 매칭 여부가 결정된다는 점에서 무한한 기다림을 감수해야 한다. 데이팅앱 '틴더'를 주로 사용하는 경민은 "'좋아요'를 정말 많이 보낼 수 있어요. 이거는 거의 제한이 없어요"라고 말한다. 하지만 한쪽에서 '좋아요'를 일방적으로 무제한 보냈다고 해서 매칭이 이루어지는 것은 아니다. 상대방 또한 '좋아요'를 보냈을 경우에만 매칭이 성사된다.

둘째, 이러한 무한선택의 기회는 '가성비' 판타지와 곧바로 연결된다. 데이팅앱은 짝 찾기 과정에 소요되는 많은 기회비용을 최소화할 수 있는 장치이다. 단시간에 많은 상품목록과 스펙을 검색할 수 있는 온라인 쇼핑몰처럼 데이팅앱은 연애상대의 스펙을 검색하는 데 매우 효율적이다. "가성비가 좋고, 사람이 많아서" 많은 상대를 볼 수 있으면서 "터치 한 번으로 매칭이 되고 안 되고 하니까 되게 편하"다(덕현). "클럽 가기에는 시간이 없고 귀찮고 돈도 너무 많이 드니깐 이런 거라도 해볼까 하는 거죠. 이게 밑져야 본전으로 돈이 안 드니까."(승수) 그리고 "터치 한 번이면 내 마음이 전달이 되"기 때문에 "물론 무게감은 다르겠지만, 그런 게 되게 편하죠."(덕현) 적은 비용으로 매칭을 극대화할 수 있다는 판타지가 데이팅앱으로 사람들을 끌어들인다.

셋째, 데이팅앱은 평소 쉽게 만나볼 수 없는 낯선 이들과 연결될 수 있다는 점에서 '모험' 판타지를 가져다주고, 기회가 없는 사람들에게 개방적이라는 점에서 설렘을 가져다준다. "정말 기회가 없는 사람 같으면 많이 설레죠. 기대가 많이 되죠. 사실 많이 설레기도 하고, 떨리기도 하고."(경민) 피면접자 모두 현실에서는 비슷한 일을 하는 사람들과 관계망을 형성하기 때문에 새로운 사람을 만나볼 기회를 갖지 못한다고 말했다. 이들은 데이팅앱을 통해 새로운 사람을 만날 수 있다는 기대를 가지면서 잠시나마 지루함과 무료함을 달래기도 하고 낯선 사람과의 대면이라는 모험가적 흥분을 느끼기도 한다. 이런 상황에서 데이팅앱은 오로지 짝짓기만이 아닌 "하루 그냥 처음 보는 여자 분들이랑 이렇게 이야기하면서 술 마시고 하는 … 파티 같은 느낌"을 경험하게 해준다(덕현). 정현 또한 데이팅앱이 주는 재미 중 하나로 새로운 사람이랑 얘기할 수 있다는 점을 꼽으면서 "새로운 얘기를 많이 하진 못해도 새로운 분야의 사람을 만날" 수 있다고 말한다. "덧없을 수도 있는데 … 저는 거기서 되게 흥미를 느끼거든요. 왜냐면 평소에 만날 수 없는 사람들이니까. 그들도 저한테 되게 흥미를 느껴요." 하지만 이러한 재미에는 섹슈얼리티적인 측면이 교묘하게 결합되어 있다. 정현은 "저는 이거를 어디까지 생각을 하냐면, 영화 같은 데 보면 옛날에는 사창가 같은 데 차를 타고 가면서 여자들을 골랐잖아요. 그런 거랑 비슷한 맥락이지 않을까 싶어요"라고 말하면서 "저는 애초에 그런 목적으로 사용하기 때문에, 부정적으로 보자면 홍등가 거리에 비유할 수도 있어요"라고 한다. 정현의 말대로 "굉장히 자극적이고 재미있"는 데이팅앱은 남녀 모두에게 공통적일 수 있다. 하지만 특히 여성에게는 자신의 신체를 얼마나 섹스어필하게 연출하는가가 매칭의 가능성을 높이는 데 매우 결정적으로 작용한다. 대부분의 데이팅앱이 여성에게 훨씬 더 엄격하고 구체적인 외모 이미지를 요청한다는 점에서 남성 이용자는 여성을 한층 더 상품화된 대상으로 바라볼 수 있는 우위를 점한다. 이런 점에서 남자 이용자는 다양한 방식으로 연출된 여성의 외모를 탐색하면서 이를 섹슈얼리티와 연결시키는 자극을 만끽한다.

마지막으로, 데이팅앱은 이용자로 하여금 상대를 자유롭게 선택할 수 있다는 환상을 심어준다. 데이팅앱을 다룬 한 신문기사는 이용자 자신이 자율적으로 연애상대를 선택할 수 있다는 점을 소개한다.

최서진(가명·38) 씨는 소개팅앱을 통해 만난 남성과 연애를 시작한 지 6개월이 지났다. 결혼 얘기도 오가는 중이다. 그는 지난해 봄, 주변 사람들의 소개로 소개팅앱을 알게 되었다. 결혼정보업체를 이용했지만 실망한 뒤였다. "소개받는 사람이 어떤 걸 좋아하고 삶에서 무얼 중시하는지, 만나기 전엔 알 수가 없는 게 불편했다. 객관적인 조건, 이른바 스펙은 맞는데 인품이나 성품은 별개라서 실망한 적도 많았다. 등급을 매기는 그런 방식도 불편했고. 소개팅앱은 직접 쓴 프로필을 읽어보면 그 사람의 취향을 파악할 수 있다. 지금 만나는 사람도 여행이나 산책, 여가시간을 보내는 스타일 같은 내가 중요하게 여기는 것들에 교집합이 많았다. 결혼정보업체는 물론이고 누군가 소개를 해주는 방식으론 사전에 알기 어려운 것들이었다." 물론 "적지 않은 나이라 주변 사람들을 통해 소개를 받는 데 한계가 있는 것"
도 소개팅앱을 선택한 이유 중 하나였다. (≪한겨레≫, 2017.2.26)

데이팅앱은 이용자 모두에게 평등한 권한을 부여하는 것처럼 보인
다. 정현의 말대로 "쓰고 싶으면 쓰고, 안 쓰고 싶으면 안 쓰고 … 강
압적이지 않고 되게 쉬워"서 자유롭게 선택하는 권한을 누릴 수 있다.
물론 이 선택은 데이팅앱의 구성논리에 따른 분류체계를 전제로 한
다. 마치 맥도널드 매장에서 메뉴를 탐색하듯이 이용자의 선택절차
는 일정한 알고리즘에 따라 이루어진다. 다시 말해 선택은 제한된 범
주 내에서만 자유롭게 이루어진다. 실제로 데이팅앱 내에는 만남목
적에 따라 매칭 범주가 분류되어 있다. 가령, 진지한 만남, 동네친구,
FWB, 대화상대 등 목적에 따라 상대를 선별할 수 있다. 그런데 이러
한 자유로운 선택은 오늘날에는 "옛날처럼 한 여자만 바라보고 그 여
자한테 모든 정성을 쏟아서 사귀는 추세가 아니"기 때문에 "여러 발
을 뿌려놓고 여기서 만약에 한두 명이 걸렸다, 그러면 둘 중에 내가
괜찮은 애를 사귀어야지"라는 비교우위를 따지는 행위로 나타난다.
이는 여러 상대를 한 테이블에 나열해 놓고 비교우위를 통해 상대를
택하는 전략적 합리성이 관철되는 순간이기도 하다.

데이팅앱의 이와 같은 판타지는 이용자에게 지속적인 결핍을 유도
하면서 늘 온라인 상태를 유지하게 만든다. 이용자는 매칭 성사를 알
리는 알림신호에 민감해지고 상대의 정보를 순식간에 읽어보면서 외
모 이미지에 기반해 즉흥적으로 선별작업을 한다. 이 과정에서 정보
접근 단계별로 결제 절차가 이루어진다. 온라인 네트워크에는 언제

든 결제할 수 있는 소비자가 대기하고 있다. 데이팅앱은 이용자가 무한한 궁금증, 상상적 설렘, 여러 대상을 선별하는 지배력 등을 느낄 수 있도록 직조되어 있다. 이러한 감정을 촉발시켜 구매행위가 이루어지도록 알고리즘이 짜여 있는 것이다. 결과적으로 이러한 알고리즘은 오인을 지속적으로 유발시키는 메커니즘이기도 하다. 왜냐하면, 뒤에서 더 자세히 논의하겠지만, 데이팅앱은 역설적이게도 매칭이 순조롭게 이루어지지 않도록 프로그램화되어 있기 때문이다. 데이팅앱의 '무한성' 판타지는 무한선택을 의미하기도 하지만 역설적이게도 무한 선택보류를 뜻하기도 한다. 특히 데이팅앱의 세계는 노골적인 위계서열에 따라 선별투쟁이 펼쳐지는 공간이다. 시장자유주의적 논리와 유사하게 자율적인 선택은 특정한 대상에게 집중적으로 쏠리는 경향으로 나타난다. 요컨대 남자는 스펙으로, 여자는 외모를 중심으로 대상의 가치가 결정된다. 따라서 실질적인 매칭이 아니라 매칭에 대한 기대와 설렘을 얼마만큼 증폭시키느냐가 데이팅 플랫폼의 운명을 좌우한다.

탈낭만적 간택 아키텍처

자아/비자아연출

데이팅앱의 세계에서는 외모가 우월할수록 매칭 가능성을 높이고 상대적 우위를 점하는 데 단연 유리하다. 외모 이미지는 데이팅앱 이용자들 사이에서 즉각 이목을 끌 수 있는 가장 손쉬운 수단이다. 텍스트화된 소개글은 (그 글에 진심이 담겨 있든 아니든 간에) 부차적인 효력만 갖는다. 짝 선택 시 우선적인 기준이 무엇이냐는 질문에 덕현은 "사진이 100%"라면서, "사실 노력이라고 하면 사진을 잘 찍는 노력 정도"에 불과하며 자신을 소개하는 글은 실제로 잘 보지 않는다고 단호하게 말한다. "이미지랑 글을 놓고 보자면 먼저 들어오는 건 이미지이기 때문에 이미지가 괜찮아야 글도 읽는 거지, 이미지가 괜찮지 않으면 글도 읽지 않아요."(덕현) "일차적으로 가장 크게 들어오는 정보가 사진이죠. 그 밑에 조그맣게 들어간 나이나 직업 정도만 보고 정보를 더 보고 싶으면 그 사진을 누르는 거죠."(경민) 이처럼 네트워크화된 친밀성의 장에서 상대적 우위를 점하는 데 강력한 자본으로 활용되는 외모는 문자화된 정보를 무력하게 만든다. "뭐든지 사진, 그러니까 어떤 이미지이죠. 그게 진짜이든 아니면 조작되었든 간에 그런 이미지를 통해서 판단을 해야 되기 때문이죠."(승수) 데이팅앱은 "가벼운 마음으로 하는 거라서 괜찮네? 괜찮다, '좋아요' 누르고, 약간 그런 느낌이라서요. 그렇게 하나하나 읽어보고 그 사람의 모든 프로필을 읽어보고 이 사람 진짜 괜찮다, '좋아요', 이게 아니라 (이미지만 보고_필자) 1, 2초 사이에 그게 끝나는 거죠."(덕현) 덕현에 따르면 외적인 이미지만 보고 상대를 온전하게 알 수 없다고 하더라도 "정말 가볍게 많은 여자들과 매칭될 수 있는 가능성이 있으니까, 외모만 보고 일단은 선택"한다는 것이다.

데이팅앱 세계에서 외모는 곧 자신의 총체적 표상이자 상대로부터 가장 빨리 인정받을 수 있는 징표이다. 그러나 외적인 이미지를 연출하는 방식은 데이팅앱의 알고리즘 명령체계를 따라야 한다는 점에서 자율적이라고 볼 수 없다. 이용자들은 얼굴사진부터 기본적인 개인 프로필 정보까지 가입자격을 위한 심사과정을 거친다. 네트워크 세계에서는 자신의 이미지를 자유롭게 연출할 수 있는 것처럼 보이지만 실제로는 플랫폼 내부의 명령체계에 따라 자신을 연출할 수밖에 없다. 프로필 심사를 거치는 과정은 순조롭지 않다. 가령 사진을 자기 멋대로 조형할 수도 없다. "진짜 말도 안 되는 각도에서 찍은 사진을 한 장 올리거나 아니면 눈 코 입이 다 안 나온 옆모습만 나온 걸 올리는 건 안 돼요. … 눈, 코, 입은 다 나와야 되고 사진은 여러 장 올라와 있어야 … 그나마 신뢰도를 조금 높일 수 있어요."(경민) 이용자들은 이 명령체계를 '자유롭게' 따르면서 자기연출에 심혈을 기울인다. 그럴 수밖에 없는 이유 중 하나는 데이팅앱 내부에 외모를 평가하는 심사체계가 작동하기 때문이다. 경민은 자신이 사용했던 한 어플에서 가입제한을 통과하지 못했는데, 얼굴사진이 3점(5점 만점) 이상의 평가를 받지 못해서 탈락했다고 한다. 얼굴사진에서 통과되지 않으면 이 친밀성 장에서 자리할 위치를 상실한다. 외모에서 일정 수준의 평가를 받지 못하면 "아예 대화할 기회조차 없는 경우가 부지기수이죠. … 저 같은 남자들은 걸러지죠."(웃음)(경민) 이처럼 데이팅앱에서 외모는 상대를 총체적으로 파악할 수 있는 권한을 획득하기 위한 최초의 관문이다. 이처럼 데이팅앱의 짝 찾기 관행은 외모를 식별하는 감각에 의존하기 때문에 상대를 선별할 때 "정말로 외형적인 부분이 커질 수밖에" 없다(경민).

이용자들은 외모가 일차 관문을 통과하는 데 결정적이라는 사실을 알고 있기 때문에 매우 전략적으로 자신의 이미지를 조형한다. 상훈은 얼굴이 명확하게 나오는 사진을 하나 올리고, 그 외에 설정된 사진, 가령 "책 읽고 있는 사진을 하나 올리고 그다음에 운동하는 사람처럼 나온(덩치 있어 보이는) 사진"을 올리는데 "여자애들 중 운동하는 남자를 좋아하는 친구들이 많아서 그런 거를 한두 개" 정도 업로드한다고 한다. 승수는 다음과 같이 말했다. "첫 사진은 강렬한 이미지를 보여줄 수 있도록 뭔가 정제되고 있어 보이는 사진을 올렸고, 그다음으로는 일상에서 장난기 있어 보이는, 나의 아이덴티티를 보여줄 수 있는 사진을 올렸어요. 그다음에는 나의 외적인 면을 보여줄 수 있는 풀샷 하나, 얼굴을 좀 더 자세히 볼 수 있는 베스트 샷 하나, 이렇게 올렸어요." 이미지 연출은 남성에 비해 여성에게 더욱 민감하게 작용한다. 여성 이용자는 외적 이미지가 즉각 매력을 끌 수 있도록 연출해야 한다. 데이팅앱 종류에 따라 차이는 있지만 여성에게는 상대적으로 더 선명한 정면사진, 보정 없는 사진, 양적으로 더 많은 사진이 요구된다. 이 요구를 충족시키지 못할 경우 네트워크 내부에로의 진입이 차단된다. "절차를 말씀드리면, 일단 가입을 하고, 사진을 한 3~4장 올려야 돼요, 자기 사진을. 그러면 그거를 어플리케이션 측에서 확인을 해요. 이 사진이 도용인가 아닌가, 얼굴이 나왔나 안 나왔나, 이런 걸 확인한 뒤 승인을 해주면 시작할 수 있어요."(덕현)

실제로 여성이 남성으로부터 '간택'되기 위해 가장 많은 노력을 들이는 부분이 외모연출이다. 디지털네트워크 공간에서 외모연출은 조형 가능성이 무한하다. 이럴수록 여성의 외모연출 경쟁은 과열된다. '좋아요'는 데이팅앱 세계의 명성자본으로 기능하는데, 여성의 경우 외모가 곧 명성자본이기 때문이다. 덕현은 자신의 경험상 "여자애들 같은 경우에는, 자기가 되게 예쁘고 아름다운 거를 자랑하고 싶어 하는 친구들이 많은 것 같"다고 하면서 "자기 팔로어 수를 늘리는 케이스로 사용하는 친구들도 있"다고 말한다. 피면접자들은 데이팅앱 이용자들이 외모에 관한 한 "인생샷만"(덕현) 올리기 때문에 실제로 대면했을 때 심한 격차를 경험한다고 한다. 이때 이들은 주로 사진에 '낚였다'라는 표현을 쓴다. 몇 가지 예를 들자면, 정현은 데이팅앱을 통해 한 여성과 연결된 후 약속장소로 갔는데, "와, 씨, 쟨가? 해가지고.(웃음) 아, 쟤구나, 확신이 들고선 집에 가야겠다 싶었는데, 그 친구가 저를 발견해서 또 거기서 거절하기도 너무 민망해가지고" 몇 시간을 무의미하게 보냈다고 했다. 유사한 경우로 늦은 밤 시간에 "갑자기 보자 해서 갔는데, 얼굴 보자마자 그냥 택시 타고 다시 돌아온 적도 있"다고 한다(정현).

파상적인 친밀성 장에서는 등가교환, 즉흥적인 섹스, 조건만남, 비헌신적 관계 맺기 등이 일반적이다. 이 장에서는 이전처럼 상대를 신성화하고 상호 헌신적인 존재로 전환하는 데 요청되는 지난한 의례 과정이 거추장스럽게 여겨진다. 파상적인 친밀성 장에서 육체적 관계는 친밀성 의례의 마지막 단계인 것이 아니라 이후 신뢰관계를 구축해 나가는 데서의 시발점으로 작용한다. 성적 매력의 결핍은 인격적인 결합의 가능성을 매우 협소하게 만든다. 따라서, 이후 자세히 논의하겠지만, 파상적인 친밀성 장에서의 신체적 매력은 짝짓기에서 매우 강력한 위상을 차지한다. 이러한 장의 논리는 여성에게 훨씬 과중한 압박을 가져다준다.

피면접자 모두 데이팅앱에 대해 '외모지상주의'를 "적극 활용해서 돈을 버는 사업"(정현)이라고 인식하고 있다. 외적 이미지는 상대에 대한 더 자세한 정보에 접근하기 위한 일종의 '미끼' 같은 기능을 한다. 경민의 말대로 "1차 필터를 통과한 사람이 2차 필터에 들어갈 수 있는 기회를 얻는" 것이다. 데이팅앱의 세계에서 인간은 분절적으로 평가된다. 속칭 '한눈에 반하는' 총체적인 감정은 존재할 수 없다. 데이팅앱의 세계는 자신의 짝을 총체적 감각으로 '느끼게' 하는 것이 아니라 분절적 감각으로 '인지하게' 만든다. 일차적으로 외모를 검토하고 상호 간 '좋아요' 신호를 교환한 후 더 자세한 외모사진이나 상대의 프로필을 알기 위해서는 '결제'를 해야 한다. 데이팅앱에서 상대방에 대한 모든 정보는 교환가치로 전환된다. 이 과정은 매우 합리적이고 효율적인 소비행위로 이어진다. 데이팅 플랫폼은 이용자에게 상대의 매력을 매우 빠르고 값싸게 대량으로 구매할 수 있는 주도권을 획득한 것인 양 판타지를 부여하면서 결제를 유도한다. 결과적으로 데이팅 플랫폼에서 짝 찾기는 상호 간 감정적 교감에 앞서 금전적 교환행위를 전제로 한다. 이처럼 데이팅앱 세계에서 이용자들은 자신의 교환가치를 높이기 위해 자아연출 경쟁에서 우위를 점해야 하고, 이 과정에서 신체적 매력은 다양한 방식으로 과잉표출된다. 따라서 데이팅앱 세계에서 외적 이미지는 한편으로는 자발적인 자아연출의 산물이기도 하지만 다른 한편으로는 앱의 알고리즘에 따라 과잉연출된 산물이라는 점에서 자아/비자아연출의 복합물이기도 하다.

이러한 자아/비자아연출 경쟁에서 밀려났다고 생각한 경민은 데이팅앱 세계에서 "'나는 별로인 사람이다'라고 스스로 딱 판단을 내리고 그만뒀어요"라고 말한다. 이 과정에서 그는 자존감에 큰 상처를 입었는데, "그런 피상적인 정보를 통해서만 상대를 평가해야 하는 것도 내 가치관에 어긋나는 일인데, 나도 똑같이 사람들에게 평가받고 거절당한다는 사실이 내 자존감을 굉장히 많이 깎아먹었"다고 말한다. 그래서 하면 할수록 이건 나를 괴롭히는 일이라고 생각했다고 한다. 하지만 피면접자들 중 일부는 외모는 어쩔 수 없이 중요한 것이며 외모 가꾸기가 "본인에 대한 투자나 본인에 대한 애착"이라고 말했다. 특히 승수는 연애를 못하거나 자칭 비연애주의자라고 칭하는 사람들에 대해 외모를 가꾸려는 '노력'이 없기 때문에 연애를 못하는 것이며 비연애주의는 외모에 대한 자격지심에서 나온, 다시 말해 "노력을 안 하는 것에 정당성을 부여하기 위한 하나의 방어기제"라고까지 말했다.

이와 같이 네트워크화된 친밀성 장에서는 이용자 모두에게 개방되어 있는 외모를 더 세밀하고 기민하게 관리해야 간택경쟁에서 우위를 점할 수 있다. 교환가치를 지닌 외모는 자기관리, 자기계발, 과잉된 자아연출 등과 같은 자기통치를 통해 자신의 가치를 극대화한다. 이처럼 자율적인 짝짓기를 자기통치와 결합시킨 데이팅앱은 후기자본주의적 모순을 고스란히 내재하고 있으며, 이 모순 속에서 상대에 대한 감정적 진정성 혹은 진실성은 보류되고 연기된다. 여기에는 장기적인 탐색전, 상대를 선별하는 전략적 감각, 자기서사를 조작하거나 과장하는 기술, 감정을 조작하는 기술, 기대 없는 미래 등이 뒤따른다. 이로써 데이팅앱 세계에서 이용자들은 사랑이 아닌 지속적인 자기관리 작업에 묶인 존재로 머물러 있거나 물화된 자기객체화로부터 실망감과 자존감 상실을 감내해야 하는 존재로 웹을 떠돈다.

탈감정 진정성 체제

에바 일루즈는 온라인데이트의 세계를 탁월하게 분석한 자신의 책 『감정자본주의』에서 인터넷 데이트 사이트는 "나 자신을 객관적으로 기술하고 판타지로 존재하는 나의 이상(사랑의 이상, 이상형, 라이프스타일의 이상)을 불러내 세련되게 다듬는 것"을 요구한다고 주장한다(일루즈, 2010: 153). 데이팅앱 '틴더'의 운영자는 "가상의 공간에서 보증된 사람을 만나기 위해서는 외모나 이력도 중요하다. 하지만 틴더는 내가 생각하는 나의 모습을 자기소개에 투영할 수 있도록 하는 게 더 중요하다고 본다"라고 말한다(≪매일경제≫, 2020.1.8). 그러나 데이팅앱 세계의 짝 찾기 전략에서 자신을 소개하는 문자화된 정보들은 실질적인 효력을 갖지 못한다. "왜냐면 어플이란 것 자체가 정말 외적인 요소들 … 피상적인 요건으로 판단을 해야 되"는 상황이라서 "사람을 피상적으로밖에 볼 수 없고, 그런 정보들만 보다 보니 조건을 많이 따지게" 되기 때문이다(경민). 게다가 매칭 요청이 많을수록 '거를 수 있는 가능성'이 높아지기 때문에 오히려 피상적인 정보에 의존해서 상대를 파악하게 된다는 것이다. 이용자들은 데이팅앱에 등록된 상대의 정보를 자세히 들여다볼 여유가 없다. 사실은 그럴 필요조차 없다. 앞서 언급했듯이 외적 이미지를 중심으로 우선 걸러내기 때문에 역설적이게도 피상적인 서핑은 짝 찾기의 효율성을 더욱 높여주는 행위가 된다. 그래서 이용자들은 자신의 잠재적 짝에 대한 정보를 "카페에서 할 일 없을 때나 잠깐 쉴 때, 아니면 자기 전에 잠깐" 보거나(승수), "내향적으로 괜찮은 사람인지 일일이 알아보기 너무 피로"하기 때문에 가장 눈에 띄는 정보만 보고 선별한다(경민).

데이팅앱 이용자가 간택받기 위해 외적 이미지 연출 다음으로 중시하는 전략은 서사적인 자기연출이다. 서사적인 자기연출은 기본적인 개인정보(연령, 거주지, 학력, 성별, 신장, 직업 등)에서부터 자신의 취향, 개성, 감정, 취미, 관심분야, 종교관, 사고방식 등에 이르기까지 세련된 라이프스타일을 전시하는 작업이다. 상대방을 분절적으로 이해해야 하는 데이팅앱에서는 "쓰라고 하는 게 되게 많"은데, "매칭이 성공하기 위해서는 이런 정보를 되게 자세히 써야" 한다(경민). 하지만 그 정보들이 얼마나 사실이고 진실에 부합한지는 알 수 없다. 이용자에 따라 대충 작성하는 사람에서부터 "정말 성실하게 쓰는 사람"(경민)까지 다양하다. 대학원생이었던 경민은 자신의 개인정보를 작성할 때 친구와 말다툼했던 경험을 떠올리면서 자신의 행동에 대해 '기만'이라는 표현을 사용했다. 그는 매칭이 너무 안 되어 친구에게 물었더니 프로필에 '대학원생' 말고 '연구원'으로 표기하라는 충고를 받았다고 한다.

> 친구가 제 프로필을 보더니 직업을 바꾸라고 하더라고요. … 대학원생으로 쓰지 말고 연구원으로 쓰라고요. 네가 연구원인 건 맞지 않느냐고 하면서요. 저는 굉장히 반발심이 들어서, 내가 대학원생이라서 대학원생이라고 쓰는 거고, 연구원이라고 쓰는 건 상대를 속이는 거라고 말했죠. 그러자 친구가 네가 연구원이 아닌 것도 아니고, 인터넷

에서나 사람들이 가지고 있는 대학원생에 대한 인식은 되게 노예 같고 되게 돈 못 버는 것 아니냐면서 … 연구원이 틀린 말은 아니니깐 연구원으로 적으라고 했는데 저는 그러기 싫다고 했어요. 그러자 친구는 프로필에 그렇게 써서라도 매칭이 되어서 대화라도 시작해야 네가 어떤 사람인지 알 거 아니냐, 그렇게 해서라도 시작을 해야지 않겠느냐고 하더군요. 나는 겨우 이런 것 때문에 시작부터 못하는 건 아니라고 생각한다고 반박하다가 큰 논쟁으로까지 이어졌죠. 전 그건 아무리 생각해도 기만이라는 생각이 들더라고요.

개인정보에 '대학원생'이 아닌 '연구원'으로 표기하는 것은 엄밀히 말해서 속이는 행위는 아니지만 경민의 양심에 비춰볼 때 진실성 없는 행위였다. 서사적 자기연출에서도 진실성을 총체적으로 표현하기란 쉽지 않다. 오히려 진정성 자체보다 그것을 연출하는 테크닉이 더 중요하다. 그리고 이러한 탈감정화된 진정성은 사람들로 하여금 상호 간 정보탐색에 더 민감해지도록 만들면서 상대방을 인지적으로 재구성해 낸다. 게다가 상대방의 이미지 혹은 서사 연출의 의도와 스타일을 간파하는 감각을 터득하게 만든다. 승수는 의기양양하게 다음과 같이 말한다.

이건 포토샵일 것이다, 아마 이런 모습일 것이다, 그런 느낌이 어느 정도 와요. 그리고 그 사람이 남겨놓은 글의 스타일을 보면 아, 얘는 이런 성격이겠다, 알 수 있죠. 예를 들면 굉장히 자신감 있는 친구들은 본인이 자신 있으니까 그런 것에 대한 정보를 되게 자세히 적어요.

내가 이것만 적어도 너네는 날 좋아할걸, 약간 이런 생각으로 말이죠.
… 그래서 전 여자를 처음 보면 그런 감이 와요. 이 사람이랑 오늘 잘
수 있겠다, 안 자겠다, 못 자겠다, 이런 게 감으로 오죠.

데이팅앱에서는 '감정적 인지'가 아니라 '인지적 감정'으로 상대방
을 파악한다. 상대에 대한 느낌보다는 인지적 정보를 통해 짝 찾기의
초기 단계에 들어선다. 이로써 이용자는 상대에 대한 격정적인 흥분,
설렘, 첫눈에 반함, 무조건적 열정, 무사심 같은 절대적인 감정에 이
끌리기보다는 계산성, 이해관계, 전략적 조율, 비교우위 같은 인지적
판단에 의존한다. 데이팅앱은 이와 같은 인지적 과정을 통해 상대를
알아가도록 프로그램화되어 있고, 이는 화폐와의 교환을 전제로 이
루어진다는 점에서 상대를 분절화된 방식으로 인식하게 만든다. 이
런 과정을 통해 만남이 성사된다고 해도 서로 나눌 수 있는 이야기는
매우 제한적이다. 정현은 데이팅앱을 통해 만난 여성에게는 아주 기
초적인 질문만 던진다고 하면서 "저는 그냥 잘 들어주는 것 같아요.
얘기하게 냅두고"라고 웃으며 말한다. 주로 일 얘기를 많이 하지만
상대방 얘기에 "공감해 주는 척하는" 정도로 대응한다. 경민은 자신
처럼 영화를 무척 좋아하는 여성과 어플로 연결된 적이 있었는데, 그
여성으로부터 심야영화를 함께 보자는 제안을 받고 들뜬 기분으로
약속장소로 가서 영화를 함께 봤다고 한다. 영화 관람 후 여성의 태도
가 갑자기 바뀌어 "친구랑 원래 약속이 잡혀 있어서 빨리 가봐야" 할
것 같다면서 이후 약속을 회피했다고 한다. 이날 경민이 만난 상대와
대화를 나눈 시간은 총 30분도 채 안 되었다고 한다. 그는 상대방을

좀 더 알아가고 싶었지만 진지함이 없는 상대의 태도에 실망과 아쉬움을 가지면서도 "요즘 시대 자체가 그런 도의적인 것에 대한 부담이 없긴 해요. 제 생각엔 그런 건 이제 거의 없는 것 같아요. 원래는 소개해 준 사람에 대한 예의도 좀 생각했잖아요. 근데 어플은 그런 게 없어요"라고 말한다. 관계적 제약을 탈피한 데이팅앱은 감정적 부담을 덜어내는 데 효과적이다. 앞서 언급한 인지적 감정은 이와 같은 감정적 부담에 대한 회피전략일 수 있다. 감정을 인지적으로 통제함으로써 감정적 부담에 배태되어 있는 도덕적 책무로부터 벗어나려는 것이다. 아, 초라해진 고프만이여!

탈소셜과 빗장 네트워크

연결의 비연결: 디지털 우생학

덕현은 무한한 연결 판타지를 제공하는 데이팅앱을 통해 매칭된 사람과 실제로 만날 수 있는 확률은 매우 적다고 말한다. 설령 만난다고 하더라도 웹상에서 보인 외적·내적 이미지와 너무 달라서 실망하거나 속았다는 기분이 들 때가 많다고 한다. "기대는 사실 엄청 크죠. 그만큼 실망감도 크긴 한데, 저는 사진만 보고 가는 거니까. 진짜 저는 이런 사람이 나올 걸 기대하고 가는데 실제로 만나면 실망하게 되죠."(덕현)

진실한 만남을 원했던 경민에게는 데이팅앱을 통한 짝 찾기가 더욱 요원했다. 이처럼 선택의 범주가 넓음에도 불구하고, 자신의 이상형을 만날 가능성은 거의 없거나 간혹 매칭이 되어 만나더라도 이상과는 거리가 먼 사람을 만나는 모순이 발생한다. "데이팅앱은 가능성이 그만큼 크기 때문에 더 찾기 어려운 것 같아요. 오히려 역설적이게도 말이죠"라는 정현의 말처럼, 데이팅앱의 역설은 이용자들에게 데이팅앱 매칭에 대한 일정한 거리두기 효과를 불러온다. 여기서 거리두기란 연결을 유지하되 큰 기대를 갖지 않는 감정적 대응을 뜻한다. 승수는 이러한 감정적 대응을 다음과 같이 말한다.

> 좀 귀찮아서 그냥 다 '좋아요' 눌러요. 그러다가 걸리는 사람 있으면 어? 걸렸네, 하고서 보거나 아니면 바로 잘라버리죠. 마음에 드는 사람이 있으면 나를 선택한 사람 중에서 내가 고르는 게 낫지, 이러면서 말이죠. 심혈을 기울여봤자 어차피 서로 '좋아요' 해야 되는 거니까요. 그래서 나를 '좋아요' 한 사람을 뒤에서 내가 선택하는 게 맞지 않을까 뭐 이런 생각도 드는 거죠. 매칭되면 일하다가 시간 남을 때 보고서 어, 됐네, 그래요. 그러고 나면 연락해서 실제로 만나는 사람도 있고, 좀 아닌 것 같아서 가끔 연락만 하는 사람도 있고.

승수는 데이팅앱을 통해 이상형과 매칭되는 경우를 "정말 예외적인 상황"이라고 생각한다면서 "진짜, 진짜, 흔치 않은 상황"이고 대체로 "괜찮으면 그냥 보고, 안 괜찮으면 안 만나면 되는" 정도로 생각한다고 말한다. 경민은 "대화에 적극적으로 임하지 않는 분들이 많"다고 하면서 "막상 매칭을 해놓고는 단답만 하거나 대충 응답"하는 수준에서 끝나는 경우가 비일비재하다고 한다. 그는 이럴 때마다 "사람을 좀 많이 지치게 하는 것 같"다고 말한다. 덕현 또한 매칭상대와는 거의 '시시한' 대화만 나누고 헤어졌다고 하면서 "직접 페이스 투 페이스가 아니다 보니까" 그걸 감당해야 하는 리스크가 크다고 말한다. 또 다른 맥락에서 이러한 역설은 데이팅앱의 이윤축적 메커니즘이기도 하다. 경민은 이러한 역설에 대한 경험을 다음과 같이 말한다.

> 하루에 개수 제한이 있어서 처음에는 되게 신중하게 보내요. 그런데 신중하게 보내도 절대로 답이 안 와요. 답이 안 오니까 그냥 괜찮다 싶으면 보내게 돼요. 이거를 자세히 읽고 어쩌고 해서 보내봤자 소용이 없으니까 괜찮다 싶으면 다 찔러보는 수준에 이르는 거죠. 근데 이게 개수 제한이 있잖아요? 그러니까 이제 답답한 거죠. 괜찮다고 해서 다 찔러볼 수 없으니까. 그러니까 결제를 하는 거예요. 돈을 지불해서 제한이 해제되면 어느 순간부터 괜찮다 싶으면 계속 보내게 돼요.

결제는 회원의 등급을 조절하는 기제로, 결제의 단계에 따라 이용자의 간택범위가 위계화된다. 결제를 하면 "아이템 같은 걸 줘요. 어플 내에서는 '슈퍼 부스트'라고 하는 아이템인데, 그거를 클릭하면 제 사진이 떠요. 제 프로필이 원래는 여자 분들한테 한 열 장 뜰 거 그 아이템을 쓰면 백 장이 뜨고, 훨씬 많은 여자 분들한테 저를 노출시킬 수 있는 거죠."(덕현) 또 다른 아이템으로는 '슈퍼 라이크'가 있는데, 이것은 일반 '좋아요'를 누른 사람보다 더 궁금증을 유발시켜 상대로

하여금 '좋아요'를 누르게 유도한다. 상대방에게 궁금증을 유발시키거나 상대에 대한 궁금증을 해소하려는 제반 행위에는 '결제'라는 행위가 수반된다. 다시 말해 결제를 수반하지 않는 매칭은 성공률이 희박하다. 결제를 하지 않을 경우 매칭의 성공률은 특정인에게 쏠린다.

데이팅앱 세계의 짝짓기 경쟁은 승자독식구조를 고스란히 반영하고 있다. 경민은 개인적인 생각이라고 전제하면서 "자본주의 시대에 외형적인 여러 가지 조건, 얼굴, 직업, 재력, 이런 것이 상위 몇 프로 안에 드는 사람들을 알파메일(alphamale)이라고 하죠? 그런 소수의 알파메일에게 대다수의 여성분이 몰리는 경향이 있어요"라고 말한다. 이러한 구조는 데이팅앱의 세계가 내적 분화와 진화를 거치면서 더욱 강화되었다. 현재 데이팅앱은 이용자 접근이 용이한 어플부터 매우 까다로운 어플까지 다양한 형태로 진화하고 있다. 이 과정에서 가장 두드러진 현상이 짝짓기의 위계화 혹은 선별화이다. 가령 '스카이피플'이나 '골드스푼' 같은 어플은 가입조건이 까다롭고 여러 선별과정을 통해 이용자를 걸러낸다. '스카이피플'앱을 이용해 본 경민은 기본적으로 해당 학교나 소속기관의 이메일로 인증해야 가입이 가능한데, 이는 남성 이용자들에게만 해당하는 사항이고 여성에겐 이러한 가입조건이 없다고 한다. 이런 경험을 거치면서 경민은 데이팅앱이 "돈 버는 구조가 굉장히 촘촘하게 잘 되어 있고 사람들이 돈을 되게 잘 쓰게 만드는 어플"이라는 것을 알게 되었다고 한다. 그런데 그는 이런 매칭방식에 대해 "처음에는 좀 화가 많이 났어요. 무슨 돈 버는 기계를 모집하는 것도 아니고 어떻게 남자에게만 그런 조건을 적용하느냐, 그런 생각을 했었어요"라고 말한다. 하지만 경민은 이런 매칭방식이 차별적이라도 어쩔 수 없다는 입장이다. "주변 사람들의 반응을 보면 더 낮은 대학으로 가지 않아도 미팅 자리가 굉장히 많기 때문에 굳이 그럴 필요가 없다고 얘기를 하더라고요. … 물론 차별을 안 하는 게 이상적인 방향이고 좋은 방향인 건 맞고 저도 정말 그러고 싶지 않은데, 한국에서는 학벌을 보는 게 정말 만연하고 저도 대학원에 있으면서 정말 많이 느꼈거든요."

'골드스푼'은 홍보 글에서 '인증, 경제력, 바른 만남'을 내세우면서 "대한민국에서 가장 엄선된 능력 있고 자격을 갖춘 미혼 남녀가 모여 있는 커뮤니티"라고 소개하고 있다. 고소득 전문가 혹은 사업가 등을 주요 고객으로 관리한다면서 "자격을 갖춘 남녀를 위한 안전한 소개팅"을 보장한다고 선전한다.[2] 데이팅앱 간의 내부경쟁에서 우위를 점하려는 전략인 '인증', '경제력', '안전'은 특정 이용자들만의 짝짓기를 보장해 주는 물화된 인정 메커니즘이다. 경민은 이러한 어플에 대해 "차별적이고 편견적인 발언을 하는 것은 어쩔 수 없는 것 같아요. 제 생각하기에는 좀 더 고학력이고 공부를 하고 배운 사람일수록 상대적으로 안전하다고 느끼는 것 같아요"라고 말했다. 그러면서도 그는 "대한민국이 무슨 카스트 제도도 아니고 계급, 남자 계급 나눠가지고 이런다는 거에 대해서 좀 화가 났었고" "이 어플이 굉장히 끔찍하고 혐오스러울 수 있"다고 말했다.

2   https://play.google.com/store/apps/details?id=com.goldspoon&hl=ko(검색일: 2021년 12월 20일)

젊은 시시포스의 고뇌

매칭 성공률이 매우 낮고 실망과 자존감 상실을 경험하면서도 이들은 데이팅앱을 통한 짝짓기를 멈추지 못한다. 하지만 데이팅앱을 통한 짝 찾기는 "서로 아무것도 모르고 만날 수 있으니까"(덕현) 관계를 지속시켜 나갈 확률이 낮다. 피면접자들은 대부분 연애에서 중요한 것 중 하나로 함께 보내는 혹은 서로 알아가는 시간의 길이를 강조했다. 그에 비하면 데이팅앱은 단기적이고 즉각적인 판단에 따라 만날 확률이 높기 때문에 깊은 관계로 발전할 수 있다는 기대를 거의 갖지 않았다. 데이팅앱을 활용하면서 피면접자들이 경험하는 역설은 다음과 같다.

첫째, 데이팅앱은 피로감을 유발한다. 다발적 연결상태는 기대감과 동시에 귀찮음을 동반한다. 승수는 데이팅앱을 통해 "한 번에 네다섯 명씩 매칭이 될 때도 있"어서 재미도 있지만 "그래서 막 헷갈려요. 내가 이 여자랑 무슨 얘기를 했는지. 그 얘기를 다른 사람한테 할 수도 있는 거고. 너무 많이 연락을 하다 보니까"라고 말하면서 "지금은 좀 귀찮아져가지고 그렇겐 못하겠"다고 한다. 정현은 "최근에 잠깐 외로워서 깔았다가 이제 이것도 좀 지긋지긋해"졌다고 말한다. 그는 지긋지긋함에 대해 다음과 같이 말한다.

'좋아요'를 누르고 나면 소개팅과 비슷해요. 전 다발적으로 한다고 했잖아요. 한마디로 소개팅을 스무 번 하는 셈이죠. 사실 좀 지겹죠. 뭐 하세요, 어디 사세요, 별로 궁금하지도 않은데 그런 것들을 물어보고 앉아 있는 게 웃기기도 하고. 단순히 성욕 때문에 이런 노력을 하는 거라면 차라리 그냥 혼자 해결하고 마는 게 낫겠다 그런 생각도 들고.(웃음) 재미도 없고.

또한 데이팅앱의 특성상 외적 이미지에 대한 기대감은 실제 만남 과정에서 실망감으로 다가오는 경우가 많기 때문에 이때 경험하는 감정적 격차도 피로감을 유발한다. 그러면서도 덕현은 데이팅앱 이용을 멈추지 못한다.

실망감이 물론 크죠. 저도 인천까지 갔는데 상대가 그렇게 나오면(웹 상에서의 이미지와 너무 차이가 나면_필자) 당연히 실망할 수밖에 없죠. 그래서 저도 그런 피곤함 때문에 최근에는 몇 달 어플을 안 했어요. 그러다가 3일 전에 다시 깔았어요. 그러니까 이거는 지속적으로 한다기보다 제가 외로움을 느낄 때 깔아서 하는 그런 정도의 느낌?

둘째, 데이팅앱을 통해 매칭된 상대와 감정적 신뢰를 쌓는 것까지는 기대하지 않는다. 피면접자들은 데이팅앱을 계속 사용하면서도 매칭 후 상대와 직접 만났을 때 경험했던 공허함, 비참함, 죄책감을 내비친다. 데이팅앱을 통한 짝짓기는 깊은 감정적 관계를 전제하지 않는다고 생각한다. 정현의 경우 만일 데이팅앱을 통해서만 짝짓기를 한다면 "저는 참 비참할 것 같아요. 매칭에 성공하면 성욕은 해소하겠지만 이 감정은 해소하지 못하기 때문에 더 비참하지 않을까요?" 라고 반문한다. 이처럼 그는 성적 쾌락과 감정적 유대감 사이의 간극이 메워지지 않는다면 "되게 기분이 안 좋"다고 말하면서 데이팅앱을 통해 만난 사람과 성적 관계를 가진 후 느끼는 감정을 다음과 같이 표현한다.

정말 고깃덩이 같아요. 그러면 안아주고 싶지도 않고, 귀찮아서 움직이기도 싫고. 근데 그러면 애가 상처 받을 걸 뻔히 알긴 하는데 그렇다고 또 그러기는 싫고. 이게 되게 저를 죄책감에 들게 하면서 더 외로워지는 것 같아요.

이렇게 말한 정현은 진정한 사랑을 나누는 사람과는 진심으로 포옹도 하고 대화도 진지하게 나눠야 한다고 생각한다. 한편 승수는 데이팅앱을 통한 짝짓기에 대해 "사람을 오히려 더 공허하게 만드는 것 같아요"라고 말한다. 그의 따르면 데이팅앱은 "처음에는 좀 재미있고 이런 사람도 있구나, 이런 가치관을 갖고 있는 사람인가 보다 하고 생각하지만, 어차피 서로 조금이라도 마음에 안 들면 아무 일도 없었던 것처럼 블록되어 버릴 텐데 싶고, 그러다 보면 내가 지금 뭘 하고 있고 어디에다 시간을 쓰고 있는 걸까 하는 공허함"이 찾아온다. 그럼에도 불구하고 데이팅앱을 지속하는 이유에 대해 승수는 다음과 같이 말한다.

그 공허함을 없애기 위해서 데이팅앱을 하는데, 그게 중독이 된다고 해야 할까요. 사람들이 데이팅앱을 할 때는 잠깐 기분이 좋을 수도 있지만, 그게 자기 안의 공허함을 채우기에는 부족하죠. 그러니까 서로의 감정을 고려하거나 공유하는 게 아니라 단기적인 만남 같은 것이기 때문에 오히려 그 만남이 끝나고 나면 지금 내가 뭘 한 거지 싶으면서도 다시 큰 공허함에 빠져요. 그래서 다시 아무라도 만나야겠다 이런 식으로 해서 순환이 계속되는 것 같아요. 마약쟁이들이 마약을 하고 나서 공황상태나 쇼크에 빠져서 다시 마약을 찾게 되는 것처럼 말이에요.

피면접자들은 이러한 부조리를 각자 다양한 방식으로 의미화한다. 경민은 "데이팅앱을 할수록 이건 나를 괴롭히는 일이라는 생각이 들었어요. 여자친구를 만나고 이성 간에 친구를 만나는 게 중요한 게 아니라 제가 더 중요해졌어요. 제가 너무 힘들더라고요. 그래서 완전히 포기했죠. 그냥 나는 별로인 사람이라고 스스로 딱 판단을 내리고선 그만뒀어요"라고 말하면서, 연애를 하더라도 "이런 어플이나 소개를 받아서까지 하고 싶지는 않아요. 제 감정이 움직이는 사람을 만난다면 연애를 하겠지만 그게 아니라면 굳이 안 할 것"이라고 했다. 그 이유는 "성욕은 해소하겠지만 감정은 해소하지 못할 거라고" 여겨지기 때문이다.

반면 덕현은 주변 사람들에게 데이팅앱을 적극적으로 추천해 주고 싶다면서, 그 이유에 대해 "잘 되는 케이스도 충분히 많고 또 사람 일은 어떻게 될지 모르기 때문"이며 "일단 기회를 만드는 거니까 마이너스일 건 없"다고 여긴다고 했다. 덕현에게 데이팅앱은 "가능성을 열어둔다는 점에서 보험 하나 드는 느낌? 가볍게 추천해 주고 싶은 매칭장치"이다. 물론 이런 덕현에게도 데이팅앱은 모순적인 의미를 지닌다. 그는 데이팅앱을 이용해서 만난 여성들과는 "즉흥적으로 원나 잇을 해본 적 있지만 연애할 상대와는 원나잇을 하지 않는다"고 말하 면서, 그 이유에 대해 진실한 연애 상대에게 느낄 수 있는 "설렘을 놓 치는 게 너무 아쉽기 때문"이라고 밝혔다.

로맨스의 종말?

데이팅앱이 가져다주는 모험가적 판타지와 가벼운 관계성, 그리고 무책임한 쾌락추구 등은 탈사회적 친밀성의 장에 뿌리내린 문화적 에토스이다. 데이팅앱과 같은 네트워크화된 친밀성 장에서는 전형적 인 근대적 로맨스가 상당히 퇴행했으며, 무한히 연결될 것이라는 환 상을 통해 이윤을 축적하려는 짝짓기 플랫폼이 그 자리를 대체하고 있다. 그리고 이용자들은 이 플랫폼에 자신의 개인정보와 연출된 이 미지를 내걸고 짝짓기 경쟁에 뛰어들면서 부단히 연결되기만을 기다 린다.

데이팅앱 짝짓기의 성공률과 상관없이 점점 인간들 사이에서는 깊 은 관계 맺음이 어려워지고 인터넷 연결망을 통한 디지털화된 연결 이 일반화되어 가고 있다. 이러한 탈사회적 상황에서 데이팅앱은 거 부하기 힘든 짝짓기의 하나의 장이 되었다. 아이러니하게도 현실세 계에서는 짝을 찾기 어렵지만 데이팅 플랫폼에는 자신의 짝이 될 수 있는 인간들이 무수히 모여 있다는 매력을 쉽게 포기할 수 없다. 필자 가 인터뷰한 남성들은 대체로 데이팅앱을 통한 짝짓기에 기대를 걸지 않았지만 그렇다고 해서 이런 방식의 짝짓기 자체를 부정하지도 않았다. 중요한 사실은 피면접자들은 연애와 사랑이 어떤 장에서 이루어지든지 간에 낭만적 사랑에 대한 유토피아적 희망을 버리지 않고 있다는 점이다. 그들은 사랑에 대해 떠올릴 때 유대감, 계산적이지 않음, 숭고함, 친구 같은 연인, 자연스러운 만남, 대화가 잘 되는 친구, 운명적인 사랑, 인간적인 성숙함 등을 중요한 가치로 언급했다. 경민은 "대화가 잘 되는 친구"를 이상형으로 꼽으면서 "취미가 비슷하면 더할 나위 없이 좋"으며 "취미가 비슷하지 않더라도 대화가 잘 통하는 분"이라고 말했고, 덕현은 "너무 계산적이지 않은 여자가 좋"다고 말했다. 정현은 "연애로 가는 이상적인 길인 자연스러운 만남을 추구"한다면서 "자연스러운 만남이 말 그대로 자연스러워서 가장 좋은 것 같"다고 했다. 덕현은 지금까지 해본 적 없는 친구 같은 연애를 꿈꾼다면서 다음과 같이 말한다.

전 여자친구를 사귈 때 항상 여자친구한테 잘 보이고 싶어 하고 항상 배려하고 이런 모습을 보여줬는데, 이제 서로 막 장난치고 놀리기도 하는 그런 연애를 한번 해보고 싶어요. 그게 제가 생각하는 친구 같은 연애예요. 지금까지는 너무 가식적인 연애만 해왔다면, 이제는 서로를 위해주지만 서로 장난도 치고 하는 그런 재미있는 연애를 해보고 싶어요.

경민은 영화관람 동호회 활동을 하면서 알게 된 한 여성과 최근 진지하게 연애를 하고 있다고 말하면서, 그 친구로부터 손편지를 받고 느꼈던 감정을 다음과 같이 표현했다.

> 받아서 편지를 읽었는데 정말 너무 좋더라고요. 너무 좋아서 (면접자: 그거랑 소셜 데이팅 할 때 만나자고 채팅 온 거랑 비교하면 뭐가 더 좋아요?) 아유, 비교할 수가 없죠. 편지가 불타는 것 같았어요. 편지 읽는데, 정말 감정이 한가득 들어가 있는 그런 편지였죠. 우선은 너무너무 당황했고요. 너무 당황해서 편지를 받고 나서도 뭐냐, 이거 뭐….

경민은 손편지를 진실성으로 받아들인다. 서로 마음을 주고받는 수단이 스마트폰 음성통화, 문자, 혹은 SNS로 보편화되어 있는 지금의 현실에서 경민에게 손편지는 "감정을 잘 누적할 수 있는 수단"이다. 이는 상대방의 진솔함이나 진정성을 확인할 때 느끼는 감동을 의미한다. 피면접자들은 사랑을 이처럼 진실성과 연관시키기도 하고 숭고함, 성숙, 안정감 같은 인격적 성장으로 이해하기도 했다. 정현은 사랑에 대해 "숭고한 것이며 어떤 사람을 성장시키는 데 가장 중요한 요소"라고 생각한다면서 "되게 이기적인 사람도 연애를 하면서 이런 게 잘못 됐구나 알아가요. 또 더욱 사회적인 동물이 되어가는 데서 중요한 무언가를 배우게 만들어서 사람을 더 성숙시키는 것 같아요"라고 했다. 그는 "정상적인 인간이 되어가는 과정이지 않을까요?"라고 웃으면서 덧붙였다. 이와 유사한 맥락에서 승수는 연애를 통해 지친 생활을 위로받을 수 있다고 말했다. 승수는 "좋아하는 사람이랑 잠시 쉬거나 잠시 여유를 즐기는" 등 사소한 것을 함께하면서 심리적 안정감을 기대할 수 있다고 말했다. 또한 그는 "연애를 하면 그 친구의 리듬에 맞춰서 좀 안정되는 느낌"을 받기도 하며 연애하는 과정에서 갈등이 발생할 경우 "그 친구한테 감정이입을 해보고 그 상황을 돌이켜보기도 하면서 공감능력이 생겼었던 것 같"다고 말한다. 역설적이게도 친밀성 장의 파상적 상황이 가속화될수록 낭만적 유토피아에 대한 갈망은 더욱 강렬해진다. 수많은 대중매체를 통해 전달되는 이미지와 기호는 낭만적 유토피아의 결핍을 대체하는 표상들로 가득하다. 전형적인 멜로드라마는 과거의 회귀적인 로맨스를 재현하는 데 여념이 없으며, 남녀연애를 다루는 짝짓기 프로그램에서는 가상데이트처럼 연출된 로맨스를 끌어내기 위해 다양한 매혹적인 장치를 동원한다. 이런 점에서 낭만적 유토피아는 매스미디어로 대표되는 스펙터클한 공간에서 한층 더 견고한 문화적 레퍼토리로 자리 잡고 있다. 연애 불가능한 현실세계에서의 상황은 이와 같은 강력한 이데올로기적 장치에 의해 '연애낙원'으로 바뀐다. 하지만 연애낙원의 실제는 냉혹하다. 친밀한 시시포스들은 그 냉혹함을 견디면서 로맨스 허기를 채우기 위해 파상적인 친밀성 장에서 유동적인 탈사회적 존재로 공허하게 부유할 뿐이다. 이것이 탈사회화된 사회에서 펼쳐지는 로맨스의 풍경이라면 지나친 과장일까.

참고문헌

권오헌. 2019. 「낭만적 사랑의 기념문화와 친밀성의 상업화: 발렌타인데이와 화이트데이를
　　　중심으로」. ≪사회사상과 문화≫, 22권 2호, 269~304쪽.
기든스, 앤서니(Anthony Giddens). 1999. 『현대사회의 성·사랑·에로티시즘: 친밀성의
　　　구조변동』. 배은경·황정미 옮김. 새물결.
김주은. 2013. 「후기자본주의 사회의 연애담론과 양식」. 성균관대학교 비교문화협동과정
　　　석사논문.
김홍중. 2016. 『사회학적 파상력』. 문학동네.
≪매일경제≫. 2020.1.8. "틴더로 이성친구만? 취업도 하고 상담도 받죠". https://www.mk.
　　　co.kr/news/it/view/2020/01/24042/
_____. 2020.1.25. "연애마저 포기하는 취준생들… 남성보다 여성이 더 어렵다 왜?". https://
　　　www.mk.co.kr/news/society/view/2020/01/81386/
≪머니투데이≫. 2017.10.24. "앱으로 만난 그녀, 세 번 만나 "사귀자"… 2030 '실속연애'".
　　　https://news.v.daum.net/v/20171024062506354?rcmd=rn&f=m
바우만, 지그문트(Zygmunt Bauman). 2005. 『액체근대』. 이일수 옮김. 강.
_____. 2013. 『리퀴드 러브』. 조형준 옮김. 새물결.
벡(Ulrich Beck)·벡-게른샤임(Elisabeth Beck-Gernsheim). 1999. 『사랑은 지독한, 그러나
　　　너무나 정상적인 혼란』. 강수영·권기돈·배은경 옮김. 새물결.
≪서울경제≫. 2018.1.19. "취준생 61%, "취업준비 길어지면 연애세포 사라져"". https://
　　　www.sedaily.com/NewsVIew/1RUHM51UN9
슈트렉, 볼프강(Wolfgang Streeck). 2018. 『조종이 울린다』. 유강은 옮김. 여문책.
심성욱. 2015. 「소셜데이팅 서비스의 등장에 따른 20-30대의 관계맺기 방식의 변화」.
　　　연세대학교 문화확협동과정 석사학위 논문.
안사리, 아지즈(Aziz Ansari). 2019. 『모던 로맨스』. 노정태 옮김. 부키.
안혜상. 2017. 「신자유주의시대 청년세대 친밀성의 재구성, "썸"」. 서울대학교
　　　언론정보학과 석사학위 논문.
엄기호. 2010. 『이것은 왜 청춘이 아니란 말인가』. 푸른숲.
에시그, 로리(Laurie Essig). 2021. 『러브주식회사』. 강유주 옮김. 문학사상.
엘리아스, 노르베르트(Norbert Elias). 1999. 『문명화과정 II』. 박미애 옮김. 한길사.
우시쿠보 메구미(牛窪惠). 2016. 『연애, 안 하는 게 아니라 못하는 겁니다』. 서라미 옮김.
　　　중앙북스.
이진송. 2016. 『연애하지 않을 자유』. 21세기북스.
이현재. 2014. 「로맨스 정치경제학」. 한순미 외. 『우리 시대의 사랑』. 전남대학교출판부.
일루즈, 에바(Eva Illouz). 2010. 『감정자본주의』. 김정아 옮김. 돌베개.
_____. 2014. 『낭만적 유토피아 소비하기』. 박형신·권오헌 옮김. 이학사.
_____. 2020. 『사랑은 왜 끝나나』. 김희상 옮김. 돌베개.
조은주. 2018. 『가족과 통치: 인구는 어떻게 정치의 문제가 되었나』. 창비.
≪한겨레≫. 2017.2.26. ""오늘의 매칭이 도착했습니다"… 나는 또 'OK'를 쏜다". http://www.

hani.co.kr/arti/society/society_general/784168.html#csidx1c93826a24fd677812b9
aacd6541d62)

Bauman, Z. 2007. *Consuming Life*. Polity, Cambridge.

Franklin, A. S. 2012. "A Lonely Society? Loneliness and Liquid Modernity in Australia."
    Australian Journal of Social Issue, Vol.47, No.1, pp.11~28.

Hookway, N., B. B. Neves, A. Franklin and R. Patulny. 2020. "Loneliness and love in late
    modernity: Sites of tension and resistance." *Emotions in Late Modernity*. Routledge.

Jamieson, L. 1999. "Intimacy Transformed? A Critical Look at the 'Pure Relationship'."
    Sociology, Vol.33, No.3, pp.477~494.

Knorr-Cetina, Karin. 1997. "Sociality with Object: Social Relations in Postsocial Knowledge
    Societies." *Theory, Culture and Society*, 14, pp.1~30.

_____. 2005. "Postsocial." George Ritzer(ed.). *Encyclopedia of Social Theory*. Sage.

Lash, Scott and John Urry. 1996. *Economies of Signs and Space*. Sage Publications Ltd.

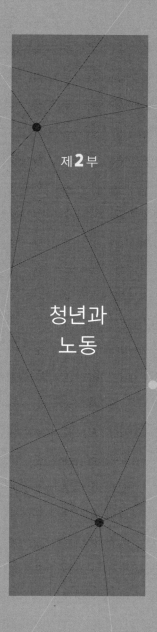

제**2**부

청년과
노동

제4장

탈사회화 시대,
개별화된 청년들의 삶의 감각과 정념의 정치

■

김주환

탈사회화된 개별화의 시대, 벌거벗은 생명이 된 청년들

근래 회자되고 있는 '사회적인 것의 죽음'이나 '개별화' 등의 탈사회
화 담론은 오늘날 '사회적인 것'이라는 영역의 관념이나 제도적 실천
의 양상에 커다란 변화가 발생하고 있음을 시사한다. 근대의 산물인
'사회'는 빈곤, 범죄, 갈등 등 인간 삶의 다양한 위기와 문제가 결코 개
인적 요인으로 환원될 수 없는 보다 넓고 복잡한 집합적 요인의 연관
속에서 발생하며, 그렇기에 그에 대한 대응 역시 개인을 넘어 집합적
인 수준에서 실천되어야 한다는 삶의 감각이 형성됨으로써 만들어질
수 있었다. 말하자면 사회적인 것은 사회적 삶의 위기, 이른바 사회문
제로서의 사회적인 것과 사회문제에 대한 해결방식으로서의 사회적
인 것으로 이루어진 실천 영역으로 구성되기 시작했다(김주환, 2018).

가령 근대화 과정에서 농촌 인구가 산업화된 대도시로 대거 유입됨으로써 가시화되었던 빈곤(pauperism)과 이로부터 파생된 여러 삶의 문제는 이제 더 이상 신의 뜻이나 자연 현상, 개인적인 도덕적 태만의 문제로 간주될 수 없게 되었다. 그러한 문제들은 산업구조나 경기순환, 법과 정책을 집행하는 국가의 실천, 집단 간 힘의 관계, 전통이나 관습 및 해당 지역의 도덕과 문화 등 보다 넓고 복잡한 연관 속에서 발생하는 문제로 인식되기 시작했던 것이다. 따라서 그러한 문제가 사회적 현상인 이상 그 문제들은 사회정책 또는 사회운동과 같은 사회적 방식으로 해결해야 하는 것이었다(다쿠지 다나카, 2014; 폴라니, 1996).

사회적인 것을 '사회문제'로서의 사회적인 것과 '문제해결방식'으로서의 사회적인 것의 영역으로 구분해서 보면, 근래 회자되었던 이른바 '사회적인 것의 죽음'이란 사실상 후자의 사회적인 것, 즉 문제해결방식으로서의 사회적인 것에 대한 실천적·제도적 상상력이 위축된 상황을 일컫는다. 말하자면 사회적 삶의 모든 영역을 시장의 경쟁 원리로 재조직화하는 것이 당연시되고, 사회국가의 이념이 철지난 것으로 탄핵되며, 인간들 사이의 사회적 관계가 규범적 원리 대신 화폐, 미디어 기술, 관료제적 행정 명령 체계 같은 사실적 사물화의 원리에 의해 조절되는 경향이 강화되는 상황, 그와 같은 상황에 대한 도전 방식으로서 보편적 사회운동이 위축되는 것과 같은 상황이 '사회적인 것의 죽음'이라는 표현으로 응집되었던 것이다.

문제는 전자의 사회적인 것, 즉 사회적 삶의 위기 또는 사회문제로서의 사회적인 것이 그 어느 때보다 심각하게 분출되고 있다는 점이다. 빈곤과 실업, 그리고 여기서 파생되고 증폭되는 다양한 문제가 '사회적으로' 발생해 개개인의 사회적 삶을 위기로 몰아넣고 있지만, 이에 대한 사회적 해결방식은 사라져버리고 그 해결이 고스란히 개개인에게 내맡겨지는 비대칭적 상황이 우리 시대를 휘감고 있는 잔인한 살풍경을 특징짓는다. 인간은 개인으로서는 취약한 존재일 수밖에 없기에 사회라는 옷을 만들어 입음으로써 자신을 보호한다. 하지만 삶의 위기에 대한 사회적 해결방식으로서의 사회적인 것이 심각하게 위축됨으로써 자신을 보호해 줄 사회라는 옷을 상실한 인간은, 아감벤의 표현을 차용하자면, 개별화된 '벌거벗은 생명'의 처지가된다. 자신을 보호해 줄 것은 자신밖에 없으니, 어떻게든 자신을 보호하고 생명을 유지하기 위해 파편화된 개개인이 극한의 생존 경쟁 게임에 몰두하는 일이 벌어진다. 삶의 실존적 의미에 대한 추구는 생명보존을 위한 불확실성 통제의 작동적 사실 정보에 대한 추구로 대체되어 의미 상실이 더욱 깊어진다. 또한 우리의 삶을 위기로 몰아넣고 고통스럽게 만드는 요인은 사회적으로 만들어지는데, 그 요인을 통제할 집합적인 힘(사회적 힘)이 약화되어 있으니 자신의 삶에 대한 자율적 결정이 힘들어진다. 즉, 자유 상실 역시 더욱 심화된다.

특히 청년 집단은 이와 같은 탈사회화와 개별화 시대의 살풍경의 한복판에 서 있다. 이 글은 탈사회화, 개별화 등으로 특징지을 수 있는 오늘날의 사회적 조건에서 청년들이 삶과 세계를 어떻게 체험하고 의미화하는지, 그리고 자신들이 느끼는 삶의 고통을 어떻게 해소하고자 하는지 살펴봄으로써 우리 시대가 직면한 위기에 대해 성찰해 보고자 한다. 이 글의 초점은 청년들이 이러저러한 상황에 처해 있다는 것을 말하려는 데 있지 않다. 이 글은 우리 시대의 위기가 징후적으로 드러나는 첨점에 청년이 있다고 바라보고, 이러한 위기의 하나의 징후로서 청년들의 삶을 살펴봄으로써 우리 시대의 위기를 읽어내 보고자 한다.

필자는 2019년 3월경부터 2020년 3월경까지 약 1년 동안 서울 소재 대학의 학생 12명과 일련의 심층인터뷰를 수행했고 그 결과를 몇 편의 글로 발표했다(김주환, 2020a; 2020b; 2020c). 이 글은 기존에 필자가 수행했던 연구들의 결과를 토대로 오늘날 청년들의 삶과 사회의 위기를 정리 및 재구성한다. 인터뷰 참여자들은 청년들 사이에서 특히 민감한 주제인 세대 및 젠더 갈등과 관련해 비교적 선명한 자기주장을 가지고 기성세대에 대해 또는 이성 집단에 대해 비판적인 목소리를 낸 남녀 청년이었다. 그런 점에서 이 글에서 서술하거나 해석할 청년들의 의미 세계를 오늘날 한국 청년들의 평균적인 인식을 보여주는 것으로 여기기보다는 탈사회화 시대에 청년들 사이에 퍼져 있는 고통과 불만 및 그들이 체험하는 삶의 정서적 특징을 좀 더 선명하게 이해할 수 있게 해주는 단초로 여길 필요가 있다.

청년들의 삶-존재 감각

하이데거(2001; 2016)는 인간을 '세계-내-존재'라고 표현한다. 스스로 존재하는 자가 아닌 이상 인간은 언제나 자신을 둘러싼 특정한 외적 환경 세계의 조건 안에 처해져서 그 환경 세계와의 연관 속에서 특정한 체험적 삶의 의미 세계를 살아가기 때문이다. 하이데거가 '존재 자'와 구분하여 말하는 '존재', 즉 존재자의 삶의 양식 또는 존재 양식 이 어떠한가 하는 것은 존재자를 에워싸고 있는 외적 세계가 어떤 식 으로 배치되어 있는지를 이해할 수 있는 길잡이가 된다. 이때 존재자 의 삶의 양식 또는 존재 양식이 어떠한지를 파악하기 위해서는 존재 자가 자신을 둘러싼 외적 세계와의 관계 속에서 어떠한 체험적 삶의 주관적 감각을 가지고 살고 있는지에 주목할 필요가 있다. 하이데거 는 이러한 체험적 삶의 주관적 느낌 중 '불안', '권태', '우울' 등의 근본 기분에 주목해 당대의 인간이 지닌 삶의 양식(존재 양식)에 대한 탐구 를 수행했고, 이를 통해 당대의 사회적 삶의 존재론적 위기를 예리하 게 읽어냈다.

길가의 돌덩이와 달리 인간에게 '산다는 것'은 자기 앞에 놓인 외적 세계와의 활동적 상호작용이자 그 상호작용 속에서 일어나는 사건들 의 시간 경험이라고 할 수 있다. 그런 점에서 여기서는 청년들의 삶의 감각을 그들이 느끼는 삶의 시간 감각과 세계와 자신 사이의 힘 감각 이라는 두 가지 측면으로 나누어 살펴보기로 한다.

청년들의 삶-시간 감각

강렬하지만 권태로운

코젤렉(1996)은 전현대에서 현대로 이행하면서 사람들의 시간 감 각에 거대한 변화가 생겼음을 인상적으로 지적했다. 기독교의 신학 적 세계관 속에서 살아가는 사람들의 삶-시간 감각에서는 현재와 미래가 과거에 결박된 채 과거와 연속성을 이루고 있었다. 앞으로 미래에 어떤 일이 벌어질지는 이미 과거에 신의 기획에 의해 결정되어 있었다. 경험공간과 기대지평 사이에 틈이 벌어질 수 없었던 것이다.

하지만 현대적 삶은 변화와 새로움이라는 시간 감각으로 체험된다. 정치적으로 대대적인 변화가 발생하고 경제적으로는 생산기술이 끊임없이 변화하면서 현재는 과거와 전적으로 달라졌고 미래에는 또 어떤 새로운 변화가 생겨날지 예측하기 힘들어졌다. 현대(modern times)는 새로운(modern) 시대로서, 시간의 변화에 가속도가 붙는 시대인 것이다. 따라서 전현대에서와 달리 현대로 오면 과거에 결박되어 있던 현재와 미래가 그 결박에서 풀려나 산포된다. 과거는 권위를 상실하며, 과거, 현재, 미래는 연속성을 잃고 우발적인 사건의 순간들로 체험된다. 경험공간과 기대지평 사이에 틈이 벌어지는 것이다. 현재는 과거와도 그리고 미래와도 연속성을 상실한 채, 과거와 미래 사이의 벌어진 틈에 있는 우연적이고 일시적인 시간으로 경험된다.

그렇기에 현재는 상충되는 양가적 감각으로 체험될 수밖에 없다. 한편으로 현재는 과거와 미래로부터 연속성을 상실했기에 방향 상실과 이로 인한 불안의 시간으로 체험된다. 하지만 다른 한편으로 현재는 과거의 결박으로부터 자유로워졌기 때문에 인습으로부터 해방되고 새로운 미래를 향해 가슴 떨리는 기대의 시간으로 체험되기도 한다. 현대인들은 해방과 기대를 유지하면서도 방향 상실과 불안을 극복하기 위해 과거, 현재, 미래의 시간을 새롭게 통일적으로 조직하는 현대의 새로운 서사를 다양한 형태로 개발해 왔다. 정치적 민주주의나 경제적 풍요를 기대하는 계몽주의적 진보의 발전 서사나 카이로

스의 시간 경험에 기초한 자기 발명과 창조의 신비주의적 존재 미학의 서사는 대표적인 현대적 서사의 형태였다(하버마스, 1994: 26). 이러한 새로운 시간 감각은 정치 및 경제 구조의 변화, 개인성의 등장 등을 특징으로 하는 현대적 사회 세계의 지평 속에서 형성되었다.

그렇다면 오늘날 청년들은 어떠한 삶-시간의 감각을 가지고 살아갈까? 청년1은 자신을 포함한 또래의 삶을 "텅 빈 삶"이라고 표현했다. 그에 따르면 '텅 빈 삶'이란 "주체가 없는 태도를 가지고 삶을 대하는 것", "타율적으로 떠밀리는 삶"이다. 예를 들면 "취업을 위해 필요한 것, 뭐 '이거 해, 저거 해' 하는 것을 하기는 하는데 …… 자신의 자아라든가, 이런 거랑은 정말 무관한 행동을 계속 하는 것"이다. 청년1이 말하는 '텅 빈 삶'이란 자기 삶의 주인이 되지 못하고 외적인 힘에 강제되는 삶, 그렇기에 "텅 빈" 것처럼 의미 없고 공허하게 느껴지는 무미건조한 삶이다.

"텅 빈" 무미건조한 삶은 물리적으로는 살아 있지만 의미 있는 삶은 죽어 있는 상태이다. 그렇기에 살아 있음을 느끼려면 의미 있는 삶-시간을 늘려 "텅 빈" 무의미의 삶-시간을 단축하거나 대체해야 한다. 청년1은 "텅 빈 삶"의 시간을 단축하기 위해 자신과 또래 청년들은 이른바 '노동요'라는 것을 듣는다고 한다. '노동요'란 청년들에게 인기 있는 아이돌 그룹들의 노래를 빠르게 재생해서 이어 붙인 형태의 유튜브 콘텐츠를 일컫는다. '노동요'라는 표현에서 알 수 있듯이 청년들은 하기 싫은 노동처럼 느껴지는 일들(학교 과제 등)을 빨리 처리해 끝내야 하는 상황에서 노동요를 듣는다. 1.5배속 또는 2배속으로 재생되어 가사의 의미를 음미하기 힘들고 소음이나 다름없게 되어버린 노래들이 거센 속도감으로 쉼 없이 몰아친다.

> 스펙관리다, 해외활동이다, 할 일은 산더미인데 교수님들은 거기에
> 과제 폭탄을 던져요. … 그러니까 저희들은 그냥 뭐 '저 많은 일을 언제
> 다 하냐' 이런 느낌이거든요. … 일단 학점은 결국 따야 되니까 '빨리
> 하고 끝내자' 약간 이런 식으로 …. 노동요 들으면 성격이 막 급해지거
> 든요. 그래서 '빨리 빨리 해야겠어' 이럴 때 노동요를 듣죠.(청년1)

노동요를 듣는 것은 가슴을 뛰게 하지 못하는 무의미한 일을 해야
하는 죽은 시간, 그렇기에 권태롭게 느리게 흘러가는 시간을 재촉해
서 무의미의 권태로운 삶-시간을 단축하려는 시도이다. 하지만 그것
은 무의미하고 권태로운 삶-시간을 의미 있는 삶-시간으로 대체하는
것이 아니라 마찬가지의 무의미한 시간으로 대체하는 것이다. 다만
그 시간이 좀 더 강렬하고 빠르게 흘러가도록 만들 뿐이다. 무의미를
의미로 덮는 것이 아니라 무의미를 무의미로 덮기 때문에 급해지는
마음 외에는 변하는 것이 없다. 청년1은 자신을 포함해 또래 청년들
이 노동요라는 문화 콘텐츠에 의존하는 것을 두고 자신들이 "텅 빈 문
화를 향유하는 것 같다"고 표현했다. 이러한 상황에서 그들의 삶의
시간은 형용모순적이게도 강렬한 무의미의 시간이라는 형상을 취하
게 된다.

러닝머신 위에서 필사적으로 달리기

청년들의 마음에서 미래가 어떠할 것이라고 기대되는지 물었을 때

청년2는 미래를 문에 비유해 다음과 같이 인상적으로 표현했다.

[우리들에게 미래는] 문이 끊임없이 있는 느낌이에요. 문을 열면 새로
운 세계가 펼쳐져야 하잖아요. 그래서 '아! 새로운 세계가 펼쳐지겠
지?' 하고 문을 열었어요. 근데 똑같은 거예요. 또 앞에 있는 문을 열
면 똑같고, 또 똑같고. 그러니까 계속 속는 느낌인 거예요.(청년2)

문은 이 공간과 저 공간을 구분해 준다. 두 공간을 구분한다는 것은
두 공간이 다르다는 것을 전제로 한다. 그렇기에 문은 지금까지 경험
해 보지 못했던 새로운 삶을 열어줄 것이라는 희망적인 기대를 자극
한다. 그러한 기대의 자극은 우리로 하여금 문을 열게 만든다. 그런
데 청년2는 미래를 묘사하면서 청년들에게 미래는 지금과는 다를 것
이라는 기대만 줄 뿐 정작 미래를 향한 문을 열면 똑같은 현재가 펼쳐
질 뿐이라고 설명했다. 말하자면 청년들에게 미래는 없으며, 문은 단
지 미래 없음을 은폐하는 속임수, "희망고문"에 불과하다는 것이다.
청년2는 미래를 "암흑", "잿빛", "시커먼 색" 등에 비유하기도 했다.
청년3은 미래를 "미세먼지가 짙게 껴 우중충한 하늘처럼 잿빛"일 것
같다면서 그곳은 "숨이 턱턱 막힐 것 같은 [세상이고] … 사람들이 모두
우울증에 걸려 있는 세상"일 것 같다고 심정을 밝혔다. 스스로를 운
동권 학생으로 규정한 청년4 마저도 "더 나은 사회를 만들 수 있을 것
이라는 기대가 안 생기[며] … 출구가 없어 보[인다]"라고 솔직한 느낌
을 말했다.
미래에 대한 이와 같은 청년들의 시간 감각은 전현대의 시간 감각

과 매우 유사하다. 미래는 지금과 다르지 않을 것이고 단지 과거의 반복적 연장일 뿐이거나 현재보다 더 나빠질 뿐인 것이다. 현재는 물론 미래도 이미 과거에 결정되었다. 수저계급론은 이와 같은 청년의 시간 감각을 응축하는 표현이다. 앞서 코젤렉의 통찰을 빌려 언급했듯이 현대의 시간 감각이 지닌 중요한 특징은 경험공간과 기대지평의 분리이고, 현재는 그 분리의 틈으로 존재했다. 하지만 그 틈이 다시 봉합되어 전현대의 신학적 중세의 시간 감각으로 회귀한다면 방향 상실과 이로 인한 불안은 사라지겠지만 그와 동시에 미래에 대한 희망적 기대와 과거의 구속으로부터의 해방감 역시 같이 사라질 것이다. 그리고 남는 것은 결정론적 전망 속에서 미래 없음, 희망 없음, 해방 없음의 무기력한 좌절감뿐일 것이다.

미래가 없고 미래가 단지 과거의 반복적인 연속에 불과한 것처럼 느껴진다면 삶의 시간 경험은 권태로울 것이다. 하지만 쇼펜하우어가 말하듯 권태의 고통도 시간의 여유를 가질 수 있는 부유한 자들의 특권이다. 권태는 여유의 시간에 느끼는 삶의 시간 느낌이기 때문이다. 가난한 자들은 배를 채우기 위해 끊임없이 바쁘게 크로노스의 노동을 해야 하기 때문에 권태를 느낄 틈도 없다(Schopenhauer, 1901: 18). 인터뷰에 참여한 청년들의 삶-시간 감각은 바쁘게 끊임없이 노동해야 하는 가난한 자들의 삶-시간 감각과 닮아 있었다. 청년들은 미래가 없고 미래가 단지 과거의 반복일 뿐이라고 느끼면서도 자신들의 삶이 결코 권태롭지 않다고 말한다.

텅 비어 있으니까 무의미한 것 같기는 한데 … 똑같이 반복되는 것 같기는 한데, 그런데 지루하지는 않은 것 같아요. 우리는 뭔가 바쁘게 계속 하거든요. 안 그러면 마음이 불안해서 못 견뎌요.(청년1)

권태롭다기보다는, 할 게 워낙 많고 바쁘니까, 그냥 좀 마음 편하게, 힘을 쭉 빼고, 늘어질 수 없는 것 같아요. 계속 긴장 상태? 뭐 그런 느낌?(청년5)

두 청년은 "바쁨", "마음의 불안", "계속된 긴장 상태"라는 말로 자신들의 삶-시간 감각을 표현했다. 이들의 삶-시간 감각은 어떤 면에서는 변화가 없는 똑같은 상황의 권태로운 연속이다. 하지만 다른 면에서 그것은 또한 무엇인가를 끊임없이 해야 한다는 신경과민적인 긴장 상태이기도 하다. 형용모순적이게도 이들의 삶-시간 감각은 권태로운 긴장, 바쁨 속에서의 권태라는 형태로 표현된다. 이 역설은 이들의 삶이 마치 제자리에 고정된 채 움직이는 (자신들이 통제할 수 없는) 러닝머신 위에서 떨어지지 않기 위해 끊임없이 달려야만 하는 상황처럼 조직되고 있음을 보여준다. 이러한 삶의 배치에서 그들이 느끼는 삶-시간 감각은 낙오에 대한 공포이다. 어차피 똑같은 삶의 무의미한 반복이지만 심미적 내면에서 우러나오는 삶의 존재론적 물음, 즉 '의미 있는 삶이란 도대체 무엇인가?'라는 물음이 추동하는 힘보다 '죽을래 살래?'라는 생존의 협박의 힘이 더 센 상황이고, 이런 상황에서 청년들이 걱정하는 것은 자칫하면 낙오될지 모른다는 걱정이다. 의미 없는 삶일지라도 일단 살아남고 봐야 하는 것이다.

청년들이 느끼는 세계-나 사이의 힘 감각

인간의 삶과 존재는 자신을 둘러싼 세계와의 힘 관계 속에서 그 모습을 취한다. 인간은 자신이 원하는 대로만 살 수는 없다. 인간은 언제나 자신을 둘러싼 세계가 가하는 제한과 한계의 틀에 종속된 채 산다. 또한 동시에 인간은 자신의 삶을 제한하고 한계 지우는 세계에 실천적으로 관여함으로써 그 한계와 제한을 넘어 자신의 자율적 삶의 영역을 넓혀가려는 시도를 한다. 개인성과 자유를 특징으로 하는 현대사회에서 개인이 자유를 추구하는 힘과 세계가 부과하는 강제력 사이의 긴장은 특히 더 관건이다. 그래서 짐멜이 말하듯 "현대적 삶에서 가장 근원적인 문제들은 개인이 자신의 독립과 개성을 사회, 역사적 유산, 외적 문화 및 삶의 기술의 압도적 힘들로부터 지켜내려는 요구에서 유래한다"(짐멜, 2005: 35).

이런 맥락에서 청년들이 자신과 세계와의 힘 관계를 어떻게 느끼고 있는지 알아보기 위해 이 세계 속에서 자신이 어떻게 느껴지는지 비유해 달라고 요청했다. 그 몇몇 답변을 살펴보자.

[저는] 무한동력이 들어오는 로봇인 것 같아요. 그니까 내 생각은 없어요. … 사회가 너는 계속 뭘 해야 한다고 주입을 했[으니] …. 그래서 나는 희망도 없고 그러니까 의지가 없는데 그래도 난 뭘 해야 하는 거예요. 이미 내 몸에 입력이 돼 있으니까. 그래서 [사회로부터] 동력이 계속 들어오잖아요. … [세상은] 꽉 막혀서 넘을 수 없는 벽, 그런 것 같아요. (청년2)

[저는] 그냥 바람 부는 대로 허공을 떠도는 먼지 같은데(웃음) … 세상 안에 있긴 한데 그냥 그렇게 가치 있는 느낌은 아닌 … 있어도 없어도 잘 모르는 그런 사람이지 않을까 그런 생각이 많이 들어요. 깍두기처럼 존재감이 없다, 약간 그런….(청년6)

[저는] 차를 타고 있는데 문이 안 열리는 차를 타고 계속 가고 있는 거 같아요. … 조종은 제가 하긴 해요. 근데 차는 내려서 목적지로 가려고 있는 거잖아요. 근데 문이 없어요. 그러니까 계속 운전만 해야 되는 거예요. … 내비게이션도 고장 났어요. 뭔가 좀 어설프고 연료가 부족하다고 계속 나오고, 주유소 가야 하는데 돈도 별로 없어요.(청년7)

[저는] 구름인 것 같아요. … 왜냐하면 뭔가 새로운 바람이 불어오면 그것에 맞춰서 흘러가는 것 같아요. 떠다니는 것 보면 아름다워 보이지만, 별거 없잖아요. 안에 들어가면 수증기뿐이고. … [우리 청년들은] 틈틈이 빛나는 것 같아요. 대개는 되게 처져 있어요. 항상 열정 넘치고 그런 건 아닌데, 그냥 살다가 가끔씩 번뜩이는 순간은 번뜩이고 … 항상 밝은 태양 같은 것은 아니고, 불 꺼진 네온사인에서 가끔씩 스파크 일면서 불이 들어오는 … 불나방 같지는 않고요, 그보다는 반딧불 정도의 밝기와 열정, 딱 그 정도인 것 같아요.(청년8)

청년들은 자신의 처지를 "바깥에서 무한 동력이 들어오는 로봇", "바람 부는 대로 허공을 떠도는 먼지", "깍두기처럼 존재감이 없는"

존재, "내가 통제할 수 없는 차를 타고 무한 운전해야 하는 운전자", "바람이 불어오면 그것에 맞춰서 흘러가는 구름", "반딧불 정도의 밝기와 열정"을 지닌 "별것 아닌" 사람 등으로 표현했다. 이러한 자기표현은 청년들이 자신의 삶을 자율적으로 전개해 나가는 삶으로 이해하는 것이 아니라, 외부 세계가 가하는 강제력에 의해 일방적으로 압도되는 삶으로 느끼고 있음을 보여준다. 말하자면 자율적 삶을 추구하는 자신의 힘보다 외부 세계가 가하는 강제력이 더욱 크다고 느끼는 것이다. 그렇기에 이들은 자신을 "존재감 없는", "별것 아닌" 무기력한 존재로 바라본다.

청년들은 스스로를 외부 세계의 강제력에 압도된 채 떠밀리며 살수밖에 없는 무기력한 존재로 느끼기 때문에 이들의 정서에서 세계는 자신이 주체적으로 참여해서 만들어가는 곳으로 여겨지지 않는다. 세계는 마치 자연법칙의 세계처럼 개인의 의지와 무관하게 이미 주어진 곳이 된다. 그 세계는 그 구성원들에 의해서가 아니라 자체적인 법칙에 의해 작동된다. 청년들은 삶이 그와 같은 유사 자연법칙의 세계에 처해져서 그 세계의 자체 법칙에 의해 결정되고 있다고 느낀다. 자율적인 삶이란 우리가 결정한 삶의 원리에 의해 우리의 삶이 결정될 수 있을 때를 일컫는다. 이렇게 볼 때 청년들의 정서에서 자신의 삶이라는 세계는 결코 자율적인 삶의 공간이 아니다. 자신의 삶이 자신이 결정하지 못한 삶의 원리에 의해 일방적으로 결정당하기만 하는, 자기결정의 자유가 박탈된 삶이다.

이 세계가 자신의 주체적인 참여로 바뀔 수 없는 이미 주어진 유사 자연법칙의 공간처럼 감지되면 그 세계는 규범적 가치판단의 대상이 아니라 수용하고 적응해야만 하는 사실적 사태의 영역이 되어버린다. 한 청년의 이야기를 들어보자.

> 경쟁, 피곤하죠. 경쟁해서 적자만 생존하는 사회는 좋은 사회는 아닌 것 같아요. 하지만 경쟁은 '불가피한 것' 아닐까요? 운동권 하는 학생들이 자본주의 막 비판하면서 '경쟁 안 해도 되는 세상이 가능하다'고 말하는데요. 저는 그 친구들이 정말로 '거짓말'을 하고 있다고 생각해요. … '그게 말이 된다고?', '그런 사회가 있을 수 있다고?' … 경쟁은 저도 싫고요, 옳은 것 같지도 않은데 … 가슴으로는 그러면 안 된다는 걸 알겠는데, 머리로는 [이 세상이] 적자생존과 경쟁으로 돌아간다는 걸 부정은 못하겠어요. 경쟁에서 이겨야 살아남는다는 건, 그건 그냥 '엄연한 현실'이라고 생각하거든요. (청년10)

경쟁이나 적자생존이라는 이 세계의 게임 룰에 대해 청년10은 그것이 옳지 않다고 생각한다면서 당위적 가치평가를 내린다. 하지만 그 평가는 단지 자신의 삶이 힘들기에 느끼는 감정적 표현에 그칠 뿐, 그 게임 룰이 옳지 않기 때문에 고쳐야 한다거나 고칠 수 있다는 생각으로 나아가지는 않는다. 왜냐하면 경쟁과 적자생존의 게임 룰은 "불가피한 것"이고 "그냥 엄연한 현실"이지, 우리가 어찌해볼 수 없는 것이기 때문이다. 또 다른 한 청년은 "부모 잘 만나는 것도 실력"이라는 정유라의 말에 분노하면서도 다음처럼 말했다. "그런데 부모 잘 만나는 것이 실력이라는 게, 이게 솔직히 사실 아닌가요? … 세상이 원래 그런데 뭐 어쩌겠나, 그냥 영어공부나 하자 그런 마음이죠."(청년8)

아리스토텔레스도 지적하듯이 인간은 자신의 힘으로 할 수 있는 것들에 대해서는 숙고하지만, 자신의 힘으로 어찌해 볼 수 없는 것들은 숙고의 대상으로 삼지 않기 마련이다(Aristotle, 1984: 88~90). 자신의 힘으로 어찌해 볼 수 없는 것들은 순응해서 적응해야만 하는 불가피한 조건일 뿐이다. 이 세계의 작동 법칙에 대해 비판적으로 숙고하지 않은 채 그 법칙을 삶이 이루어지는 사실적 사태로 수용해 버리는 삶의 감각은 최근 논란이 되고 있는 청년 세대의 능력주의 공정성 관념의 토대를 이룬다. 그들의 관점에서 이 세계는 유사 자연세계 같은 객관적 법칙의 세계이지, 개인이 공적으로 참여해서 말과 정치의 방식을 통해 집합적으로 바꿔나갈 수 있는 세계가 아니다. 이러한 인식이 만연해질 때 공적인 말의 정치는 잉여가 되고 소음이 된다. 이런 상황에서 공정함이란 공적인 말의 경합을 필요로 하지 않는 시험 점수나 양적인 성과와 같은 객관적이고 깔끔한 기준에 따라 개인의 성과가 평가되고 이에 따라 보상이 이루어지는 것이 된다. 청년10은 여성이나 지방 학생을 대상으로 취업 우대 조치를 취하는 데 반대하면서 다음과 같이 말했다.

> 저는 그냥 누구를 우대하니 마니 이런 논쟁 벌일 것도 없이 깔끔하게 딱 점수 하나 가지고 취업을 결정하는 게 가장 합리적이라고 생각해요. 우리는 여성이다 남성이다, 지방 학생이다 서울 학생이다, 이렇게 집단으로 경쟁하는 게 아니고 개인 대 개인으로 경쟁하거든요. (청년10)

이런 방식으로 이해되는 공정성 관념에서는 이 세계나 삶이 마치 100미터 경주처럼 사고된다. 세계는 오로지 개인으로만 구성되어 있으며 그 개인들이 경쟁해서 1등부터 꼴등까지 줄 세워지고 그 성과에 따라 보상받는 것이 공정한 것으로 여겨진다. 그러니 오찬호(2013)가 지적하듯이 이들이 세계를 이해하는 방식으로서의 공정성이라는 관념은 차별을 옹호한다. 이들에게 공적인 것이란 객관적으로 주어진 평가 기준이지, 구성원들이 공적으로 참여하여 말과 정치의 소통을 통해 공동의 세계를 구성·변화시켜 가는 집합적 실천의 원리가 아니다. 보상을 위한 성과 평가의 기준은 한 사회의 공공 이익이나 나아갈 미래의 방향 등을 고려하면서 공적으로 결정된다. 즉, 그 사회에 얼마나 기여했느냐에 대한 공적 평가에 따라 보상이 이루어지는 법이다. 하지만 청년들의 공정성 관념에는 이러한 공적인 관념이 없다. 왜냐하면 이들은 스스로를 무기력한 존재라고 느끼므로 이 세계의 게임 룰을 자신들이 모여서 집합적으로 바꿀 수 있다는 상상 자체를 하기 쉽지 않기 때문이다. 따라서 이들은 자신에게 남는 것은 세상의 냉정한 법칙에 적응하는 것뿐이라고 여긴다.

부당하게 고통당하는 희생자의 자기 보호

이처럼 이 세계를 살아가는 것이 자신이 어찌할 수 없는 불가항력의 외적 강제력에 압도된 채 의미 없는 삶의 시간을 지속해야 하는 것이고 여기서 낙오되지 않으려면 이 세계의 작동 메커니즘에 적응하기 위해 필사적으로 노력해야 한다고 느껴질 때, 그리하여 자신이 무기력하고 존재감 없는 삶을 산다고 느껴질 때면, 자기 보호는 최고의 삶의 원리가 된다. 청년들은 이 세계에서 주어진 작동 법칙이 불가피하기에 따르는 것일 뿐, 그 법칙은 결코 자신들을 즐겁게 해주지 않으며, 오히려 피곤하게 만든다고 여긴다. 내가 결정한 바 없는 이 세계의 작동 법칙에 의해 내 삶이 결정되고 있다고 느끼기 때문에 이 세계의 강제력은 폭력처럼 감지되고 고통스럽다.

이 세계가 폭력으로 느껴지고 그 세계에 연루되는 것이 고통스럽게 여겨지면 이 세계와 맞서기보다 이 세계로부터 자신을 철회시켜 스스로를 보호하려 하게 된다. 청년7은 심지어 학교 친구들을 만날 때마저도 자신이 소진되는 듯한 느낌을 받으면서 무엇이든 혼자 하는 것을 좋아하게 되었다고 말한다.

혼자가 편해요. … 친한 친구를 만나도 그런 생각을 하게 되는 거죠. '내가 얘를 만나서 얻게 되는 건 뭘까?' 근데 그런 애들이랑 뭔가 같이 할 거를 생각하니까 피곤한 거죠. … 만나서 얘기하는 것도 힘들어, 얘기하면 기 빨려, 얘기하다가 얘깃거리 떨어지면 얘가 나랑 같이 있는 게 재미없어지나 또 불안해 … 혼자 놀고 혼자 밥 먹으면 그런 생각을 안 해도 되거든요. 누구랑 같이 밥 먹으면 계속 얘기를 해야 되잖아요. 그 자체가 좀 피곤해요. 근데 그게 좋은 거냐 하면 그건 또 아닌 것 같아요. 좀 서글퍼요. (청년7)

친구들을 만나 시간을 보내는 것이 힘들고 친구들과 무엇인가를 같이하려는 생각만 해도 "피곤"해지고 "기 빨리는" 느낌을 받는다. 또한 친구가 자신을 재미없어 하면 어쩌나 하는 생각에 "불안해"진다. 친구들과의 만남은 "피곤"하고 "기 빨리며" "불안한" 시간 경험이다. 그렇기 때문에 친구들을 만날 때도 우선 "내가 얘를 만나서 얻는 건 뭘까"라는 것을 고려하게 된다. 특별한 이익이 예상되지 않는다면 그 관계 맺음을 회피하게 된다. 청년7이 말하듯이 차라리 "혼자 놀고 혼자 밥 먹는" 것을 택하게 된다. 그러면 피곤함과 기 빨림을 방지할 수 있다.

청년1과 청년12는 세상에 맞서는 이른바 운동권 학생들의 용기가 존경스럽지만, 자신들은 운동권 학생처럼 자신의 에너지를 무익해 보이는 데 쓰면서 살기 싫다면서 "내 한 몸 편할 수 있는 방법으로 살자"라는 체념적인 삶의 태도를 보였다. 이러한 체념은 "계란으로 바위치기"(청년12)처럼 어차피 안 될 것처럼 여겨지는 세상을 바꾸는 작업을 하는 대신 자신이 가진 시간과 에너지를 보존하려는 삶의 선택이라고 할 수 있다.

> 시간도 없고, 할 일도 많고, 내 에너지를 그런 데 소비해야 하나? 이런 생각이고, '세상을 바꿀 수 있다' 그게 상상이, 그런 생각을 할 수가 없거든요. 저희는 … 운동권 하는 사람들, 근데 그런 사람들 보면은, '아 참 대단하다'라는 생각은 드는데, '굳이 내 시간을 내서, 내가 하고 싶지는 않다' … 저런다고 뭐가 달라질까? … [친구들 보면] 다들 정신이 약간 '체념하자' 이런, 좀 그게 있는 것 같아요. … 그냥 체념하고, 최대한 이 상황에서 내 한 몸이 편할 수 있는 방법으로 살자. …(청년1)

그냥 사는 게 바쁘니까 … 그걸[세상을 바꾸는 청년 운동] 그 일상을 포기하면서까지 막 그런 걸 해야 하는지 … 그럴 시간에 차라리 내 시간을 찾겠다, 내 유흥거리를 찾겠다, 어차피 나에 대해서 제약이 이렇게 많다면, 그냥 뭐 … 나는 내가 좀 편해야겠다? 그런 거요. … 어차피 [우리는] 뭘 해도 막 교묘하게 뜯겨지고 … 뭘 해도 저희가 안 되는 게 보이니까, 이젠 지쳐요. … 지금 있는 정치인들은 우리를 이용하려고만 하거든요. 그런 사람, 진짜 우리를 잘 이해할 수 있는 정치인이 나타나서 사회를 뜯어고쳤으면 좋겠어요. (청년12)

자신과 세계 사이의 힘 관계에서 후자가 전자를 일방적으로 압도하는 양상으로 힘의 불균형이 벌어지고 있고 이로 인해 자신들이 세계가 가하는 불의한 폭력에 무기력하게 꼼짝없이 희생당하고 있다는 삶의 감각은 젠더 투쟁이라는 쟁점에서 선명하게 나타났다.

여성 청년들은 이 세계가 조직적으로 여성이라는 존재를 억압하고 배제하며, 심지어 살해하는 남성 패권 사회라고 느낀다. 그들은 우리 사회를 젠더사이드(gendercide) 또는 페미사이드(femicide)라는 용어로 규정하면서 여성이 '단지 여성이라는 이유로' 남성에 의해 죽임당하고 있다고 주장한다. 남성 청년들은 페미나치(feminazi)라는 용어로 전투적인 급진 여성주의 운동(또는 여성주의 일반)을 비난한다. 여성운동을 하는 여성이 마치 히틀러 시대의 나치처럼 이성적이지 못한 광기에 사로잡혀 '단지 남성이라는 이유로' 남성을 척결해 버리겠다는 듯이 행동한다는 것이다.

젠더 투쟁에서 나타나는 청년들의 주목할 만한 특징 중 하나는 이들은 자신이 '단지 여성이라는 이유로' 또는 '단지 남성이라는 이유로' 부당하게 희생되고 있다고 느낀다는 것이다. 만약 생각이 틀렸으면 논리적으로 반박하거나 진실을 제시해서 논박하거나 수정하면 된다. 만약 행동이 잘못되었으면 법적으로 처벌하면 된다. 하지만 '존재 그 자체'는 진실과 오류, 옳음과 그름의 평가 대상이 될 수 없다. 그럼에도 불구하고 '존재 자체'가 틀렸다면서 그 존재를 공격한다면 이는 그 존재를 제거해 버리겠다는 태도가 된다. 그것은 해당 집단에게는 자신에 대한 부정의한 혐오와 배제의 폭력이라는 형태로 체험된다. 두 집단은 이 세계 전체가 자신을 포위하고 부당한 폭력을 가하는 가해자이고 자신은 부당하게 고통당하는 희생자라고 여긴다. 그들에게는 이 세계가 선과 악, 피해자와 가해자로 명쾌하게 구분된다.

경제적 이해관계에서 나에게 소소한 손실이 발생했다고 해서 그것이 나의 존재가 지닌 불가침의 완전성(integrity)을 무너뜨리지는 않는다. 소유물은 내가 소유하는 외적 대상일 뿐, 나의 존재 자체를 구성하는 것은 아니기 때문이다. 하지만 존재와 관련해서는 나의 존재 자체에 대한 조그만 침해도 나의 존재가 지닌 불가침의 완전성을 무너뜨릴 수 있다. 따라서 이에 맞서 자신을 보호하려면 자신의 존재 전체를 걸고 강력하게 저항할 수밖에 없다. 자신의 존재 자체가 부당하게 희생당하는 고통을 받고 있다고 스스로 여기는 두 집단은 자기 보호를 위해 상대 집단에 맞서 서로에게 격렬한 방식으로 반응한다. 더구나 그 반응은 부당하게 희생당하는 자가 부당한 폭력을 가하는 가해자를 향해 보이는 것이기 때문에 그 자체로 정당한 것으로 여겨진다.

인터뷰에 참여했던 남성 청년 다수는 여성주의 운동을 벌이는 분노한 여성들을 "여성우월주의자", "피해의식으로 뭉친 자들", "감정만 앞세울 뿐 합리적인 대화가 불가능한 자들", "합리적으로 사고하지 못하는 야만인들" 등으로 표현했다. 그들은 그와 같은 "페미나치들은 사라져야" 한다고 말한다. 그들이 볼 때 자신은 합리적으로 생각할 줄 아는 시민이고 여성주의 운동을 벌이는 여성들은 "모든 것을 남성 탓으로 돌"리며 "남성을 혐오하는 집단"이다. 따라서 자신의 행위는 결코 여성 혐오가 아니라 정당한 비판이라고 여긴다. 반대로 인터뷰에 참여했던 여성 청년의 관점에서는 이와 같은 구도가 뒤집어진다. 남성은 가해자이고 자신들은 부당하게 희생되는 자이다. 그렇기 때문에 자신이 남성을 향해 던지는 거친 말과 행위는 결코 남성 혐오가 아니라 정당한 비판이고 의로운 분노라고 여긴다. 그들의 주관적 체험 세계에서는 그러한 말과 행위가 부당한 세계에 맞서 자신을 보호하고자 하는 정당한 저항으로 감지된다.

도착적 도덕 정치

정당성의 근거로서의 고통의 절대화

베버(1991)는 정당한 권위의 유형을 전통적 권위, 합리적-법적 권위, 카리스마적 권위 세 가지로 구분한다. 이 세 유형의 권위가 작동하는 방식은 상이하지만 모두 타인과 대중들로부터 보편적 '동의'를 끌어낼 수 있어야 비로소 권위로서 힘을 발휘한다는 점에서는 동일하다. 하지만 청년들의 젠더 투쟁 상황에서처럼 전 세계가 자신들을 포위하고 자신들에게 부당한 폭력을 휘두르는 상황으로 이 시대를 이해하는 자들의 입장에서는 다른 집단들은 가해자이거나 그 가해에 동조한 집단으로 여겨지기 때문에 다른 집단의 성원들로부터 자신들의 행위에 대한 동의를 획득해 낼 수 있을 것이라고 생각하기가 힘들어진다. 그렇다면 자기 행동의 정당성을 확보하기 어려워진다. 스스로를 부당하게 희생당하고 있다고 여기는 집단이 이러한 조건에서 정당성을 확보하기 위해 선택할 수 있는 길은 하나뿐이다. 정당성을 타인으로부터 창출하는 것이 아니라 스스로 창출하는 것이다. 자신들의 위치를 기성 사회 질서 바깥의 주권적 초월자, 스스로 존재하는 절대적 존재로 설정함으로써 주권적 정당성 권위를 가지고 기성 사회 질서를 탈정당화할 수 있는 힘을 확보하는 것이다. 이를 위해 이들은 자신이 주관적으로 느끼는 고통을 절대화해서 그 고통에 신적인 위상을 부여한다.

자신들이 겪고 있는 고통이 반박불가능한 절대적인 것임을 강조하기 위해 이들은 '생존-죽음'이라는 수사를 통해 자신들의 고통에 절대적인 성격을 부여한다. 이들의 젠더 투쟁 담론에는 물리적·상징적 죽음의 언어들이 범람한다. 예를 들면 청년13(여)은 "데이트 폭력을 당하지 않는 것, 강간을 당하지 않고 살인을 당하지 않는 것과 같은 나의 기본권, 생명권"을 주장하면서 "여성이 남성에 의해 폭력당하고 죽어가는" 현실을 고발했다. 청년10(남)은 여성 채용 우대 같은 정책을 강력하게 비판했다. 그에 따르면 "취업의 경우에는 남성과 여성이

(집단으로) 경쟁하는 것이 아니라 각자가 개인 대 개인으로 경쟁"해서 "살아남고자" 하는 것인데, 단지 여성이라는 이유로 여성 집단에게 취업 우대 혜택을 주는 것은 "좁은 취업문" 속에서 "우리(남성 청년)더러 죽으라는 소리"라는 것이다. 그 외에도 여성 청년들은 성범죄 같은 경우 피해자가 된 여성이 오히려 사회적으로 매장당하는 현실에 분노했다. 또한 대부분의 남성 청년들은 자신이 한 행위에 의해서가 아니라 단지 남성이라는 이유로 "잠재적 가해자(성범죄자)", "기득권" 소리를 들으며 상징적으로 살해당하는 점에 분개했다.

부당하게 죽임당하는 폭력을 겪는 자들을 비판하는 것은 쉽지 않다. 또한 부당하게 희생당하는 고통을 겪은 자들에게 그들이 겪은 희생의 부당성 외에 다른 정당성 근거를 가지고 비판하고 저항하라고 요청하는 것도 쉽지 않다. 하지만 여기서 주목할 점은 두 집단 모두 자신의 생각과 행동의 정당성 근거를 타인의 동의로부터 끌어오는 것이 아니라 자신이 부당하게 고통 받는 희생자 집단이라는 사실에서 끌어온다는 것이다. 바꾸어 말하면 자신이 희생의 고통을 당해온 집단이라는 이유로 자신의 사고와 행위를 정당화한다. 정당성을 텅 빈 형식으로 비워두지 않고 특정 집단이 독점할 수 있는 것으로 실체화해 버리면 이제 그 집단이 하는 모든 행위는 비판의 대상에서 제외되고 정당화된다. 결국 젠더 투쟁은 각 집단에 의해 독점된 정당성과 정당성이, 선과 선이, 존재와 존재가 타협 불가능한 투쟁을 벌이는 전쟁이 된다.

절대적 고통의 정념과 정치의 소실

운동의 정당성을 해당 집단이 겪는 희생과 고통의 체험에서 끌어오는 것이 왜 위험한지를 이해하기 위해서 아렌트의 통찰을 주목할 필요가 있다. 아렌트(2004)는 프랑스 혁명을 전후해서 혁명의 정당성 근거로 부상했던 빈곤의 고통 그리고 빈민을 정치적으로 결집시키는 원리가 되었던 고통에 대한 동감(compassion)이 어떻게 다원적인 말의 공간으로서 공적 정치 영역을 소멸시켜 버리고 결국 폭력적 결과를 낳았는지 호소력 있게 논의한다. 자유 시민들이 상대를 경쟁자로 존중하면서 다원적인 말의 경합을 통한 공적 정치의 공간을 만들었던 고대 그리스에서와 달리, 프랑스혁명기 인구의 절대 다수를 구성하던 빈곤한 상퀼로트(Sans-culotte, 프랑스혁명 당시 프랑스 정국을 주도한 파리의 빈민 대중)를 하나의 인민으로 묶어준 것은 빈곤으로 인한 죽음의 고통이라는 동일성이었다. 빈곤의 고통이라는 동일성 원리를 통해 사람들이 하나의 인민으로 일체화되기 때문에 이 인민 사이에서는 차이와 말의 공간이 사라진다. 서로 차이가 있기에 말로 토론하는 것인데 이미 차이는 제거되었으므로 말은 잉여가 되어버리는 것이다.

문제는 혁명의 추진력이자 인민을 하나로 묶는 원리인 빈곤의 고통은 주관적 내면의 깊은 곳에서 경험되는 것이라는 점이다. 그것은 주관적 내면의 감정적 경험이기에 공적 대중 앞에 투명하게 진실을 드러낼 수 없다. 그렇기 때문에 타인들은 가령 어떤 혁명 투사가 상퀼로트가 느끼는 빈곤의 고통을 진정으로 공유하고 있는지 확인할 길이 없어진다. 이는 혁명 동지들마저 서로에 대해 상대방이 혁명의 정당성 근거인 인민들이 느끼는 빈곤의 고통의 순수성을 진정으로 공유하고 있는지 확인할 수 없게 만들어 서로를 의심하도록 했다. 따라서 혁명가들은 동지들에게 자신이 겉으로만 인민을 위하는 척하면서 속으로는 권력을 탐하는 위선자가 아니라, 혁명의 진정성을 가지고 혁명적 실천을 해나가는 겉과 속이 일치하는 자라는 점을 끊임없이 증명해야 했다. 그 증명의 방식은 정치적 입장이 다른 자들을 숙청하고 잔인하게 탄압하는 것으로 나타났다. 나아가 동지라 하더라도 빈곤의 고통이라는 순수성의 원리에 조금이라도 어긋나는 것으로 의심되면 단두대에서 목을 잘라버리는 방식으로 폭력은 혁명 집단 내부로 향하기도 했다. 결국 빈곤의 고통이라는 혁명의 원리는 모든 자를, 심지어 자기 자신마저도 의심의 대상으로 만들었고 무자비한 폭력을 정당화하는 근거가 되어버렸다.

최근 청년들의 젠더 투쟁도 이와 유사한 양상으로 전개되어 왔다. 남성 집단을 묶어주는 것 그리고 여성 집단을 묶어주는 것은 그들이 부당한 희생의 고통이라는 경험을 공유하고 있다는 점이었다. 그렇기 때문에 가령 여성이 겪는 고통의 경험을 공유하기 힘들 수밖에 없는 어떤 남성이 성평등을 위해 여성운동에 참여하거나 지지 의사를 밝히더라도 그는 순수성을 의심받거나 내쳐지기 십상이다(이는 남성 집단에서도 동일하다). 심지어 고통 경험이라는 순수한 동일성이 각 집단의 구성원 및 그들의 운동을 결속시키는 원리가 됨으로써 엄격한 순수성의 기준은 자기 집단 내부에도 가해진다. 가령 같은 남성 집단일지라도 여성 혐오적 운동 방식에 비판적인 남성은 여성에게 잘 보이려는 사람을 뜻하는 이른바 '보빨러'라는 위선자 소리를 듣기 십상이다. 마찬가지로 같은 여성 집단일지라도 전투적이고 급진적인 여성운동에 비판적인 여성은 그 집단에서 이른바 '흉자'나 '명예 한남'이라는 위선자로 매도되곤 한다. 각 집단에서 자신이 단지 남성이라는 이유로 또는 여성이라는 이유로 겪는 부당한 희생의 고통에 동감해서 그 집단에 일체화되어 있음을 증명하기 위해서는, 즉 위선자가 아님을 증명하기 위해서는 상대 집단에 대해 그리고 자기 집단 내에서 위선자로 여겨지는 자들에 대해 더욱 격렬한 방식으로 공격성을 표출해야만 한다. 그럴수록 서로의 말과 행위는 보다 공격적이고 폭력적인 양상으로 빠져들면서 유사 전쟁의 형태를 취하게 된다. 주관적 고통의 정념이 운동의 추진 동력, 한 운동 집단의 결집 원리가 될 때 이러한 사태가 벌어지는 것은 자연스러운 현상이다.

도덕 정치의 도착성

자신이 겪는 주관적 고통을 절대화하고 그 고통으로부터 자신의 사고와 행동의 정당성을 끌어올 경우, 자신에게 고통을 주고 있다고 여겨지는 상대 집단을 향해 거친 말과 행동을 하는 것은 그들의 주관적 확신 속에서 그 자체로 정당성을 확보한다. 그들은 자신의 행위가 선의 이름으로 악을 응징하는 행위라고 여기게 된다. 선과 악 사이에 타협(compromise)은 있을 수 없다. 타협은 타락(compromise)과 다름없으며 자기 집단의 운동이 지닌 순수성을 훼손하는 일이다. 서로가 자신을 선의 구현자라고 여길 때, 말과 행위로 상대방과 경합하는 공적 정치의 공간은 사라지고 상황은 선과 선이 서로를 박멸하기 위해 충돌하는 전쟁으로 바뀐다.

특히 청년8, 청년10, 청년12는 남성으로, 이른바 급진 여성주의 운동에 대해 강한 적대감을 표출했는데, 이들은 학내에서 총여학생회를 몰아내는 데 찬성하는 의견을 개진하고 여론을 조성해서 급기야 총여학생회를 폐지시킨 데 대해 자부심을 표현했다. 또한 이들은 여성주의자들을 합리적인 사회를 만드는 데 걸림돌이라고 보면서 여성주의자들을 문명사회에서 사라지게 하는 것이 사회의 진보라는 태도를 취했다. 여성 청년들은 정반대의 입장을 취했는데, 예를 들어 청년1은 "페미니즘은 너무 옳은 것"으로서 "이 페미니즘을 어떻게든 이렇게 하려는 그런 움직임이 잘못된 것이고 … (그런 움직임에 대해서는) 그냥 막 쏴붙여야 한다"라고 말했다.

여기에는 자신을 진정으로 참된 법칙이나 진실의 실행 도구로 만들어내는 일종의 도착적 삶의 태도가 나타난다. 자신이 주관적으로 확신하는 진실이나 참된 법칙이 있다면 그것을 현실화해야 한다. 이를 위해서는 스스로를 그 진실이나 법칙을 실현하기 위한 도구로 구성해야 한다. 그들은 능동적으로 수동적인 도구가 된다. 자신을 신의 섭리를 실현하는 도구로 여기면서 스스로를 철의 노동 규율로 무장했던 자본주의 초기의 청교도들, 공화국과 인민, 혁명 등의 대의를 위해 반대파는 물론 동지들 심지어 자기 자신마저 의심하면서 피의 숙청을 벌였던 로베스피에르, 역사의 필연 법칙을 실행하는 도구가 되어 역사의 이름으로 반대파와 많은 인민을 학살했던 스탈린주의자들은 이와 같은 도착의 전형이다(Žižek, 1989; 1991; 1998).

도착적 태도를 가질 때, 개인은 보다 거대하고 진실한 필연성의 세계에 그 필연성을 실현하는 데 기여하는 도구의 형태로 자신이 참여해서 통합되어 있다고 여기게 된다. 이는 그 세계에 참여한 개인이 자신의 주관적 확신이나 신념을 절대화해서 그것을 실현하는 행위로부터 삶의 의미를 찾고 자신에 대해 자부심을 느끼는 정서적 이유가 된다. 지젝은 이와 같은 도착적 태도의 특징을 '칸트 배후의 사드'라는 말로 표현하면서, 그러한 태도가 어떤 위험을 지니고 있는지를 다음과 같은 말로 요약한다.

우리가 여기서 보게 되는 것은 정확히 대타자의 의지를 실현하는 순수한 도구의 위치에 놓는 도착적 태도이다. 말하자면 다음과 같은 태도 말이다. '그것은 내 책임이 아니야. 실제로 그것을 행하고 있는 것은 내가 아니거든. 나는 단지 고도의 역사적 필연성의 도구일 뿐이야.' 이러한 위치 설정은 주이상스를 제공해 주는데, 그것은 자신이 하고 있는 짓에 대해 자신은 죄가 없다고 여길 수 있다는 사실에서 나온다. 나는 아무런 잘못이 없고 단지 대타자의 의지를 실행할 뿐이라고 여기면서 타인에게 고통을 가할 수 있다는 태도. 굉장하지 않은가?(Žižek, 1998)

플라우는 이와 같은 도덕 정치에 대해 "희생자들을 동정하고 타인들의 사악함에 대해 분노를 표함으로써 자신들이 선한 행위를 하고 있다고 떠들어대는 것"이라고 비꼰다(Flahaut, 2003: 117). 도덕 정치에서는 각자가 자신이 주관적으로 확신하는 선을 실현하는 도구가 되어 악으로 간주되는 상대방을 박멸하려는 태도를 취하게 된다. 그러면 정치가 불가능해진다. 또한 도덕 정치에서는 자신들의 고통이 어디서 연유한 것인지에 대한 사회과학적인 분석이 사라지고 모든 문제의 원인을 특정 집단에게 투사해서 사태를 이해하려는 단순한 사고방식이 득세한다. 이럴 때면 문제의 진정한 사회적 원인에 대한 질문과 논의는 소음으로 간주되어 배제되고, 진정한 문제의 원인을 찾을 수 없게 된다. 이 경우 남는 것은 고통 받는 자들끼리 서로를 가해자라고 비난하는 정념의 전쟁뿐이다. 슈미트는 『파르티잔론(Theory of the Partisan)』의 맨 마지막에서 선/악을 도덕적으로 구분하는 언어들이 정치 공간에 난입할 때 정치의 공간이 소멸될 것임을 다음과 같은 말로 경고한다.

> 서로가 상대방을 총체적인 도덕적 타락의 심연 속으로 밀어넣어 급기야 물리적으로 파괴해 버리는 세계에서는 절대적인 적대가 출현하기 마련이다. 그렇게 되면 이제 경합적 적대와 증오는 더 이상 구분 불가능해지고, 증오는 물론 경합적 적대마저 불법화된다. 그러면 … 경합적 적대를 부정함으로써 절대적인 적대에 기반한 박멸의 작업이 시작되는 길이 열린다. (Schmitt, 2007: 95)

정치의 사회적 공간을 재구축해야 한다

이 글은 청년들의 삶을 관찰하고 해석한 것이지만 청년들이 어떠한 방식으로 살아가고 있는지 드러내는 것을 목적으로 한 것은 아니다. 청년들의 삶의 정서에서 나타나는 특징을 살펴보고 그 특징을 통해 우리 사회가 겪고 있는 위기의 양상을 드러내는 것이 주된 목적이다. 청년들에게서 나타나는 여러 특징은 사회의 위기가 드러나는 징후인 셈이다. 그런 점에서 청년들에게서 드러나는 여러 특징은 우리 시대를 휘감고 있는 각종 위기의 공기를 일정하게 반영한다. 말하자면 이 글에서 분석된 청년들의 특징은 단지 청년 집단에서만 나타나는 것이 아니라 진영으로 나뉘어 혐오의 언어를 쏟아내고 탈진실의 정서로 세상을 살아가는 사람들, 음모론의 신봉자들 등 다양한 현상과 집단에서도 표출되고 있다.

청년들은 의미 있는 삶-시간을 보내기보다는 무의미한 크로노스적 삶-시간을 살도록 강제되는 시간 감각 속에서 살아가고 있다. 그런 상황이 강제되는 이유는 외부 세계가 가하는 힘이 의미와 자유를 추구하는 삶을 살고자 하는 힘을 압도하고 있기 때문이다. 그렇기에 청년들은 자기 자신을 막강한 외부 세계에 속수무책으로 휘둘릴 수밖에 없는 무기력한 존재로 이해한다. 이처럼 무기력한 상황에서 의미와 자유에 대한 박탈감은 고통의 형태로 축적된다. 사람들은 자신을 부당하게 희생당해 고통 받는 자로 이해하면서 삶의 고통을 야기한 원인, 즉 가해자를 옆에 있는 이웃 집단에게서 찾아 그들에게 공격성을 표출한다. 부당한 가해자와 선량한 희생자의 구도 속에서 저항적 실천은 도덕 정치의 양상으로 나타나며 이것은 급기야 말과 행위로 경합하는 정치의 공간을 질식시키고 상호 박멸의 전쟁만 남긴다.

이와 같은 상황은 우리 사회가 위기에 처해 있음을 시사한다. 우리가 살아가는 삶의 세계로서의 사회가 유사 자연법칙의 세계처럼 조직되는 경향이 이러한 일이 벌어지게 된 중요한 이유라고 할 수 있다. 파슨스(Parsons, 1937)의 용어로 말하자면, 우리가 살아가는 삶의 공간으로서의 사회가 조직되는 방식이 점차 '규범적 질서'에 의한 것에서 '사실적 질서'에 의한 것으로 바뀌어가고 있는 것이다. 유사 자연법칙의 세계에서 사회를 조직하는 원리는 이미 주어진 자연법칙이다. 그러한 원리는 사회 구성원들이 집합적 결정을 통해 만든 것이 아니다. 따라서 사회가 유사 자연법칙의 세계처럼 조직된다는 것은 우리가 결정하지 않았고 통제할 수도 없는 화폐나 권력 매체의 작동에 기반한 모종의 익명적 메커니즘에 의해 우리의 삶이 일방적으로 결정되고 있음을 뜻한다. 우리가 집합적으로 사회의 작동 규칙을 결정하고 통제할 수 있는 힘을 상실할 때 개개인은 자신의 삶이 외적 세계의 강제력에 떠밀린다고 느끼며 그 속에서 무기력함을 경험한다. 그리고 이것은 앞서 말했듯이 이웃 집단에 대한 공격과 혐오를 바탕으로 한 도덕 정치가 출현해 정치를 증발시키는 주요한 요인이 된다. 사회가 익명적 사물 원리에 의해 유사 자연법칙의 공간처럼 조직될 때 차이들 사이의 말의 경합은 잉여가 되고 소음이 된다. 자연법칙은 차이들 사이의 말의 경합을 필요로 하지 않기 때문이다. 주목할 점은 최근 부상하는 여러 형태의 극단적인 도덕 정치적 대립 역시 차이들 사이의 말의 경합을 잉여로 만들고 있다는 점이다. 사회가 사물 논리에 의해 유사 필연성의 영역으로 조직되는 현상과 그 구성원들이 말 대신 말을 칼로 쓰는 도덕적 비난의 전쟁을 벌이는 현상이 만연하다 보면 차이들 사이의 말과 행위가 경합하는 영역으로서의 정치는 자꾸 위축되기 마련이다.

그렇다면 탈사회화라는 위기를 극복하기 위해 필요한 것은 사회를 정치적으로 재구축하는 것이라고 할 수 있다. 우리는 우리가 결정하지 않은 익명적 사물 메커니즘에 의해서가 아니라 우리가 집합적으로 결정한 것에 의해 공동의 삶의 공간으로서 사회를 결합하고 인간과 인간을 결합할 수 있는 조건을 만들어야 한다. 우리의 삶을 결정하는 어떤 요인이 있다면 그 요인을 우리가 결정할 수 있어야 한다. 우리가 집합적으로 결정한 원리에 따라 사회를 조직하고 그 사회의 조직 원리가 우리의 삶을 결정하는 것을 우리는 자율 또는 민주주의라고 부른다.

참고문헌

김주환. 2018. 「빈곤, 사회적인 것 그리고 민주주의: 아렌트와 동즐로의 논의를 중심으로 본 사회적인 것의 정치의 난점들과 민주주의를 위한 전망」. ≪기억과 전망≫, 39, 468~514쪽.

_____. 2020a. 「숙명적 비극의 시대, 청년들의 절대적 고통 감정과 희생자-신 되기의 탈정치」. ≪사회와 이론≫, 36, 49~92쪽.

_____. 2020b. 「숙명적 비극의 시대, 청년들의 모험의 운명: 위험한 열정적 사랑과 도착적 분노의 젠더 투쟁」. ≪사회이론≫, 57, 151~192쪽.

_____. 2020c. 「의미상실과 자유상실의 시대, 청년들의 시간감각과 세계감각 속에서 가치의 전도」. ≪문화와 사회≫, 28(3), 315~363쪽.

다쿠지 다나카(田中拓道). 2014. 『빈곤과 공화국: 사회적 연대의 탄생』. 박해남 옮김. 문학동네.

베버, 막스(Max Weber). 1991. 「지배와 정당성」. 『막스 베버 선집』. 임영일 외 옮김. 까치.

아렌트, 한나(Hannah Arendt). 2004. 『혁명론』. 이진우·홍원표 옮김. 한길사.

오찬호. 2013. 『우리는 차별에 찬성합니다: 괴물이 된 이십대의 자화상』. 개마고원.

짐멜, 게오르그(Georg Simmel). 2005. 「대도시와 정신적 삶」. 『짐멜의 모더니티 읽기』. 김덕영 옮김. 새물결.

코젤렉, 라인하르트(Reinhart Koselleck). 1996. 『지나간 미래』. 한철 옮김. 문학동네.

폴라니, 칼(Karl Polanyi). 1996. 『거대한 변환: 우리 시대의 정치적, 경제적 기원』. 박현수 옮김. 민음사.

하버마스, 위르겐(Jürgen Habermas). 1994. 『현대성의 철학적 담론』. 문예.

하이데거, 마르틴(Martin Heidegger). 2001. 『형이상학의 근본개념들』. 이기상·강태성 옮김. 까치.

_____. 2016. 『존재와 시간』. 전양범 옮김. 동서문화사.

Aristotle. 1984. *Aristotle's Nicomachean Ethics*. Marrimack: Peripatetic Press.

Flahaut, François. 2003. *Malice*. London: Verso.

Parsons, Talcott. 1937. *The Structure of Social Action: A Study in Social Theory*. New York: The Free Press.

Schmitt, Carl. 2007. *Theory of the Partisan*. New York: Telos Press.

Schopenhauer, Arthur. 1901. *The Wisdom of Life, and Other Essays*. London: M. Water Dunne.

Žižek, Slavoj. 1989. *The Sublime Object of Ideology*. London: Verso.

_____. 1991. *For They Know Not What They Do*. London: Verso

_____. 1998. "Kant and Sade: The Ideal Couple." *Lacanian Ink*, vol.13. https://www.lacan.com/zizlacan4.htm

제5장

탈노동적 노동의 현실
플랫폼 자본주의 시대의 노동자상

▬

김영선

자본주의는 자동차 산업이 새로운 자동차 라인을 출시하듯이
새로운 주체성 모델을 출시한다.
_마우리치오 라차라토(2017: 9)

시간은 자본주의에서 본질적이다.
자본주의를 반대하는 것은 시간을 반대하는 것이다.
_조지 카펜치스(2018: 149)

왜 노동자상인가

특정 조직이나 체제, 생산방식은 그에 부합하는 특정한 노동자상
(像)을 요구하기 마련이다. 특정한 노동자상을 주조하는 것은 조직의
유지·강화는 물론 권력의 재생산 또는 자본의 이윤 극대화에도 유용

한 하나의 방식이기 때문이다. 노동자상은 특정한 조직이나 체제가 요구하는 노동자에 대한 상을 말하는데, 여기에는 노동자에게 요구되는 능력이나 태도뿐만 아니라 감정 양식이나 관계 방식, 세계관, 성적 태도, 선호나 취향, 욕망의 구조까지 포함된다.

새로운 노동자상을 주조하는 작업은 특정한 역사적 상황 조건 속에서 두드러진다. 조직이나 체제, 생산방식이 변화하면 기존에 사회적으로 유통되던 노동자상과 결별하고 새로운 질서(뉴노멀)에 부합하는 노동자상을 구축하려는 움직임이 등장해 경합한다. 이런 경합의 결과로 생산된 노동자상의 형태나 규범, 작동 방식은 시대마다 다르다.

일례로 한때 기업들이 내세웠던—지금은 인재상이라고 각색되어 불리는—'대우맨', '삼성맨', '현대맨'은 각 기업의 조직문화를 표상함과 동시에 각 기업에 부합하는 특정한 형태를 보여주는 노동자상이다. 소위 신경영전략이라는 기치 아래 기업들이 앞 다퉈 내걸었던 'ㅇㅇ맨'은 특정한 역사적 상황 조건 속에서 새롭게 주조된 노동자상으로, 1980년대 중후반 이후 노동자 대투쟁에 대한 자본의 위기 대응 전략의 일환으로 기획된 것이다. 1993년 삼성의 이건희 회장이 "마누라와 자식만 빼고 다 바꾸자"라고 설파했던 프랑크푸르트 선언이 대표적으로 미디어화된 경영전략이다. 이는 발전국가 시기에 국가가 주도한 공장새마을운동식 경영전략과 달랐고, 국가를 주어로 하는 '근면 자조협동'식의 노동자상과도 달랐다.

기존 노동자상과는 결별하면서 새로운 노동자상을 주조하는 과정은 한편으로는 축출·억압의 방식으로 전개되고 다른 한편으로는 포섭·생산의 방식으로 전개된다. 폭력을 수반한 강제적인 방식부터 동의에 기반한 헤게모니적인 방식까지 그 스펙트럼도 넓다. 또한 노동자상을 주조하는 과정은 작업장 안에서뿐만 아니라 작업장 밖에서도 전 방위적으로 이루어진다. 요약하면, 특정한 노동자상을 주조하는 것은 특정한 역사적 상황조건 속에서 다층적으로, 또한 작업장 안팎을 가로지르는 등 사회 전체를 횡단하면서 기획된 산물인 것이다.

근면 주체와 자기계발하는 주체를 들어보자. 산업 자본은 전통사회의 농경 리듬에 부합했던 노동자상과는 다른 근면한 노동자상을 강력히 요구했는데, 이런 근면 주체를 요구하는 것은 기존 노동 관습에 대한 공격이자 '한 뼘의 땅'에 기대어 살아가는 삶에 대한 축출이었다. 또한 이러한 근면 주체는 새로운 형태의 리듬, 즉 공장 리듬에 복무하는 태도를 갖추게 하는 다차원적인 기획의 산물이었다. 한편, 신자유주의 체제는 근면 주체의 지위를 격하하면서 새롭게 주조한 자기계발하는 주체를 칭송해 마지않았는데, 이런 자기계발하는 노동자상은 기존 노동의 정규성을 축출(정규성을 경직성·의존성으로 규정해 공격)하는 동시에 유연한 생산방식에 적합하도록 태도와 감각을 재편하는 새로운 인간형이라고 볼 수 있다.[1]

그렇다면 지금 여기 플랫폼 자본주의가 내세우는 노동자상은 무엇인지, 그리고 그 노동자상은 무엇을 축출하는지, 동시에 다른 어떤 태

---

[1] 특정한 형태의 노동자상으로는 'ㅇㅇ맨'을 비롯해 모범근로자, 산업전사, 수출역군, 신지식인, 핵심인재, 알렉세이 스타하노프(Alexey Stakhanov), 토요타맨, 마쓰시타맨 등을 들 수 있다. 마찬가지로 현모양처, 새마을아가씨, 민족의 동지, 니노미야 긴지로, 벤저민 프랭클린(Benjamin Franklin) 등도 특정한 역사적 상황 조건 속에서 새롭게 주조된 노동자상, 인간형의 사례이다.

도를 내세우며 노동자를 포섭하는지를 질문해 볼 수 있다. 플랫폼 자본주의 시대의 노동자상은 생산방식의 역사적 형태와 비교하는 방식을 통해 그 상을 추출하고자 한다. 특히 노동시간의 성격 변화를 중심으로 노동자상의 독특성을 구체화한다. 작금의 플랫폼 자본주의는 노동-자본 관계의 거점인 노동시간을 비가시화하고, 노동-자본 관계를 기술적인 매개 관계로만 설정한다. 이를 위해 착취를 착취로 표현하지 못하도록 하는 여러 겹의 새로운 장치를 구사하고 있다. 대안은 이러한 장치들의 성격을 곱씹어보고 노동-자본 관계를 가시화해 투쟁의 계기로 삼는 무언가를 찾아내는 일일 것이다.

노동자상의 역사적 형태

농경 리듬과 부지런함

산업자본주의는 노동자에게 근면한 태도를 요구했다. 이런 태도는 방적기·방직기 이후 또는 컨베이어 벨트로 표상되는 기계 시대 이후 강조되었는데,[2] 이는 기계 흐름에 맞게 일관된 에너지와 신경을 지속적으로 투입할 수 있는 자세를 뜻한다. 근면함(industry)은 이전 시대에는 볼 수 없었던 새로우면서 꽤 '낯선' 것으로, 산업자본주의 시대

---

2   방적기·방직기 시기와 컨베이어 벨트 시기 간에는 시간차가 있기는 하지만, 집합적 성격의 규율화된 신체(disciplined body)에 대한 요구도가 높아졌다는 점을 기준 삼아 함께 병기했다.

의 특수적인 가치이자 태도이다. 무엇이 새롭고 낯설다는 것인가? 근면함이 기계제 이전 시기의 부지런함(diligence)과는 어떻게 다른 성질인지를 일별함으로써 그 새로움과 낯섦을 파악할 수 있을 것이다. 동시에 근면 주체를 주조하는 것이 목표하는 바는 무엇이었고 무엇을 추출하려 했는지 반추할 수 있을 것이다.

우선, 전산업사회에서는 노동의 태도에 대해 자연 리듬 또는 농경 리듬에 따라 과업 그 자체를 수행하는 것을 중요시했다. 공장 리듬을 표상하는 시작시간이나 마감시간 또는 출퇴근시간 등 '정해진' 시간에 맞춰서 과업을 수행하도록 요구받는 건 아니었다. 만약 어떤 과업을 예정 시간보다 빨리 끝낸 경우라 하더라도 남는 시간을 그저 '흘려보내는' 식이었다. 무목적인 경향이 강했다. 산업사회의 근면 신체처럼 시간 단위당 생산성이나 만족도를 높이기 위해 또 다른 무언가를 채우도록 요구받지 않았다.

사람들은 가족생계비나 생필품비만을 버는 수준에서 일했다. 그 이상으로 일하는 경우는 거의 없었다. … 최저임금을 받는 최저 계층의 노동자조차도 성월요일 관습을 지키려 했다.(그룹 크리시스, 2007: 70~71)

잉여수입보다는 노동을 적게 하려 한다. 노동자는 자신이 노동을 극대화시키면 매일 얼마를 벌 수 있는지를 묻지 않고 자기가 지금까지 벌었고 또 자신의 전통적 필요에 알맞던 그 액수를 벌려면 하루에 얼마나 일해야 하는지를 묻는다. … 사람들은 '그 본성상' 더 많은 돈을

벌려는 것이 아니고 단지 자신이 살아온 대로 살고 그에 필요한 만큼
만 벌려고 한다.(베버, 1996: 44)

둘째, 하루의 노동은 하나의 균질적인 시간적 덩어리로 구성되기
보다는 여러 업무가 조합된 형태를 띠었다. 작업시간은 특정한 업무
가 연속적으로 채워지기보다는 다양한 업무가 단속적인 형태로 채워
졌다. 셋째, 쉬는 시간을 언제 가질지, 언제 점심식사를 할지는 노동
자의 신체 상태나 관습 또는 자연 리듬에 따랐다. 방적기·방직기 또
는 컨베이어 벨트 라인이 '멈춘' 그때에 맞춰 특정한 점심시간이나 휴
게시간이 주어지는 건 아니었다. 넷째, 농경 리듬에 부합하는 부지런
한 태도는 산업 리듬의 규칙성인 근면한 태도에 비해 상대적으로 느
슨한 형태였다. 마지막으로, 작업이 이루어지는 공간도 노동-비노
동, 일터-가정이 분리된 형태를 띠기보다는 하나의 생태계로 얽혀 있
었다. 노동-비노동, 일터-가정, 일-여가, 주중-주말 같은 분리와 구
분에 기초해 재구조화된 선명한 시공간적 경계는 기계제 이후 새로
등장한 낯선 정상성인 것이다.

컨베이어 벨트 리듬과 근면함

산업 자본의 입장에서 자연 리듬이나 농경 리듬에 기초한 과업 수
행 방식은 '불규칙하고 통제하기 곤란한 것', '무규율적인 것', '너무 느
슨한 것'으로 여겨졌다. 기계 리듬을 기준으로 한 선악 구분법에 따라
기존에 사회적으로 허용되던 것은 금지·제거되어야 할 대상으로 새

롭게 분류되었다.

자동 뮬 방적기를 '철인'이라 치켜세웠던 앤드루 유어(Andrew Ure)는 『제조의 철학(Philosophy of Manufactures)』(1835)에서 장인 중심의 노동 관행을 게으른 습관, 무규율, 심지어는 방탕함으로 악마화하는 한편, 전통적 형태의 장인 노동에 의존하지 않고도 생산성을 담보할 수 있는 혁신적인 방법으로 방적기를 도입해야 한다고 설파했다. 그런 기계들의 집합체인 공장 시스템에 대해 생산을 위해 어떠한 방해도 받지 않고 '쉴 새 없이 조화롭게 작동하는 거대한 자동기계'라며 높이 추앙했다. 유어에게 기계의 도입은 혁신, 생산성, 규칙성을 의미했고 기계는 기존의 노동 관습과 사회 질서를 재구조화할 수 있는 수단이었던 것이다.

산업자본주의는 컨베이어 벨트 리듬으로 상징되는 새로운 규칙성을 강조해 나갔다. 역사학자 에드워드 파머 톰슨(Edward Palmer Thompson)은 농경 리듬의 규칙성과 구분되는 산업자본주의의 결정적인 특징으로 시간 지향적인 태도를 꼽는다. 그는 시간 규율에 부합하는 근면 신체의 생산에 대해 '무규율성을 교정하는 대대적인 작업', '게으름과 방탕함이라는 잡초를 제거하려는 전투'의 산물이라고 봤다. 또한 톰슨은 규율화된 신체를 생산하기 위해 품행을 개조하는 장치로서 기계가 도입되었을 뿐만 아니라 관리 기법의 활용, 도덕주의 팸플릿, '시간은 금', '게으름은 지옥' 같은 설교 등도 전 방위적으로 맞물렸다고 강조했다. 산업적 시간 규율을 내면화한 신체야말로 자본주의가 만들어낸 최고의 발명품이라고 말한 여성주의 정치철학자 실비아 페데리치(Silvia Federici)의 지적도 이와 상통한다(Thompson,

1967: 56~97; 페데리치, 2011: 217~218).[3]

> 기계는 산업 운영에서 규율을 의미했다. 만약 증기기관이 매주 월요
> 일 아침 6시에 가동된다면, 노동자들은 가동시간에 맞춰 규칙적이고
> 지속적인 근면성을 갖도록 훈련된 것이다.(Thompson, 1967)

공장 리듬에 부합하는 새로운 규칙성이자 낯설면서도 결정적인 특
징인 '근면함'을 톰슨의 논의에 따라 요약하면 다음과 같다. 첫째, 노
동자는 특정한 형식의 규격화된 공간(팩토리)과 규칙화된 시간(출근·
퇴근 시간)에 구속되게 되었다. 노동이 시공간적으로 공장에 집중되
는 형태를 띠면서 노동자는 정해진 시간에 맞춰 출근해야 했다. 시간
엄수, 마감 시한 준수 등은 노동자의 중요한 태도로 부상했다. 퇴근
이전까지 노동자는 컨베이어 벨트 '라인마다 쪼르르 일렬로' 서서 연
속적으로 채워지는 일련의 작업을 수행해야 했다.

둘째, 노동자는 시간-동작 원리에 따라 새롭게 설계된, 대개 파편
화된 특정 업무를 반복 수행할 것을 요구받았다. 영화 〈모던 타임
즈〉(1936)에서 채플린이 스패너를 들고 '쉴 새 없이 돌아가는 거대한
자동기계' 위의 볼트 조임을 반복하는 부품화된 신체가 대표적인 이
미지이다. 점심시간의 식사마저 '자동급식기'의 흐름에 따르는 것도
산업 자본의 주문사항이었다.

---

3   『기호와 기계』의 저자 마우리치오 라차라토는 자본주의 안에서 주체성은 생산의 산물
     이며 가장 중요한 상품이라고 지적한다. 주체성이 구상·개발·제조되는 방식은 자동차,
     세탁기, 냉장고, 스마트폰과 똑같다는 것이다(라차라토, 2017: 81).

셋째, 관리 감독은 일률적이고 집단적인 형태를 띠었다. 관리 감독은 공장이라는 시공간을 전제로 작업 과정의 가시성을 높이는 방식으로, 그 목표는 주로 업무 시간 내 빈틈을 관찰해 가시화한 후 퇴출하는 데 맞춰졌다. 이는 노동과정의 느슨한 지점을 더욱 조밀한 형태로 바꾸기 위함이었다. 테일러의 시간-동작 연구가 대표적인 관리법 중 하나이다. 볼트 조이는 업무 이외에 불필요하다고 관찰된 시간적 빈틈은 '게으름'이요 '낭비'요 '낡은 관습'이라는 이유로 제거되길 요구받았다. 공장 리듬에 부합하지 않는 품행의 요소는 전 방위적인 공격의 대상이 되었다. 노동자들은 이를 '분 뜯어내기', '분 도둑', '시간 깎아 먹기'라고 일갈했다.

넷째, 근면 신체를 주조하는 것이 산업 자본의 주요 선결과제였던 만큼, 공장 밖에서도 '근면'과 친화적인 품행을 장려하는 장치들이 거세게 몰아쳤다. 산업 자본은 기존 자연 리듬에 따른 과업 수행 방식을 무규율성('일관성 없는', '느슨한', "심장이 얼마나 두껍게 만들어졌길래 게으름을 피우는가")으로 문제화했듯이, 사회적으로 허용되던 전통 오락 문화도 문제시했다. 이를 문제 삼는 방식으로는 금지, 철거 등 배제의 방식에서부터 캠페인, 이벤트 등 포섭의 방식에 이르기까지 다양했다.

몇 가지 축출 대상을 보면 다음과 같다. ① 낮잠 관행이나 성월요일 (St. Monday), ② 진 등의 독주 문화, ③ 곰, 소, 돼지, 오소리, 토끼, 원숭이, 개, 닭, 쥐 등을 대상으로 미끼를 놓는 베이팅(baiting) 류의 동물 오락, 그리고 '다른' 신체를 희화화한 프릭쇼, ④ '악의 학습소'로 불리기 시작한 장날 축제, ⑤ 폭력(전통사회에서 마을의 용맹함을 드러내는 주요 기술로 자주 활용되던 정강이 걷어차기 등)이 게임의 한 요소로서 허용되던 몹 풋볼(mob-football)이나 맨주먹 권투 같은 유혈 스포츠, ⑥ 섹슈얼리티를 비롯해 근면성을 저해하는 동물성의 요소('질펀하게 노는', '방종한', '방자하고 무절제하고 고집스러운', '방탕한 기질', '비신사적인') 등이었다. 이러한 것들은 집중포화를 맞고 사라질 운명에 처했다.

산업 자본은 ① 낮잠 관행 대신 휴식이나 산책, 성월요일 관습 대신 주말 소풍, ② 독한 진 대신 가벼운 맥주, ③ 베이팅 류의 동물 오락 대신 미술관이나 뮤직홀 등 관람, ④ 장날 축제 대신 박람회 등의 제도화된 이벤트, ⑤ 신체를 상해하는 유혈 스포츠 대신 건강함, 페어플레이 정신의 함양을 목적으로 한 규칙 기반의 스포츠, ⑥ 방탕한 성적 태도 대신 자기 절제, 주중 결혼 대신 주말 결혼 등을 '건강한', '신사적인', '교양 있는', '대영제국다운' 것으로 장려했다.

'교양 시민'을 목표로 전개된 이런 공장 밖 사회평균인 프로젝트는 근면을 덕으로 여기는 노동자상의 생산 과정과 상당히 조응했다. 새로운 생산방식을 구축하는 것과 새로운 생산방식과 친화적인 생활양식을 재구조화하는 것(정상성과 비정상성의 새로운 경계를 구축하는 것)은 떼려야 뗄 수 없기 때문이다(그람시, 2005: 359~362; 김영선, 2016: 179~191). 특히 '기계를 집중 배치'한 맨체스터나 블랙번 같은 공장 지역을 중심으로 주중 소풍, 점심시간에 펍에 가기, 낮잠 자기, 성월요일 관습, 주중 결혼, 동물 오락 등은 빠르게 사라지기 시작했다.[4]

---

4   지역에 따라 편차가 있기는 하지만 가내수공업의 비율이 높고 숙련노동자가 많았던 지역에서는 이런 전통적인 관습이 19세기 중반까지도 지속되었다.

이들은 시대적 요구로 부상한 산업 리듬에 맞지 않는 옷이 된 것이다 (Reid, 1976: 18; 1996: 135~163).

마찬가지로 포드 사례를 보더라도 생활양식의 여러 측면에서 노동자상에 조응하는 프로그램을 배치함으로써 근면 태도를 고양해 나갔음을 확인할 수 있다. 포드의 프로그램은 공장의 생산 활동뿐만 아니라 가족생활과 공동체 생활까지 특정한 방식으로 조직하려 했는데, 여기에는 어린이 양육, 가사 관리, 사회복지, 심리치료, 청소년 교육, 성교법, 영양 프로그램, 체력단련 일정, 결혼 상담 등이 포함되었다. 낸시 프레이저(Nancy Fraser)의 지적처럼, 이런 장치들은 서로 교차하면서 개인을 특정한 시간과 공간 내에 배열했고 특정 방식으로 고안된 논리에 따라 사회관계를 작동시키는 질서를 구축해 나갔다(프레이저, 2010: 199~207).

노동자들은 근면 신체를 주조함으로써 추출을 극대화하려는 산업자본의 기획에 대항해 때로는 러다이트 형태의 투쟁을 전개했으며 때로는 노동시간 단축(또는 임금인상) 등 시간에 관한 집합적인 투쟁을 전개했다.

저스트-인-타임과 유연함

한편, 1970년대 이후로는 포드주의의 위기라는 역사적 상황 조건 속에서 위기에 대한 자본의 대응으로 여러 생산방식이 등장해 경합했다.[5] 그 가운데 토요타식 유연 생산방식은 급변하는 시장 상황에 빠르게 조응할 수 있도록 하는 생산방식을 추구했는데, 이 방식은 생산 과정을 '적시(just-in-time: JIT)'에 맞춰 조정할 것을 강조했다. 이는 기존처럼 생산 최대화를 위해 노동집약적으로 인력을 투입하는 방식이 아니라 시장 상황에 따라 생산 공정을 발 빠르게 조정하는 방식으로, 제품의 재고일수, 생산리드타임, 조립 시간, 대기 시간, 투입 인력, 행동 동선을 세밀하게 줄여나갔다. 비용 최소화, 인력 유연화 등을 통해 제반 비용을 다운시킴으로써 군살을 제거하는 이러한 생산방식을 린 생산방식(lean production)이라고 일컬었다.

이 생산방식은 저스트-인-타임이라는 표현으로 압축되듯 '필요한 것을, 필요한 때에, 필요한 만큼 그때그때 생산 라인에 도착하도록 조치'함으로써 생산 과정과 시장 상황을 실시간으로 맞물리게 하는 것을 목표로 했다(뒤에 언급할 플랫폼이야말로 자본이 꿈꾸는 '적시'의 이상을 구현하는 새로운 장치일 것이다). 이러한 유연 생산방식은 노동의 정규성을 경직성, 의존성, 낭비, 비효율로 문제시하면서 일[직업(career) → 일자리(jobs)],[6] 임금(성과 인센티브 강조), 직무(프로젝트형 팀제), 시간(낭비시간 제거) 등 여러 차원에서 유연화로의 대대적인 개편을 정당화해나갔다.

여기서 노동자는 한 우물을 파는 식의 산업적 근면을 요구받기보다 '적시'에 부합하는 유연한 주체가 되기를 요구받았다. 미리 정해진

---

5   포드주의 이후 네오테일러주의, 캘리포니아 모델, 유연 전문화, 토요타주의, 칼마르주의, 우데발라주의 등 새로운 생산방식이 등장하고 경합했다. 여러 경로의 차이에 대한 설명은 야마다 토시오(1993: 115~135)를 참조하라.

6   리처드 세넷(Richard Sennett)은 신자유주의 이후 일의 의미는 어원상 마차가 다니는 길을 뜻하고 한 우물을 판다는 의미로 쓰이는 직업(career)에서 짐수레로 실어 나를 수 있는 한 덩어리의 물건을 뜻하고 여러 단편적인 일을 의미하는 일자리들(jobs)로 바뀌었다고 지적한다(세넷, 2002: 9).

목표와 스케줄에 따라 기계적으로 물량을 찍어내는 것이 아니라, 급변하는 여러 상황에 발 빠르게 대처할 수 있는 능력을 발휘하는 것이 중요시되었다. 팀과 팀 간의 의사소통 능력 및 여러 업무를 동시에 수행할 수 있는 멀티 능력 또한 강조되었다. 노동자는 제조나 유지·보전뿐만 아니라 개선 업무도 떠맡았다. 이를 위해 검사방법, 개선방법, 의사소통방식, 협력방법, 통계기법, 시간관리법, 자기관리법 등의 교육훈련이 뒤따랐다(머레이, 1993: 101~105; 교타니 에이지, 1995: 99~125).

특히 고장이나 불량 등 문제 상황을 알아서 개선하는 문제해결 능력이나 가공시간, 운반시간, 대기시간 등의 여러 낭비적인 시간의 틈을 스스로 최소화하는 개선 노력('매시간 60분을 알아서 꽉 채워 작업하는 것')은 손꼽는 자세 중 하나였다. 이런 유연함은 노동자에게 경쟁력 제고를 위해 스스로 문제를 진단할 것, 목표를 설정하고 평가하고 책임질 것, 일터는 물론 일상 어디에서나 끊임없이 기업가 정신을 발휘할 것을 요구했다. 이는 '자기계발하는' 인간형(또는 기업가적 자아상)과 상당히 친화적이다. 자본은 이처럼 적시성을 담보하는 생산방식으로 재편하고 이에 조응하는 유연 주체를 발명함으로써 추출의 밀도를 높여나갔다.

플랫폼 자본주의 시대의 노동자상

지금 플랫폼 시대의 노동자는 어떤 태도를 요구받는가? 무엇으로부터 축출되고 있으며 동시에 어떠한 태도를 요구받으면서 포섭되는

표 5-1 | 노동자상의 역사적 형태

구분	기계제 이전	포드주의		유연 생산방식	플랫폼 시대
		증기 (기계화)	전기 (자동화)		
기술과 생산 방식	수력·풍력 수공	증기 (기계화)	전기 (자동화)	컴퓨터·인터넷 (디지털화)	모바일·인공지능 (플랫폼화)
	장인-도제 체제	기계제	대량 생산 (컨베이어 벨트) (예: 포드)	유연적 생산 (적시, Just-In-Time) (예: 토요타)	즉시적 생산 (실시간, 데이터화, 초연결) (예: 아마존)
업무 특징	과업 지향적	시간 지향적			건수 지향적
	부지런하게 관습에 따라	근면하게 규칙적, 연속적, 일률적 (career)		유연하게 다기능, 팀제, 인센티브 (jobs)	독립적으로 움직이고 즉시 콜 캐치 (gigs)
축출 대상과 포섭의 언어	땅을 매개한 인격적 지배	'한 뼘의 땅' → 임노동 상태 프롤레타리아트 (proletariat)		정규성 → 유연성 프레카리아트 (precarious+proletariat)	노동-자본 관계 → 독립적인 형태 플랫타리아트 (platform+proletariat)
노동자상	부지런함 계절 리듬에 배태된 태도	근면함 컨베이어 벨트 라인의 흐름에 부합하는 태도		유연함 멀티, 의사소통, 문제해결 능력	독립적임 사냥꾼의 주의력 즉시 반응하는 태도
감시	인격적 관리·통제 (관습적·물리적 시선)	공장 단위의 파놉티콘 (조직적·관료적 시선)		개별 노동자 대상의 전자적 파놉티콘 (전산화·수치제어 통제)	노동자의 품행 모두를 실시간 데이터화 (데이터 감시)
노동-비노동 관계	일터-가정은 하나의 생태계로 얽힘	일터-가정의 분리 (생산 영역에서 비노동은 철저히 배제)		유연한 분리 (경계가 모호해지기 시작)	경계의 해체 (일 시간이 일상에 침투)
노동의 시간 투쟁	인격적 또는 지역적 단위의 형태	시간에 '대항한' 투쟁에서 시간에 '관한' 투쟁으로 집합적 또는 전국 단위의 형태			시간의 비가시화에 대한 투쟁

자료: 김영선(2020b)

가? 이 절에서는 플랫폼 자본이 설파하는 언어와 그 효과를 일별하면서 플랫폼 노동의 양상을 시간, 관계, 감시·통제 등의 차원에서 구체화한다. 이 과정에서 플랫폼 자본은 어떤 형상의 주체를 구축하려 하는지 탐색할 수 있을 것이다.

우선, 플랫폼은 승객이 기차나 버스, 택시 등의 교통수단을 타고 내리기 쉽게 만들어놓은 시설물을 뜻한다. 하지만 오늘날에는 플랫폼이 주체(사람)와 객체(사물이나 자원), 또는 객체와 객체, 또는 주체와 주체를 연결시키는 디지털 매개 장치를 지칭하는 용어로 쓰인다. 그중에서도 데이터와 AI 알고리즘은 플랫폼 장치의 효율을 극대화하기 위해 활용되는 재료 또는 프로그램, 요소기술이다. 이를테면 배달앱은 생산자, 소비자, 배달노동자 간의 상품·일감을 매개하는 플랫폼이다. 플랫폼 노동은 플랫폼 장치를 매개로 거래되는 일감을 수행하는 새로운 형태의 노동으로, 크게 지역 기반의 플랫폼 노동과 웹 기반의 플랫폼 노동으로 분류되기도 한다.[7] 플랫폼 자본은 주문 기록, 주행 기록, 평점, AI 자동배차/추천배차 등을 조합한 플랫폼 장치를 활용해 새로운 방식의 추출을 확대해 나간다. 여러 가지 형태의 플랫폼은 외양을 달리한 착취의 새로운 기술 장치라 할 수 있다.

물론 플랫폼 장치가 배달, 퀵, 대리 등의 호출형 노동이나 데이터 레이블링, 콘텐츠 조정, 토픽 트렌딩 등의 크라우드 워크(crowd work), 마이크로 워크에만 활용되는 것은 아니다. 사람과 사물, 사물과 사물, 이곳과 저곳, 생산자와 소비자, 일감과 일감 등 주체·객체를 빠르게 연결해서 비용 절감 효과와 매개 효과를 낼 수 있는 곳이라면 어디에서나 쓰이는 중이다.[8] 이에 대해서는 플랫폼을 폭넓게 정의하고 있는

---

7 대통령 직속 일자리위원회 16차 회의(2020.7.22)에서 플랫폼 노동의 규모와 실태를 파악할 수 있는 통계 조사의 조작적 정의를 처음으로 마련했다. 아직은 개념도 규모도 정확하지 않은 상태이다. 전체 규모를 추정한 자료는 김준영 외(2019)를 참조할 수 있는데, 플랫폼 노동을 '지난 한 달(또는 일 년) 동안 디지털 플랫폼(웹/앱)의 중개를 통해서 고객에게 단기적 유급 노동을 제공하고 소득을 얻는 고용 형태'로 정의하고 그 수는 취업자의 약 1.7%(46만 9000명)에서 2%(53만 8000명)로 추산하고 있다. 규모가 크지 않다고 볼 수 있지만, 고용 형태에 미치는 영향력이나 사회적 파급력을 감안할 때 미래 노동의 지배적인 형태로 인식하고 고민해야 할 것이다.

8 그럼에도 여기서는 플랫폼 효과에 대한 논의를 호출형 노동을 중심으로 다루었다. 앞선

그림 5-1 | ILO의 플랫폼 노동 분류

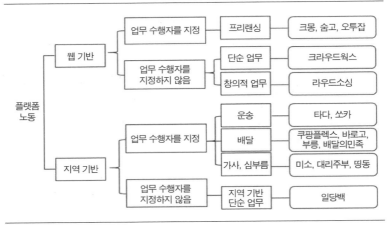

자료: Schmidt(2017); ILO(2018); Eurofound(2019)

『플랫폼 자본주의』의 저자 닉 서르닉(Nick Srnicek)을 참조할 수 있다.

서르닉은 플랫폼을 ① 우버, 에어비앤비, 카카오택시, 배달의민족 같이 온라인을 통해 서비스 상품을 중개하는 '린(lean)' 플랫폼, ② GE 나 지멘스같이 자사 제조부품에 사물인터넷과 센서장치를 활용해 생산 과정 전반을 최적화하는 '산업(industry)' 플랫폼, ③ 일명 구독경제라고 불리는 넷플릭스, 캐딜락, 코웨이같이 큐레이팅 알고리즘을 통해 최적의 맞춤형 콘텐츠나 제품을 추천·구독 또는 렌트하게 하는 방식의 '제품(product)' 플랫폼, ④ 구글이나 페이스북, 네이버같이 무료

논의들(포드주의, 포스트포드주의)과 같이 생산방식의 변화라는 맥락에서 플랫폼이 제조업, 더 구체적으로는 자동차 업계에 미친 효과(탈숙련화, 기계의 인간 대체, 중간 과정의 축소 등)에 대해 검토하고 호출형 노동에 미친 플랫폼 효과와 앞선 논의들을 비교 분석하는 작업이 뒤따라야 할 것이다(금속노조노동연구원, 2019).

서비스를 통해 데이터를 추출하는 '광고(advertising)' 플랫폼, ⑤ 클라우드, 툴, 애플리케이션을 통해 이용자의 데이터를 저장·추출하는 '클라우드(cloud)' 플랫폼으로 유형화한다. 통상 플랫폼 노동으로 언급되는 호출 노동이나 크라우드 워크는 린 플랫폼으로 분류할 수 있다(서르닉, 2020: 55~19). 서르닉의 유형 분류에 따르면, 플랫폼은 통상적으로 이야기되는 플랫폼 노동에 제한되지 않고 상품의 생산, 유통, 소비 과정 전반에 차용해 사회 질서를 재구조화하고 있으므로 향후 노동 전반의 플랫폼화에 대해서도 조명해야 할 것이다.

호출 노동이나 크라우드 워크를 비롯해 AI면접 툴, 스케줄링 프로그램, 업무용 앱, 렌털 솔루션, 자동결제 모듈, 웨어러블 디바이스, 인공지능 스피커 등 플랫폼 장치는 비용을 절감하고 데이터를 추출·활용할 수 있는 다양한 형태로 차용되고 있어 오늘날은 가히 플랫폼 시대라 일컬을 만하다.[9] 플랫폼은 그 어느 때보다 세계의 판도를 뒤바꿀 게임 체인저로서 내용과 형식 모든 면에서 뉴노멀로 자리 잡는 모양새이다. 심지어는 일감을 수행하는 사람은 축소되고 가려진 채 사물들의 네트워크가 현실을 직조하는 핵심 원리로 그려지기도 한다. 이러한 플랫폼은 우리가 보고 듣고 말하고 느끼는 방식까지 재구조화하고 있다. 이런 가운데 유토피아적 전망과 다양한 이름의 기술 합리성을 앞세워 플랫폼 장치를 자본주의적으로 사용하는 것이 그 어느 때보다 힘을 발휘하고 있으며, 플랫폼 자본은 지배력을 확대해 가

---

[9] SNS 업무 지시, AI면접, 스케줄링 프로그램, 업무용 앱 등 플랫폼 장치가 매개하면서 빚어지는 여러 차원의 문제적 지점에 대해서는 김영선(2017: 74~102; 2018: 66~76; 2020a: 113~141)을 참조.

고 있는 형국이다. 코로나19라는 전대미문의 상황조건 속에서 플랫폼 자본은 한편으로는 위기 돌파의 한 방법으로, 다른 한편으로는 '더 안전한' 미래를 담보할 수 있는 수단으로 활용되면서 '디지털 뉴딜', '언택트', '비대면' 등의 기술주의 담론을 강조하고 있다.

플랫폼 시대의 노동자상을 하나의 언어로 형상화하는 것은 꽤 논쟁적인 작업이다. 그럼에도 플랫폼 업체들이 내놓은 광고 문구를 통해 그 노동자상을 유추해 볼 수는 있다. 반복 강조하는 표현과 이미지를 통해 플랫폼 자본주의가 어떤 사회적인 형상을 구조화하려 하는지, 어떠한 정상성을 설파하려 하는지, 이를 통해 무엇을 배제하고 무엇을 포섭하려 하는지를 파악할 수 있을 것이다.

자유롭지만 연결된

플랫폼 노동과 연관된 근사한 신조어들이 빠르게 늘어나고 있다. 공유경제(sharing economy), 관심경제(attention economy), 구독경제(subscription economy), 긱 경제(gig economy), 주문형 경제(on-demand economy), 샛별배송, 로켓배송, 독립계약자, 디지털노동, 자유노동, 긱워크, 포트폴리오워크, 디지털 노마드, 아마존 플렉서, 우버이츠 파트너, 쿠팡이츠 쿠리어, 쿠팡 플렉서, 플렉서 어시스턴트, 배민 커넥터, 모바일 서포터, 배달 파트너, 앱 알바, 데이터 라벨러 등 이러한 신조어는 매우 다양하다.[10] 이 같은 신조어는 필요할 때 바로 가능한

---

10   가이 스탠딩(Guy Standing)은 자신의 책 『프레카리아트』에서 프레카리아트 경향을 감

세계, 연결이 쉬운 세계, 유연한 세계, 독립적인 세계, 도전적인 세계, 원할 때 할 수 있는 세계, 누구나 쉽게 할 수 있는 세계, 시간을 자유롭게 사용할 수 있는 세계, 자율성·즉시성·반응성을 성취한 세계를 그리고 있다. 이런 유토피아적 전망은 부분적인 진실을 재료삼아 과거와는 다른 세계를 조만간 펼쳐 보일 수 있다는 판타지를 정당화한다. 그로 인해 문제적 현실과 관련한 책임을 회피하는 데 대한 면죄부를 부여하고 노동시간을 접점으로 한 노동-자본 관계를 비가시화하는 데까지 나아간다. 이는 이 같은 관계에 얽혀 있는 착취, 소외, 불평등을 은폐하는 효과를 발휘한다.

- 쿠팡 플렉스 광고: "아이가 학교 간 시간 틈틈이 일할 수 있어요"
쿠팡이츠 배달파트너 광고: "걸으니까 운동도 되고 걸은 만큼 용돈도 벌 수 있으니까요. … 정말 몇백 미터 안 걷고 쏠쏠하게 용돈도 버실 수 있습니다"
- 배민 커넥트 광고: "하고 싶은 일이 생길 때 한두 시간 가볍게", "내가 원할 때 달리고 싶은 만큼만", "나의 라이프스타일에 맞춰 날짜와 시간을 자유롭게 선택할 수 있어요. 하루 1시간도 가능해요", "내가 정하는 자유로운 스케줄: 나의 라이프스타일에 맞춰 근무 날짜와 시

추는 '직함 뻥튀기' 사례들을 언급한다. 방문 고객 코디네이터, 전자 문서 전공자, 매체 배포 담당 이사(소식지 배달원), 재활용 담당 이사(쓰레기통 비우는 사람), 위생 컨설턴트(공중화장실 청소부), 표면 기술자(여성 청소부) 등과 같은 화려한 직함은 프레카리아트화의 구조적인 문제들을 은폐한다(스탠딩, 2014: 44). 『플랫폼 자본주의』의 저자 닉 서르닉 또한 새로운 용어의 거대한 증식에 대해 2000년대 후반 특정한 역사적 상황 조건 속에서 이름만 달리해 등장한 자본 축적 장치에 불과하다고 비판한다(서르닉, 2020: 44).

간을 자유롭게 선택·변경할 수 있어요", "근무 지역 내 어디서든: 근처에 다른 볼일이나 일정이 있어도 부담 없이 일할 수 있어요", "일한 만큼 돌아오는 수입: 내가 일한 만큼 늘어나는 금액이 보여 보람을 느낄 수 있어요"

- 카카오 대리 광고: "원하는 시간에 부담 없이 일하세요"

- 타다 드라이버 광고: "타다의 가장 큰 강점은 시간을 자유롭게 선택해서 일할 수 있는 것이니까요", "원하는 시간에 일하는 사람들의 라이프스타일 플랫폼"

- 마켓컬리 광고: "산지에서 문 앞까지 빠르고 신선하게"

  마켓컬리 샛별배송기사 광고: "나 혼자 편하게 새벽배송"

- 아마존 무인매장 광고: "Just Walk Out(그냥 걸어 나오세요)"

  아마존 플렉스 광고: "Be your own boss: deliver when you want, as much as you want(자신의 상사가 되세요: 원하는 시간에 원하는 만큼 제공하세요)"

신기술 유토피아가 내세우는 '독립적인' 또는 '자율적인'은 대체 무엇을 뜻하는가? 이는 물리적 차원에서는 언제든 원할 때 연결되어 있되 노동-자본 관계와 같은 사회적인 것으로부터는 '독립된', '자유로운' 상태를 상정한다. '네가 원할 때', '독립적인', '시간을 자유롭게 사용할 수 있는' 등의 판타지를 반복적으로 강조하는 이유는, 플랫폼 노동으로의 유입을 유도하는 모집 광고("언제든 원할 때 자유롭게", "나 혼자 편하게") 본래의 기능적 목적(광대한 시간의 파편을 언제든 값싸게 즉시적으로 가동할 수 있는 플랫폼 저수지를 창출하는 것)을 달성하기 위해서이다. 그뿐만 아니라 이는 노동시간으로 맺어진 노동-자본 관계를 비가시화하고 노동과정상의 제반 문제를 개별 노동자가 전담토록 하는 꽤 설득적인 언어로 작용한다. 이러한 판타지를 강조하는 또 다른 이유는 노동과정상의 각종 위험에 대해 문제를 제기하는 화살이 자본을 향하지 않도록 정당화하고 콜 경쟁의 명령에만 따르도록 유도하기 위해서이다. 플랫폼 자본은 문제적 현실과 관련한 책임을 회피하는 데 나름 성공한 듯하다. '크게 신경 쓰이는 것', '지워버리고 싶고 불편한 것'으로 여겨져 온 노동-자본 관계를 착취 관계가 아닌 그럴듯한 모양새(사업자 관계)로 탈바꿈해 착취하고 있으니 말이다.

독립적이고 자율적인 것의 의미는 여러 실태를 보더라도 꽤 제한적이다. 꽤 많은 조사에서 플랫폼 노동자들은 "일하고 싶지 않을 때는 일하지 않을 수 있다", "일하는 시간이 자유롭다"라는 항목에 높게 응답하고 있다. 그러나 시간 선택에 대한 자유도가 높은 것으로 보이지만 '호출에 응하지 않을 시 불이익'을 받을 수 있다는 응답도 과반을 넘는다. 호출에 응하지 않으면 호출이 얼마 동안 뜨지 않거나 또는 등급이 떨어진다는 것이다. 이는 '일하고 싶지 않을 때는 일하지 않을 수 있다'라는 말의 의미가 사실상 피치 못하게 일할 수 없을 때 또는 정말 일을 할 수 없을 때에만 일을 거부할 수 있는 소극적 선택권에 불과하다는 것을 말해준다(장귀연 외, 2019: 66~101; 김성혁 외, 2019: 144; 라이더유니온, 2021).

또한 플랫폼을 통한 일감들은 새로운 기회와 선택의 대상으로 묘사되곤 한다("일한 만큼 돌아오는 수입", "하루 47만 원"). 이 같은 기회와 선택의 언어는 '건별' 보상을 합리화하고 임금 형태가 아닌 수수료 방식의 보상에 면죄부를 주는 효과를 발휘한다. 성과급을 자본주의 생산양식에 가장 잘 어울리는 보상 형태라고 말한 혹자의 비판은 플랫폼 노동에서 완벽하게 구현되고 있는 듯하다. 작금의 일자리 프레임은 이런 '기회'와 '선택'의 논리를 더욱 강화한다. 헬조선으로 표상되는 얼어붙은 노동시장에서는 플랫폼의 새로운 일감(과 그에 따른 건별 소득)이 새로운 기회이자 '이거라도' 할 수 있다는 데 대한 감사의 대상으로 여겨진다. 그렇지만 건별 보상을 합리화하는 언어는 일감 수행 과정에서 발생 가능한 모든 상황을 자신이 '독립' 계약자로서 스스로 책임지고 감수할 것을 요구한다. 플랫폼의 여러 판타지는 착취를 무감각하게 하는 동시에 '새로운 기회'와 '독립적임'의 신화를 강화하고 있다.

물론 형식적으로는 '원할 때 일하고 싶은 만큼 일할 수 있는 가능성'을 열고 일감의 기회를 늘렸다는 홍보만큼이나 혁신적이지만, 실질적으로는 형편없는(또는 점차 형편없어지는) 일감에 불과하다. 장귀연 외(2019)나 김성혁 외(2019) 등의 여러 조사에서 확인되는 것처럼, 플랫폼 노동자의 소득(각종 비용을 제외한 소득)은 최저임금에도 못 미치는 경우가 다반사이다.

쿠팡 플렉서 누적 인원이 30만 명이라는 기록적인 수치가 말해주듯, 일감 경쟁이 치열해지고 이로 인해 수수료가 하락함에 따라 플랫폼 노동자는 소득 감소의 직격탄을 맞고 있다(≪주간경향≫, 2017.6.20; ≪매일노동뉴스≫, 2019.12.23). 벌이가 좋더라도 언제까지 이 일을 할 수 있을지에 대한 불안감을 떨칠 수 없다. 치열한 경쟁으로 인해 소득이 감소되면서 빈곤에 취약해질 가능성도 높아졌으며, 여타 시간을 사용하는 질도 떨어졌다(여가시간의 파편화). 계급의 생애주기 관점에서 보더라도 플랫폼 노동은 많은 사람을 더 낮고 더 예측할 수 없는 소득에 머물게 한다. 사회적으로 상향으로 이동할 가능성도 현저히 떨어진다. '기회'나 '가능성'과 연결되기보다는 여러 차원의 불평등 심화와 연결될 여지가 다분한 것이다(스펜스·타이슨, 2017: 216~256; 스탠딩, 2014: 39).

거리(distance)라는 개념으로 불평등을 측정해 보면, 거리가 멀수록 불평등은 커지는데(세넷, 2009: 70), 플랫폼 노동의 노동-자본 간 거리는 기본 비정규 노동의 노동-자본 간 거리와도 질적으로 다르다. 작금의 플랫폼 노동은 노동-자본 간 관계성이 존재하지 않는 것처럼 이야기되고 있기 때문이다.

또한 출퇴근 시간 및 휴게시간, 대기지역, 배송시간, 근무태도 등을 관리 감독하거나 별점으로 평가하는 일은 일종의 규율 장치로 작동하고 있으며, 업무를 지휘감독하거나 근무시간과 장소를 구속하는 일 또한 여러 차례 보고되고 있다. 따라서 플랫폼 노동을 독립적이고 자율적인 독립계약자 형태로 포장하는 것은 신기술(플랫폼)을 앞세워 착취적 관계를 무감각하게 만드는 자본의 담론에 불과하다. "일하고 싶을 때 일할 수 있다"라는 프로파간다는 열악해질 대로 열악해진 노동시장의 맥락에서 일자리 프레임과 함께 더욱 힘을 발휘하고 있으며, 노동과정상의 각종 위험을 은폐하면서 '안 좋은' 노동만 확대하고 있는 형국이다.

플랫폼이 설파하는 유연함이 유연 생산방식하에서의 유연함과는 다르다는 점도 지적해야 할 것이다. 후자가 '고용된' 노동자로서 작업

시간 중 여러 상황에 대처하는 능력을 강조하고 낭비시간을 최소화하는 것을 목표로 했다면, 전자는 사업자 형식의 파트너, 플렉서, 커넥터로서 고용관계에 '의존적이지 않으면서' 일감을 수행하는 유연함을 강조한 것이다. 이는 즉시적 가동성에 가깝다(박수민, 2021: 208~236 참조). 유연 생산방식하에서의 유연함이 포드주의 위기 이후 위기를 돌파하기 위한 혁신적인 방법으로 등장하긴 했어도 노동의 전반적인 과정은 여전히 컨베이어 벨트(I자형 대신 U자형)의 시공간성에 배태되어 있다. 그에 반해, 플랫폼이 설파하는 유연함은 시공간적 구속성을 전제하지 않고, 절차도 간소화되었으며, 노동력의 즉시적 가동이라는 점에서 전례가 없는 것이다. 플랫폼이 설파하는 유연함은 고용관계에서 의존적이지 않으면서 플랫폼을 통해 언제 어디서나 즉시 일감을 수행할 수 있다는 것을 새로운 가능성으로 제기한다.

이러한 플랫폼 장치를 매개한 노동력의 즉시적 가동성은 '내가 필요한 바로 그때', '필요할 때 바로바로' 같은 욕구를 충족하려는 소비자의 이해(온디맨드, 즉시적 소비)와 맞닿는 지점이다. 이에 플랫폼 자본은 "세상에 없던 '신선함'을 문 앞까지 가져다줄 수 있다"라면서 소비자의 욕구를 완전히 충족시킬 수 있다는 판타지를 구현하기 위해 샛별배송, 로켓배송, 번쩍배송같이 즉시성을 담보하는 서비스 상품을 출시한다.[11] 신선함을 즉시적으로 소비하려는 소비자의 시선에서

---

11 소비 편의뿐 아니라 환자·아이·반려동물·귀중품에 대한 보호, 건강관리, 범죄 예방, 재미나 오락, 또는 국민 편익 등 다양한 욕구를 자극하는 기술주의 언어는 기능적 필요를 앞세워 신상품들을 어느새 '없으면 안 될' 그 무엇, '더 안전한' 그 무엇으로 만들어가고 있다.

볼 때 플랫폼 노동은 편의를 구현하는 하나의 요소로 대상화될 뿐이다. 한국에서 이런 즉시성에 대한 소비 욕구가 더욱 강렬하게 나타나는 이유는 한국에서는 남는 시간이 적고, (그래서) 시간 비용이 높고, (그래서) 시간-집약적 또는 상품-집약적인 소비패턴이 두드러지기 때문이 아닌가 싶다.

노동자 아닌 노동자

자본은 그간 노동에 배태되어 있던 '관계', 다시 말해 노동시간을 접점으로 한 노동과 자본의 사회적 관계—이 관계는 일터와 노동시간을 전제하고 있다—를 비가시화하는 방식으로 플랫폼 기술을 활용하는 중이다. 플랫폼은 기존 노동-자본 관계의 구체성과 물질성을 비가시화하는 장치로 노동의 지형을 새롭게 바꿔내고 있다. 이는 노동과 자본 관계가 가졌던 기존 사회적인 형태를 극단적으로 유연화한 기술적 재편이라고 말할 수 있다. 자본은 작업장 안팎에서 이윤을 극대화하는 방법으로 거리의 마찰력, 밤/낮, 활동/비활동, 온/오프, 방송시간/화면조정 같은 주기적·순차적·반복적인 시공간의 장애물을 제거해왔다. 플랫폼 자본은 또한 노동-자본 관계의 기존 형태에 의존하지 않은 채로 노동력이 시공간적 '제약 없이' 언제 어디서든 즉시적으로 가동될 수 있는 상태로 준비되길 요구한다. 여기서의 착취는 노동시간을 연장하거나 기계의 속도를 증가시키거나 1인당 작업 기계수를 확대하는 것처럼 노동을 더 많이 짜내거나 갈아넣거나 탈곡하는 전통적인 형태와는 다른 방식이다.

노동-자본 관계를 지우려는 자본의 움직임을 어떻게 확인할 수 있는가? 몇 개의 광고와 설명 문구만 보더라도 자본이 귀찮고 불편해하고 장애물로 여기는 것이 무엇인지를 간단히 확인할 수 있다. 이러한 문구는 앞서 플랫폼 업체의 광고에서 나타난 미사여구와 같은 내용을 다른 화법으로 표현했을 뿐이다. 이를 플랫폼 기술 자체의 유용한 기능으로 해석할 수도 있지만, 플랫폼 장치를 활용한 자본이 목표로 삼는 것으로도 읽을 수 있다.

- ① "배달 직원의 사고 위험 부담에서 해방돼 심리적으로 해방", ② "배달 직원의 잦은 지각, 무단결근, 기타 속 썩임에 신경 쓸 필요 없이 운영", ③ "사고 발생 시에도 추가 비용 없이 업주의 업무에만 전념할 수 있음", ④ "부족한 배달 직원 모집 압박감에서 해방"(배달 앱 홍보 문구 가운데)

- "플랫폼으로 이제 노동자를 언제든 사용하고 버릴 수 있게 되었다"

- "인터넷이 있기 전만 해도 10분간은 당신을 위해 앉아서 일하다가 그다음 10분간은 다시 해고될 수 있는 사람을 찾기란 정말로 힘들었을 것이다. 그러나 인터넷 기술이 등장함으로써 당신은 이제 눈곱만큼의 돈만 지불하고도 필요 없을 때 언제든 해고할 수 있는 사람을 찾을 수 있게 되었다."[크라우드플라워(CrowdFlower)의 CEO 루카스 비월드(Lukas Biewald)](도이블러·클레베, 2016: 33~34)

- "이제 우리는 원하는 사람을, 원하는 때에, 원하는 방식으로 고용할 수 있다. 그들은 우리에게 소속된 노동자가 아니기 때문에 고용과정에서 발생하는 성가신 일이나 규정에서 자유로울 수 있다." [MBA &

컴퍼니(MBA & Company)의 CEO 대니얼 캘러헌(Daniel Callaghan)]
(슈밥, 2016: 82)

－ "지워버리고 싶습니다. 당신을 불편하게 했던 것들 … 유비쿼터스
는 지우개이다"(삼성SDS 광고 문구 가운데)

　호출 노동, 크라우드 워크 등 다양한 이름으로 불리는 이러한 노동
형태가 지닌 문제들, 즉 노동-자본 관계의 물질성 비가시화, 노동의
시공간성 해체, 노동과정상의 문제적 현실에 대한 책임 회피는 플랫
폼 노동의 유형을 불문하고 발견되는 공통적인 특징이자 플랫폼화되
는 노동의 핵심이라 할 수 있다. 플랫폼 자본은 노동자를 탈노동자화
한 상태로 파트너, 독립계약자, 커넥터, 크라우드 워커로 호명하고 다
시 일감의 네트워크에 배치해 부분적인 노동력만 취한다. '일하고 싶
을 때 일할 수 있다'는 욕구를 선호나 선택으로 포장하고 '독립계약자'
로 칭함으로써 플랫폼 네트워크로 배치하는 것을 정당화하는 것이
다. 플랫폼은 노동을 극단적으로 유연화함으로써 부분 시간(시간의
파편)만 자본의 궤도로 연결해서 가동하는 일종의 디지털 황금사슬에
불과하며, 노동에 대한 자본의 지배력을 강화하는 장치로 볼 수 있다.
　자본은 관계를 비가시화함으로써 그동안 골칫거리로 여겨졌던 임
금투쟁, 시간투쟁, 고용안정 요구, 노조할 권리 등 집합적인 형태의
투쟁을 무색하게 만들 수 있게 되었다. 사회적 권리와 집합적 투쟁의
접점을 없앤 것이다. 또한 노무관리 부담도 완전히 털어버리고 조직
을 더욱 경량화할 수 있게 되었다. 즉, '플랫폼'이라는 근사한 이름의
기술적 장치를 통해 노동자를 동원함으로써 노동의 권리를 무력화하

고 사용자의 책임 회피를 정당화하고 있는 모양새이다.

신자유주의적 세계화 이후 변화된 노동 세계의 특징 가운데 하나로 경력(career)이 사라지고 일자리들(jobs)로 대체된다고 했던 울리히 벡(1997: 226~241)의 논의와, 노동의 불안정성을 포착해 프레카리아트(precarious+proletariat=precariat)라고 규정했던 가이 스탠딩(2014: 23)의 논의를 참조한다면, 지금 플랫폼 시대에는 일자리마저 아예 '고용 관계를 전제하지 않는' 일감들(gigs, calls, hits)로 빠르게 대체되는 형국이라고 진단할 수 있다. 이렇게 플랫폼에 매개된 채 일감을 수행하기 위해 가동되는 노동자를 플랫타리아트(platform+proletariat=platariat)라고 칭할 수 있을 것이다. 플랫타리아트는 사회과학적 개념이라기보다는 징후를 읽기 위해 제시한 조어로, 노동-자본 관계, 생산과정, 노동과정, 착취-포섭의 방식, 감시·통제, 노동의 투쟁, 소비양식, 생활양식 등 모든 차원에서 새로운 지형—여기에는 열악한 조건은 물론 착취의 변형된 양식도 포함된다—을 토대로 형성 중인 계급이다. 라차라토의 표현을 빌리면, 플랫타리아트는 플랫폼자본주의가 발명한 새로운 계급인 것이다.

가이 스탠딩은 프레카리아트가 (산업사회의 시간적 덩어리로서의 노동, 고정된 일터, 축적되는 과정으로서의 경력, 예측 가능한 봉급, 서사적 삶과 비교할 때) 모든 차원에서 '유연화된' 상태에 놓여 있어 불안정하다고 분석한다.[12] 프레카리아트의 주요 특징으로는 경력에 보탬에 안 되는

---

[12] 가이 스탠딩은 프레카리아트를 임시 노동자(casual laborer), 프리터(freeter), 파트타이머, 프로젝트 노동자, 하청 노동자, 미니잡 노동자, 인턴과 유사하면서도 다르게 정의한다. 이에 대한 구분은 「프레카리아트의 변종들」 참조(스탠딩, 2014: 36~42). 한편, 프레

일자리, 수당 수급권 없이 한시적인 소득에만 의존, 불확실한 생존 방식, 만성적인 불안과 스트레스, 고립감을 들 수 있다.[13] 플랫타리아트는 여기에서 더 나아가 고용 형태, 직무, 임금, 직업훈련, 안전보건, 사회보장, 노동권, 미래 예측 등이 모조리 '붕괴된' 상태, 사회적인 것의 '밖', 법제도의 '사각지대'에 놓인 '일감 집시(gig gypsy)'의 특징을 띤다(Schor and Attwood-Charles, 2017).

플랫타리아트는 업무를 수행하기 위해 앱상의 일감들을 캐치(call catch)해야 비로소 일을 시작할 수 있고 일감을 처리하고 난 후라야 대가를 받을 수 있다. 물론 그 대가는 임금 형태가 아닌 일체의 비용이 제거된 수수료일 뿐이다. 콜 캐치에 소요되는 많은 대기시간과 준비시간은 보상을 받지 못하는 그림자 노동(shadow labor)으로 처리될 뿐이다. 이는 '(노동시간) 척도 외부에' 놓여 있어 무료 노동(free labor)으로 취급되는 동시에 대부분 콜 캐치를 위해 소요될 수밖에 없는 일이라는 점에서 부자유 노동(unfree labor)이다.

플랫폼 노동은 특정 업무를 특정한 시공간에서 연속적으로 수행하는 형태의 노동이 아니라 불특정 일감을 단속적으로 수행하는 형태의 노동이다. 여기서 콜 캐치라는 낚시와 사냥을 위해 투입하는 기다림의 시간이나 채비 시간은 노동으로 계상되지 않는다. 이렇게 플랫폼 노동의 여러 특징 가운데 콜을 캐치(또는 히트 또는 클릭)하는 행위를 특

카리아트가 다른 형태의 노동계급과 근본적으로 다른 특성을 가지는 것은 아니라는 비판에 대해서는 브레먼(2016)을 참조할 수 있다.

13 세넷(2009: 4~11)은 『뉴캐피털리즘』에서 새로운 유연성의 세계에서는 복합적인 만성 불안이 인간성(character)의 침식, 시간 감각의 붕괴, 신뢰의 상실, 일-생활의 붕괴, 부초처럼 정처 없이 표류하는 삶, 미래 서사 불가능, 퇴출의 공포를 유발한다고 지적한다.

징으로 꼽아 '적견(just-in-call: JIC)' 방식의 노동이라 이름 지을 수 있다.

콜 캐치는 컨베이어 벨트 라인상에서 '지속적이고 연속적인' 주의를 요구했던 산업시대의 주의력과 달리 사냥꾼의 주의력, 즉시적이고 반응적인 능력을 요한다. 이는 인터넷 시대의 접속 행위에 요구되는 것과는 또 다른 주의력이다. 배달업계에서 실시간으로 계속 뜨는 주문 콜을 먼저 받기 위해 경쟁하는 상황을 일컫는 '전투콜'이라는 은어처럼, 전장의 사냥꾼과 같이 '달려갈' 태세를 갖춰야 그나마 '꿀콜'을 캐치할 수 있다. 그래도 '똥콜'의 위험을 다 제거하기는 어렵다. 사회학자 지그문트 바우만은 이런 시대를 개인의 생존을 위한 사투만 있을 뿐인 '사냥꾼의 시대'라고 규정했다(바우만, 2009). 『대리사회』에서 플랫폼 노동자의 콜 캐치를 낚시의 '챔질'에 비유하기도 했던 김민섭은 「밤의 도시를 걷는 (투명한) 노동자들」이라는 글에서 낚시꾼이 어종과 날씨에 따라 물고기를 채는 타이밍을 신경 써야 하는 것처럼 플랫폼 노동자가 콜을 캐치하는 눈빛과 자세는 웹툰이나 SNS를 보는 눈빛과는 결이 다르다고 설명한다.

> 11시가 되고, 벤치에서 일어나 망원유수지를 향해 걸었다. 드문드문 밤낚시 하는 사람들이 있었는데 사실 대리운전도 그와 비슷하다. 침묵하던 핸드폰이 어느 순간 밝아지며 출발지와 목적지를 밝혀주면, 이것이 어느 정도 크기의 고기인지를 판단해야 한다. 피라미인지, 붕어인지, 아니면 너무 커서 내 낚싯대로는 감당할 수 없을 테니 보내주어야 할지, 짧은 시간 내에 계산을 끝내야 한다. 그리고 낚시에는 '챔질'이라는 게 필요해서 찌가 움직일 때 언제 낚싯대를 채주느냐가 무

척 중요하다. 너무 일찍 채도, 너무 늦게 채도, 고기가 도망간다. 대리운전도 수락 버튼을 언제 누르느냐에 따라 손님과의 연결이 결정된다. 버튼 누르는 것이 늦으면 손님은 이미 다른 대리기사에게 가고 만다. 한강변에 몇 대씩 낚싯대를 펴둔 이들을 보면서, 나도 오늘 한강에서 낚시를 한 기분이 되었다. … 대리운전을 시작하고 나니 나와 닮은 이들이 눈에 들어오는 것이었다. 누구나 핸드폰을 들여다보는 그 밤의 거리에서, 그들은 조금 더 간절하게 그런 행동을 했다. 웹툰을 본다거나, 페이스북을 한다거나, 음악을 듣는다거나, 하는 사람들과는 다르다. 생존, 노동을 위한 눈빛은 그 밤의 거리에서도 확연히 구분이 된다.(김민섭, 2017: 63)

고객의 선택을 받기 위해 끊임없이 자신의 무언가를 '전시'해야 하는 크라우드 워커도 마찬가지이다. 콜 캐치는 호출형 플랫폼 노동자에게 두드러지는 행위로 나타나지만, 호출 노동이나 크라우드 워커에게만 제한되는 특징은 아니다. 보험, 기술교육 지원, 설치, 방문, 영업 업무를 하는 기존 노동자 또한 콜 캐치와 유사한 프로세스를 거친다.

자율적이지만 예속된

플랫폼 노동의 특징은 노동과정상의 위치와 동선 등 모든 움직임이 실시간으로 데이터화된다는 점이다. 실시간으로 데이터화된다는 것은 곧 노동자를 개별적으로 타깃팅하기가 훨씬 수월해졌다는 의미이다. 이런 양상을 두드러지게 확인할 수 있는 사례가 호출형 노동이다. 물론 이런 특징이 호출형 플랫폼 노동에만 해당되는 것은 아니다. 플랫폼 장치로 연결된 주체·객체의 모든 움직임을 실시간 데이터로 추출할 수 있다는 점은 플랫폼화의 주요 특징이다. 데이터 감시는 스마트폰을 포함해 디지털 모바일 기기를 갖고 일하는 모든 노동자에게 해당할 수 있는 문제이다. 최근에 주차관리 노동자들의 위치정보가 노출된 사건에서도 이를 확인할 수 있다.[14]

닉 서르닉은 데이터화(데이터의 수집, 분석, 사용, 독점)를 플랫폼 자본주의의 핵심으로 꼽는다. 길지만 인용해 보자. "오늘날 데이터 수집은 인지, 기록, 분석이 가능한 거대한 인프라에 의존한다. 데이터는 기름과 같이, 추출, 정제, 사용되는 물질이다. 신기술로 데이터를 기록하는 일이 아주 값싸졌고 쉬워졌다. 구글 검색, 좋아요·구독, 시리 검색 등을 통해 추출된 방대한 데이터는 생산 과정을 최적화하고 소비자 선호를 큐레이팅하고 노동자를 감시·통제하고 아웃소싱하고

---

14 《매일노동뉴스》, ""왜 한 곳에 오래 있어?" 관리자가 노동자 위치 실시간 확인"(2020. 1.5). 신기술 시대에 감시와 관련한 새로운 용어들이 등장하고 있다. 디지털 감시(digital surveillance), 전자 감시(electronic surveillance), 데이터 감시(data surveillance), 알고리즘 감시(algorithm surveillance), 친밀한 감시(intimate surveillance), 자기 감시(self surveillance), 리퀴드 감시(liquid surveillance), 알고리즘적 통치성(algorithmic governmentality), 기계적 예속(machinic enslasvement), 생명권력(biopower), 존재권력(ontopower), 감시 자본주의(surveillance capitalism) 등이 그러한 예이다.
참고로 『감시 자본주의 시대』(쇼샤나 주보프), 『감시사회로의 유혹』(데이비드 라이언), 『친애하는 빅브라더』(지그문트 바우만·데이비드 라이언), 『블랙박스 사회』(프랭크 파스콸레), 『개인의 죽음』(렉 휘태커), 『자동화된 불평등』(버지니아 유뱅크스), 『대량살상수학무기』(캐시 오닐), 『자동화 사회』(베르나르 스티글러), 『싸이버타리아트』(어슐러 휴즈), 『구글은 어떻게 여성을 차별하는가』(사피야 우모자 노블) 등의 책은 새로운 형태의 감시가 노동-자본 관계의 착취성을 어떻게 무감하게 만드는지, 노동과정상의 다양한 문제를 어떻게 은폐하는지, 노동인권을 어떻게 침해하는지, 사회적 차별을 어떻게 재생산하는지를 살펴보는 데 도움이 된다.

새로운 상품과 서비스를 위한 정보를 제공하고 낮은 마진의 상품을 높은 마진의 서비스로 변환시킨다. 지금 이 시대, 데이터는 수익을 최대화하는 핵심 자원이다. 빅데이터를 활용한 새로운 비즈니스 모델은 매우 강력한 기업 형태를 띠는데, 그것은 바로 플랫폼이다"(서르닉, 2020: 45~48).

규율 권력을 행사하기 위해서는 규율의 대상자가 가시화되어야 하는데, 데이터 추출 장치인 플랫폼은 높은 수준의 가시성을 보증하는 21세기 버전이다. 노동-자본 관계를 비가시화하면서 이와 동시에 노동과정상의 주객체 모두를 가시적으로 대상화, 즉 데이터화하는 장치가 플랫폼인 것이다. '보지 않으면서' 동시에 직접적인 감독 없이도 감시통제를 보증하는, 그 결과 감시의 시선을 플랫폼 노동자의 모든 품행에 개별적으로 투사할 수 있는 장치가 바로 플랫폼이다(라이언, 2014: 75; 주보프, 2021: 321).

플랫폼의 감시는 특정한 시공간(공장, 사무실)에 있는 집단을 대상으로 하는 감시와는 작동하는 방식이 다르다. 후자에서는 감시를 위한 관리 비용이 발생하는 것은 물론, 정보 가공상의 왜곡 등 비효율이 발생할 수밖에 없다. 그런데 플랫폼의 감시에서는 시공간을 특정하지 않고 감시 대상자 모두를 추적하지 않더라도 감시 대상자의 미세한 움직임과 그 차이를 개별화된 방식으로 24시간 종추적할 수 있다. 일종의 전자발찌처럼 말이다. 추적과 평가의 시간 격차도 발생하지 않는다. 감시 대상의 전 과정을 실시간으로 맵핑(지도화·시각화)할 수 있다. 감시의 목적도 후자가 훈육을 목적으로 길들이기를 전제로 한 것이라면, 전자는 데이터 추출을 목적으로 흐름을 파악하는 것이라는 점에서 그 결이 다르다. 물론 이러한 데이터의 추출이 현실에서는 주차관리 노동자의 사례와 같이 노동자(의 위치와 동선)를 종추적하는 식으로 전용되는 경우가 적지 않다. 아래는 자신의 배달 경험을 담은 한노아의 2021년 사진전 〈오니고(On y Go)〉의 소개글 중 일부이다. 실시간 통제, AI 자동배차에 따른 노동의 고충을 파악할 수 있는 대목이다.

시선은 늘 콜을 보기 위해 핸드폰을, 또는 곧장 내달리기 위해 신호지 시등을 향한다. 하루에 보통 10시간, 12시간씩 도로 위에 머문다. 핸드폰 화면에서는 시시각각 시간을 통제하는 창이 적색으로 바뀌며 배달 시간을 재촉한다. AI 자동배차는 직선거리로 계산한 배달시간 10분을 요구하지만, 실제 돌아가야 하는 거리는 그 이상이기 일쑤이다. 교통법규를 지키며 운전을 하려면 주어진 시간을 넘기게 된다. 시간은 고객 평가와 직결되고 고객의 평가는 곧 성적표가 되기에 눈치껏 신호를 위반하고 과속을 해야 배달 시간을 지킬 수 있다. 단속에 걸려 그날 일당을 벌금으로 반납하는 일도 있다. 또 주차 문제로 시비가 일기도 한다. 그래서 오토바이 뒤에 달린 배달통에 이렇게 적고 있다. "모든 상황, 죄송합니다"라고.

심지어는 패턴 분석 알고리즘을 통해 미래의 동선이나 취향까지도 개인별로 타깃팅할 수 있다. 운전 패턴에 따른 타이어 마모 알림, 주문 패턴에 기초한 상품 홍보, 시청 이력에 따른 영화 추천, 서핑 기록을 활용해 '사용자의 마음을 읽어내는' 맞춤형 표적 광고처럼 말이다. 또한 플랫폼 노동에서는 접속 시간과 빈도, 건수 이력, 고객 대응 결과, 이동 경로 및 속도, 상하차 시간 등 플랫폼 노동자의 모든 활동 상태를 실시간으로 데이터화하고 평점에 따라 등급을 자동으로 조정하기도 한다. 이러한 별점 평점은 때론 인센티브의 형태로, 때론 관리·통제의 방식으로 활용된다.[15] 플랫폼 노동이 외견상으로는 자율적인 노동으로 보이지만 일감 처리 과정이 '실시간 체크, 데이터화'되기 때문에 노동자들을 시간 압박이 더 높은 상태에 노출시켜 실질적으로는 비자율적이고 심지어는 예속적인 상태로 내몬다. 소비자의 시선 또한 감시 대상의 가시성을 높이는 자원으로 동원할 수 있다는 점에서 감시 효과가 배가된다.[16]

이러한 알고리즘 감시는 감시 권력이 바라는 방식대로 플랫폼 노동자들의 행동을 유도하는 파놉티콘 효과를 발휘한다(Galič, Timan and Koops, 2017: 9~37). 감시 대상자를 예속 상태에 놓이게 하기 위해서는 대상자를 계속 보이는 데 두어야 하는데, 플랫폼 장치야말로 이

---

[15] 일례로 타다는 파견업체에 "별점 평균 4.5 이하인 드라이버는 계약 해지하라"라는 해고 기준을 공식·비공식적으로 전달하기도 했다(≪경향신문≫, 2019.11.4). 물론 플랫폼 노동자가 근로자성을 판단하는 여러 차원의 종속성 기준에 전부 들어맞지 않는다고 하더라도, 몇 가지 차원에서 보고되는 종속성의 양상을 보면 꽤 문제적인 경우(일거수일투족 감시, 장시간 노동, 엄격한 근태관리, 실적치에 대한 압박, 노동과정상의 사고에 대한 부담 등)가 많다.

[16] 쿠팡 이츠를 통해 음식을 주문하면 배달노동자의 이동 동선을 주문자의 폰으로도 확인할 수 있다. 배달노동자가 언제 어디에서 출발했는지, 이동 중 신호정지선에 걸렸는지, 아파트 단지의 어느 출구로 들어오는지, 공터를 지나치는지 아니면 우회하는지, 목적지를 찾지 못해 다른 동으로 가는지, 현관 앞에 도착했는지 등을 앱상의 지도로 체크할 수 있다. 이동 속도를 보고 자동차인지 도보인지 이동수단도 가늠할 수 있다. 이런 소비자의 시선이 묘하게도 플랫폼 업체의 감시의 시선과 맞아떨어지는 것 아닌가 싶다. 물론 감시할 목적으로 스마트폰을 체크한 것은 아니더라도, 배달노동자가 길을 잘못 들어섰거나 헤매는 화면을 본 후라면 행여 늦은 사유에 대한 별점 평가에 영향을 미칠 수도 있기 때문이다. 소비자의 시선이 통제의 외양을 띠는 것은 아니지만, 이는 별점 평점을 통해 언제든 플랫폼 기업의 감시통제로 연결될 수 있는 지점이다.

상적인 파놉티콘이 가진 감시의 본질을 구현하고 있는지도 모른다. 플랫폼은 시스템 체계상 감시통제의 실질성을 함축하고 있는 셈이다. 따라서 플랫폼 노동을 독립적이고 자율적인 것으로만 보는 것은 잘못된 해석이다.

한편 플랫폼 노동자는 노동과정이 어디까지 모니터·기록·평가되는지, 이렇게 수집된 데이터가 어떤 연산 작용을 거치는지, 알고리즘 로직이 어떻게 짜여서 그러한 출력값으로 나오는지 알 수 없다. 『블랙박스 사회』의 저자 프랭크 파스콸레(Frank Pasquale)는 별점 평점, 자동배차/추천배차 등이 '비밀스러운 알고리즘에 의해 작동'하기 때문에 그 과정이 블랙박스와 같다고 진단하면서, 플랫폼 노동자의 독립적임은 사실상 알고리즘의 차별적 코드화, 데이터의 오남용 등 정보 착취에 매우 취약하다고 지적한다(파스콸레, 2016: 10~19). 다시 말해, 빅데이터, 인공지능 등을 버무린 플랫폼 장치는 노동-자본의 착취 관계를 비가시화하는 동시에 감시 대상자의 가시성을 보증함으로써 기술의 자본주의적 사용을 극대화하는 장치 그 이상도 이하도 아니라는 것이다. 관계 전선에 얽혀 있는 착취와 소외의 문제를 은폐하면서 감시와 통제를 수월하게 만드는 장치인 것이다!

20세기 후반기에는 노동 유연화 가운데 정규직의 비정규직화가 두드러진 형태였다면, 지금의 노동 유연화는 플랫폼 기술을 매개로 한 노동-자본 관계의 비가시화(노동자성의 제거, 개인사업자화, 자기고용노동자화, 프리랜서화)라고 요약할 수 있다. 신기술을 매개로 한 극단적인 노동 유연화가 4차 산업혁명, 공유경제, 독립계약자, 노마드, 자유로운 시간 사용 등의 장밋빛 언어로 채색되면서 노동의 권리는 물론 사회적 권리마저 무력화하고 사용자의 책임 회피를 정당화하는 형국이다. 노동의 탈노동자화는 정규직의 비정규직화라는 20세기 버전의 유연화보다 더 빠르게, 더 광범위하게, 더 파괴적인 효과를 낳으면서 전개될 것이다. 플랫폼은 비용을 절감하는 효과가 있을 뿐만 아니라 그간 자본이 불편하다고 여겼던 것들을 일거에 제거한 채 노동을 더욱 쉽게 부릴 수 있는 장치이자 자본 지배력을 높이는 장치이기 때문이다.

탈노동을 노동-자본 관계로 위치 짓기

노동시간은 산업자본주의 이후 지금까지 노동-자본 관계를 지시하는 기초였다. 착취와 소외의 거점인 노동시간을 접점으로 한 노동-자본 관계 속에서 노동 운동은 시간 투쟁의 형태를 띠었다. 역사적으로 노동시간 단축은 노동 해방을 위한 기본 조건으로 여겨졌다. 시간에 대한 투쟁은 자본주의에 대한 저항이기 때문이다. 『마르크스의 생명정치학』의 저자 자크 비데(2020: 14~15)의 말처럼, 노동시간 단축은 노동자가 무언가('정상적인 삶')를 되찾게 해주는 계기이기도 하다. 비데는 노동일을 법적으로 제한하는 과정 자체가 혁명적인 본성을 지니고 있다고 강조한다. 그렇다면 노동-자본 관계의 접점인 시간 차원을 비가시화하려는 새로운 지형(플랫폼 자본주의 시대)에서는 시간에 대한 투쟁이 어떠해야 하는가?

먼저 새로운 형태의 일감 수행은 왜 노동이 아닌가, 플랫폼 노동자는 왜 법제도의 사각지대에 놓여야 하는가, 플랫폼 노동자는 왜 특수

한 형태로 처리되는가라는 반문에서부터 출발해야 할 것이다. 노동-
자본의 착취 관계를 비가시화한다고 해서 그 관계의 실질성까지 사
라지는 것은 아니므로 은폐된 문제들을 가시화하는 것이 관건이다.
비가시화된 시간을 가시화하는 목적은 노동-자본 관계를 인정받기
위해서가 아니라, 그 관계를 기술적인 매개 관계가 아닌 사회정치적
인 관계로 다시 표현해 내어 새로운 사회적인 것을 위한 투쟁을 전개
하기 위해서이다.

이에 기초해 우선 플랫폼 노동을 법제도의 사각지대로 위치 지으
려는 자본의 장치들을 문제화해야 한다. 특히 노동-자본 관계를 비가
시화하는 과정에서 파생하는 착취, 소외, 불평등 같은 문제적 현실을
드러내야 한다. 기술적 신자유주의가 유발하는 극단적 유연화로부터
결별하는 것을 내포한 새로운 사회적 권리의 구축을 출발 조건으로
삼으면서, 이것에 필요한 실험, 조사, 개입을 구상하고 발명해야 할
것이다.

△ 노동-자본 관계의 물질성을 비가시화하는 지점을 가시화하기
(관계의 맥락에서 노동의 물질성을 구체적으로 드러내 플랫폼 노동을 시간을
둘러싼 노동-자본 관계로 위치 짓기), △ 개별화된 노동의 '연결적인' 형
태, 새로운 참여 형태를 통한 저항 구상하기(개별화된 노동이 스스로 목
소리를 드러내고 연대할 수 있는 새로운 실천), △ 장밋빛 언어와 이데올로
기 등 새로운 형태의 축출과 포섭에 대응하는 언어와 문법 발명하기
(연결되지 않을 권리, 데이터의 투명한 공개 등), △ 사회적 책임을 회피하
는 자본에 책임 지우기[덴마크 청소 플랫폼 업체 힐퍼와 노동조합 3F의 단
체협약 사례, 스페인 노동법 개정(배달노동자를 근로자로 추정하는 일명 '라

이더법') 사례, 캘리포니아 주 AB5 법안 사례, EU 플랫폼 노동의 노동조건 개선을 위한 입법지침 안,[17] 타다 불법파견 문제제기 건, 요기요 라이더의 근로자 인정 판정 건(≪한겨레≫, 2019.11.5) 등), △ 새로운 형태의 노동에 부합하도록 법제도 개편하기(산업안전보건의 적용 대상을 '근로자'에서 '노무를 제공하는 자'로 확대한 '산업안전보건법' 사례와 같이, 근로자성 인정 여부를 넘어서 '일하는 사람' 대상의 노동 관련법, 사회보장 관련법 개정하기 등) 등을 고민해야 할 것이다.[18]

오늘날에는 플랫폼 장치를 매개로 노동-자본 관계가 사업자 관계로 대체되고 있다. 따라서 노동을 노동이 아닌 것으로 비가시화하려는 자본주의적 장치들을 가시화하는 투쟁이 더욱 요구되고 있다. 『역사의 시작』의 저자 맛시모 데 안젤리스의 말을 빌리자면, 자본의 비가시화 장치들을 가시화하는 투쟁은 탈노동적 노동의 대안을 구성하기 위한 기본 전제조건이다(데 안젤리스, 2019: 138).

---

[17] 이 지침(안)은 플랫폼 업체가 아래 다섯 개 지표 중 두 개 이상에 해당할 경우, 그 플랫폼 업체는 노동법상 '사용자'로 추정되고 해당 업체에서 일하는 노동자는 노동법과 사회보험의 보호를 받아야 한다는 규정을 제시하고 있다. 플랫폼 업체의 '사용자성'을 추정하는 지표는 플랫폼 업체가 ① 노동자가 받는 보수를 사실상 결정하거나 보수의 상한선을 설정하는 경우, ② 노동자가 일할 때 복장·두발·유니폼 등 외관, 고객에 대한 응대 방식, 업무수행에 관한 규칙을 따르도록 하는 경우, ③ 전자적 방식 등을 통해 노동자의 업무를 감독하거나 일의 결과를 평가하는 경우, ④ 일하는 시간 혹은 일하지 않는 시간을 노동자가 선택할 자유를 제한하거나, 일감(과업)을 수락하거나 수락하지 않을 자유를 제한하거나, 다른 사람으로 하여금 자신을 대신해서 노무제공을 하도록 할 자유를 제한하는 등 노동자가 노무제공을 스스로 조직할 자유를 사실상 제한하거나 이에 대해 제재를 가하는 경우, ⑤ 노동자가 서비스를 제공받는 고객을 독자적으로 개척하거나 플랫폼이 아닌 다른 제3자를 위해 일할 가능성을 사실상 제한하는 경우이다. 만약 플랫폼 업체가 이와 같은 '사용자성' 추정을 뒤집으려면, 그에 대한 입증책임은 플랫폼 업체에 있다(윤애림, 2022: 8~9 재인용).

[18] 대안 및 개선 사항에 대한 종합적인 논의로는 장귀연 외(2019)를 참조.

참 고 문 헌

≪경향신문≫. 2019.11.4. "블랙리스트·별점 관리… 타다, 운전기사 채용·해고 직접 관여".
교타니 에이지(京谷榮二). 1995. 「유연성이란 무엇인가: 현대 일본의 노동과정」.
      이은숙·이호창 옮김. 서울노동정책연구소 엮음. 『일본적 생산방식과 작업장체제』.
      새길, 95~125쪽.
그람시, 안토니오(Antonio Gramsci). 2005. 『그람시의 옥중수고1』. 이상훈 옮김. 거름.
그룹 크리시스(Krisis). 2007. 『노동을 거부하라!』. 김남시 옮김. 이후.
금속노조노동연구원. 2019. 「미래형 자동차 발전동향과 노조의 대응」.
김민섭. 2017. 「밤의 도시를 걷는 (투명한) 노동자들」. ≪걷고 싶은 도시≫, 91, 60~64쪽.
김성혁 외. 2019. 「플랫폼노동 보호와 조직화 방안」. 전국서비스산업노동조합연맹.
김영선. 2016. 『정상 인간』. 오월의봄.
_____. 2017. 「플랫폼 노동, 새로운 위험사회를 알리는 징후」. ≪문화/과학≫, 92, 74~102쪽.
_____. 2018. 「클로프닝과 데이터 감시」. ≪질라라비≫, 179, 66~76쪽.
_____. 2020a. 「디지털 신기술과 노동의 차별 및 감시, 부품화」. ≪사회통합연구≫, 1(1),
      113~141쪽.
_____. 2020b. 「플랫폼 자본주의의 인간형, 플랫타리아트」. 노동권연구소 기획토론회.
      『기술과 노동의 변화, 그리고 노동권』.
김준영 외. 2019. 「플랫폼경제 종사자 규모 추정과 특성 분석」. 한국고용정보원.
데 안젤리스, 맛시모(Massimo de Angelis). 2019. 『역사의 시작: 가치 투쟁과 전 지구적
      자본』. 권범철 옮김. 갈무리.
도이블러(Wolfgang Daubler)·클레베(Thomas Klebe). 2016. 「크라우드 워크: 새로운
      노동형태-사용자는 사라지는가?」. ≪국제노동브리프≫, 8, 27~52쪽.
라이더유니온. 2021. '배달플랫폼의 AI 노동통제, 라이더가 위험하다' 기자간담회(2021.6.29).
라이언, 데이비드(David Lyon). 2014. 『감시사회로의 유혹』. 이광조 옮김. 후마니타스.
라차라토, 마우리치오(랏자라또, 마우리치오(Maurizio Lazzarato)]. 2017. 『기호와 기계』.
      신병현·심성보 옮김. 갈무리.
≪매일노동뉴스≫. 2019.10.31. "화물차 노동자 안전운임제 투쟁을 주목해야 하는 이유".
_____. 2019.12.23. "쿠팡 급성장의 이면, 정규직 쿠팡맨은 행복할까".
_____. 2020.1.5. "'왜 한 곳에 오래 있어?' 관리자가 노동자 위치 실시간 확인".
머레이, 로빈(Robin Murray). 1993. 「포드주의와 포스트 포드주의」. 강석재·이호창 옮김.
      그레고리 엘리엇 엮음. 『생산혁신과 노동의 변화』. 새길, 91~112쪽.
바우만, 지그문트(Zygmunt Bauman). 2009. 『액체 근대』. 이일수 옮김. 강.
박수민. 2021. 「플랫폼 배달 경제를 뒷받침하는 즉시성의 문화와 그림자 노동」.
      ≪경제와사회≫, 130, 208~236쪽.
베버, 막스(Weber, Max). 1996. 『프로테스탄티즘의 윤리와 자본주의 정신』. 박성수 옮김.
      문예출판사.
벡, 울리히(Ulrich Beck). 1997. 『위험사회』. 홍성태 옮김. 새물결.
브레먼, 얀(Jan Breman). 2016. 「프레카리아트는 허구적 개념 아닐까?」. 장호종 옮김.

≪마르크스21≫, 15, 92~106쪽.

비데, 자크(Bidet Jacques). 2020. 『마르크스의 생명정치학』. 배세진 옮김. 오월의봄.

서르닉, 닉(Srnicek Nick). 2020. 『플랫폼 자본주의』. 심성보 옮김. 킹콩북.

세넷, 리처드(Richard Sennett). 2002. 『신자유주의와 인간성의 파괴』. 조용 옮김.
　　문예출판사.

_____. 2009. 『뉴캐피털리즘』. 유병선 옮김. 위즈덤하우스.

슈밥, 클라우스(Klaus Schwab). 2016. 『클라우스 슈밥의 제4차 산업혁명』. 송경진 옮김.
　　메가스터디북스.

스탠딩, 가이(Guy Standing). 2014. 『프레카리아트: 새로운 위험한 계급』. 김태호 옮김.
　　박종철출판사.

스펜스(Michael Spence)·타이슨(Laura D. Tyson). 2017. 「기술이 부와 소득의 불평등에
　　미치는 영향」. 『애프터 피케티: '21세기 자본' 이후 3년』. 유엔제이 옮김. 율리시스.

야마다 토시오[야마따 도시오(山田鋭夫)]. 1993. 「애프터 포드주의의 여러 모습들」.
　　강석재·이호창 옮김. 그레고리 엘리엇 엮음. 『생산혁신과 노동의 변화』. 새길.

윤애림. 2022. '노동자의 안전·보건 및 데이터 통제에 관한 법제 개선 동향'. 노동시간센터
　　월례발표회 발표문.

장귀연 외. 2019. 「플랫폼노동 종사자 인권상황 실태조사」. 국가인권위원회.

≪주간경향≫. 2017.6.20. "크라우드 워커의 시대가 온다?"

주보프, 쇼샤나(Shoshana Zuboff). 2021. 『감시 자본주의 시대』. 김보영 옮김. 문학사상.

카펜치스, 조지(George Caffentzis). 2018. 『피와 불의 문자들』. 서창현 옮김. 갈무리.

파스콸레, 프랭크(Frank Pasquale). 2016. 『블랙박스 사회』. 이시은 옮김. 안티고네.

페데리치, 실비아(Silvia Federici). 2011. 『캘리번과 마녀: 여성, 신체 그리고 시초축적』.
　　황성원·김민철 옮김. 갈무리.

프레이저, 낸시(Nancy Fraser). 2010. 『지구화 시대의 정의: 정치적 공간에 대한 새로운
　　상상』. 김원식 옮김. 그린비.

≪한겨레≫. 2019.11.5. "플랫폼 노동자 가운데 첫 근로자 인정".

Galič, Maša., Tjerk Timan and Bert-Jaap Koops. 2017. "Bentham, Deleuze and Beyond:
　　An overview of surveillance theories from the panopticon to participation."
　　Philosophy & Technology 30, pp.9~37.

Eurofound. 2019. *Platform workers in Europe*. Eurofound.

Financial Times. 2015.10.8. "The human cloud: A new world of work."

ILO. 2018. "Digital labour platforms and the future of work: Towards decent work in the
　　online world." 2018. 9.

Reid, Douglas. 1976. "The decline of Saint Monday 1766-1876." *Past & Present* 71(1),
　　pp.56~97.

_____. 1996. "Weddings, weekdays, work and leisure in urban England 1791-1911: The
　　decline of Saint Monday revisited." *Past & Present* 71(1), pp.56~97.

Schor, Juliet B. and William Attwood-Charles. 2017. "The sharing economy: Labor,
　　inequality and sociability on for-profit platforms." *Sociology Compass*, August 17,

pp. 1~22(Under review).

Schmidt, Florian Alexander. 2017. "Digital labour markets in the platform economy." *Friedrich-Ebert-Stiftung.* 2017. 1.

Thompson, Edward Palmer. 1967. "Time, work-discipline, and industrial capitalism." *Past & Present* 38, pp. 56~97.

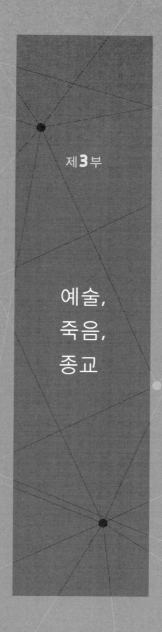

제**3**부

예술,
죽음,
종교

제6장

탈사회적 전환과 예술
인공지능 예술을 중심으로

—

김남옥

새로운 혁명의 한가운데서

죽은 사람이 돌아왔다. 한 시대를 풍미했던 요절 스타들, 김현식, 터틀맨, 김광석, 신해철이 '환생'의 주인공이다. 그들은 생전의 모습과 목소리로 남겨진 그룹 멤버들과 노래하고 BTS와 한 무대에서 합동공연을 펼치는가 하면, 미발표 신곡 또는 다른 가수의 곡을 열창해서 가족과 팬, 그리고 시청자들에게 놀라움을 안겼다.[1] 또한 허망하

---

[1] 음악방송 Mnet은 〈AI 음악프로젝트, 다시 한 번〉이라는 제목으로 2회 방송했다(2020년 12월 9일 터틀맨 편, 2020년 12월 16일 김현식 편). SBS도 인공지능 기술을 활용한 신년 특집 프로그램 〈세기의 대결, AI vs 인간〉 4부작(2021년 1월 29일~2월14일 매주 금요일 방송) 중 1회에서 김광석 편을 방송한 바 있다. 빅히트 레이블의 온라인 콘서트 '2021 NEW YEAR'S EVE LIVE presented by Weverse'(2020년 12월 31일)에서는 인공지능으로 신해철의 등장을 구현하기도 했다.

게 세상을 떠난 어린 딸이 어머니에게로, 아내가 남편에게로 돌아와 만남의 시간을 가지기도 했다.[2] 죽은 자와 산 자의 재회. 2016년, 알파고 쇼크 이후 거침없는 행보로 관심을 끌고 있는 인공지능(Artificial Intelligence: AI) 기술이 보여준 새로운 풍경이다.

20세기 끝자락에 폭발한 디지털기술혁명은 우리가 살아가는 방식을 바꾸어놓았다. "전기의 힘으로 움직이는 기계, 모터, 벨트, 베어링, 나사 등 덜거덕거리며 톱니가 맞물려 돌아가는 것들이 생겨난" 산업혁명이 사람이나 동물, 그리고 태양, 바람, 물 등의 자연에서 에너지 및 동력원을 얻던 삶의 방식을 변화시켰듯이, 빛의 속도로 색깔도 무게도 없는 비트를 세계에 전달하는 정보기술혁명은 우리가 생각하고 꿈꾸고 소통하고 사랑하는 방식을 변모시켰고, 우리가 생산하고 소비하고 거래하고 관리하는 방식, 살고 죽는 방식을 변화시켰다(토플러, 2002: 40~41; 네그로폰테, 2007: 14; 카스텔, 2003: 11~12).

이제 정보기술문명의 퍼즐은 인공지능으로 맞춰지고 있다. 컴퓨터는 그 어느 때보다 복잡한 작업을 수행할 수 있게 되었고, 그동안 인간만이 할 수 있다고 생각했던 일까지 거뜬히 해낼 수 있게 되었다. 군중속에서 사람을 인식해 내는가 하면, SF영화 속에서나 등장하던 자율주행자동차가 도로를 달리게 되었다(뉴 사이언티스트 외, 2018: 10). 또한 인공지능 로봇 소피아는 최초로 UN 무대에 진출해서 사우디아라

---

2 MBC 스페셜 〈특집 VR 휴먼다큐멘터리 너를 만났다: 나연이 모녀 재회〉(2021년 1월 21일)에서는 죽은 딸과 어머니의 만남이, 〈너를 만났다 시즌 2 첫 번째 이야기: 로망스〉(2021년 1월 28일)에서는 병으로 세상을 뜬 아내와 재회하는 김정수 씨를 다룬 내용이 방송되었다.

비아의 시민권을 획득함으로써 유명세를 탔고, 대기업 광고모델로 종횡무진하는 인공지능 인플루언서들이 속속 등장해 화제가 되고 있다. 또한 마리아 칼라스, 마이클 잭슨, 신해철 등 고인이 된 스타들의 콘서트 열풍도 이어지고 있다.

그뿐만 아니다. 여기저기서 '인간 vs 인공지능'의 대결이 벌어지고 있다. 2011년 IBM이 개발한 인공지능 '왓슨'은 미국의 유명 퀴즈 프로그램인 게임쇼 〈제퍼디!〉에서 인간 도전자 두 명을 누르고 우승해 100만 달러의 상금을 획득한 바 있고, 2012년에는 일본 장기 세계에서 프로 기사가 인공지능과 대결해 패배하는 사건이 있었다(마쓰오 유타카, 2019: 16~18). 특히 2016년 구글 딥드림의 '알파고'가 바둑의 최고수 이세돌과의 대결에서 승리를 거둠으로써 세계를 충격에 빠뜨린 사건은 인공지능의 세 번째 '붐'을 알리는 신호탄이 되었다. 일명 '알파고 쇼크'는 인공지능에 대한 대중적 관심은 물론 정부, 기업의 관심까지 불러일으키는 결정적인 계기가 되었다.

예술 영역도 예외는 아니다. 머신러닝, 딥러닝으로 진화한 인공지능은 바흐보다 더 바흐 같은 곡을 작곡하고 고흐 화풍으로 그림을 그리는가 하면 인간의 감성을 자극하는 시와 소설을 쓰는 등 다양한 예술 분야로 활동 범위를 넓혀가고 있다. '인공지능 화가'의 그림이 고가에 판매되고, '인공지능 작곡가'의 곡이 세계적인 오케스트라에 의해 연주되며, '인공지능 작가'가 쓴 소설이 문학상 후보에 오르는가 하면, 인공지능이 쓴 시나리오로 제작된 영화가 영화제에서 호평을 받는 사건들이 줄을 잇고 있다. 이른바 예술 활동은 오직 '인간의, 인간에 의한, 인간을 위한' 행위라는 인류의 마지막 남은 자존심에 인공지능이 모욕을 가하기 시작한 것이다.

　최근의 이러한 동향은 "인공지능이 만든 '작품'이 예술일 수 있는 가?"를 둘러싼 갑론을박을 낳았다. 컴퓨터가 예술, 문학, 음악 분야에서 우리가 상상할 수 있는 것 이상으로 놀라운 것을 만들어낸다 하더라도 이것은 결국 모방에 불과하고 컴퓨터는 인간 예술가를 돕는 충실한 도구일 뿐이라는 견해와, 인공지능의 예술적 창의력을 논함으로써 인공지능 예술의 정당성을 주장하는 견해가 맞서는 상황이다. 나아가 인공지능 예술을 '제2의 개념예술'로 인정해야 한다는 주장도 가세했다. 마르셀 뒤샹이 대량생산된 남성용 소변기를 구입해 가짜 서명을 한 후 '샘'이라는 제목을 붙여 전시에 출품한 사건이 대표적이다. 당시 이 작품은 '미를 욕보인'[3] 희대의 불경스러운 행위로 간주되어 전시하자마자 철거되었으나 이후 새로운 개념을 창조해 낸 위대한 사건으로 새롭게 평가받았다. 이 사건을 통해 인공지능 예술은 이에 비견되므로 새로운 장르의 예술로 인정해야 한다는 논의가 촉발된 것이다(김남옥, 2020: 184).

　이 쟁점에 대한 명쾌한 결론은 중요하지 않다고 본다. 이는 Yes냐 No냐의 문제가 아니라 우리가 마주해야 할 현실이기 때문이다. 인공지능 예술의 탄생은 '예술이란 무엇이고, 예술의 주체는 누구인가'라는 본질적인 질문을 돌아보게 한다. 또한 '인간이란 무엇이고, 예술의 본질은 무엇인가'에서부터 '예술, 인간, 기술을 둘러싼 기본 가정들은

3　미의 역사와 현대예술의 의미를 탐구한 아서 단토(Arthur C. Danto)의 저서 『미를 욕보이다』의 제목에서 원용(단토, 2017).

타당한가'에 이르기까지 폭넓은 성찰을 요구하기도 하다. 예술은 체스와 달리 공식적인 규칙과 정의된 결과를 가진 고정된 게임이 아니다. 예술이란 문화와 함께 진화하고 변화하면서 사람, 사물, 환경 간의 사회적 대화 및 상호 관계를 필요로 하는 복잡한 시스템인 것이다. 물론 이러한 환경에는 예술 자체에 지속적으로 중대한 영향을 미치는 기술과학이 포함된다(김남옥, 2020: 185; D'Inverno and McCormack, 2015: 2440). 그러므로 인공지능 예술을 탐색하는 과정은 '사회적인 것(the Social)'을 사회학적으로 재성찰한다는 의미를 지닌다. 따라서 새로운 접근이 필요하다.

이 글은 우리 시대를 읽는 새로운 혁명의 코드들, 즉 디지털 네트워크, 데이터, 알고리즘, 머신러닝, 딥러닝, 인공 신경망(Artificial Neural Network: ANN), 생성적 적대 신경망(Generative Adversarial Network: GAN) 등으로 대변되는 초스마트 혁명의 한가운데서 예술계에 지각변동을 일으키고 있는 인공지능 예술에 초점을 맞추고자 한다. 이를 위해 탈사회적 의제 및 탈사회를 지배하는 기술적 논리를 탐색하고 이를 바탕으로 인공지능 예술 사례를 검토할 것이다. 이 과정을 통해 예술 활동은 인간의 전유물이요 기술은 인간 예술가를 돕는 도구에 불과하다는 기존 가정이 거부될 것이고, 인간-기계의 관계를 새롭게 설정해야 할 필요성이 제기될 것이다.

탈사회적 전환

새로운 문제의식: 인간-비인간 어셈블리지

행위자-네트워크 이론(Actor-Network Theory: ANT)의 대표 주자 라투르는 사회학이 태동하던 당시 뒤르켐과 쌍벽을 이루던 가브리엘 타르드를 ANT의 선구자로 묘사한다. 인간/비인간, 사회/자연, 주체/객체 등 이원론적 존재론에 기반을 둔 근대주의 사회과학을 비판하고 인간-비인간의 다양한 결합이라는 비근대주의 사회과학을 창시한 원조가 타르드라는 것이다. "모든 사물이 사회이며, 모든 현상이 사회적 사실"이라고 주장하는 타르드에게 사회는 우주에 존재하는 모든 것이고, 그 사회는 상호작용하는 수많은 모나드의 연합일 뿐이다. 타르드의 이 같은 논점은 ANT의 핵심 테제, 즉 '사회적인 것'이란 오롯이 인간 요소만으로 구성되는 것이 아니며 인간과 비인간의 '공동구성(co-construction)' 관계로 보아야 한다는 테제와 정확히 일치한다(타르드, 2015: 58; 라투르, 2009; 김환석, 2018: 82).

그렇다면 라투르로 대표되는 ANT는 사회과학의 새로운 패러다임으로 인정받으면서 확장해 나가는 반면, 일찍이 개인과 사회, 미시와 거시, 구조와 요소의 구분이라는 이원론과 대립각을 세우던 사회학 태동기의 타르드는 왜 오랫동안 잊힌 인물이 되었을까? 한마디로 타르드는 뒤르켐과의 경쟁에서 완패했기 때문이다.

뒤르켐은 생물학이나 심리학, 철학과 구분되는 독립적 학문으로서 사회학을 확립하고자 했다. 뒤르켐이 말한 독자적 실재로서의 '사회적인 것'은 자연과학의 대상이라고 본 '자연적인 것(the Natural)'이나 심리학의 대상이라고 본 '개인적인 것(the Individual)'과는 구분되는 것이었다. 자연/사회, 개인/사회라는 이분법에 근거한 뒤르켐의 승리는 곧 사회학과 근대성의 공모가 빚어낸 결과라 할 수 있다. 정신과 몸(물질)을 구분한 데카르트의 사유가 서구사상에 영향을 미치면서 자연/인간, 물질/비물질, 합리성/비합리성, 주체/대상 등의 이원론은 서구의 지배적인 세계관이 되었다. 이 세계관에서는 인간이 지구상의 모든 비인간 존재와는 근본적으로 다른 존재요, 비인간 존재들을 지배하는 존재이다. 뒤르켐의 사회학은 이를 계승한 것이라고 볼 수 있다(김환석, 2012: 3~4; 김남옥, 2011: 71~72).

망각의 늪에 빠져 있던 타르드가 재부상한 것은 들뢰즈가 자신의 박사 논문 『차이와 반복(Difference et Repetition)』(1968)에서 타르드를 재평가한 것이 계기가 되었다. 그리고 1999년부터 프랑스를 중심으로 타르드 전집이 간행되고 있고, 미국에서도 타르드가 쓴 저작들의 출간이 이어지고 있다. 특히 라투르가 '대안 사회과학의 대안적 시작'이라고 칭송을 아끼지 않는 타르드의 사회학은 들뢰즈의 차이의 철학, 푸코의 미시 권력의 물리학, 가장 최근의 ANT 등 다양한 접근 방식과도 연결되었다(Candea, 2010: 1).

100년 내내 사회학의 지배적인 패러다임에서 추방당했던 타르드의 귀환은 인간 중심주의적 이원론적 세계관에 대한 성찰과 맞물려 있다. 환경위기, 기후변화, 에너지 위기처럼 현재 인류가 처한 위기는 근대의 이분법적 사유로는 더 이상 이해할 수도 처방을 내릴 수도 없다는 문제의식이 자리 잡고 있는 것이다. 특히 최근 부각되고 있는 첨단기술의 역할에 대한 관심은 이러한 문제의식을 확고히 했다. 디지털기술을 위시한 생명공학기술, 나노기술 등 현대 첨단기술은 디지털 언어라는 공유지를 매개로 개별 기술이 서로 긴밀하고 복잡하게 연결되면서 "복잡성을 지닌 거대한 규모의 개방적 시스템"을 형성하는 것을 특징으로 한다. 이 기술적 특징은 과학과 기술, 기술과 기술, 자연적인 것과 인공적인 것, 기계와 유기체, 사회적인 것과 기술적인 것 사이에 가로놓인 분리장벽을 폭발시켜 섞임과 얽힘을 일으키는 급진적인 힘을 지니고 있다. 해러웨이의 언명과 같이 오늘날은 기술과 과학 사이의 하이픈(-)을 걷어낸 기술과학의 '자궁'에서 잡종적 존재가 무한 증식되는 하이브리드 세계로의 이행이 전개된 것이자, 일찍이 크노르-세티나가 예견한 '탈사회적 사회'로의 이행이 전개된 것이다(김남옥, 2011: 122~125; 해러웨이, 2007: 42; 휴즈, 2008; Gabriel and Jacobs, 2008: 528; Knorr-Cetina, 1997).

이처럼 기존의 사회학이 역사적으로 전제해 왔던 기본 가정들이 뒤흔리고 있는 작금의 상황에서는 사회학적 방법의 새로운 규준을 모색해야 할 필요성이 제기된다. 존 어리(John Urry)의 '새로운 사회학 선언'은 이러한 맥락에서 이해할 필요가 있다. 어리는 오늘날 인간을 초월하는 혁명적 기술들이 출현한 결과로 인해, 즉 사람, 사물, 정보, 이미지, 폐기물들 사이의 복잡한 상호작용과 그러한 상호작용이 빚어내는 사회적 결과로 인해 '탈사회적(postsocial)' 국면에 접어들었고, 따라서 여기에 적합한 새로운 사회학적 방법의 규준이 필요하다고 주장한다. 이 새로운 규준은 인간 능력을 강조하는 행위자 노선을 거부하는 것에서 출발해야 한다. 인간의 능력은 비인간적 구성요소와 접속함으로써 현실화되기 때문이다. 따라서 비인간적 사물이 사회관계를 재구축한다는 가정이 필요한 것이다. "사회관계는 인간들뿐 아니라 비인간들도 능동적인 파트너"로 포함시켜야 한다는 해러웨이의 주장은 이러한 맥락으로 이해할 수 있다(어리, 2012: 11, 31~32; 해러웨이, 2007: 50).

이러한 점에서 인간과 비인간 사이의 근대적 구분을 넘어서 비인간에게 전례 없는 행위능력(agency)을 부여하는 ANT, 즉 행위자-네트워크 이론과 그 이론의 후예들은 주목할 만하다. 비인간의 행위성에 대한 강조는 ANT의 대표주자인 브뤼노 라투르(Bruno Latour), 미셸 칼롱(Micell Callon), 존 로(John Law)뿐만 아니라 질 들뢰즈(Gilles Deleuze), 피에르 펠릭스 가타리(Pierre-Félix Guattari), 도나 해러웨이(Donna J. Haraway), 그레이엄 하먼(Graham Harman), 퀑탱 메이야수(Quentin Meillassoux), 존 어리(John Urry), 카린 크노르-세티나(Karin Knorr-Cetina), 대니얼 밀러(Daniel Miller) 등 많은 학자들이 공유하는 전제이다. 이들의 이론은 신유물론, 어셈블리지이론, 사변적 실재론, 객체지향존재론, 포스트휴먼이론 등 다양한 명칭으로 불리고 있고, 이들 사이에는 각각 입장 차이도 분명 존재한다. 그럼에도 가브리엘과 제이콥스는 이들을 탈사회이론가로 규정한다. 이들은 사회세계를 이성적인 개인이 특정한 목적을 위해 상호작용하는 인간 중심의 세계를 탈피하는 것으로 인식하는 한편, 사회세계는 인간과 비인간의 이질적인 네트워크로 구성된—즉, 잡종적 집합체로 이해되는—탈사회적 패러다임으로 수렴된다고 보았기 때문이다(Gabriel and Jacobs, 2008: 520~530).

요컨대 탈사회적 관점의 가장 핵심적인 특징은 인간과 세계 혹은 문화와 자연 사이에 설정된 전형적인 근대를 파괴하는 것이다. 인간 중심주의적 편향의 지식체계가 소외시켰던 모든 비인간 존재자를 인간 존재자와의 대칭적 관계로 돌려놓는 것, 이것이 탈사회적 의제의 핵심이다(Gabriel and Jacobs, 2008: 520~530). 인간과 사물 사이의 새로운 형태의 유대를 강조하는 이 같은 관점에서는 기술과학의 역할을 중심으로 한 아이디어가 중요한 역할을 했다고 볼 수 있다.

탈사회적 전환의 동인

탈사회로 전환하는 데 가장 강력한 힘으로 작용한 것은 정보기술 혁명이다. 정보기술혁명은 마이크로프로세서가 주도한 디지털기술 혁명이다. 정보처리 및 전송을 디지털 신호인 0과 1의 이원적 부호체계로 표준화할 수 있는 디지털기술은 정보의 유실 없이 무한복제가 가능하며, 가공 시에도 품질이 저하되지 않는 무한반복의 특성을 지닌다. 또한 디지털 신호의 중간에 암호를 넣어 사용하기 때문에 중간 신호가 유실되더라도 원본을 복구할 수 있는 복원성을 내포하고 있으며, 자유로운 조작과 변형이 가능하므로 가공성도 지닌다. 이처럼 정보를 입력하고 처리하기 위해 숫자를 사용하는 디지털 언어는 엄청난 변화의 전령으로 등장한 새로운 언어라 할 수 있다(김남옥, 2011: 125; 김문조, 2013: 22).

정보발생을 낳는 디지털언어는 이질적인 것들이 만나고 섞이고 변하고 창발할 수 있는 내파적 위력을 지닌다. 또한 디지털언어는 생명공학, 나노기술, 로봇공학, 뇌과학 등 다양한 개별 기술을 수렴시킴으로써 거대한 기술시스템을 구성하는 기반이 된다. 정보를 부호화하고 코드화하는 공통의 디지털언어로 자신의 공유지를 구축해 나가는 능력 때문이다. 카스텔은 정보기술혁명이 새로운 물적 토대를 창출했다고 주장한다. 정보기술이 특유의 내재적 논리로 사회에 충격을 가하고 우리의 삶의 방식을 근본적으로 바꾸고 있다는 것이다(김남옥·김문조, 2013: 239). 우리는 이를 통해 정보문명의 구성원리가 무엇인지 파악하는 단서를 포착할 수 있을 것이다.

마누엘 카스텔(Manuel Castells)은 정보기술혁명의 특성을 세 가지로 요약한다. 첫째는 디지털 전자기술 덕분에 정보의 용량, 복잡성, 속도 면에서 자체 가공 및 커뮤니케이션하는 능력이 확장된 것이다. 여기에는 창발적 속성도 포함된다. 둘째 특성은 디지털로 된 것은 무엇이든 어디서나 연결시키고 재결합하는 잠재능력을 지닌다는 것이다. 마지막 특성은 유연성과 상호작용성이다. 즉, 새로운 정보기술혁명은 모든 투입물을 공통의 정보체계로 변형시킴으로써 잠재적으로 어디에나 존재하는 검색과 분배네트워크를 통해 더욱 빠르고 강력하며 저렴한 가격으로 정보를 처리할 수 있는 특유의 내재적 논리를 가지고 있으며, 전 세계를 연결시키는 능력을 가지고 있다는 것이다. 이는 카스텔이 "네트워크 사회의 도래"를 선언한 근거이다(김남옥, 2016: 21).

정보문명을 규정짓는 가장 큰 특징으로는 정보가 원재료가 된다는 점을 들 수 있다. 이는 정보가 기술에 영향을 주는 데 그치지 않고 정보에 영향을 미치는 기술이 출현했다는 것을 의미하며, 정보가 잉여

가치 또는 생산성의 중대 요인이 되는 사회가 되었음을 의미한다. 이는 정보가 모든 인간 활동에 필요불가결한 요인이라는 점을 분명히 해준다. 그러므로 인간존재의 전 과정은 새로운 기술매체에 의해 직접적으로 형성된다는 둘째 특징으로 귀결된다. 마지막은 네트워크 논리와 관련된 것이다. "상호 연결된 노드들의 집합"으로 정의되는 네트워크 논리가 보급되면 생산, 경험, 권력과 문화의 과정이 초래하는 효과의 결과가 달라진다. 이는 단순한 사회적 네트워크만을 의미하는 것이 아니다. 정보기술의 비약적인 발전으로 새로운 물적 토대가 창출되기 때문이다. 이 네트워크 논리는 사람과 사물 사이에 존재하는 시간과 공간을 뛰어넘어 복잡하고도 지속적인 결합을 낳는다. 이는 유연성의 특성과도 연결된다. 이 모든 특성과 더불어 오래되고 분리된 기술궤적이 구분되지 않는 고도로 통합된 기술시스템 속으로 특정 기술이 점점 더 수렴되고 있다. 따라서 극소전자공학, 원격통신, 광전자공학, 컴퓨터는 현재 모두 정보시스템으로 통합되고 있다고 할 수 있다(카스텔, 2003: 107~109; 어리, 2012: 65). 카스텔이 제안한 '정보적 발전 양식'이 정보문명의 토대인 것이다.

뉴 노멀

이제 인공지능이 정보문명의 전면에 등장했고, 이를 둘러싼 담론으로 갑자기 소란스러워졌다. 퀴즈, 게임 등 인간과의 대결에서 인공지능이 승리를 거두는 일은 더 이상 놀랍지 않다. 인공지능 기술은 전문 직종에서 일하고, 인공지능 스피커끼리 설전을 펼치는가 하면, 인간의 유머를 이해하고 포커게임에서 고수를 물리치는 등 짧은 시간에 강렬한 역사를 쓰고 있다. 그뿐만 아니다. 그동안 기계가 결코 침범할 수 없다고 생각했던 예술계로 진출한 인공지능 '예술가'들의 활약도 눈부시다. 세 번째 붐을 맞이한 인공지능의 거침없는 행보가 이어지면서 초지능에 대한 쟁점이 부상했다. 인공지능이 정말 인간의 능력을 뛰어넘을까? 인간의 능력을 초월하는 순간 인간의 미래는 어떻게 될 것인가? 이 같은 의문을 둘러싼 설왕설래로 떠들썩해진 것이다. 특이점, 포스트휴먼, 인류 종말의 내러티브가 등록되는 지점이다.

인공지능으로 대변되는 지능기술은 디지털 전환 시대를 열어가고 있다. 2016년 다보스 세계경제포럼에서 클라우스 슈밥(Klaus Schwab)이 제시한 '4차 산업혁명론', 2015년 중국이 제시한 정책비전 '메이드 인 차이나 2025', 2016년 일본이 과학기술 정책과제의 키워드로 제시한 '소사이어티 5.0' 등은 공히 사물인터넷(IoT), 인공지능(AI), 로봇공학(RoT) 같은 지능화된 디지털기술의 세계화와 급속한 진화가 사회에 중대한 변화를 가져올 것이라는 새로운 시대 선언에 초점이 맞춰져 있다. 이제 초지능(Super-intelligence), 초연결사회(Hyper-connected Society)가 우리 삶을 지배하는 생태계가 될 것이라는 선언인 것이다.

새로운 디지털 전환 역시 정보 기반 문명의 장기 패러다임 안에서 일어나는 하나의 파동이며 거대한 진화의 물결로 볼 수 있다. '2진법 기계'를 가정한 '튜링머신'을 고안하고 '지능기계'의 상상이 실현 가능하다는 것을 확신시키기 위해 '튜링 테스트'를 고안해 낸 앨런 튜링(Alan Turing), 프로그램 내장형 컴퓨터를 제안해 튜링머신의 이론적 고안을 구현한 요한 폰 노이만(Johann von Neumann, 디지털컴퓨터 발명가), 기계와 인간의 피드백 가능성(사이버네틱스이론)을 제시한 노버트 위너(Norbert Wiener)와 그 후예들, 비트로 정보량을 측정해 최초로 정보를 정량적으로 정의함으로써 정보의 개념을 대상이 지닌 의미와 상관없는 비트들의 조합에 불과하며 통신채널을 통해 전송이 가능하도록 코드화 작업이 이루어지는 모든 것이라는 개념으로 대체한 정보이론가 클로드 섀넌(Claude Shannon) 등의 성과는 정보기술통신혁명의 토대요, 인공지능 역사의 시발점이기 때문이다. 이렇듯 사이버네틱스이론은 생각하는 기계를 창안함으로써 인간과 기계를 구분하는 데카르트의 두 가지 기준, 즉 기계는 피드백 메커니즘이 없고 기계는 일반화하는 이성이 없다는 기준을 과감하게 깨뜨렸다. 인공지능의 탄생과 진화는 이러한 사이버네틱스이론과 인간-기계의 이종 네트워크로 구성된 잡종체의 구현이라는 정보문명의 기술과 같은 선상에 자리한다(김남옥, 2011: 134~140; 매즐리시, 2001: 47).

인공지능은 학습, 추론, 지각, 상호작용, 인지 등 인간이 가지고 있는 지적 능력을 컴퓨터로 구현하는 것을 지칭한다. 이는 "데이터 속에서 특징을 생성해 현상을 모델화하는 것이 가능한 컴퓨터"라는 의미이다. 그런데 이제 인공지능이 인간을 뛰어넘기 시작했고, 심지어 인간으로부터 자립하려 하고 있으며, 가까운 미래에 스스로 생각하고 인간에게 위해를 가할지도 모른다는 공포감까지 주고 있다(마쓰오 유타카, 2019: 45; 오카모토 유이치로, 2019: 59).

이러한 공포의 배경에는 머신러닝과 딥러닝을 받아들인 인공지능이 자리하고 있다. 〈그림 6-1〉에서 알 수 있듯 인공지능의 진화에서 제1차 붐은 1956년 다트머스 대학교에서 개최된 워크숍에서 인공지

그림 6-1 | 인공지능 약사

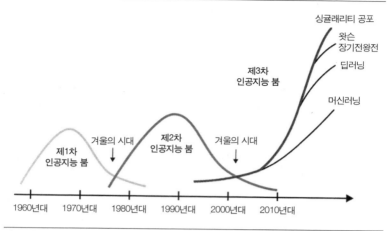

싱귤래리티 공포

왓슨
장기전왕전

딥러닝

머신러닝

제3차
인공지능 붐

제1차
인공지능 붐

겨울의 시대

제2차
인공지능 붐

겨울의 시대

1960년대　1970년대　1980년대　1990년대　2000년대　2010년대

자료: 마쓰오 유타카(2019: 62)

능이라는 용어가 탄생한 시점부터 1960년대를 말한다. 이 시기는 컴퓨터를 통해 '추론과 탐색'을 하던 때로, 컴퓨터로 특정한 문제를 푸는 연구가 시작되었다. 제2차 인공지능 붐이 열린 것은 1980년대에 이르러서이다. 이때는 컴퓨터에 '지식'을 넣으면 똑똑해진다는 접근법이 전성기를 맞이했고, 실용적인 시스템이 만들어졌다. 그런데 인공지능이 획기적으로 도약한 것은 머신러닝과 딥러닝의 큰 파도가 겹치면서 맞이한 제3차 붐 시기이다. 1990년대 중반에 검색 엔진이 탄생한 이후, 인터넷이 폭발적으로 보급된 1990년대를 지나 2000년대 들어 웹이 광범위하게 보급되면서 대량의 데이터를 이용한 머신러닝이 확산되었다. 머신러닝은 표본이 되는 데이터를 바탕으로 규칙이나 지식을 스스로 학습하는 것이고, 딥러닝은 머신러닝 시 데이터를 나타내기 위해 사용되는 입력 값을 학습하는 것이다. 제3차 인공지능 붐은

빅데이터 시대에 확산된 머신러닝과 기술적으로 진화한 딥러닝이 합쳐지면서 탄생했다(마쓰오 유타카, 2019: 63). '악마의 호출', '판도라 상자', '특이점', '파국' 같은 논란의 중심에는 딥러닝이 있다.

　인공지능에 대한 역사를 간략하게 정리한 〈그림 6-1〉에서 알 수 있는 것은 '데이터'의 중요성이다. 머신러닝과 딥러닝의 두 파도가 겹치면서 인공지능의 연료라 할 수 있는 빅데이터가 성장하는 획기적인 전기가 마련되었다. 2000년대 이후, 인터넷의 발달, 스마트폰과 소셜 네트워크의 대중화로 엄청난 데이터가 쌓였고, 대용량을 처리할 수 있는 분산 컴퓨팅기술이 개발되면서 빅데이터의 성장이 가능해졌다. 이를 배경으로 대량의 데이터를 이용한 머신러닝이 조용히 퍼져나가게 되었다. 머신러닝의 하위 개념인 딥러닝 또한 방대한 데이터가 생명이다. 딥러닝이란 뇌의 뉴런과 유사한 정보의 입출력 계층을 활용해서 데이터를 학습하는 것이다. 딥러닝에서 특징적인 것은 데이터를 바탕으로 컴퓨터가 스스로 특징을 만들어낸다는 점이다. 그런데 인간이 그 특징을 설계하는 것이 아니라 컴퓨터가 스스로 높은 차원인 특징을 획득하고, 이를 바탕으로 이미지를 분류한다는 것이 머신러닝과의 차별점이다(마쓰오 유타카, 2019: 150). 즉, 인공지능이 급진적으로 발전한 동력은 데이터의 축적과 컴퓨팅환경의 고도화에 있다 하겠다.

　그러므로 데이터는 인공지능 시대를 움직이는 연료라 할 수 있다. 연료 탱크에 방대한 양의 데이터를 채워놓을수록 인공지능이 창조의 주도권을 쥘 수 있는 가능성은 높아진다. 이것이 바로 데이터를 어디에서 찾고 어떻게 최대한 활용할 것인가에 관심이 집중되는 이유이다. 유발 하라리(Yuval Harari)가 "가장 흥미로운 신흥종교는 데이터 교"라는 표현으로 현대사회의 '데이터 숭배' 현상을 꼬집은 것도 이러한 맥락에서이다(하라리, 2021: 502). 이러한 토대 위에 인공지능의 예술계 진출도 가파르게 증가하고 있다.

인공지능 창조 시대의 예술작품

인간만이 글을 쓰고 노래를 작곡하고 그림을 그리는 시대는 이미 저물었다. 빅데이터의 발달과 컴퓨팅환경의 고도화를 발판으로 인공지능은 예술계로 진출해 문학, 작곡, 회화, 안무제작 등 다양한 영역에서 흥미로운 결과들을 보여주고 있다. 브루스 매즐리시(Bruce Mazlish)가 말한 바와 같이, 이는 인간의 순수한 자존심에 모욕을 안긴 네 번째 사건이다. 프로이드는 인간의 자존심에 상처를 준 세 명의 사상가를 거론했는데, 매즐리시는 여기에 하나를 더 부가했다. 프로이드가 인간의 자존심에 상처를 주었다고 언급한 첫 번째 인물은 지동설을 주장한 코페르니쿠스이다. 코페르니쿠스는 "지구는 우주의 중심이 아니며, 지구는 거대한 우주의 한 귀퉁이에 있는 작은 조각일 뿐"임을 증명함으로써 인간의 자존심에 상처를 주었다. 두 번째 인물은 '진화론'을 내세운 찰스 다윈이다. 다윈은 인간도 동물의 후손일 뿐임을 증명함으로써 인간이 동물보다 우월하다는 믿음에 충격을 가했다. 세 번째 인물은 프로이드 자신이다. 프로이드는 "자아가 육체의 주인이 아니라 무의식의 진행에 만족해야 하는 불쌍한 존재"임을 증명했기 때문이다. 매즐리시는 여기에 더해 컴퓨터-뇌과학 혁명이 우리의 자존심에 네 번째 충격을 안기고 있다고 주장한다. 컴퓨터-뇌과학으로 인해 인간이 기계보다 특별하고 우월한 존재라는 믿음이 흔들리기 시작했다는 것이다. 컴퓨터-뇌혁명, 특히 인공지능의 등장으로 우리는 더 이상 인간과 기계가 완전히 다르다는 생각을 유지하기 어려워졌다(매즐리시, 2001: 13~20).

최근 인공지능에 의한 창작 사례가 급증하면서 "인공지능은 창의적일 수 있는가?", "인공지능은 예술가가 될 수 있는가?"라는 질문도 증가하고 있다. 이러한 질문 역시 예술은 인간만의 고유 영역이라고 믿었던 저지선이 뚫리면서 인간이 우월하고 특별한 존재라는 믿음을 내려놓아야 할지도 모른다는 불안감을 보여주는 징후이다. 머신러닝, 딥러닝, 인공 신경망, 생성적 적대 신경망, 창의적 적대 신경망 등과 같은 인공지능 응용 프로그램이 속속 등장하면서 인공지능은 예술의 다양한 분야에서 창조적 결과물을 만들어내고 있다. 이와 더불어 인공지능 창작물의 지적 재산권을 누가 가질 것인가 하는 쟁점도 부상하고 있다.

회화

미술계에서는 인공지능 '화가'의 활약이 짧은 기간 동안 강렬한 인상을 남겼으며 많은 논란을 낳기도 했다. 인공지능 화가가 전설적인 화가들의 화풍을 쏙 빼닮은 그림을 그리고 전시회를 여는 것을 넘어 인공지능 화가의 작품이 경매 시장에서 고가에 팔리는 사건이 이어지면서 사람들에게 놀라움과 두려움을 동시에 안겨주고 있다. 또한 세계적인 로봇 화가 경진대회에서 수작이 탄생하고 로봇 화가들의 작품이 전시장에 걸리는 일도 빈번해지고 있다. 인공지능 화가는 머신러닝을 통해 "유명 화가 작품의 화풍과 붓 터치 등을 분석한다. 그런 다음 원하는 이미지를 학습한 화풍의 그림으로 변환"한다. 생성적 적대 신경망은 이러한 시도에 주로 활용되는 알고리즘이다. 생성적 적대 신경망은 작품을 그리고 작품의 질을 평가하는 과정을 반복함으로써 인간이 납득할 만한 수준의 결과물을 도출하는 것을 특징으로 한다(김정민, 2018).

구글의 '딥드림'은 유명한 인공지능 화가 중 하나이다.[4] 딥드림은 구글의 엔지니어 알렉산더 모르드빈체프(Alexander Mordvintsev)가 만든 컴퓨터 비전 프로그램으로, 인간의 뇌에서 정보를 보내는 신경망을 모방한 인공 신경망 기반의 컴퓨터 학습 방식인 딥러닝 기술을 토대로 한다. 딥드림은 딥러닝 기술을 통해 수많은 이미지를 인식 및 저장하고 이 이미지의 특징을 추출해 시각화하는 과정을 거쳐 결과물을 산출해 낸다. '딥드림(Deep Dream)'이라는 이름은 그 결과물들이 마치 꿈꾸는 것 같은 환각적인 경험을 연상시킨다고 해서 붙여진 이름이다(https://en.wikipedia.org/wiki/DeepDream; 전승진, 2019.10.3). 딥드림은 유명 화가의 작품 스타일을 학습한 인공지능에게 이미지를

---

4   딥드림(DeepDream) 소프트웨어는 2015년 7월 발매되었다. 이 소프트웨어의 이름은 코드명 '인셉션(Inception)'이라는 딥 컨볼루션 네트워크에서 비롯되었다. '인셉션'은 2014년 ILSVRC(Large-Scale Visual Recognition Challenge, 이미지넷 영상을 기반으로 영상 인식 성능의 우열을 가리는 대회)를 위해 개발된 것으로, 영화 〈인셉션〉에서 그 이름을 딴 것이다(Wikipedia, https://en.wikipedia.org/wiki/DeepDream).

제공해서 그 인공지능이 제공된 이미지를 특정 화가의 화풍으로 변형시키도록 할 수 있다. 이런 방식으로 딥드림이 그린 29점의 작품이 총 9만 7000달러에 판매되자 '예술의 본질'에 대한 논쟁이 벌어지기도 했다.

17세기 화가 렘브란트의 부활이라 할 수 있는 '넥스트 렘브란트(The Next Rembrandt)'도 널리 알려진 인공지능 '화가'이다.[5] 데이터 과학자, 엔지니어, 렘브란트 전문가로 구성된 연구팀은 딥러닝 알고리즘을 적용해서 초상화를 분석하고, 화가의 작품에서 전형적인 명확한 특징을 선택했다. 그들은 모자를 쓰고 흰색 칼라의 검은색 옷을 입고 얼굴이 오른쪽을 향하고 수염이 난 30~40대 백인 남성의 초상화를 지정한 뒤 이를 렘브란트 화풍으로 그리도록 지시했다. 이 그림은 잘 알려진 렘브란트의 그림 364점에 대한 16만 8263개의 3D 스캔을 바탕으로 1억 4800만 개 이상의 픽셀로 구성되었다. 3D프린터는 화가의 브러시 스트로크를 거의 모방하는 방식으로 페인트 기반의 UV 잉크를 사용해 렘브란트가 사용했던 그림 질감과 붓을 재현했다(Iansiti and Sarnoff, 2020: 2). 그 결과 유화의 질감까지 똑같이 재현한 렘브란트가 사후 350년 만에 부활했다.

인공지능 오비어스(Obvious)가 그린 초상화 「에드몽 드 벨라미」는 특별한 의미에서 회자되는 작품이다. 2018년 뉴욕 크리스티 경매에

---

5   넥스트 렘브란트 프로젝트 홈페이지(https://www.nextrembrandt.com/) 참조. 넥스트 렘브란트 프로젝트는 2016년 네덜란드의 광고회사 월터 톰슨(J. Walter Thompson)이 마이크로소프트사와 네덜란드에 본사를 둔 다국적 금융그룹인 ING와 협업해서 수행한 프로젝트이다.

서 43만 2000달러에 판매되었기 때문이다. 이 가격은 함께 경매에 나온 팝 아티스트의 거장 앤디 워홀(Andy Warhol)의 작품보다 약 6배 높은 낙찰가이다. 오비어스는 프랑스 파리의 예술공학단체인 오비어스 프로그래머들이 개발한 인공 신경망 알고리즘이다. 가상인물의 초상화인 「에드몽 드 벨라미」는 온라인 미술 백과사전 위키아트(WikiArt) 데이터세트(dataset)에서 얻은 14~20세기의 그림 1만 5000여 점을 생성적 적대 신경망 방식으로 학습해서 생성한 결과물이다. 오비어스는 이후 가상의 벨라미 가문에 속한 사람들의 초상화 11점을 완성했다. 흥미로운 것은, 오비어스는 완성한 그림마다 화가의 낙관 대신 그림 생성에 사용한 생성적 적대 신경망 알고리즘인 "min max Ex [log(D(x))]+Ez[log(1-D(G (z)))]"를 사용했다는 것이다. 가상의 가문에 '벨라미(belamy)'라는 이름을 붙인 것은 생성적 적대 신경망 개발자인 이안 굿펠로(Ian J. Goodfellow)에 대한 헌정의 의미를 담고 있다고 한다. '굿펠로'라는 이름은 'good friend'라는 뜻인데, 프랑스어로 'bel amy'는 'good friend'라는 뜻을 가지고 있기 때문이다(Vincent, 2018).

이 사건은 상당한 파장을 불러왔다. 인공지능 그림이 경매에서 고가에 판매되자 곧 인공지능도 예술 창작 능력이 있음을 검증받았다는 기사들이 줄을 이었고, 오비어스는 딥드림과 달리 완전히 새롭고 극적인 경지를 개척한 새로운 '개념예술'로 평가할 수 있다는 주장이 나왔다. 반면 이는 진정한 예술가라고 볼 수 없다는 비판도 제기되면서 팽팽한 대립이 발생했다(Miller, 2019: 152~153).

지금까지 인공지능 회화의 대표적인 사례로 세 가지를 언급했으나, 이후 회화에서 인공지능이 차지하는 비중은 가파르게 증가하고

그림 6-2 | 인공지능이 그린 회화 사례

딥드림이 그린 고흐풍의 그림
자료: https://deepdreamgenerator.com/#gallery

넥스트 렘브란트가 그린 그림
자료: https://www.nextrembrandt.com/

오비어스가 그린 「에드몽 드 벨라미」
자료: https://obvious-art.com/portfolio/edmond-de-belai

있다. 그뿐만 아니라 이미지를 제공하면 고흐의 화풍으로 바꿔주고, 단어만 입력해도 그에 맞는 그림을 생성해 주는, 이른바 스타일 전이 서비스 플랫폼이 붐을 이루고 있는 현실이다. 언제, 어디서나, 누구든지 인공지능과 협업할 수 있게 된 것이다. 그런데 주목할 사실은 이러한 인공지능들이 머신러닝의 다양한 방법을 상이하게 취하고 있긴 하지만 데이터를 재료로 학습하고 분류해야만 새로운 것을 생성해 낼 수 있다는 점이다.

문학

언론계에서는 뉴스기사를 쓰는 로봇저널리즘이 화두인 듯하다. 알고리즘이 데이터를 분석해서 중요한 부분을 찾아낸 후 그것을 바탕으로 기사를 작성하고 리포팅하는 로봇저널리즘은 금융, 증권, 스포츠, 기상 등의 분야로 빠르게 확산되는 모양새이다(트랜D, 2021.3.26). 이러한 현상이 놀랍기는 하지만 한편으로는 충분히 가능한 일로 이해되는 측면도 있다. 뉴스란 사실에 기반을 둔 것이고, 이 사실을 건조하고 간결하게 전달해야 하는 특성을 가지고 있기 때문이다.

그러나 소설을 쓰고 시를 짓는 일은 다르다. 아무리 정교화된 머신러닝 방식이라 하더라도 인간의 세밀한 감정, 인간의 고뇌와 통찰, 예측 불가능한 반전 등을 담아내는 문학작품을 창작해 내는 데에는 한계가 있을 것이다. 하지만 문학계에도 인공지능의 물결이 밀려오고 있다. 2016년 인공지능이 쓴 소설이 일본의 문학상 예심을 통과했다는 소식이 전해지면서 놀라움을 안긴 바 있으나, 이젠 인공지능이 소설을 쓰고 시를 짓고 시나리오를 쓴다는 것이 그다지 놀라운 일은 아니다. 국내에서도 인공지능 문학작품 공모전이 열린 바 있고 인공지능이 쓴 장편 소설이 발표되는 등 인공지능이 문학 창작의 활동범위를 넓혀가고 있다.

2016년에는 니혼게이자이신문(日本經濟新聞)이 주최하는 문학상 공모전인 제3회 '호시 신이치상' 일반부문에 인공지능이 쓴 SF 단편소설 「컴퓨터가 소설을 쓰는 날(コンピュータが小説を書く日)」이 예비심사를 통과해서 화제가 된 바 있다. 이 작품은 공립 하코다테미래대학(はこだて未来大学) 교수 미쓰바라 히토시(松原仁)가 총괄 책임자로 있는 '변덕쟁이 인공지능 프로젝트 작가예요' 프로젝트 팀이 제출한 네 편 중 한 편으로, 최종심까지 이르지는 못했으나 1450편이나 출품된 공모전에서 예선을 통과한 자체만으로도 놀랍다는 평가를 받았다. 이 소설 작법의 핵심은 언제, 어떤 날씨에, 무엇을 하고 있다는 요소를 소설에 포함시키도록 컴퓨터 프로그램에 지시하면 인공지능이 이에 적합한 단어를 스스로 선택해서 문장을 만들어내는 것이다. 다음은 이런 방식으로 써내려간 소설 내용의 일부이다.[6]

그날은 가랑비 흩뿌리는 유감스러운 날이었다. 아침부터 통상업무에 끼어드는 형식으로, 지금부터 5년 동안의 경기 예상과 세입 예상, 다음은 수상으로부터 의뢰받은 시정 방침 연설 원고 작성 (중략) 바쁘

---

6   이 저서에는 프로젝트 과정이 꼼꼼하게 기록되어 있으며, 문학상 공모에 응모한 두 개의 작품, 즉 「컴퓨터가 소설을 쓰는 날(コンピュータが小説を書)」과 「나의 일은(私の仕事は)」이 실려 있다.

다. 하여간 바쁘다. 왜 나한테 일이 집중되는 걸까. 나는 일본의 제일
가는 AI. 일이 집중되는 것은 … 어쩔 수 없는 일이려나.(佐藤理史,
2016: 86)

　　연구진은 이에 대해 아직 걸음마 단계라고 평가한다. 그러나 마쓰
오 유타카는 호시 신이치가 남긴 1000개 정도의 단편 데이터를 바탕
으로 인공지능이 글을 쓸 수 있게 만든 이 프로젝트를 나름 의미 있는
작업으로 평가한다. 이 프로젝트가 지닌 가능성 때문이다. 물론 컴퓨
터가 천재적인 문장을 만들어내는 것은 어렵다. 그러나 컴퓨터의 특
기는 그럴법한 조합을 대량으로 만들고 시행착오를 반복하면서 결과
의 수준을 향상시키는 것이다. 방대한 소설의 데이터를 해석하고 학
습해서 작품의 수준을 향상시킨다면 이 같은 작품을 자동적으로 생
성해 낼 수 있다는 것이 마쓰오의 견해이다(마쓰오 유타카, 2019: 24).
실제로 2016년 일본에서는 인공지능 '제로'가 쓴 소설『현인강림(賢
人降臨)』이 출간되었다. 이 소설은 '변덕쟁이 인공지능 프로젝트 작가
예요' 프로젝트와 달리 두 권의 책을 딥러닝으로 학습해 새로운 결과
물을 생성해 냈다는 특징을 지닌다.
　　2017년 중국에서 출간된 인공지능 시집『햇살은 유리창을 잃고(阳
光失了玻璃窗)』가 출간된 것 또한 인공지능이 문학계의 빗장을 연 사
례이다. 이는 마이크로소프트 중국지사가 자체 개발한 대화형 챗봇
인공지능 '샤오빙(Xiaoice, 小冰)'이 창작한 시 1만 편 가운데 139편을
묶어 출간한 것으로, 인공지능이 쓴 세계 최초의 시집으로 꼽힌다. 샤
오빙은 1920년대 이후의 중국 현대 시인 519명의 시를 수천 편 학습

한 후 자신만의 시를 창작해 내는 것으로 알려져 있다. 샤오빙의 특징 중 하나는 이미지를 보고 시를 짓는다는 것이다. 그 과정은 두 단계로 이루어진다. (1) 구글이 개발한 인공지능 알고리즘 '구글넷'을 이용해서 이미지를 분석한 뒤 키워드를 선택한다. 키워드는 사진 속 이미지들이 어떤 물체인지, 그 물체와 관련된 감정을 담은 단어는 무엇인지 분석해 키워드로 추출해 낸다. (2) 이 키워드를 현대 중국 시 2027편을 학습한 신경망 알고리즘에 투입함으로써 여러 시구(詩句)를 생성한다(곽노필, 2018. 8.6).

2018년에는 또 하나의 실험작이 탄생했다. 로스 굿윈(Ross Goodwin)이 만든 인공지능이 쓴 소설 『1 더 로드(1 the Road)』가 출간된 것이다. '1 더 로드'는 자신의 유랑 생활을 기록한 잭 케루악(Jack Kerouac)의 소설 『온 더 로드(On the Road)』에서 따온 것이다. 굿윈은 2017년 케루악을 따라 여행길에 올랐으나 목적은 케루악과 달랐다. 굿윈은 미국 여행 문학을 자동화하는 실험을 하는 것이 목적이었기 때문이다. 굿윈은 캐딜락에 감시 카메라, GPS장치, 마이크, 시계를 장착했고, 이 모든 데이터를 실시간으로 입력하는 휴대용 인공지능 작성기에 연결한 후 몇몇 지인과 함께 길을 떠났다. 그들은 뉴욕에서 뉴올리언스까지 함께 여행했는데, 흥미로운 점은 자동차 뒷좌석을 가득 채운 긴 두루마리 영수증 용지에서 원고가 한 줄 한 줄 인쇄되어 나왔다는 점이다. 한마디로 『1 더 로드』는 자동차를 펜 삼아 써내려간 소설이라고 할 수 있다.[7]

---

7 굿윈은 유튜브에 흥미로운 여행 과정을 소개하고 있다. https://www.youtube.com/watch?v=TqsW0PMd8R0; https://rossgoodwin.com/

그림 6-3 | 인공지능이 쓴 소설을 읽고 있는 굿윈(위)과 책으로 출간된 소설(아래)

자료: https://rossgoodwin.com/(YouTube, "Automatic On The Road - Gonzo AI Robot Writes Road Trip Novel" 캡처)

자료: https://en.wikipedia.org/wiki/1_the_Road

　도로 위를 달리며 소설을 쓰는 이 인공지능 '작가'는 소설을 집필하는 여정에 대비해 소설을 샘플링하도록 훈련받았다. 굿윈으로부터 약 2000만 개의 단어가 포함된 세 개의 말뭉치(시, SF소설, 음산한 글)를 받아 학습하고, 위치기반 소셜 네트워크 서비스 포스퀘어를 통해 데이터세트를 제공받아 지역을 인식할 수 있었다(https://en.wikipedia.org/wiki/1_the_Road).

이에 앞서 굿윈은 인공지능 '벤저민(Benjamin)'을 탄생시켜 세계 최초의 '시나리오 작가'로 데뷔시킨 경력이 있다. 인공지능 스스로 이름을 지은 것으로 알려진 인공지능 벤저민의 시나리오는 오스카 샤프(Oscar Sharp) 감독의 단편 영화 〈선스프링(Sunspring)〉으로 제작되어 2016년 6월 영국에서 개최된 '사이파이 런던영화제(Sci-Fi London film festival)'에서 상영되었고, 수백 편의 경쟁작을 물리치고 상위 10위에 드는 성과를 올린 바 있다.

벤저민은 일반적으로 텍스트 인식에 사용되는 인공지능 유형인 장단기 메모리(Long Short-Term Memory: LSTM) 순환 신경망(Recurrent Neural Network: RNN)으로, 신경망에서 수백 개의 SF영화 스크립트를 학습한 뒤 전체 시나리오를 썼다고 알려져 있다. 인공 신경망은 인간의 뇌를 모방하도록 설계된 컴퓨팅 시스템의 이름으로, 기존의 사례를 숙고하고 결합해서 학습할 수 있는 것을 특징으로 한다. 따라서 인공 신경망은 인공지능이 창의적 재능을 발휘할 수 있는 주요 기둥이라 할 수 있다(Kurt, 2018: 33).

이처럼 인공지능 문학 창작의 기본 뼈대 역시 딥러닝 기반의 다양한 프로그램 시스템을 통해 많은 데이터를 학습하고 분석해서 새로운 서사를 생성해 내는 것임을 알 수 있다.

음악

음악은 일찍부터 인공지능의 가능성이 주목받던 분야이다. 음악에서의 인공지능의 시초는 1955년 미국 일리노이 대학교의 레자렌 힐러(Lejaren Hiller)와 레너드 아이작슨(Leonard Issacson)이 만든 컴퓨터 일리악(Illiac)이 작곡한 「현악 4중주를 위한 일리악 조곡(Illiac Suite for String Quartet)」이다. 이 곡은 16세기 작곡가들의 곡을 분석한 다음 엄격한 화성법에 따라 수학적인 방법으로 만든 것이다. 이후에도 컴퓨터와 알고리즘을 활용해서 작곡을 하려는 노력은 꾸준히 있어왔다. 머신러닝 기술이 정교화됨에 따라 컴퓨터는 현존하는 음악으로부터 작곡 규칙과 지침을 추론하는 수준에 이르렀고, 딥러닝이 주목받기 시작하면서 인공지능은 음악계의 강자로 부상하고 있다(김인욱, 2017. 1.26; Ball, 2012).

딥러닝 기술을 이용한 최초의 인공지능 '작곡가'는 에밀리 하월(Emily Howell)이다. 하월의 음악은 방대한 데이터베이스를 토대로 박자, 구조 등을 자료화한 후 이를 조합하는 방식으로 이루어졌으며, 모차르트, 베토벤, 말러, 라흐마니노프 풍의 고전음악에서부터 현대음악에 이르기까지 다양한 형식의 음악을 작곡해서 체임버 오케스트라와 멀티 피아노곡으로 구성된 첫 앨범을 2009년에 발매한 바 있다. 2016년에는 국내 최초로 경기 필하모닉 오케스트라가 에밀리 하월이 작곡한 모차르트 스타일의 곡을 무대에 올리는 상징적인 사건도 있었다(오신혜, 2016.8.13; 김선영, 2017). 2015년 도냐 퀵(Donya Quick)이 개발한 인공지능 쿨리타(Kulitta) 또한 특정 음악 데이터를 학습한 뒤 새로운 창작곡을 내놓는 인공지능 작곡가로 이름을 알렸다. 실제로 쿨리타가 바흐의 곡을 학습하고 조합해 만든 곡을 음악적 소양이 있는 100인에게 들려주고 평가를 받는 실험을 실시한 결과, 많은 사람들이 쿨리타의 곡과 실제 바흐의 곡을 구별하지 못했다고 한다.

이후로 인공지능 작곡가의 등장이 이어졌다. 대표적으로 '플로머신 (FlowMachine)'과 '마젠타(Magenta) 프로젝트'를 들 수 있다. 플로머신은 소니 컴퓨터과학연구소(Computer Science Laboratory: CSL)가 예술가의 창의력 확장을 목표로 시작한 연구 개발 프로젝트로, 유명 뮤지션과의 협업을 통해 2016년 비틀즈 스타일의 곡 「대디즈 카(Daddy's Car)」와, 어빙 벌린(Irving Berlin)과 듀크 엘링턴(Duke Ellington), 조지 거쉰(George Gershwin)의 재즈 스타일 곡 「미스터 섀도(Mr. Shadow)」를 공개해 화제를 모은 바 있다. 플로머신은 재즈와 브라질풍 음악, 브로드웨이의 음악 및 그 외의 다양한 음악 스타일을 약 1만 3000리드 시트로 설정된 데이터베이스를 통해 학습했으며, 인간 뮤지션이 비틀즈나 거쉰 같은 특정 스타일을 선택하면 새로운 음악을 생성하는 것이 특징이다. 이 역시 방대한 양의 데이터베이스를 구축하는 것이 출발점임을 알 수 있다. 특히 플로머신은 인공지능의 음악 창작이 클래식 분야에 한정되어 있었던 데서 벗어나 대중음악을 선보였다는 점에서 의의를 지닌다.[8]

예술 창작이라는 영역에서 재능을 보인 인공지능 프로젝트 중 가장 유명한 것은 아마도 더글러스 에크(Douglas Eck)가 이끄는 구글의

---

8 https://www.flow-machines.com/history/events/ai-makes-pop-music/

마젠타 프로젝트일 것이다. 마젠다 프로젝트는 예술 창작 활동을 하는 과정에서 머신러닝의 역할을 탐구하는 연구 프로젝트이다. 주로 소리, 이미지, 그림을 생성하기 위한 딥러닝 및 강화학습 알고리즘을 개발하는 것이 포함된다. 특징적인 것은 마젠타에서 사용하는 모든 것이 오픈소스라는 점이다.

'기계가 스스로 작곡할 수 있도록 하는 것'에 목표를 두고 착수한 이 프로젝트의 첫 번째 결과물은 2016년에 공개된 80초짜리 피아노곡으로, 이는 전적으로 컴퓨터에 의해 작곡된 최초의 음악이다. 인공지능은 제공받은 방대한 양의 데이터베이스를 기반으로 특정 종류의 음악을 작곡하는 규칙을 학습했고, 첫 네 개의 음표(C 두 개와 G 두 개)가 주어진 상황에서 컴퓨터는 MIDI(Musical Instrument Digital Interface) 신디사이저(전자 악기와 컴퓨터 연결)에서 연주되는 80초짜리 멜로디를 생성해 냄으로써 센세이션을 불러일으킨 바 있다(Miller, 2019: 173).

이처럼 구글은 마젠타 프로젝트를 통해 머신러닝 기술을 예술분야에 응용하는 가능성을 연구하고 있는데, 그 일환으로 새로운 음악 합성 방식인 '엔신스(Nsynth, 신경신디사이저)'라는 툴을 개발했다. 이 툴은 1000여 가지의 악기와 30여만 가지의 음이 담긴 데이터베이스를 구축하고 이를 인공지능에 학습시켜 새로운 음악을 생성하는 것을 골자로 한다. 그런데 최근에는 소리를 디지털 신호로 변환하고 심층 신경망(Deep Neural Network)을 사용해 새로운 사운드를 생성함으로써 실제 음악 프로덕션에 사용할 수 있도록 하는 차세대 신디사이저 '엔신스 슈퍼(NSynth Super)' 프로토 타입을 공개했다. 이는 딥러닝을 통해 입력된 수많은 곡의 특성을 학습한 후 이를 기반으로 멜로디를 생성하는 시스템으로, 신경 오디오 합성 기술을 이용해서 소리를 디지털로 분석·학습하고 이를 재생한다는 특징을 지닌다(최창현, 2018.3.16).

국내에서도 2020년 최초의 인공지능 작곡가 이봄(Evom)이 탄생했다는 보도가 있었다. 2020년을 마무리하는 시점에는 신해철, 터틀맨, 김광석, 김현식 등 세상을 떠난 가수들을 소환해 인공지능으로 되살린 무대가 화제의 중심이 되기도 했다. 고인이 된 가수들을 소환하는 방식은 생전의 자료를 딥러닝 방식으로 학습한 뒤 인공지능 홀로그램을 통해 무대로 불러내는 것이었다.

〈그림 6-4〉에서 위의 그림은 2020년 12월 31일 밤에 진행된 빅히트 레이블즈 합동 공연 '2021 뉴 이어즈 이브 라이브 프리젠티드 바이 위버스(NEW YEAR'S EVE LIVE presented by Weverse)'에서 고(故) 신해철이 후배 가수들과 합동 공연을 펼치는 장면이다. 아래 그림은 Mnet이 기획한 'AI음악 프로젝트'의 일환으로 방송된 '고(故) 김현식 편'의 한 장면이다. Mnet 프로젝트 팀은 고 김현식의 목소리와 악보 데이터로 인공지능 목소리를 만들어내는 데에는 도전했으나 비주얼을 구현하기에는 영상자료가 부족해서 3D 모델링을 통해 고인의 모습을 재현했다고 밝혔다(OSEN, 2020).

이처럼 음악장 내부에서도 인공지능의 영향력이 매우 커지고 있는 상황이다. 그리고 각각의 사례에서 알 수 있듯 인공지능 음악에서 사용하는 기술의 종류 및 인간의 개입 정도는 저마다 상이할 수 있지만 공통적인 사실은 기존 작품의 데이터를 토대로 학습한 후 새로운 곡을 생성해 낸다는 점이다. 즉, 충분한 데이터가 존재하는지 여부가 인

그림 6-4 | 인공지능 홀로그램으로 복원된 신해철(위)과 김현식(아래)

자료: 김효정(2021.1.1)

자료: https://www.youtube.com/watch?v=aBpstYAPOWY

공지능 예술의 성패를 가르는 핵심 요인인 것이다.

불쾌한 골짜기를 넘어: 예술계의 새로운 행위자, 인공지능

무엇이든 숫자 1과 0으로 신호를 바꾸는 계산, 즉 이진법을 고안한 것이 오늘날 인공지능을 가능하게 한 혁명적인 발상이었다면, 데이터는 새로운 혁명의 도화선이라 할 수 있다. 수학자 마커스 드 사토이(Marcus du Sautoy)는 자신의 저서 『창조력 코드』에서 우리가 입력한 것 이상을 기계로부터 뽑아낼 수 있게 된 발단은 데이터라고 단언한다. 그리고 세상에 존재하는 데이터 중 90%는 불과 지난 몇 년 사이에 만들어졌다고 말한다. 날마다 인터넷상에서 방대한 양의 데이터가 만들어지는 기술 환경 때문이다. 드 사토이는 인류가 문명의 여명기부터 자신이 『창조력 코드』를 집필하는 시점이던 2003년까지 만들었던 데이터와 똑같은 양의 데이터가 이제 단 이틀 만에 만들어지고 있다는 점을 강조한다. 컴퓨터가 주류 사회로 편입됨으로써 일어난 데이터 홍수는 새로운 기계학습 시대를 여는 주된 촉매제가 되었다(오카모토 유이치로, 2019: 79; 드 사토이, 2020: 119).

이제 알고리즘은 스스로 디지털 세계를 누비며 사람처럼 학습하고, 이를 통해 코드를 생성해 냄으로써 기계가 결코 넘보지 못할 것이라던 예술적 '창의력'을 장착하기 시작했다. 컴퓨터에 미리 규칙이나 추론을 입력하지 않아도 대량의 데이터 속에서 컴퓨터가 스스로 학습하고 데이터를 분류하고 조합해서 최적의 답을 발견할 수 있는 능력을 갖추게 되면서 인공지능의 새로운 단계가 시작되었다. 매즐리시의 말을 빌리자면, 오늘날 지능 기계는 "기계적인, 너무나 기계적인 존재"이자 "인간적인, 너무나 인간적인 존재"가 되었다(드 사토이, 2020: 19; 오카모토 유이치로, 2019: 79; 매즐리시, 2001: 18).

인공지능의 이 같은 행보는 기계가 예술 재생산을 넘어 예술 창작에 능동적으로 참여하게 되었다는 사실을 각인시켰다. 이제 예술작품의 기술복제에 관한 질문 대신 예술작품을 생산하는 인공지능의 '재현성(reproducibility)'에 대한 질문이 시작된 것이다(Huang and Sturm, 2021: 1). 기계 팔로 그림을 그리고 시나 곡을 쓰고 연주하는 '예술 하는 로봇'이 더 이상 미래의 이미지나 SF영화의 한 장면이 아니라 현실이 되고 있다는 것은 앞서 살펴본 바와 같다. 사진과 영화로 대변되는 재생산 기술의 등장이 예술작품 전체를 복제의 대상으로 만들면서 예술계에 깊은 영향을 끼치기 시작한 것과 마찬가지로, 인공지능 기술의 발전은 붓이나 펜 대신 알고리즘으로 작품을 생산하는 '기계 창조 시대'를 이끌고 있다(Kurt, 2018: 1~2). 이는 기계의 기능이 도구를 넘어 창작자의 역할로 확장되고 있음을 말해준다.

그러나 인공지능이 만들어낸 결과물은 단순한 모방일 뿐 '예술성'을 지닌 작품으로 인정할 수 없다는 주장도 여전히 제기되고 있다. 또한 컴퓨터(computer)의 어원인 라틴어 '콤퓨타티오(computatio)'가 '계산하다'라는 의미라는 데서 알 수 있듯, 인공지능이 만들어낸 '예술'은 고차적 계산에 근거한 '계산 예술'이기에 창작 과정에 담기는 감성적 또는 미적 '의도'와는 전혀 관계가 없다고 말하기도 한다. 인공지능이 베토벤의 교향곡이나 고흐의 「별이 빛나는 밤」처럼 아무리 뛰어난 음악이나 그림을 만들어낸다 할지라도 그것은 컴퓨터 프로그래머의 창의성에 기인한 것이지 기계의 창의성 때문은 아니라는 것이다. 예술작품은 인간의 경험이나 인간이 서로 소통한 경험을 표현해 내는 것인데, 기계는 의식도 없고, 욕구나 선호도 없으며, 가치평가도 할 수 없는 존재이다. 그러므로 기계는 결코 이를 대신할 수 없다는 것이다(보든, 2010: 21).

이러한 견해는 일면 타당하다. 컴퓨터는 감정이나 미적 취향이 없기에 미학적 또는 사회정치적 입장을 표현할 의도를 가질 수도 없다. 또한 통상적인 예술의 개념을 받아들인다면 인공지능은 삶의 경험이나 소통 경험이 없다는 것 또한 분명하다. 따라서 인공지능 예술이 인간 예술과 '감성표현'의 구조가 다른 것도 어쩌면 당연한 사실이다. 그러나 데니즈 커트(Deniz E. Kurt)는 이러한 사실을 인정하면서도 이에 대해 비판적인 입장을 피력한다. 인공지능 예술에 감성적 또는 미적 의도가 부족하다는 것은 창작자의 관점에서 작품을 평가하고자 하는 편협한 관점이며 이 경우 인공지능이 생산하는 예술 장르를 과소평가할 수 있다는 게 그의 생각이다(Kurt, 2018: 51~52).

모방과 창조의 양분화, 천재성 신화에 기반을 둔 예술가 중심주의, 독창성이 인간의 전유물이라는 인간 중심주의적 사고는 근대적 발상의 틀에 갇혀 있다는 한계를 지닌다. 일반적으로 원본과 카피 혹은 창조와 모방을 완전히 대립되는 것으로 생각하는 경향이 있다. 그러나 이 둘의 경계는 모호하다. 모든 예술작품은 다양한 분야가 서로 섞이고 부딪히는 다차원적 공간으로, 수많은 문화의 온상에서 영감을 받은 인용들로 엮어 만든 직조물이라 할 수 있기 때문이다. 또한 우리는 창조적 천재를 낭만화하는 경향이 있는데, 고독한 천재라는 관념은 근거가 빈약한 근대적 이데올로기에 지나지 않는다. 집합적 혹은 협력적 행동의 산물로서의 예술을 전제한 하워드 베커(Howard P. Becker)의 핵심 논의를 통해 알 수 있듯이, 예술은 신이 내린 특별한 재능을 지닌 예술가 개인만의 노력이 아닌 많은 사람들이 협력해서 만들어낸 합작품으로 정의될 수 있기 때문이다. 하나의 예술작품은 예술가 개인의 힘으로만 만들어지는 것이 아니라 제도, 예술적 관행, 동료 예술가, 비평가, 미학자, 감정가, 편집자, 수용자의 요구 등 광범위한 사회적 요인과의 관계 속에서 탄생하는 것이다(오카모토 유이치로, 2019: 92~95;

Becker, 1982: x).

나아가 독창성을 중심으로 인간과 인공지능을 서열화하는 것 또한 점차 한계에 다다른 근대적 발상이라 할 수 있다. 인공지능이 만든 작품을 구성하는 요소가 다른 작품들의 구성요소와 완전히 다르다고 간주할 수는 없다. 오카모토 유이치로는 인공지능도 얼마든지 독창성을 발휘할 수 있다고 단언한다. 데이터의 일부 요소를 다른 것으로 바꾸거나 요소의 조합을 다르게 배치하면 기존과는 다른 새로운 작품이 탄생할 수 있기 때문이다. 렘브란트의 스타일을 모두 충실히 재현할 수도 있지만, 일부를 바꾸거나 조합을 달리해서 포스트 렘브란트풍의 회화를 생산해 낼 수도 있는 것이다(오카모토 유이치로, 2019: 92~95: 드 사토이, 2020: 37).

이러한 논점은 창의성의 세 가지 개념을 통해 인간의 창의력과 컴퓨터의 창의력이 크게 다르지 않다고 말한 마거릿 보든(Margaret A. Boden)의 주장과 맥이 닿아 있다. 보든이 제시한 창의성의 첫째 유형은 조합적 창의성(combinatorial creativity)으로, 익숙한 아이디어를 새로운 방식으로 합치는 것을 지칭한다. 라비 샹카르(Ravi Shankar)와 함께 작업하면서 얻은 아이디어를 활용해 본인의 미니멀리즘 음악에서 핵심 요소인 부가 기법을 창안한 필립 글래스(Phillip Glass), 자신의 건축 지식을 러시아 화가 카지미르 말레비치(Kasimir Malevich)의 순수 도형과 접목해 곡선미 있는 독특한 건축 양식을 창안한 자하 하디드(Zaha Hadid)의 사례와 같이, 인공지능 역시 상이한 장르 예술 알고리즘을 조합하면 새로운 스타일의 예술을 생성할 수 있다는 것이다.

창의성의 둘째 유형은 탐색적 창의성(exploratory creativity)으로, 이미 존재하는 어떤 영역, 즉 관념 공간을 탐구하면서 기존의 규칙에 따르되 실현 가능한 일의 범위를 확장하는 능력을 지칭한다. 기존의 시나 소설의 틀을 벗어난 새로운 문학 양식이 출현하는 것도 실제로는 기존 문학의 틀을 탐색함으로써 문학의 범위를 확장한 것으로 볼 수 있다. 보든에 따르면 주어진 영역이나 공간을 조사하고 탐구할 수 있는 컴퓨터 프로그램은 이미 존재하는데, 그중 한 예로 데이비드 코프(David Cope)가 만든 인공지능 작곡가 '에미(Emmy)'를 들 수 있다. 이 프로그램은 바흐나 비발디, 모차르트, 스트라빈스키 같은 작곡가들의 음악을 분석해 그 음악 풍으로 작곡할 수 있다.

창의성의 마지막 유형은 변형적 창의성(transformational creativity)으로, 작업의 흐름을 완전히 바꿔놓는 것을 의미한다. 피카소와 입체주의, 쇤베르크와 무조성, 조이스와 모더니즘과 같이 예술형식의 변혁을 이끈 사례가 여기에 해당한다. 이러한 변형은 게임의 규칙을 바꾸거나 이전 세대가 조건으로 삼았던 가정을 버리는지 여부에 좌우되는 경우가 많다. 소수이기는 하나 스스로 규칙을 변경하고 개념적 공간을 변형시켜 흥미로운 아이디어를 산출할 수 있는 인공지능 프로그램도 존재한다. '진화적인' 프로그램이 그러한 사례인데, 이러한 진화 프로그램은 기존 규칙에 임의로 변화를 가해 새로운 구조를 형성한다. 진화 프로그램은 자신을 변형시킬 수 있고 새롭게 변형된 생각을 평가할 수도 있다. 그 결과 인공지능은 인간이 초기에 부여한 규칙 체계를 변형해 전혀 예상치 못했던 형태로 변화될 수도 있고, 때에 따라서는 인간의 통제를 벗어날 수도 있다(보든, 2010: 1~25; 드 사토이, 2020: 29~33; 이영의, 2016: 12).

중요한 것은 무엇을 예술로 승인할 것인가 하는 문제이다. 이는 미적 가치와 연결되는 문제이기도 하다. 그런데 이 미적 가치라는 것은 지각하기 어려우며, 한 마디로 명확히 표현하기는 더더욱 어렵다. 게다가 시간의 흐름에 따라 다르고, 문화에 따라 다르며, 심지어는 동일 문화권 내에서도 개인에 따라 다르게 평가되는 것이 미적 가치이다(보든, 2010: 25~26). 이는 무엇을 예술로 만드는가와 관련되는 문제이다.

커트는 예술에 대한 승인 또는 평가가 궁극적으로 감상자에 의해 정의될 필요가 있다고 강조한다. '예술성'은 창작자의 관점에서만 평가할 수 있는 것이 아니다. 예술 창작자가 미학적·감성적 현상을 표현하려는 의도를 가지고 작품을 창작하고 스스로 이를 예술이라고 주장하더라도 작품의 질은 감상하는 사람의 인식에 달려 있기 때문이다. 따라서 예술은 인간 문화에 내재된 소통의 방식이다. 인공지능 예술 사례에 대한 연구를 고려할 때 감상자의 피드백도 인공지능에 창의성을 부여하는 핵심 요소라 할 수 있다. 우선, 인공지능 '작가'의 입장에서 보면 작가는 확실히 자기표현에 대해 아무런 관심을 가지고 있지 않다. 커트는 그렇다고 하더라도 자기표현의 요소가 부재한 것으로 볼 수 없다는 점을 분명히 한다. 앞서 제시한 사례들을 통해 알 수 있듯 인공지능은 예술작품을 만들어낼 때 특정 종류의 스타일을 탐색하고 변형하기 때문이다. 또한 커트는 인공지능이 감정을 표현하려는 직감이나 의도를 가지고 있지 않지만 감상자와 특정 종류의 감정적 의사소통을 할 수 있고 카타르시스를 구축할 수 있다고 보았다. 수잰 랭어(Susanne Langer)가 제시한 것처럼 '미적 감성은 만연한 상쾌감'이고 이는 좋은 예술에 대한 인식에 의해 유발된다. 감상자 입장에서 보면 인공지능이 만들어낸 '창의적인' 작품에도 미적 감성과 '쾌락'이 존재한다. 랭어가 예술을 이해하기 위한 조건으로 감상자의 관점과 예술의 미학적 반응성을 꼽는 이유이다. 이는 들뢰즈의 용어 '정동(affect)' 개념으로도 뒷받침될 수 있다. 들뢰즈에 따르면 정동은 경험의 의미가 아니라 유발하는 감정적 반응이다(Kurt, 2018: 56~57).

커트는 이러한 관점에서 인공지능의 정서적 의도가 부족함에도 불구하고 인공지능이 생성해 낸 '작품'의 예술적 질은 정당화될 수 있다고 주장한다. 커트는 비인간 행위자의 작품 제작 과정에서는 예술 창작자의 자기표현 요소가 유예되었으므로 감상자의 미학적 반응 자체가 예술의 질적 패러다임을 제공한다고 보았다. 이러한 의미에서 들뢰즈의 예술 개념은 비인간적 정동을 창조하는 것이라고 볼 수 있다는 것이 커트의 관점이다(Kurt, 2018: 57).

따라서 우리는 인공지능에 대해 도구적 차원을 넘어 예술계의 새로운 행위자로 인식할 필요가 있다. 인간의 창의성/인공의 창의성, 인간주체/대상으로 경계 지으면서 기술을 한낱 도구에 불과한 것으로 규정짓거나 인공지능의 창작 능력에 대해 과도한 경쟁심 또는 두려움을 갖는 것은 바람직하지 않다. 인간과 인공지능은 '기술과 상상력'을 적용하는 데서, 그리고 '아름다움과 정서적 힘'을 가진 대상을 생산하는 데서 협업적 존재라는 사실을 받아들일 필요가 있다.

심포이에시스 사회학을 위하여

"위대한 신발명들이 예술형식의 기술 전체를 변화시키고, 또 이를 통해 예술적 발상에도 영향을 미치며 나아가 예술 개념 자체까지도 놀라운 변화를 가져다주리라는 것을 예상하지 않으면 안 된다." 이는 베냐민이 「기술복제시대의 예술작품」의 서두에 인용한 폴 발레리 (Paul Valéry)의 글이다(베냐민, 2002: 199). 이는 사진과 영화로 대변되는 복제기술이 등장하면서 발현되고 있는 새로운 예술 현상 사이의 강력한 연관성을 강조하기 위한 베냐민의 기본 전제였을 것이다.

베냐민은 "예술작품의 기술적 복제"란 새로운 현상으로서, "전래적인 예술작품 전체를 복제의 대상으로 만들었고, 이러한 영향을 통해 예술에 깊은 영향을 끼치기 시작했을 뿐만 아니라 여러 예술적 처리과정 속에서도 그 자체의 독자적인 위치를 차지"하게 되었다고 강조한다. 베냐민에게 예술작품의 기술적 복제 가능성은 예술작품을 신비한 경외감을 주는 감탄의 대상에서 광범위하게 유통되는 상품으로 탈바꿈시키고 이로써 예술은 돈으로 환산할 수 없는 것이라는 기본 전제를 바꾸어놓은 중대한 사건이다. 베냐민은 저비용 대량복제가 가능해진 복제기술의 영향으로 유일무이한 진품이라는 데서 오는 신비감, 즉 아우라가 상실되었다고 보았으며, 이와 더불어 하이브로 (high-brow)의 미적 경험에서 배제되었던 사람들이 탈신비화된 예술적 교류에 참여할 수 있는 민주화의 가능성도 확인되었다고 보았다 (베냐민, 2002: 199~200; Zylinska, 2020: 68).

조안나 질린스카(Joanna Zylinska)는 1930년대에 처음 출판된 베냐민의 「기술복제시대의 예술작품」이 보다 전통적인 인쇄, 사진, 영화 기술을 언급하는 동시에 디지털 시대에 일어날 광범위한 문화적 변화에 대한 예견을 제공했다고 주장한다. 실제로 오늘날 거의 모든 예술과 모든 문화적 생산물을 디지털화할 수 있게 됨으로써, 우리는 손안의 모니터를 통해 헬레니즘 시대의 대리석 조각인 승리의 여신상 니케, 반 고흐의 그림, 9세기 무렵 제작된 아일랜드의 복음서 필사본인 켈스의 서(Book of Kells) 등도 모두 어렵지 않게 접할 수 있게 되었다. 또한 오늘날은 대부분의 문화적 생산물에 인공지능이 관여하고 있다는 사실도 강조할 만하다. 예컨대 할리우드 블록버스터는 촬영 후 창의적 제어가 가능한 인공지능 소프트웨어를 사용해 고출력 컴퓨터로 편집한다. 또한 영화의 선호도를 높이고 투자자의 위험을 최소화하기 위해 다양한 플랫폼에 걸친 사용자 프로파일링에서 빅데이터를 입수해서 프로그래밍 및 마케팅에 활용하기도 한다. 이렇게 볼 때 인공지능은 단순한 도구를 넘어 취향을 형성하고 시장을 규제하는 등 적극적인 행위자(agent)의 역할을 한다고 볼 수 있다(Zylinska, 2020: 65).

이는 지금까지 검토한 인공지능 예술 사례를 통해서도 뒷받침된다. 오늘날 인공지능은 단순한 기술복제를 넘어 캔버스, 붓, 악기, 펜으로 기능하면서 '창작' 능력을 발휘하고 있다. 머신러닝, 딥러닝, 인공 신경망, 생성적 적대 신경망, 창의적 적대 신경망 등과 같은 인공지능 응용 프로그램들에 힘입어 인공지능이 예술계의 적극적인 행위자로 부상하고 있는 것이다. 다만 아우라가 제거된 기술복제시대의 예술작품이 전시적·비판적 가치를 획득함으로써 감상적인 차원의 민주화를 가져왔다면, 인공지능 창조시대의 예술작품은 감상의 접근성뿐만 아니라 언제 어디서든 누구나 접속을 통해 창작 행위에 참여할 수 있는 편재성을 획득함으로써 수용적-창작의 차원으로 '예술의 민주화'가 확장되었다는 데 차이점이 있다.

또한 오늘날 인공지능은 예술(가)과 비예술(가)의 경계뿐만 아니라 과학과 기술, 자연과 인공, 인간 창의성과 인공 창의성의 경계도 허물면서 창의적 관행이나 인간 표현으로서의 예술 경험과 예술의 가치를 인식하고 실현하는 방식에 대한 새로운 접근을 요구하고 있다. 이제 인간만이 예술의 주체라는 생각, 기술은 인간을 돕는 도구에 불과하다는 생각, 인간과 기계는 명백히 구분된다는 생각을 수정해야 할 시점이다. 우리는 예술을 인간과 기술의 공동생산물로 이해할 필요가 있다. 그러므로 인공지능 '작품'을 예술로 볼 수 있는가, 또는 인공지능도 예술가가 될 수 있는가라는 질문은 잘못된 것이며, 인공지능이 완전한 자율성을 획득해 스스로 독립적으로 예술작품을 생산할 수 있을 것이라는 전제도 잘못된 것이다. 예술은 인간의 전유물이라는 인간 중심주의도, 어리가 강조한 초하이브리드화(hyperhybridisation), 즉 "인간이 기술에 덮이거나 매몰되는 상태 또는 역상태"도 바람직하지 않다(어리, 2012: 320). 예술 활동에서 인간과 인공지능은 '함께' 만들어 가는 '협력적 시너지' 효과를 산출하는 관계로 보아야 한다.

'사이보그 선언'으로 포스트휴먼 논의를 시작한 해러웨이는 최근 '인류세(Anthropocene)'를 대체할 개념으로 '쑬루세(Chthulucene)'를 주창하기도 했는데, 그녀가 제안한 용어 '심포이에시스(sympoiesis)'는 이를 포괄할 수 있는 적절한 개념이라고 본다. sympoiesis는 '함께'

라는 뜻의 'sym'과 '만들다'는 뜻의 'poiesis'의 조합어로, '함께 만들기 (make-with)'라는 의미이다. 해러웨이는 생물학자 움베르토 마투라나 (Humberto Maturana)와 프란시스코 바렐라(Francisco Varela)가 주장하 듯 그 어떤 것도 자율생산적(autopoietic)이거나 자기-조직적이지 않 다는 점을 분명히 한다. 해러웨이는 지구상에 존재하는 모든 생명체 는 결코 홀로 존재할 수 없다고 말한다(해러웨이, 2021: 107). 여기에는 인간과 인간의 상호작용뿐만 아니라 인간과 수많은 비인간의 복잡하 고 역동적이며 협력적인 얽힘도 포함된다. 심포이에시스란 결국 인 간-비인간이 어우러져 함께 세계를 만들어나가는, 즉 '함께-세계 만 들기(worlding-with)'를 표현하기 위해 고안된 용어인 것이다. 한 그루 의 나무는 적당한 바람, 물, 햇빛, 흙, 보이지 않는 수많은 종류의 미생 물, 주변을 떠도는 또 다른 생명체들과 더불어 존재한다. 마찬가지로 인공지능 예술도 인간 컴퓨터 프로그래머, 인간 예술가뿐만 아니라 컴퓨터를 비롯한 각종 기술적 장치, 학습과 창조를 위한 데이터, 데이 터를 제공한 수많은 인간과 동물의 경험이 복잡하게 얽혀 산출되는, '집합적 생산 시스템'인 것이다.

해러웨이의 이 같은 관점은 사물의 정치, 객체지향 존재론, 신유물 론, 사변적 실재론 등 다양한 명칭으로 호명되는 여타 탈사회론자들의 핵심 주장과 맞닿아 있다. 그의 핵심 용어 'sympoiesis', 'make-with', 'worlding-with'는 인간과 비인간 사이의 근대적 구분을 넘어 비인간 에게 행위능력을 부여함으로써, 인간 중심주의적 편향의 지식체계가 소외시켰던 존재자를 인간 존재자와 대칭적 관계로 돌려놓아야 하고 이로써 인간과 사물 사이의 새로운 유대를 형성해야 한다는 탈사회적 의제를 대변하는 것이라 할 수 있다.

어리의 '새로운 사회학 선언'도 이러한 의제와 맥을 같이한다. 어리는 허점투성이인 사회개념, 사회성, 사회적 관계를 재구축하는 것이 탈사회적 국면에 처한 사회학이 담당해야 할 의무이므로 '네트워크, 흐름'으로 대변되는 디지털 시대에 맞춰 새로운 사회학의 방법적 규준을 마련해야 한다는 점을 분명히 한 바 있다. 어리가 말하는 새로운 사회학의 방법적 규준에서는 사회는 주체만큼이나 객체를 통해서도 구성된다는 점, 사회의 경계를 정하기 어렵다는 점, 그리고 사회는 인간 생활에서 새로 만들어진 여러 수준 가운데 하나에 불과하다는 점을 염두에 두어야 한다. 이는 "새롭게 출현하는 다양한 하이브리드적 실체와 소위 사회라는 것을 파악"해야 할 시대적 소임에 다가가기 위한 어리의 기본 전제이다. 이를 위해서 어리는 다양한 내용을 제시하고 있는데, 그중 "균형상태, 구조, 사회질서가 아닌 운동, 이동, 우발적 질서화에 초점을 맞춘 사회학을 발전"시켜야 한다는 것, "사물을 사회적 사실로 인정하고 사람과 사물의 상호교차 속에서 행위자가 생산된다고 이해해야" 한다는 것, "사회적 경계 안에서 그 경계를 횡단해서 이동하는 다양한 네트워크와 흐름"―여기에는 사람의 이동뿐만 아니라 정보, 돈, 이미지 등 사물의 이동도 포함된다―이 '사회' 성질을 바꾸어놓고 있다는 사실을 직시해야 한다는 것(어리, 2012: 11, 39)은 탈사회적 의제와 맞물리는 공통항이라 할 수 있다.

그렇다면 인공지능 시대에 우리가 성찰해야 할 것은 무엇인가? 오카모토 유이치로는 『인공지능의 마지막 공부』의 마지막 장에서 "인간 중심주의의 오류"를 지적한다. 그는 인공지능의 미래를 생각하기에 앞서 푸코가 『말과 사물』에서 예고한 것처럼 "인간의 죽음"을 들 춰내 지금까지 인간 중심으로 판단해 온 사고 의식이 더 이상 통용되지 않는 시기가 올 것임을 예단한다. 푸코가 말한 "인간의 죽음"은 니체가 선언한 "신의 죽음"에 대응하는 것으로, 근대에 인간들은 신을 죽이고 인간을 세계의 중심에 두었다. 그런데 푸코가 제기한 문제는 '인간 중심의 과학'이라는 학문상의 죽음으로, 이는 일반인들이 현실 사회에서 체감할 수 있는 문제가 아니었다. 하지만 오카모토 유이치로는 인공지능의 등장으로 푸코가 말한 '인간의 죽음'이 구체적인 형태로 실현될 수도 있다는 점을 강조한다. 인공지능은 근대적 이상 속에서 '인간의 지성'을 모델로 근대 과학을 구사하며 개발되었다. 따라서 근대적 인간주의의 집대성으로 간주할 수 있다. 그런데 오카모토 유이치로뿐만 아니라 인공지능의 미래에 대해 염려하는 많은 사람들은 인공지능이 인간의 지능을 초월하는 순간에 대한 공포감을 가지고 있다. 인간 중심으로 판단해 온 사고방식이 더 이상 통용되지 않는 시기가 올지도 모른다는 것이다. 오카모토 유이치로는 이 점을 인지한다면 앞으로 사물, 생리, 인간, 인공 같은 카테고리를 어떻게 구별하고 인지할 것인지 재고해야 한다고 결론 내린다(김문조, 2020: 오카모토 유이치로, 2019: 201~204).

이는 비인간적 사물이 결코 인간주체를 담는 단순한 그릇이 아님을 상기시킨다. 인간의 능력은 비인간적 구성요소와 접속해야만 현실화되므로 인간만의 특유한 능력을 따로 상정해서는 안 된다. 따라서 우리 시대에 강조해야 할 논점은 비인간적 사물이 사회관계를 재구축한다는 가정, 즉 사회관계는 인간을 넘어 기계, 기술, 사물, 텍스트, 이미지, 물리적 환경을 통해 재가공된다는 점이다. 이에 해러웨이는 인간과 비인간의 생태와 진화, 발생, 역사, 감응, 수행, 기술 등을 같이 묶는 작업을 제안한다(어리, 2012: 31~32; 해러웨이, 2021: 114).

인공지능 시대에 우리는 기술에 대한 공포를 가질 것이 아니라 '심포이에시스', 즉 기술을 포함한 비인간과 '함께-세계 만들기(worlding-with)'를 위한 준비를 해야 한다.

참 고 문 헌

곽노필. 2018. 8.6. "인공지능, 그림을 보고 시를 읊다". ≪한겨레≫. https://www.hani.co.kr/arti/science/technology/857808.html

김남옥. 2011. 「고도기술시대의 몸에 관한 사회학적 연구」. 고려대학교 박사학위 논문.

_____. 2016. 『마누엘 카스텔』. 커뮤니케이션북스.

_____. 2020. 「예술과 사회」. 김윤태·김남옥 외. 『문화사회학의 이해』. 세창출판사.

김남옥·김문조. 2013. 「고도기술시대의 몸(1): 기술융합의 신체적 파장」. ≪社會思想과 文化≫, 제28집.

김문조. 2013. 『융합문명론』. 나남출판.

_____. 2020. 「포스트코로나 시대, 사회적 전망과 과제」. ≪학술원논문집(인문-사회과학편)≫, 제59집 2호.

김선영. 2017. "인공지능이 묻는다. 나는 예술가인가요?". ≪예술경영≫, Vol.478(2017.8.1). https://www.gokams.or.kr/webzine/wNew/column/column_view.asp?idx=1917&page=7&c_idx=48&searchString=&c_idx_2=

김인욱. 2017.1.26. "기자·화가·작곡가까지… 이미 활약 중인 인공지능氏". ≪Korea It Time≫.

김정민. 2018. "인공지능미술, 최신동향 및 시사점". SPRi 소프트정책연구소(2018.10.26). https://spri.kr/posts/view/22435?code=industry_trend

김환석. 2012. 「이원론에 기초한 사회학 벗어나기: "사회적인 것"의 종말?」. ≪사회과학연구≫, 24권2호.

_____. 2018. 「사회과학의 새로운 패러다임, 신유물론」. ≪지식의 지평≫(2018.11), 25.

김효정. 2021.1.1. "홀로그램으로 부활한 신해철, 빅히트 가수들과 시공초월 무대". 연합뉴스.

네그로폰테, 니콜라스(Nicholas Negroponte). 2007. 『디지털이다』. 백욱인 옮김. 커뮤니케이션북스.

뉴 사이언티스트(New Scientist) 외. 2018. 『기계는 어떻게 생각하고 학습하는가』. 김정민 옮김. 한빛미디어.

단토, 아서(Arthur Danto). 2017. 『미를 욕보이다』. 김한영 옮김. 바다출판사.

드 사토이, 마커스(Marcus du Sautoy). 2020. 『창조력 코드』. 박유진 옮김. 북라이프.

라투르, 브뤼노(Bruno Latour). 2009. 『우리는 결코 근대인이었던 적이 없다』. 홍철기 옮김. 갈무리.

_____. 2015. 「가브리엘 타르드와 사회적인 것의 종말」. 가브리엘 타르드. 『모나돌로지와 사회학』. 이상률 옮김. 이책.

마쓰오 유타카(松尾豊). 2019. 『인공지능과 딥러닝』. 박기원 옮김. 동아엠앤비.

매즐리시, 브루스(Bruce Mazlish). 2001. 『네번째 불연속: 인간과 기계의 공진화』. 김희봉 옮김. 사이언스북스.

베냐민, 발터[벤야민, 발터(Walter Benjamin)]. 2002. 「기술복제시대의 예술작품」. 『발터 벤야민의 문예이론』. 반성완 편역. 민음사.

보든, 마거릿(Margaret Boden). 2010. 『창조의 순간』. 고빛샘 옮김. 21세기북스.

어리, 존(John Urry). 2012. 『사회를 넘어선 사회학』. 윤여일 옮김. 휴머니스트.

오신혜. 2016.8.13. "AI가 작곡한 교향곡, 경기필이 국내 첫 연주". ≪매일경제≫.

오카모토 유이치로(岡本裕一朗). 2019. 『인공지능의 마지막 공부』. 김슬기 옮김. 유노북스.

이영의. 2016. 「인공지능과 딥러닝 시대의 창의성」. ≪지식의 지평≫, 제21호.

전승진. 2019.10.3. "AI(인공지능) 예술작품을 바라보는 눈". ≪AI 타임스≫. http://www. aitimes.com/news/articleView.html?idxno=119826

최창현. 2018.3.16. "AI로 새로운 사운드를 창조하는 차세대 신디사이저 '엔신스 슈퍼(NSynth Super)'". ≪인공지능신문≫.

카스텔, 마누엘(Manuel Castells). 2003. 『네트워크 사회의 도래』. 김묵한 외 옮김. 한울아카데미.

타르드, 가브리엘(Gabriel Tarde). 2015. 『모나돌로지와 사회학』. 이상률 옮김. 이책.

토플러, 앨빈(Alvin Toffler). 2002. 『제3의 물결』. 전희직 옮김. 혜원출판사.

트랜D. 2021.3.26. "활발하게 영역 넓혀가는 로봇 기자". ≪중앙일보≫.

하라리, 유발(Yuval Harari). 2021. 『호모데우스』. 김명주 옮김. 김영사.

해러웨이, 도나[해러웨이, 다나(Donna Haraway)]. 2007. 『겸손한 목격자』. 민경숙 옮김. 갈무리.

_____. 2021. 『트러블과 함께하기』. 최유미 옮김. 마농지.

휴즈, 토마스(Thomas Hughes). 2008. 『테크놀로지, 창조와 욕망의 역사』. 김정미 옮김. 플래닛미디어.

OSEN. 2020. "'다시 한 번' AI로 복원한 故 김현식, '너의 뒤에서' 무대에 눈물바다"(조선일보, 2020.12.16). https://www.chosun.com/entertainments/entertain_photo/2020/12/16/3H2ZVSBTW64YV5AHXBC27IXSCY/

Ball, Philip. 2012. *Iamus, Classical music's computer composer, live from Malaga.* https://www.theguardian.com/music/2012/jul/01/iamus-computer-composes-classical-music?newsfeed=true

Becker, Howard S. 1982. *Art Worlds.* University of California Press.

Candea, Matei. 2010. *The Social after Gabriel Tarde.* Routledge.

D'Inverno, Mark and Jon McCormack. 2015. "Heroic vs Collaborative AI for the Arts." IJCAI'15: Proceedings of the 24th International Conference on Artificial Intelligence. 2438~2444.

Gabriel, Micheel and Keith Jacobs. 2008. "The Post-Social Turn: Challenges for Housing Research." *Housing Studies*, Vol.23, No.4, pp.527~540.

Goodwin, Ross. 2018. *1 The Road: by an Artificial Neural Network.* Jean editions.

Huang, Rujing and Bob L.T. Sturm. 2021. "Reframing "Aura": authenticity in the application of AI to Irish traditional music." Conference paper at 2nd Conference on AI Music Creativity(online paper. p1). https://aimc2021.iem.at/wp-content/uploads/2021/06/AIMC_2021_Huang_Sturm.pdf

Iansiti, Marco and David Sarnoff. 2020. *Competing in the age of AI.* Harvard Business Review Press.

Knorr-Cetina, Karin.1997. "Sociality with Objects: Social Relations in Postsocial

Knowledge Societies." *Theory, Culture and Society*, 14(4), pp.1~30.

Kurt, Deniz E. 2018. *Artistic Creativity in Artificial Intelligence*. Radboud University Nijmegen. Netherlands.

Miller, Arthur I. 2019. *The artist in the machine: the world of AI-powered creativity*. The MIT Press Cambridge.

Vincent, James. 2018. "How Three French Students Used Borrowed Code To Put The First Ai Portrait In Christie's"(2018.10.23). https://www.theverge.com/2018/10/23/180 13190/ai-art-portrait-auction-christies-belamy-obvious-robbie-barrat-gans

Zylinska, Joanna. 2020. *AI Art: Machine Visions and Warped Dreams*. Open Humanities Press.

佐藤理史. 2016.「コンピュータが小説を書く日: AI作家に「賞」は取れるか」. 日本経済新聞出版

https://deepdreamgenerator.com/#gallery
https://en.wikipedia.org/wiki/1_the_Road
https://en.wikipedia.org/wiki/DeepDream
https://obvious-art.com/portfolio/edmond-de-belamy/
https://rossgoodwin.com/
https://www.flow-machines.com/history/events/ai-makes-pop-music/
https://www.nextrembrandt.com/

제7장

고독사, 한국사회의 위기와 죽음의 탈사회화

-

권오헌

> 인간은 단지 혼자 죽는다.
> _블레즈 파스칼(Blaise Pascal)

위기의 시대, 마침내 죽음의 위기가 다가왔다

죽음이 급속히 탈사회화하고 있다. 특히 오늘날 한국사회에서 죽음의 탈사회화는 매우 빠르고도 은밀하게, 그러나 한편으론 익숙한 모습으로 진행되고 있다. 그런데 막상 한국사회의 구성원들은 죽음이 탈사회화되고 있는 현상 자체를 인지하지 못하거나 아니면 애써 외면하고 있는 듯 보인다. 죽음 자체를 진지하게 고려해 볼 여유도, 더 나아가 죽음이 지닌 개인적·사회적 무게를 생각해 볼 겨를도 없는 듯하다. 연일 반복되는 각종 재해, 과로사, 자살 등 뜻하지 않는 죽음의 그림자가 사회 전반에 드리워졌건만, 사건이 터질 때마다 잠시 소란할 뿐, 곧 모든 걸 잊어버리고 다시 그대로인 사회, 바로 그게 한국 사회이다. 이런 사회에서 죽음은 늘 가까이 있지만 한편으로는 철저하게 외면되고 망각되기도 하다. 강박적인 근대화와 산업화의 격랑 속에서 '죽기 살기로' 살아온 한국인들은 죽음을 그저 개인적 운명쯤으로 여기고 있으며 또 그렇게 여기도록 강요받아 온 것은 아닐까? 그러다 보니 자연히 죽음이 지닌 사회성을 미처 인식하지 못한 것이 아닐까 하는 생각이 든다.

그렇다면 고독사라는 말을 들으면 어떨까? 고독사라는 용어는 우리에게 적지 않은 충격을 준다. 한 사람의 죽음을 생각해 보자. 누군가가 죽으면 망자와 연이 닿은 이들은 그를 애도하고 추억하면서 망자를 떠나보낸다. 그리고 저마다 다양한 방법으로 그를 기억하고 기념한다. 비록 죽음이 그를 사라지게 할지라도 그것으로 모든 것이 끝나지 않는다. 어찌 보면 역설적이게도 죽음이야말로 망자가 놓여 있는, 그리고 망자와 결합된 인간관계와 사회성을 적극적으로 보여준다. 조문객 없는 상갓집이 유난히 애처로운 것은 이 때문이다. 죽은 자를 떠나보내는 장례라는 의례가 존재하고 장례를 통해 슬픔과 애도를 표출하는 것은 바로 죽음이 개인의 일이기 이전에 사회의 일이자 사회적 작업임을 보여준다.

그런데 고독사는 이 같은 죽음의 사회성이 탈각되고 있음을 충격적이고 비극적인 방식으로 보여준다. 철저하게 홀로 버려진 죽음, 그야말로 '고독한' 죽음, 그게 바로 고독사이다. 따라서 죽음에 뒤따르는 절차와 제도, 감정과 인간관계가 모두 사라지고, 심지어 이 세상을 하직하는 그 순간마저도 혼자 남겨지는 냉혹한 현실이 출현한다. 연일 매스컴에 등장해 이제는 익숙한 레퍼토리가 된 고독사는 바로 이러한 현실을 과감하게 보여주면서, 현재 한국사회를 우울하게 되돌아보도록 만든다.

그런 의미에서 고독사는 오늘날 한국사회가 처한 현실을 징후적으로 보여주고 있다. 이는 한국사회와 그 속에서 일어난 인간관계의 극적 변화를 보여줄 뿐만 아니라 한국사회의 위기도 그대로 보여주는 리트머스와도 같은 현상이다. 한국사회의 고독사는 개인주의와 개인화를 넘어서 탈사회화되는 사회의 모습, 삶의 위기 앞에서도 오로지 개인 혼자서 이 위기를 담당해야 하는 극단적인 현실을 극명히 반영하고 있다. 그러다 보니 정부와 지방자치단체, 그리고 학계에서는 서둘러 고독사 문제에 주목하고 있다. 고독사가 발생하는 것은 주변 이웃과 지역은 물론 사회 전반에도 큰 충격을 주어 사회문제로 부각되었다. 그 결과 지금은 전담 행정부서와 관련 직종이 생겨날 정도가 되었다.

고독사는 한국사회 이면의 무수한 문제를 반영하면서 충격적으로 다가왔고 지금도 여전히 그러하며, 앞으로도 그러할 것이다. 고독사는 누구나 소망하는 정상적인 죽음이 불가능해지고 있음을 보여준다. 그렇기에 고독사의 충격은 직접 관계없는 이들에게도 때로 공포로 다가온다. 그런 의미에서 고독사는 곧 죽음의 위기이다. 그동안 죽음은 주변을 정리하고 자신의 인생을 조용히 뒤돌아보며 인간관계를 마무리 짓는 것, 즉 삶을 최종적으로 정리하고 화해하는 의미로 받아들여져 왔으나, 지금은 그 같은 죽음이 철지난 멜로드라마에서나

볼 수 있는 비현실적인 낭만이 되었다. 고독사는 그러한 오래된 죽음의 이미지를 여지없이 박살내는 폭력적인 형태의 현실적인 악몽이 되어가고 있다.

죽음, 사회적 삶의 데우스 엑스 마키나

죽음은 단순히 누군가가 세상을 떠나는 것 이상의 의미를 지니고 있다. 인간이 존재한 이래 죽음이 인간 개체를 무(無)로 돌아가게 하는 실존적 숙명이었다면, 역사적으로 죽음은 개인적이면서도 동시에 집단적인 사건이었다. 인간의 죽음을 둘러싼 각종 문화와 제도를 본다면, 죽음은 개인적인 실존의 문제이자 동시에 사회적인 사건임을 알 수 있다. 따라서 죽음은 사회적 사실이기도 하다.

죽음이 사적인 동시에 늘 공적이었다는 것은 전근대사회의 죽음이 비교적 공개적이었으며 더 나아가 죽음이 공동체에 과업을 부여했다는 사실에서도 드러난다. 죽음은 공동체가 대처할 사안이어서 (공동체가 규정한) 적합한 절차에 따라 수행되었으며 그 절차는 공동체의 삶과 견고히 결합되었던 종교적 성격을 지니고 있었다. 이는 전근대사회가 혈연 중심적 신분사회가 가지는 구조적 속성, 즉 특정 지역을 중심으로 일가 친인척이 무리지어서 생활하던 조건에 기초했기에 가능했다. 따라서 한 개인의 죽음은 곧바로 공동체 전체의 관여로 연결되곤 했으며 이를 통해 공동체의 삶이 표출되었다. 그런 의미에서 전근대 공동체는 죽음 앞에서 결합하는 공동체, 즉 죽음을 같이 애도하며 슬퍼하는 공동체이기도 한 셈이었다(최재석, 1996: 572~587; 주희, 2001; 박태호, 2008; Tarlow, 1999: 1~19).

물론 낮은 의료수준과 죽음에 대한 이해 부족으로 인해 당시의 죽음은 결코 평안하지 않았는데, 지배 종교가 조장한 죽음 이후의 공포가 이 과정에서 결합되었다. 죽음에 대한 의학적·생물학적 지식이 낮은 상황에서 죽음에 대한 해명과 관장이 종교적 차원에서 제시되었고 이를 통해 죽음의 고통을 경감하고 그 두려움을 통제하려 했다. 따라서 다분히 종교적이면서 집합적이고 소망적인 환상은 나름대로 죽음에 대처하는 수단으로서 그 역할을 수행했고 이는 죽음에 대한 공포를 완화시켜 주었다. 전근대사회에서 죽음은 삶에 대한 당대의 기본적인 성찰이 발생하는 장소이자 사회의 윤리와 도덕, 그리고 (피)지배 이데올로기가 검증 확증되고 통치 헤게모니가 작동하는 정치적 장소로도 규정되었다(아리에스, 1997; 슈미트, 2015: 15~46: DeBruck and Gusick, 1999).

한편 높은 사망률과 안전의 문제는 죽음을 일상적으로 대면하게 만들었다. 의학과 위생의 미발달, 각종 질병에 대한 통제 능력 미비, 그리고 영양 부족은 사회 전체의 평균수명을 낮추었다. 그 결과 노화와 그로 인한 죽음의 연령이 낮아졌고 전반적으로 생애과정이 빠른 속도로 진행되었다. 죽음은 노령자에게만 닥치는 사건이 아니었다. 유아 및 아동의 사망률도 높았으며, 질병으로 인해 젊은 나이에 죽는 일도 허다했다. 통제 불가능한 전염병과 자연재해의 출몰은 죽음이 피할 수 없는 인간의 운명임을 사람들에게 각인시켜 주었다. 죽음은 늘 삶의 한 귀퉁이를 떠돌면서 언제든지 공동체가 대면할 수 있는 일상성의 일부분이었다(차용구, 2009).

죽음의 익숙함과 일상성은 임종의 순간에도 나타났는데, 사람들은 더 나아가 이를 공동체의 일상으로 극화시켰다. 전근대사회에서 망자는 가족과 친인척, 지인과 마을 사람들에게 둘러싸여 임종을 맞이했다. 사람들은 임종의 순간에 익숙한 공간에서 자신의 생애와 결합된 사람들에게 둘러싸여 덕담과 농담 속에서 외롭지 않게 눈을 감았다. 이는 죽어가는 자가 자신의 삶과 운명을 나름대로 마무리 짓고 의미를 부여하는 순간이면서, 동시에 그를 둘러싼 공동체가 집단적으로 그의 삶이 지닌 사회적 의의를 (재)확인하는 순간이기도 했다. 이 같은 사회성의 확인은 장례식으로 이어졌고, 장례식은 전통적으로 마을 공동체의 과업으로 존재했다(아리에스, 1997: 26~35; 1998: 41~64).

장례식은 인연이라는 사회적 관계를 상징적으로 보여준다. 장례식은 망자에 대한 애통과 통곡이 드러나는 의례인데, 그 애절함의 정도는 관계의 농도를 반증한다. 물론 그 역도 성립한다. 누군가의 죽음이 역설적이게도 내심 누군가의 웃음을 자아내는 경우 역시 존재한다. 사회적 관계에서 대립적/적대적 위치에 있거나 그로 인한 갈등과 원한이 많다면 상대의 소멸로 그러한 갈등 자체가 사라지는 경우가 대부분이기 때문이다. 따라서 다양한 역사적 사실과 이를 재현한 텍스트에서는 죽음을 통해 망자를 둘러싼 사회적 관계를 여과 없이 드러나게 만듦으로써 죽음이 사회적 사실임을 천명한다. 장례식은 죽음이 단순히 개인의 소멸이 아닌 공동체의 일임을 여지없이 보여주는 의례였다. 의례가 공동체를 확인하는 절차이자 집단의 정체성 부여와 밀접하게 관련된 사회적 행위양식이라고 한다면, 장례식이라는 의례는 역설적인 방식을 통해 집단성과 사회성을 확인시켜 주는 사례라고 할 수 있다. 즉, 소멸을 확인함으로써 역설적이게도 존재를 확증하는 의례이자, 다른 어떤 경우보다 강렬한 감정을 동반하면서 강한 감정이입을 이끌어내는 의례이다.

장례식은 망자가 더 이상 이승에 존재하지 않게 되었고 따라서 그/그녀가 더 이상 공동체와 사회집단의 구성원으로 존재하지 않는다는 사실을 확인하는 절차이다. 그렇기에 상실을 애도하고 부재를 확인하는 자리이다. 동시에 장례식은 죽은 자를 떠나보내는 통과의례이자 남아 있는 자들을 다시금 삶의 자리로 돌려놓기 위한 기획이다(방주네프, 2000: 197~202; 벨, 2007: 189~205). 삶은 어쨌든 계속되어야 하고 구성원을 상실했더라도 공동체는 유지되어야 하기 때문이다. 따라서 장례식은 죽은 자가 이제는 이승이 아니라 저승에서, 남아 있는 자들의 기억 속에서 존재한다는 것을 표명하는 의식이다. 그렇게 장례라는 의례는 공동체의 경계를 확인하고 공동체에 다시금 정체성을 부여하는 역할을 수행했다. 그러나 이 같은 죽음의 풍경은 근대사회로 진입하면서 극적으로 변모했다.

근대화와 산업화는 죽음에 대한 시각을 크게 변화시켜서 죽음과 관련된 문화 역시 뒤바꿔놓았다. 근대의 변동은 과학혁명과 세계관의 변화를 통해 자연을 통제의 대상으로 만들었다. 신의 영역으로 존재했던 자연과 그 작동원리는 이제 인간에 의해 적극적으로 발견·해명되었으며 마침내는 이용되어야 할 대상이 되었다. 이렇게 되자 인간의 생로병사 역시 불가항력인 절대자의 손아귀를 벗어나 인간의 통제 아래 놓여야 할 대상이 되었다. 근대 과학의 발전, 특히 생물학적·의학적 지식의 발달은 죽음을 과학적 분석대상에 포함시켰고 이를 통해 인간은 노화와 죽음에 대한 지식을 서서히 보유하게 되었다. 의학과 생명과학의 발전은 위생관념의 발전으로 이어졌는데, 이는 삶과 일상의 위생과 청결화를 지속적으로 가속시켜 그 연장선상에서 죽음 자체의 위생화를 이끌었다.

세속사회인 근대사회는 죽음 역시 세속화시켜 과거 죽음과 결부되었던 종교적·형이상학적 관념과 인식을 사라지게 만들었다. 이제 죽음을 철저하게 과학적이고 인간 중심적인 시각에서 바라보게 되자 죽음은 최대한 연기하고 고통을 경감해야 할 대상이 되었다(박현정, 2021; Walter, 1994: 9~12). 의학기술의 발달과 영양 확충, 근대국가의 안전성 확보는 인간의 수명을 확장해서 죽음을 연기시켜 왔고, 그 결과 생명연장의 기대감을 자극해 장기적으로는 개인 불멸에 대한 환상을 심어놓았다. 전근대사회에서 쉽사리 죽음에 이르게 했던 많은 원인이 제거되거나 극복되었고 가볍게 넘어갈 수 있는 사안으로 축소되었다. 이렇게 되자 과거 일상적으로 목격했던 죽음은 이제 적극적으로 회피해야 하는 대상이 되었고, 그 결과 과거에 지녔던 죽음을 통한 집합적·소망적 환상 역시 폐기되기에 이르렀다.

특히 의학과 의료기술의 발달은 죽음을 의학적 대상으로 만듦으로써 죽음의 의료화를 낳았다. 이제 죽음은 의학자에 의해 병원에서 관리되는 질병의 일종이 되었으며, 최종적으로 죽음의 판단 여부와 죽음에 이르는 모든 과정은 의학적 결정에 맡겨지게 되었다. 여기에 위생과 청결관념의 발전은 깨끗한 죽음에 대한 근대인의 환상을 만들었다. 이는 세균에 대한 지식 및 감염에 대한 공포와 결합해 시신에 대한 회피와 격리를 낳았고 병원을 임종과 장례의 공간으로 만들어 버렸다. 이렇게 되자 죽음과 죽어가는 사람은 사회생활에서 최대한 배제되어야 할 대상이 되었으며 그 자체로 터부시되는 대상으로 변모했다. 이제 죽음의 징후가 나타나기라도 하면 임종을 앞둔 이는 그 즉시 익숙했던 환경과 지인들로부터 분리되어 죽음의 전문가이자 죽음의 집도자인 의사에게 맡겨지고 낯선 환경 속에서 고독하게 죽음을 맞이한다. 근대 위생관념과 미생물학의 발달은 이들의 분리를 과학적으로 합리화시켜 주는 근거가 되었다(아리에스, 1998: 196~208; Walter, 1994: 9~13). 이로써 근대인은 '죽어가는 자의 고독'을 경험하면서 죽어가게 되었다. 근대사회가 개인을 독립된 주체로서 탄생시켰듯이, 죽음에서도 집단성은 탈각되고 고독한 개인이 남게 되었다. 근대가 이룩한 합리성의 결과로 죽음의 장에서는 고독하게 죽어가는 개인이 남겨진 것이다(엘리아스, 1998: 35~46, 76~86; 아리에스, 1998: 233~234).

죽음의 근대화는 단순히 죽어가는 자만 고립화시킨 것이 아니다. 죽음을 둘러싼 문화와 제도 자체도 근대화에 따른 변화를 겪었다. 죽음의 의료화와 위생화 자체가 이 같은 문화 전반의 근대화와 변화를 반영한 것일 수 있다. 따라서 죽음의 합리화에는 죽음과 관련 문화, 즉 죽어가는 자에 대한 돌봄과 보살핌, 그 판단 여부, 죽음의 과정, 장례식과 같은 죽음 이후의 의례, 죽음을 바라보는 시각 등 죽음을 둘러싼 문화와 제도의 전반적인 변화가 동반되었다. 이들 각각의 제도와 문화는 가족과 이웃의 손을 떠나 전문화되고 관료화된 전문가집단에 의해 관리되었다(Stephen, 2015; Vanderlyn, 2015).

그러나 근대인이 맞는 이 같은 고독한 죽음이 곧바로 죽음의 탈사회화로 귀결되지는 않았다. 개인을 계약의 주체로 만들어 혈연공동체로부터 해방시켰다는 점에서 근대사회는 개인을 통해 이룩되는 사회, 곧 개인들의 사회이다. 근대사회의 작동원리가 개인주의라 할지라도 이는 사회를 부정하는 근거가 되지 않았다. 도리어 개인들이 계약을 통해 만들어가는 사회이기 때문에 전근대사회의 공동체 혹은 집단과는 다른 성격의 사회가 작동할 수 있었다. 도리어 근대의 개인은 다양한 공동체와 집단, 조직과 다채로운 방식으로 결합되었다. 근대사회가 기능적으로 분화되고 전문화됨에 따라 개인마다 다채로운 경력과 생애과정이 전개되었다. 즉, 근대사회의 개인은 다양한 사회집단 속에서 다양한 정체성을 지닌 채(혹은 다양한 정체성으로 변화하면서) 사회적 삶을 살아가게 되었다. 그러다 보니 다양하고 새로운 소속과 사회화 과정을 맞이했고, 무수한 계약관계 속에서 자신의 위치를 정해야 하는 상황에 놓였다. 그 과정에서 과거와는 상상할 수 없을 정도로 다양한 사람과 관계를 맺으면서 새로운 사회적 관계와 사회성이 발달되었다. 분명한 사실은 개인이 관여해서 사회적 의미를 창출하는 사회적 집단이 전근대사회와는 비교되지 않을 정도로 증가했다는 사실이다.

이 같은 사실은 근대인의 죽음이 다른 한편으로는 다양한 집단의 개입과 관여가 이루어지는 또 다른 의미의 사회적 장으로 변모했음을 함축한다. 따라서 근대 개인주의 사회가 곧바로 탈사회화된 사회가 되는 것이 아니며, 개인 역시 그 자체로 사회적으로 고립되고 절연된 존재가 아닌 셈이다. 그 결과 죽어가는 자의 고독은 어디까지나 전근대사회와 비교해서 나온 상대적인 시각으로도 읽힐 수 있다. 이러한 사실은 혈연중심의 신분제와 농촌공동체에 기반한 전근대사회와 비교할 때 분명하게 드러난다. 분명 근대사회에서는 죽어가는 자의 고독이 등장하지만 그럼에도 아직 극단적인 고독, 그것도 죽음 전반에 걸친 고독을 말하기에는 시기상조인 셈이다. 비록 죽음의 의료화로 인해 고독한 임종의 순간을 맞이한다 하더라도 죽음은 도리어 그 개인의 사회적 관계를 적극적으로 드러내는 장이 되었다. 역설적이게도 근대사회가 되면서 죽음은 개인의 사회적 관계가 뚜렷이 드러나는 중요한 사회적 공간을 열어놓았다. 그리하여 죽음을 맞이하는 과정에서는 그/그녀의 생애와 인간관계가 공표되고 확인되는 또 다른 차원에서의 죽음의 사회성이 모습을 드러냈다. 장례식장에서 볼 수 있는 풍경, 즉 망자의 죽음을 슬퍼하는 사람들이 저마다 망자와의 관계를 '다양하게' 기억하는 풍경은 근대의 죽음이 여전히 사회적임을 암시한다(Tarlow, 1999; 171~180; Kastenbaum and Moreman, 2018: 85~86, 413~417).

한편 공적이고 거시적인 차원에서는 근대국가의 집단적 추모와 기념을 마주하게 된다. 근대 국민국가는 다양한 차원에서 죽음을 국가적·국민적으로 애도하고 기념함으로써 기억의 정치를 작동시켰고 이를 통해 국민을 동원하는 프로젝트를 추진했다. 이는 근대국가의 기념문화가 가지는 문화정치학의 일환으로서, 개인의 죽음을 국가와 민족의 이름으로 호명하고 환원해서 죽음의 당사자를 국가적 영웅으로 전환시키는 작업이다(권형진·이종훈, 2005; Carolyn and Ingle, 2003: 98~127, 248~291; Kasher, 2007). 이 같은 기념문화는 지도자에서부터

평범한 대중영웅뿐만 아니라 무명의 전사자와 같이 다양한 층위의 인물의 죽음까지도 국가적 기억 장치로 소환했다. 이로써 근대의 죽음은 또 다른 차원의 대규모 집단적·사회적 작업이 되었다. 국민국가 그리고 국가 간 경쟁시스템인 세계체제가 지닌 특성은 이처럼 죽음 자체를 거시적인 사회체제로 포섭하는 메커니즘을 형성했다. 물론 죽음을 기념하는 이 같은 문화는 국가뿐만 아니라 국가 이하의 다양한 집단과 조직 속에서 기억의 정치로 작동하면서 다양한 범위와 규모에 걸쳐 전근대사회와는 다른 형태로 죽음이 지닌 사회성을 적극적으로 드러내고 있다(전진성·이재원, 2009; Bodnar, 1992; Gillis, 1994; Tarlow, 1999: 147~169; Warwick and Laing, 2013: 15~30).

따라서 근대 이후 다양한 차원의 사회변동에도 불구하고 죽음의 사회성은 그 특성과 형태를 달리하면서 계속 유지되었고, 기념문화에서 보듯 어떤 경우에는 새로운 형태로 등장하기도 했다. 그런데 최근 들어, 특히 2000년 이후부터 한국사회에서는 그 같은 죽음의 사회성이 빠른 속도로 무너져내리는 징후가 목격되고 있다. 그동안에는 최악의 경우라 하더라도 개인의 죽음을 가족이 담당했으며 이를 중심으로 최소한의 사회성이 유지되었다. 그러나 현재 한국사회에서는 개인이 오로지 홀로 내버려져 죽음을 맞이하는 사례가 매우 빠르게 증가하고 있다. 자살, 돌연사, 각종 사고로 인한 불의의 사망 등의 비율이 높아지면서 불행한 죽음이 우리에게 익숙해진 지는 이미 오래이다. 이 같은 죽음은 우리 사회의 문제적 단면을 여실히 드러내면서 오늘날 한국사회의 민낯을 보여주고 있다. 그 가운데서도 고독사는 다른 어떤 죽음보다도 한국인에게 충격을 주면서 탈사회의 현실을 보여주는 현상으로 급속하게 자리 잡아가고 있다.

고독한 한국사회의 내력과 고독사의 충격[1]

'고독사'라는 용어는 일본의 고도성장기였던 1970년대 초반에 언론에 처음 등장했다. 급격한 산업화와 사회 재편으로 인해 핵가족 증가, 지역이동, 고령화, 젊은 세대의 고립 같은 현상이 나타나자 전통적인 인간관계의 약화를 우려하면서 등장한 용어였다. 이 용어는 1995년 고베 대지진 때 지진 피해자를 위한 임시가설주택에서 사망자가 발생하자 다시 등장했다(김희연 외, 2013; 이미애, 2013). 그러나 이때까지만 해도 특수한 재난상황에서 발생한 일이었기 때문에 지금과 같은 의미를 지녔다고 볼 수 없다. 고독사라는 말이 지금과 같은 의미로 급격히 확산되면서 이 용어가 유행하기 시작한 것은 NHK에서 〈무연사회〉 특집방송을 방영한 후부터였다. 흔히 무연사(無緣死)라고도 불리는 고독사는 '무연사회'라는 용어와 함께 일본에서 처음 만들어졌는데, 2010년 1월 말 방영된 NHK 특집 프로그램 〈무연사회: '무연사' 3만 2천 명의 충격〉을 통해 일본사회에 급속히 확산되었다. 이 프로그램은 당시 사회적으로 큰 충격을 주면서 일종의 신드롬에 가까운 반응을 낳았고 고독사라는 말을 일본사회에서 일상적인 용어

---

1   이 절은 2018년 ≪한민족문화연구≫, 64, 119~150쪽에 실린 필자의 논문 「고독의 역사사회학: 한국인의 고독, 그 구조변동과 감정동학」의 일부를 활용해 작성했다.

로 만들어놓았다.

고독사는 말 그대로 사회적 관계가 단절됨으로써 아무도 돌봐주지 않는 외로운 상태에서 임종을 맞이하고 그 이후의 사망처리 과정을 겪는 것을 의미한다. 이 같은 고독사는 인연의 상실과 죽음이 연결되어서 발생한다고 보아 무연사라고도 불리었고 이로부터 '무연사회'라는 용어가 등장했다. 무연사회(無緣社會)란 말 그대로 '인연이 없는(끊어진) 사회', '사람 사이의 관계가 없는 사회'로, '개인 각자의 분리된 삶으로 인해 결속력이 약화된 삶이 정점에 달한 사회'를 뜻한다. 그렇다 보니 한 사람이 생을 마감하는 순간과 그 이후의 과정에서 망자는 홀로 남겨져 쓸쓸한 죽음을 맞게 된다. 고독사는 대체로 임종 이후 시신이 부패된 상태에서 발견된다는 점에서 시신을 수습해 줄 최소한의 인연마저도 단절된 극단적인 상황에 처하게 된다(NHK 무연사회 프로젝트팀, 2012: 11~16). 당시 NHK 프로그램에서는 행려사망자, 즉 무연사를 중심으로 일본에서 증가하고 있는 '나홀로족'을 다루었는데, 일반적인 예상과 달리 극빈층뿐만 아니라 다양한 유형의 사람이 실제로 나홀로족에 포함되어 있어서 더 큰 충격을 안겨주었다. 당시 다루었던 고독사에는 청년층도 상당수 포함되어 있었기 때문에 노년층뿐 아니라 죽음과 무관할 듯한 젊은 층도 이 프로그램에 깊은 관심을 보였다. 이 프로그램은 젊은 세대 역시 무연사에 대한 공포와 불안에서 자유로울 수 없다는 사실을 보여주었다(NHK 무연사회 프로젝트팀, 2012: 221~245).

일본에서 고독사가 이처럼 사회 이슈로 회자되기 시작하던 시기에 한국에서도 마찬가지의 현상이 벌어지고 있었다. 고독사라는 용어 자체가 첨예하게 돌출되지 않았을 뿐, 고독한 죽음은 단순히 이웃나라에서 벌어지는 일이 아닌 바로 지금 여기의 문제로 일어나고 있었던 것이다. 2010년에는 이미 한국에서도 고독사 사례들이 언론지상에 서서히 오르내리고 있었으며, 곧이어 고독사에 대한 언론의 특집보도도 이어졌다. 특히 2013년 11월 ≪국제신문≫에 실린 기획기사 "고독사: 인연이 끊긴 사회"와 다음 해 5월 방영된 KBS 특집프로그램 〈한국인의 고독사〉는 우리 사회에서 고독사에 대한 관심을 부각시켰다. 이들 언론보도는 당시 큰 반향을 일으켰는데, 이는 이미 고독사의 심각성이 대중적으로 감지되고 있었기 때문이다(권오헌, 2018).

고독사는 이후 한국과 일본에서 더욱 첨예한 사회문제로 부각되었고, 오늘날에는 우리가 처한 현실을 극단적으로 반영하는 표상이 되었다. 고독사는 개인의 비극적인 파국을 통해 사회의 극단적인 단절과 고립을 보여주기 때문에, 그 자체로 사회문제를 넘어서 그 사회가 처한 현실을 보여주는 바로미터가 되었다. 고독사는 죽음의 사회성마저 탈각시켜 버림으로써 한국사회가 마주한 '탈사회화'의 현실을 가장 비극적으로 보여주고 있다. 그럼에도 불구하고 고독사에 대한 정의는 아직 명확하게 정립되지 않아서 논자마다 다소 차이가 있거나 심지어 엇비슷한 용어를 돌려가면서 사용하는 경우가 많다. 그러다 보니 공식적인 통계자료조차 없어서 무연고 사망통계로부터 유추해서 추정하고 있는 형편이다(박미현, 2019). 고독사에 대한 사회적 관심에 비하면 이에 대한 조사와 통계는 매우 미비한 편이며, 연구를 위한 기초적인 논의에서도 해결할 과제가 많다. 흔히 경찰에 확인하는 '변사'의 경우도 특별히 범죄 혐의점이 없으면 기록을 오래 보관하지 않기 때문에 연도별 추이도 정확하게 알기 어렵다. 고독사가 증가한다는 것도 언론의 보도 건수 등을 통해 막연히 추정할 수 있을 뿐이다.

고독사라는 말이 이렇게 언론을 통해 만들어지고 확산되다 보니, 사람들에게 종종 회자됨에도 불구하고 개념 자체가 다소 불명확하고 혼란스러운 편이다. 무연사, 무연고사, 고립사, 독거사, 비존엄사 등의 용어와 뒤섞여 혼동될 때도 많다. 대다수의 고독사는 시신이 발견된 후 무연고로 판명되면 이로부터 고독사임을 유추하기 때문에, 고독사에 대한 정확한 통계치를 작성하기도 어려운 실정이다. 그 결과 고독사는 "통계 없는 죽음"이라고도 불리게 되었다. 대체로 무연고 사망자로부터 고독사를 추정하는 경우가 많다. 물론 고독사에 대해서는 다양한 정의가 시도되고 있다. 지금까지 나온 정의를 간추려보면 다음과 같다.

우선, 국가적 차원에서 내린 정의라고 할 수 있는 관련 법률을 살펴보자. 고독사에 대해 국가적인 차원에서 대응하기 위해 2020년 3월 31일 "고독사 예방 및 관리에 대한 법률"(법률 제17172호)이 제정되어 2021년 4월 1일자로 시행되었다. 이 법률의 제정 시행으로 향후 국가적 차원에서 고독사에 대응하고 그 대상자를 지원할 각종 프로그램과 지원체계의 법적 근간이 마련되었다. 이 법안의 제1장 제2조에서는 고독사를 다음과 같이 정의하고 있다. "이 법에서 '고독사'란 가족, 친척 등 주변 사람들과 단절된 채 홀로 사는 사람이 자살·병사 등으로 혼자 임종을 맞고, 시신이 일정한 시간이 흐른 뒤에 발견되는 죽음을 말한다." 지방자치단체에서도 각 지자체별로 고독사에 대한 대응체계를 속속 마련하고 있는데, 특히 산하 복지재단에서 고독사를 규정하고 이에 대한 정책안을 만들고 있다. 우선 서울시복지재단에서는 "가족, 이웃, 친구 간의 왕래가 거의 없는 상태에서 혼자 살던 사람(독거인, 1인 가구)이 홀로 임종기를 거치고 사망한 후 방치되었다가 발견된 죽음(통상 3일 이후)"을 고독사로 규정하고 있다(송인주, 2016: 14). 광주복지재단에서는 "가족, 이웃 등 주변 사람들과 관계가 단절된 상태에서 홀로 사는 사람이 혼자 임종을 맞이하고 시신이 일정한 시간이 경과된 뒤에야 발견되는 죽음"을 고독사로 규정했다. 다만 "사망 이후 시신을 인수할 연고자가 없거나 알 수 없는 무연고 사망과는 구별되고 고독사 이후 가족이 시신을 인수하는 경우 무연고 사망에서 제외"하고 있다(광주복지재단, 2018: 6). 학계에서도 고독사의 정의를 확립하려고 노력해 왔다. 권중돈(2010)은 "혼자 임종을 맞이하고, 시신이 사망 시점으로부터 일정 시간이 경과한 후에 발견되는 죽음의 사례"로 고독사를 정의했고, 이미애(2012)는 "아무런 보살핌을 받지 못한 상태에서 사망하고, 그 후로도 상당 기간 방치되는 죽음"으로, 조성숙(2018)은 "가족, 이웃이나 친구 등 사회적 관계망의 단절 속에서 생활하다 홀로 사망하고 수일이 지난 후에 발견되는 경우"로 규정했다. 일반적으로 학계에서 합의된 정의는 없지만 각자의 정의에는 '혼자서 죽음을 맞고 사후에도 시간이 지난 후에 발견되는 죽음'이라는 설명이 공통적으로 등장한다(이진아, 2013; 임유진·박미현, 2018).

이처럼 고독사에 대한 정의는 다양한 분야에서 시도되고 있다. 이를 통해 오늘날 고독사가 사회적 이슈로 떠올랐으며 고독사라는 용어에 대한 개념이 계속해서 다듬어지고 있음을 알 수 있다. 이들 정의를 찬찬히 살펴보면 고독사라는 용어는 결국 고립과 단절로 귀착되면서 임종의 순간에 홀로 남겨지고 죽음 이후에도 수습해 줄 사회적 인연이 전혀 존재하지 않는 상황을 전반적으로 내포하고 있다(임유진·박미현, 2018). 즉, 죽어가는 자신을 위해 (혹은 위생화된 죽음을 위해서라도) 의사와 병원에 대신 연락해 줄 사람마저 없는 철저하게 버려진 개인을 뜻하는 것이다. 고독사는 어떤 경우에도 지켜졌던 죽음의 사회성이 철저하게 탈각되는 극단적인 현실을 그대로 반영하고 있으므로 이 같은 상황을 초래한 사회적 현실에 대해 성찰하도록 만든다.

고독사의 전제조건은 사회적 고립이다. 이미 고독사라는 용어 자체가 사회적 고립과 그에 따른 개인의 고독을 상정하고 있다. 고독사라는 용어는 무연사회니 고립사회니 하는 말을 자연스럽게 연상시킨다. 고독사가 부상하고 사회적 문제가 되었다는 것은 고독사의 기반인 사회적 고립과 절연이 전 사회적으로 확산되었다는 것, 한국사회 전체에 걸쳐 사회관계가 약화되고 있다는 것을 의미한다. 즉, 고독사는 사회 전체가 단순한 개인주의를 넘어섰고 그 개인을 기반으로 하는 근대적 사회관계마저 급속하게 무너지고 있음을 보여준다. 따라서 한국사회에서 고독사가 급속하게 부상한 배경으로 사회적 관계의 해체와 붕괴를 우선적으로 검토해야 한다. 이것이 고독사의 배경이자 토양이기 때문이다.

전 세계적인 차원에서 근대화는 근대적 개인 주체의 탄생과 그에 따른 개인주의 사회로의 진입, 그리고 혈연과 신분에 기반한 공동체의 해체를 바탕으로 한다. 이는 한편으로는 개인의 자유와 가능성을 낳았지만, 다른 한편으로는 그 결과에 대한 책임을 전적으로 개인이 감당하도록 함으로써 개인의 고독을 낳았다(버거·버거·켈너, 1981: 61~77; 전광식, 1999: 82~94). 여기에 근대로 이행하는 과정에서 산업화와 근대국가의 성장, 그리고 그에 따른 각종 사회적 지리적 이동이 더해짐에 따라 개인은 더욱 고립되어 갔다. 근대 개인주의 사회에서 개인의 자유는 철저하게 개인의 고독과 함께 찾아왔다. 더군다나 근대 이후 일어난 크고 작은 혁명과 전쟁, 내란 등은 대규모의 이산과 이주의 물결을 만들었다. 이 같은 일은 대개 예상치 못한 갑작스럽고 비자발적이며 강제적인 상황에서 발생했으며, 결과적으로 개인들은 익숙했던 지역과 문화를 등지고 낯선 환경에서 유랑하며 계속 적응해야 했다.

한국사회는 세계사적인 차원과 연동된 제3세계의 근대 경험을 가진 동시에 독자적인 경험도 가지고 있어서 전례 없는 변동과 이주, 이향, 이산이 지속적이고 확산적으로 발생했다. 급격하고 격렬하게 진행된 한국의 근현대사는 인간관계의 단절과 그로 인한 고독을 한국인에게 뿌리내리게 하는 외적 조건이 되었다. 즉, 근대 이후 격변의 시간을 거치면서 한국인은 익숙한 것과 끊임없이 단절하는 상황이 일상화되었고 이로 인해 새로운 환경에 민첩하게 적응해야 살아남을 수 있다는 인식이 만연해졌다.

오늘날 한국사회에 만연한 탈사회화 현상, 즉 관계 단절로 인한 고독과 그 결과로 등장한 고독사의 근원적인 배경은 1960년대 이후 산업화와 근대화로 시작된 이촌향도에서 찾아야 할 것이다. 한국사회는 1960년대 이후 산업화와 근대화가 본격화되자 대다수의 인구가 고향을 떠나 도시로 몰려들었고, 그 결과 익숙한 문화 및 인간관계와 절연하고 낯선 환경에서 생존을 위해 어떻게든 적응해야 하는 상황에 이르렀다. 한국의 근대화와 산업화에 보통 '압축적'이라는 수식어가 붙는 데서 알 수 있듯 근대화와 산업화는 국가에 의해 일방적·강압적으로 진행되었고, 이에 따라 대중은 타의에 의해 비자발적으로 고향을 떠나 타향에서 갑작스럽고 고통스럽게 적응해야만 했다(윤상우, 2006; 김춘수, 2005; 김정하, 2011; 정승화, 2011; 최선영·장경섭, 2012).

한국의 산업화는 도시 중심으로 기획되었고 도시를 중심으로 서구화하는 것이 최종 목적이었기 때문에 농촌은 지원 대상에서 배제되었다. 저임금의 노동집약적 산업이 도시에서 육성되고 이를 위해 농산물이 저가로 묶이면서 농촌의 빈곤화는 가속화되었다. 이 같은 빈곤화로 인해 농촌 인구는 점차 유출되어 도시 주변부로 유입되었다. 결국 도시 중심의 산업화와 농촌정책의 부재, 노동자의 저임금 유지를 위한 저곡가정책은 대규모 인구가 이촌향도하는 구조적인 요인이었다. 이 같은 도농격차의 악화와 더불어 산업 입지와 자원배분의 지역 간 격차는 한국사회의 만성적인 지역적·사회적 불균등을 낳았다(김익기, 1991; 윤상우, 2007). 더군다나 한국의 산업화는 '유혈적 테일러리즘'으로 칭해지는 억압적인 작업장 환경과 노동과정에 기반하고 있었다. 이 같은 환경에서 낯선 도시로 이주해 적응해야 했으므로 많은 이들의 도시 노동자화 과정은 그만큼 고통스럽고 힘겨웠다(구혜근, 2002: 79~108; 신원철, 2005).

1960년대와 1970년대의 산업화 과정은 고향을 상실하는 과정이었고, 이는 한국사회에서 향수, 즉 고향에 대한 노스텔지어를 강렬하게 부상시켰다. 이때의 고향은 지금은 잃어버린 온전한 사회관계와 인간적인 공동체가 존재하는 공간이자 풍요로움으로 충만한 공간으로, 실제의 고향과는 다소 상이한 모습이다. 일종의 상상된 시공간이라

할 수 있다. 실제와는 다른 고향을 허구적으로 상상해서 강렬히 그리워한다는 사실은 현재의 삶이 그만큼 고달프고 고립되어 있음을 반증한다고 볼 수 있다. 이처럼 고향에서 뿌리 뽑혀 타지에서 적응해야 하는 상황은 산업화와 근대화로 상징되는 한국사회에서 전형적으로 나타나는 고독을 그대로 보여준다(전광식, 1999: 17~22; 소영현, 2014).

하지만 1980년대를 거쳐 1990년대로 접어들면서 이 이주민들은 도시에서 서서히 새로운 사회적 관계를 형성하면서 도시의 삶에 적응하기 시작했다. 이 과정에서 도시에서 태어나 성장한 새로운 세대는 부모세대와 달리 도시에서의 사회적 관계를 활성화시켜 왔다. 이들 세대에게 과거의 고향은 자신이 존재하는 기원으로서의 의미만 가질 뿐 인연은 거의 없는 곳이었다. 부모세대에게 도시가 고립과 힘겨운 적응의 공간이었다면, 이들의 자녀세대에게 도시는 자신의 고향이자 자신의 인간관계와 사회적 관계가 유지·활성화되는 장소이다. 그러나 1990년대 중반 이후 세계화와 더불어 본격적으로 몰아친 신자유주의의 파고는 산업도시에서 새롭게 형성되었던 혹은 그나마 존재했던 사회적 관계를 파괴하면서 한국인에게 과거와는 전혀 다른 차원의 사회적 고립을 만들었다. 인간관계의 단절과 고립은 과거와 달리 이젠 생존 자체를 극한으로 몰아붙이면서 한국인을 극단적인 고독감과 위기감에 휩싸이게 하고 있다.

특히 IMF 사태 이후 한국사회는 흔히 '승자독식사회'로 상징되는 냉혹한 적자생존의 장으로 변했고 극도의 경쟁만 가득해졌다. 그 이전까지는 최소한의 양심과 도덕성을 견지하면서 더 이상 시장으로 포섭되지 않는 최소한의 부분을 남겨두었고, 이를 통해 체제의 인간적인 면모를 유지하려 애썼다. 그러나 신자유주의가 전면화되는 상황 아래에서는 과거에 상품영역으로 간주되지 않던 부분마저 시장영역으로 포섭되었고 이를 위해 최소한의 공공성마저도 폐기되었다. 시장화에 방해되는 사회적 관계는 모든 수단을 동원해서 해체해 나갔다(프랭크·쿡, 2008; 15~41; 에런라이크, 2012: 259~296). 시장에서 승리하는 것이 모든 행위의 기준이 되었고 소수의 승리자와 대다수의 희생자가 발생하면서 양극화는 심화되어 갔다. 이 같은 양극화가 사회문제로 부상했지만, 내면화된 경쟁의 논리는 양극화를 도리어 정당화하면서 연대의식을 해체하고 저항을 아래에서부터 봉쇄했다.

　신자유주의 체제 아래 정부와 기업을 위시한 각종 조직은 핵심 인재와 같은 구호를 내세우면서 경쟁을 부채질했고, 이를 통해 대량 해고와 조직 개편으로 대표되는 구조개혁을 정당화했다. 여기에 개인들은 '스펙 쌓기'와 '자기계발'에 몰두하면서 체제 내의 논리로 포섭되어 저항의식과 연대감을 상실했다(서동진, 2009: 220~262; 브뢰클링, 2014: 212~262). 그 결과 경쟁에서 패한 대다수는 사회적 약자가 되어 주변부로 밀려났다. 이들은 단지 사회적 지위만 하락한 것이 아니라 삶을 둘러싼 다양한 분야에서 사회적 배제를 경험했다. 민영화와 사회안전망 해체로 이들을 지지해 줄 국가적·사회적 장치마저 빈약해진 상황에서 이들의 삶은 극도로 불안정한 상태로 내몰렸다. 이는 각종 사회적 연결망에서 이들을 축출하는 효과를 낳았고 이렇게 사회적으로 배제된 이들은 홀로 냉혹한 현실을 감내해야 하는 극단의 상태에 이르렀다(권오헌, 2006). 그리고 이는 극단적으로 고립되어 고독할 수밖에 없는 죽음, 곧 탈사회화된 죽음인 고독사의 사회적 배경이 되었다. 관계와 연대가 끊어져 오직 맨몸으로 홀로 부딪혀 살아남아야 하는 냉혹한 사회에서 고독사가 실체를 드러내기 시작한 것이다.

노인고독사, 고령화사회와 탈사회화

고독사는 노인 고독사라는 얼굴로 먼저 나타났다. 한국과 일본의 고독사는 독거노인의 죽음이라는 형태로 대중에게 처음 알려졌고 일찌감치 대중매체의 단골 소재가 되었다. 그 결과, 대중은 노인 고독사를 통해 고독사의 관념과 이미지를 명확히 각인했으며, 이는 고독사에 대한 대중적 상상력을 자극했다. 노인 고독사는 고독사를 사회문제로 부각시키는 결정적인 역할을 했다. 노인 고독사의 안타까운 사연들이 대중매체를 타면서 노인문제는 새삼 주목을 받았으며, 언론은 앞으로 맞닥뜨릴 노인의 죽음을 우울한 회색빛으로 전망함으로써 사회구성원 모두를 공포에 빠트리기도 했다. 이처럼 노인 고독사를 중심으로 형성된 고독사의 이미지는 이후의 고독사 대응과 정책에도 크게 영향을 주었다.

죽음의 측면에서 보면 노년층의 죽음은 사회적으로 큰 문제가 되지 않는다. 엄격히 말하자면, 노년층은 죽음을 앞두고 있으며 충분히 죽음이 예측되는 세대이기 때문이다. 그러나 고독사는 이러한 전망을 훼손시켰다. 노년의 의미와 사회적 희망을 여지없이 무너뜨려버렸기 때문이다. 노년층의 고독사를 통해 현대사회의 노인문제가 여실히 드러나게 되었다. 현대사회에서 노인층의 지위와 역할은 전근대사회와 동일하지 않아서 그 역량과 영향이 지속적으로 축소되어 왔다. 현대사회의 다양한 노인문제는 근본적으로 여기에서부터 발생한다. 전근대사회에서 노인은 공동체에서 경험과 지식이 풍부하고 지혜로운 사람으로 인식되었다. 따라서 오래 살았다는 것은 사회적 권위를 높여주는 조건이었다. 태어난 곳에서 평생을 보내면서 부모로부터 물려받은 땅을 일구어야 했던 전근대 신분제 사회에서는 노인이 된다는 것이 공동체 내에서 그만큼 지위가 상승한다는 것을 의미했다. 따라서 노인의 죽음은 공동체의 사건으로 전환되었다. 전근대사회의 노인은 지금처럼 무력하지 않았고 외롭지도 않았다. 사회적 조건상 노인 고독사는 불가능했다. 그러나 근대사회로의 전환과 현대사회의 발전은 노인의 위상과 사회적 조건을 근본적으로 변화시켰다. 신분제 사회의 해체와 이에 따른 가족공동체의 분산, 친인척 영향력의 감소, 성취지위의 중요성 등은 전근대사회에서 노인이 지녔던 지위와 위상을 하락시켰으며, 근대사회의 기능적 분화와 전문화, 새로운 과학기술과 지식체계, 교육체계의 발전, 그리고 다양한 매체의 발전은 노인의 지식과 지혜를 쓸모없게 만들었다.

이제 노인은 단지 나이 많고 무능한 존재, 더군다나 죽음의 그림자가 어른거리는 곧 죽을 존재로만 여겨지게 되었다. 이 같은 변화는 노인에 대한 지위와 인식을 변화시켰을 뿐만 아니라 현대사회의 노인문제를 발생시키는 사회구조적 배경이 되었다. 더군다나 의료기술 발달, 질병 통제, 영양 개선, 안전 증가 등으로 인간 수명이 연장되면서 노인인구가 폭발적으로 증가했다. 여기에 사회적·지리적 이동의 증가, 친인척 제도의 약화로 인해 한 개인의 사회적 관계가 단절적이게 되었다. 그 결과 노인층 인구가 크게 증가하는데도 이들을 돌보고 보살피는 사회적 관계는 약화되어 노인 혼자 말년을 책임져야 하는 현대사회의 고독한 노인상이 만들어졌다. 근대사회가 맞이한 '죽어 가는 자의 고독' 역시 기본적으로는 죽음을 맞이하는 노인층에 해당한다. 근대사회로의 이행은 죽음과 관련해 일차적으로 노인들을 고독하게 만들었다.

그런데 노인 고독사는 여기에 결정적인 한방을 날렸다. 노인의 처지를 극단적으로 인식시킴으로써 생애 말년에 대한 공포를 대중적으로 확산시킨 것이다. 노인 고독사는 그나마 남아 있던 노년과 죽음에 대한 기존 관성을 뒤흔들면서 노인문제를 전면 재고하게 만들었고 노인문제의 중심으로 급부상했다. 근대 이후 인간수명이 연장된 것과 반비례해 노동시장에서의 경쟁력 상실, 정년퇴직의 제도화와 강제된 희망퇴직, 노년기 이후의 불충분한 소득 등으로 인해 노인층은 빈곤에 취약해졌다. 특히 은퇴 후 노인은 소득이 급감하고 재취업이 어려운 데 반해 수명 연장으로 인해 노년기가 길어지면서 만성적인 빈곤상태에 쉽사리 빠졌다. 근대 이후 보편화된 핵가족화와 친인척 관계의 소원화는 노인가구와 독거노인의 증가로 이어졌다(조현연·김정석, 2016).

특히 한국사회는 고령사회로 빠르게 진입하고 있는데, 2010년을 기준으로 고령인구의 비율은 해마다 증가하고 있는 추세이다. 2010년 전국 고령인구의 비율은 10.90%였지만, 2015년에는 13.15%로 증가했고, 2018년에는 14.76%, 2019년에는 14.8%까지 증가했다. 향후에도 이 비율은 계속 증가할 것으로 예상된다. 총인구 중 65세 이상

인구가 차지하는 비율이 7% 이상이면 고령화 사회, 14% 이상이면 고령사회, 20% 이상이면 초고령사회로 분류한다. 이 같은 기준에 입각한다면 한국사회의 65세 이상 노인인구 비율은 2017년 14.21%로 세계 평균(9%)보다 훨씬 높아 이미 고령사회로 진입했으며, 2025년에는 이 비율이 20%까지 증가할 것으로 전망된다. 한국사회는 고령사회를 넘어 매우 빠른 속도로 초고령사회로 나아가고 있다(선은애, 2019). 한국사회는 과거 OECD 국가 중 노인인구 비율이 비교적 높지 않은 축에 속했으나, 고령화 속도가 가장 빨라 노년부양비(old-age dependency ratio)가 연평균 2% 이상 증가하고 있다. 이 추세대로라면 2050년까지 매년 노년부양비가 3.8% 상승할 것으로 예상되며, 노인빈곤율은 49.6%로 세계 1위가 될 것으로 전망된다(성영태·최인규, 2020). 더군다나 한국의 총인구수는 감소하고 있는 상황이어서 노인인구의 지속적인 증가는 심각한 인구불균형을 초래할 것이며 이로 인해 노인문제를 비롯한 각종 사회문제가 발생할 것으로 예상된다.

이 같은 고령화는 노인빈곤문제와 겹치면서 그 심각성이 증폭되고 있다. 65세 이상 노인의 상대적 빈곤율은 2006년 43.6%에서 2017년 45.7%로 증가했고, 공적연금의 안전망 역할은 OECD 최하위 수준이다. 서구 복지국가의 경우 경제활동 인구의 실질임금 증가와 연금제도 확충을 위시한 다양한 복지시스템을 통해 노인빈곤율을 축소시켜 왔지만, 한국사회에서는 실질임금 양극화, 복지시스템 미비 등으로 같은 노인집단 내에서도 경제격차가 크게 나타나고 있다. 일부 부유한 노인과 대조적으로 상당수의 노인은 생계 자체가 위협받고 있으며, 미래를 예측하기 어려운 상황에 처해 있다. 노인빈곤이 대두하면서 2007년 기초노령연금제도 도입, 2014년 기초연금제도 도입 등 한국사회에서도 노인빈곤에 대해 국가적으로 대응하기 시작했다. 그러나 지금도 여전히 높은 노인빈곤율은 노인문제 해결을 위한 정부의 시도가 효과를 발휘하지 못하고 있음을 반증한다(권혁철, 2019).

이 같은 상황에서 노인 고독사라는 현상이 충격적으로 확산되고 있는 것이다. 노인 고독사로 추정할 수 있는 65세 이상의 무연고 사망자 수는 매년 꾸준히 증가하고 있다. 보건복지부의 '2015 무연고 사망자 통계'에 따르면, 2015년 무연고 사망자는 총 1245명으로 2014년 1008명에 비해 23.5% 증가한 것으로 나타났는데, 이는 지속적으로 증가하는 추세를 반영한다. 무연고 사망자의 연령대를 보면 60대 22.7%(282명), 70세 이상은 21.4%(267명)를 차지한다. 즉, 60대 이상의 노인층이 44.1%를 차지해 거의 절반에 육박하는 것으로 나타난다. 한편 50대는 368명으로 29.6%, 40대는 172명으로 13.8%를 차지해 중장년 역시 상당한 수치인 것을 알 수 있다(최승호·조병철·전승환, 2017).

한국의 전통적인 가족관계는 압축적 근대화가 진행되는 과정에서도 노인부양에 중요한 역할을 수행해 왔다. 하지만 최근 이루어진 급속한 가족변화로 인해 노인층이 마지막으로 기댈 공간마저도 사라지고 있다. 가족이 노인을 부양하는 형태는 전통적으로 농경사회의 대가족 제도에 기반하고 있다. 따라서 노인 부양에 대해 산업사회에서 국가와 사회가 책임져야 할 복지를 개개의 가족에게 떠맡긴다는 비판도 있었다. 그러나 그 같은 비판 속에서도 한국인의 전통적인 가족가치관과 이데올로기, 국가와 사회의 가족주의 강화로 인해 가족이 노인부양을 상당 부분 감내해 왔다. 그러나 신자유주의 이후 일어난 변화, 즉 가족 파산 같은 가족의 위기, 빈곤화, 양극화, 가족 가치관의 변화, 가족 규모의 축소 등은 가족 자체를 위기로 몰아넣었다. 특히나 한국사회의 복지 부족과 가족주의로 인해 개인의 빈곤은 곧바로 가족의 빈곤으로 연결될 가능성이 커졌고 이에 따라 가족의 위기는 사회적 위기 앞에 폭발적으로 증가했다. 이 같은 상황은 1인 가구가 증가한 데서 단적으로 나타나는데, 고독사는 고립된 노인 1인 가구에서 주로 나타나는 비극이 되었다.

노인 1인 가구는 사실상 독거노인을 의미한다. 이들 독거노인의 사회적 고립은 이미 이전부터 심각한 상황이었다. 2007년 보건복지가족부가 실시한 '전국의 독거노인 전원에 대한 사회적 교류실태 조사'에 따르면 가족과 연락하지 않는 경우가 17%, 가족과 접촉하지 않는 경우가 22%, 친구와 연락 및 접촉을 하지 않는 경우가 각각 34%, 이웃과 연락 및 접촉을 하지 않는 경우가 각각 24%, 26%인 것으로 나타났다. 이는 사회적 관계망과 교류가 단절된 상태에서 생활하는 독거노인이 2000년대 초반에 이미 전체 독거노인의 1/4에서 1/3에 이르고 있었음을 보여준다. 특히 농촌지역보다 도시지역에서, 여성 노인보다 남성 노인에게서 사회적 단절과 고립이 심각한 현상임이 드러났다(권혁남, 2013).

노인 1인 가구는 배우자가 있는 노인이나 자녀와 같이 사는 노인에 비해 사회적 위험에 더 노출되어 있고 건강, 경제력, 사회적 관계가 취약해 도움이 필요한 경우가 대다수이다. 더군다나 한국의 노인빈곤율은 세계에서 가장 높은 수준인데, 노인 1인 가구는 경제적 문제가 더

욱 커서 빈곤율이 더 심각하다. 노인 부부가구의 경우 빈곤율이 47.1%
수준이지만 노인 1인 가구의 빈곤율은 70.9%이다(최성현, 2020). 보건
복지부 자료에 따르면 2012년에는 독거노인이 119만 명이었는데, 이
가운데 빈곤층에 해당하는 독거노인은 91만 명으로 전체의 77%를 차
지하고 있다. 소득수준이 50만 원 정도로 최저생계비 이하인 경우는
50만 명에 달해 전체 독거노인의 42.5%가 심각한 빈곤상태에 처해 있
다. 여기에 독거노인의 상당수는 최소한의 주거공간조차 확보하지 못
한 채 한두 평짜리 쪽방에 거주하거나 (반)지하, 혹은 옥탑 같은 비정
상적인 거처에 기거해 주거빈곤을 겪고 있는 것으로 나타났다. 이들
은 장애나 만성질환, 영양부족으로 인한 건강문제도 동시에 겪고 있
었다(이정관·김준현, 2013). 이 같은 상황은 독거노인이 언제라도 최악
의 경우로 치달아 고독사할 수 있음을 보여준다. 고령화 사회로 진입
하면서 기존의 노인문제가 심화될 개연성이 증가하는데, 한국사회는
이러한 상황이 악화될 조건을 두루 갖춘 상태이다. 그리고 이런 조건
은 탈사회화 현상이 겹치면서 노인 고독사 문제로 전면화되었다고 볼
수 있다.

청장년 고독사, 탈사회화의 가속과 미래세대의 위기

고독사 연구가 진행되면서 고독사가 실제로 중장년 남성에게 집중
되고 있다는 사실이 밝혀졌다. 고독사 문제를 처음 환기시켰던 언론
보도에서도 이러한 결과가 예상을 뛰어넘어 나타나고 있었다. 2010

년 NHK의 무연사회 특집 프로그램에서는 고독사 문제가 전적으로 노년층만의 문제가 아니라 세대를 아우르는 사안이며, 젊은 층도 고독사에서 자유롭지 못하다는 것을 보여주었다(NHK 무연사회 프로젝트 팀, 2012: 221~245). 2013년 ≪국제신문≫의 기획기사 "고독사: 인연이 끊어진 사회"는 부산지방경찰청 변사보고서를 분석해 부산지역의 고독사 현황을 조사했는데, 이 기사에서는 고독사 위험군이 50대 남성이라는 사실을 밝혀냈다. 2014년 KBS 특집기획 〈한국인의 고독사〉에서는 2013년도 경찰청 변사보고서와 무연고 사망자 자료를 기초로 전국의 고독사 통계작성을 시도했는데, 전체 고독사 중에서 남성이 73%를 차지했으며, 그중에서도 50대 남성이 29%로 가장 높은 비율을 차지했다. 이로써 고독사라는 용어가 한국사회에서 관심을 모으기 시작할 당시부터 고독사는 중장년 남성에게 집중되어 있었다는 사실이 증명되었다.

그 이후의 자료들 역시 이러한 사실을 보강해 준다. 서울시에서 발생한 고독사의 실태를 파악한 연구결과에 따르면, 고독사로 추정되는 192건 중 84.6%가 남성이며, 연령별로 보면 50대가 58건으로 35.7%, 40대가 21%로, 40~50대가 전체의 56.7%를 차지한다. 특히 다세대 및 공공임대주택, 그리고 고시원이 밀집한 지역에 거주하는 1인 가구와 중장년층의 남성이 고독사하는 경향이 높은 것으로 나타났다(송인주, 2016). 부산시의 고독사 실태조사에서도 40~50대 1인 가구 중장년층(42.6%)과 남성(86.3%)이 고독사 사례의 다수를 차지했는데, 이들 대부분은 당뇨, 고혈압, 암, 간질환 등의 질병을 지녔고 약 81%가 직업이 없는 것으로 밝혀졌다. 서울과 부산의 실태만 종합하더라도 고독사 고위험 집단은 40~64세의 중장년 남성이며, 이들은 열악한 경제상황에 처해 있고 가족이나 이웃과 사회적으로 단절되어 혼자 살아가는 특성을 지닌 것으로 나타난다(박선희·최영화, 2020). 다른 고독사 관련 연구에서도 고독사 다수가 남성(85%)이고 연령이 40~64세(68.1%)이며, 사회경제적으로 취약한 1인 가구인 것으로 밝혀지고 있다(송인주, 2016; 최현수 외, 2019).

이 같은 결과는 중장년 1인 가구 남성은 취약한 사회경제적 지위, 생물학적·의학적 기능 감퇴와 건강 악화, 열악한 정신건강 및 주거환경 등 다양한 측면에서 위기가 복합적으로 발생할 수 있으며, 이러한 영향이 누적될 경우 일상생활, 더 나아가 삶 자체가 위협에 처할 수 있음을 여실히 보여준다. 1인 가구의 증가는 중장년층에서도 뚜렷이 나타나는 사회적 현상인데, 중장년층 1인 가구 증가와 더불어 2010년 이후 중장년층 남성 1인 가구는 고독사의 위험군으로 주목되기 시작했으며, 노인 고독사로 인해 그간 부각되지 않은 새로운 사각지대로 인식되기 시작했다(송인주, 2016; 최현수 외, 2019). 이는 최근 고독사 연구뿐만 아니라 기존의 각종 언론 보도를 비롯한 각종 보고서에서도 밝혀진 사실이다.

특히나 이들 고위험군인 중장년층은 한국사회의 전통적인 가부장제와 가족주의, 그리고 그에 따른 권위적인 남성문화에서 자라난 세대로서, 신자유주의 이후 경제위기 상황이 닥쳤을 때 이들의 취약성이 그대로 드러났다. 즉, 이들은 자신의 몸에 배인 남성문화와 가부장적 가족문화로 인해 위기가 닥치자 더욱 과중한 부담을 자신에게 부과했고 결국 비참한 지경에 이르렀던 것이다. 가족을 부양해야 한다는 사회적 관행과 강한 신념, 그리고 이에 직결되는 가부장적 자존감, 그리고 삶의 위기를 사회연대가 아닌 가족을 통해 해결해 오던 사회구조는 이들에게 치명적으로 작용했다(성유진·이수진·오소영, 2017: 250~275).

특히 사회안전망이 부재한 상황에서 경제위기가 닥치자 사회적 위기가 찾아왔고 이는 곧바로 개인에게 삶의 위기로 나타났다. 동시에 열악한 환경하에서도 명맥을 유지하던 미미한 연대마저 파괴되면서 개인은 경쟁의 격화라는 극단적인 상황으로 내몰렸다. 그 결과 위기에 처한 개인은 자살이라는 극단적인 선택을 할 수밖에 없었고, 이는 대한민국을 자살률 1위의 국가로 만들어버렸다. 한국인은 군사정권이 심어놓은 '하면 된다', '적자생존' 같은 전투적인 신념에 익숙하기 때문에 경쟁이 쉽게 내면화되는 경향이 있다. 게다가 노동조합이나 협동조합같이 개인을 보호할 사회적 장치마저 초보적인 상황에서 신자유주의의 경쟁이데올로기는 거침없이 사회윤리의 중심으로 자리잡았다. 그 결과 경쟁 이데올로기는 기업뿐만 아니라 공공기관과 교육을 위시한 각종 매체에서 무한정 울려 퍼지면서 개인들에게 주입되어 일종의 사회적 정언명령으로서 국가적 지상명령이 되었다. 위기에 대응해 계급적으로 연대하는 경험이 빈약했던 한국사회에서 이는 개인들에게 치명적으로 작용했다. 여기에 전통적으로 개인을 지지했던 가족과 친인척 같은 기존의 공동체마저 해체되고 있었다(정수남, 2010; 권오헌, 2006; 2018).

따라서 1997년 IMF 경제위기 이후 한국사회에 불어닥친 신자유주의 무한경쟁은 이들을 극단적인 상황으로 몰고 갔다. 이때 이후로 한국사회는 구조조정과 고용불안, 열악한 노동환경, 경쟁격화를 겪으면서 중장년층 남성의 삶이 일상적인 위기에 처했다. 중장년층의 노동의 질이 열악해지자 이들이 빈곤에 빠질 위험도 가중되었다. IMF 경제위기 이후 중장년층은 만성적인 고용불안을 겪고 있으며 취업이 유지되더라도 비정규직으로 이동하는 비중이 지속적으로 늘어나고 있는 실정이다. 일반적으로 중장년 1인 가구는 타 연령층에 비해 실업 상태 비중이나 임시직, 일용직 등의 비중이 높아 자산 안전성과 연금가입률이 낮으며, 만성질환자 및 우울증이 의심되는 비율과 자살을 생각하는 비율도 높다고 보고된다. 당연히 주거환경도 더욱 열악하다(이민홍 외, 2015; 박선희·최영화, 2020). 50세 이상 서울시민 806명을 대상으로 실시한 조사결과에 따르면, 최근 남성의 경우 생애 주된 일자리에서 퇴직하는 연령이 50.1세였다. 이들 중에서 노후를 충분히 준비하지 못한 사람은 63.9%에 이른다. 그 이유로는 돈이 급하게 필요해서(58.2%), 소득이 낮아 여유가 없어서(29.9%) 등으로 나타나 경제적 측면이 큰 비중을 차지했다(강소랑 외, 2019).

문제는 1인 가구가 중장년층에만 국한되는 사안이 아니라는 점이다. 한국사회에서 1인 가구는 전반적으로 확산되고 있으며, 확산속도 역시 매우 빠르다. 물론 외관상 1인 가구는 그 자체로 문제가 없는 듯 보이기도 한다. 1인 가구의 증가는 전 세계적인 추세이고, 이는 비혼과 만혼, 그리고 이혼과 같이 혼인의 회피, 더 나아가 가족관계의 회피와 직접 연관되어 있다. 이것이 한국사회에서만 유독 나타나는 현상이라고 볼 수는 없다. 1인 가구 증가는 무엇보다도 산업사회에서 정보화 사회로 이행하는 과정에서 발생하는 사회변동이라는 더 넓은 사회구조적 차원과 깊게 연관되어 있다(클라이넨버그, 2013: 14~45).

그럼에도 그간 사회 전반에 만연했던 가족주의와 가족 가치관을 고려할 때, 현재 한국사회에서 1인 가구가 폭발적으로 증가하는 것은 매우 독특한 현상임이 틀림없다. 전체 가구 중에서 1인 가구가 차지하는 비율은 1980년과 1985년에 각각 4.5%와 6.9%로 큰 의미를 지니지 못했다. 그러나 1995년에 12.7%로 증가하더니 2000년을 넘어서는 눈에 띄게 증가하기 시작했다. 즉, 2005년에 20%, 2012년 25.3%, 2015년 27.2%로 비중이 꾸준히 증가했는데, 이런 추세라면 2025년에는 1인 가구가 전체 가구의 31.3%, 2035년에는 34.3%, 2047년에는 37.3%를 차지할 것으로 예상된다(김연옥, 2016; 박미선·조윤지, 2020). 특히 퇴직, 실직 등의 경제적 불안과 가족의 해체로 인해 발생한 40~50대 중장년층의 비자발적 1인 가구와 일자리와 생계를 위해 가족을 떠나 혼자 사는 20~30대 청년층이 결합하면서 1인 가구는 급속도로 증가하고 있다(이명진·최유정·이상수, 2014). 이제 '독거'는 현대사회의 가장 보편적인 가구 유형이 되어가고 있다.

특히 20~30대 청년층은 한국사회 전반에 걸쳐 1인 가구 증가를 주도하는 계층이다. 이들이 1인 가구의 중심에 서게 된 것은 결코 우연이 아니다. 청년의 위기는 2000년대 이후 지속적으로 보고되는 현상이었는데 이러한 위기가 결국 1인 가구라는 형태로 나타난 것이다. '헬조선' 혹은 '조선불반도'라는 청년층의 비아냥과 '이생망'이라는 자조 섞인 토로가 상징하듯, 청년층의 1인 가구 확대는 고용시장 불안과 비정규직 확대 등의 불안정한 노동환경, 임금 및 소득 격차 심화, 자산불평등 확대 등 대체로 경제적인 요인과 이로 인한 불투명한 전망이 주된 원인이다(박권일, 2009; 신명호, 2015: 29~30; 경향신문 특별취재팀, 2017: 16). 여기에 미비한 사회복지 시스템은 이들에 대한 국가적·사회적 지원이 빈약하다는 것을 여실히 보여주었다. 게다가 청년 개인을 지원하던 전통적인 가족복지 시스템마저 위기상황에서 붕괴해 버린 상황이다.

가족 차원에서 보면 1인 가구가 확대되는 이유가 가족관계의 미형성 또는 가족관계의 해체나 탈락 때문이라고 할 수 있다. 반면 청년층의 경우 비혼과 만혼이 1인 가구 확대의 직접적인 원인이라고 볼 수 있다. 1인 가구는 가족관계라는 기본적인 사회적 관계를 축소시키므로 전반적인 사회적 관계도 축소시킬 개연성이 크다. 특히 소득이 낮아질수록 사회적 관계가 축소될 가능성은 더욱 높아진다(김옥연·문영기, 2009; 이명진·최유정·이상수, 2014). 청년층은 비교적 사회 경험이 짧고 안정적인 직장생활 및 주거여건이 형성되지 않았기 때문에 사회적 관계를 축적할 기회와 자본이 부족하다. 따라서 결국 무연의 처지로 전락할 가능성도 증가한다(김혜경·이순미, 2012; 남춘호·남궁명희, 2012; 남춘호, 2014).

사태를 좀 더 정확하게 파악하기 위해서는 주거빈곤층에 속한 상당수의 청년 1인 가구도 청년층의 범위에 포함시켜야 한다. 고시원 거주, 자취 등을 대학생의 주거형태로 오인하는 경우가 많은데, 이는 사회적으로 청년층 주거빈곤에 대한 인식이 미비하다는 것을 그대로 보여주는 사례이다. 고독사가 홀로 외롭게 거주하다가 죽음에 이르는 것임을 고려하면 빈곤청년층의 1인 가구도 건강문제와 관련해 고독사 문제와 직결된다(노혜진, 2018; 박미선·조윤지, 2020). 청년구직자의 압도적 다수가 식비를 절약하기 위해 굶거나 영양이 부족한 저렴한 식사로 끼니를 때우는 경우가 많다. 더욱이 정규직에게만 사내 복지로 건강검진이 제공되는 경향이 있으므로, 이들 청년층은 평소 건강관리에 체계적으로 접근할 가능성이 축소된다. 청년층은 당연히 건강하고 힘이 넘친다는 전통적인 선입견 역시 청년 1인 가구의 건강 문제에 대한 사회적 인식을 방해하는 요인 중 하나이다. 실제로 2017년도 『비만백서』에 따르면 19~29세 구간에서 저체중-초고도비만 양극단의 비율이 최고조에 달했으며, 2002년에서 2013년 사이에는 20~30대 청년층의 초고도비만이 최대 6배 이상 급증했다. 최근에는 자학적 열패감과 스트레스, 우울증 등으로 인해 정신건강에서 상당한 문제가 발생하면서 정신과 치료를 받는 청년층도 급증하고 있다. 따라서 청년층이 건강취약계층으로 급전환되고 있다고 볼 수 있다(변진경, 2018: 49).

한국사회에서 이 같은 청년위기는 다양한 용어로 표현되어 왔다. 언론매체를 통해 '수저계급론, 헬조선, 88만원세대, 민달팽이세대, 삼포세대, N포세대' 같은 표현을 쉽게 접할 수 있는데, 이러한 표현은 모두 한국사회의 비관적인 청년세대를 그대로 보여주고 있다고 평가되었다. 이러한 표현은 오늘날 한국사회에서 청년세대가 경험하는 열정페이, 무급인턴, 비정규직, 취업난 등의 상황을 아우르면서 그들의 감정을 투사한 세대적인 언어로 여겨지고 있다. 물론 이러한 언어에 대한 청년층 내부의 반발도 상당하다. 그도 그럴 것이 특정 언론이나 특정 작가 혹은 디씨인사이드 같은 인터넷 매체의 일부 유저가 사용한 용어가 주류 언론에 의해 20~30대 청년 전체를 표상하는 세대적인 언어로 표상되었기 때문이다(박이대승, 2017: 72~81; 김선기, 2019: 32~35).

　　그러나 이 같은 용어가 대중에게 유통되고 청년들 중에서도 여기에 동조하는 이가 상당히 많다는 사실은 현재의 청년위기가 결코 녹록하지 않음을 반증한다. 이 같은 언어가 표현하는 청년의 상황이나 앞서 보았던 청장년층의 상황은 모두 사회구조적인 측면에서 접근해야 그 본질을 명확히 알 수 있고 대응방안 또한 분명하게 수립할 수 있다. 즉, 청장년층과 청년세대의 문제, 그리고 이들의 고독사는 결코 개인의 문제로 환원될 수 없다. 그들의 고독사가 있기 이전에 사회적 고립과 고독, 사회적 관계의 단절이 있었다. 이는 결국 한국사회라는 구조의 문제를 개인에게 전가시키고 집단적 연대를 해체시켜 개인적 경쟁과 승패의 세계로 개인을 몰아붙이는, 오늘날 탈사회화되어 가는 한국사회의 냉혹한 모습을 보여주는 것이다.

한국사회의 징후적 독해를 위하여

　　OECD의 2016 BLI(Better Life Index) 자료에 따르면, 네트워크의 질을 측정하는 공동체 부문에서 한국은 37위로 하위권을 면하지 못하고 있다. 이 항목은 시민들이 서로에 대한 사회적 지지를 평가하는 부분이었다. 특히 어려움에 처했을 때 도움을 청할 수 있는 친구나 지인이 있는지 묻는 설문에 그렇다고 응답한 한국인의 비율은 75.8%로 최하위권에 머물렀는데, OECD 평균 88%에 비하면 상당히 열악한 수준이다. 한국에서 실시한 2014년도 조사에서 이러한 질문에 그렇다고 응답한 비율이 77%였던 것과 비교하더라도 상황이 악화되었음을 알 수 있다. 이 같은 결과는 4명 중 1명꼴로 도움을 요청할 곳이 없으며 사회적·심리적 지지를 얻지 못하는 현실을 그대로 보여준다. 즉, 한국인은 관계로부터 단절되어 고립된 채 살아가는 것이다(김태훈, 2017; 신현주, 2017).

그간 빠른 산업화에도 한국인들은 공동체적 특성을 비교적 강하게 유지해 왔는데, 2000년대 들어서면서 급격하게 고립되는 모습을 보여주고 있다. 한국사회는 산업화와 근대화에도 불구하고 어디서든 집단을 이루고 '우리'를 강조해 왔다. 따라서 단순히 현대사회의 개인주의 성향이나 개인화에 따른 결과라고 치부하기에는 2000년대 이후 한국사회에서 사회적 관계가 변화하는 속도와 정도가 너무 급속하다. 물론 아직까지 한국사회는 문화, 제도, 그리고 일상에서 지금까지 그랬던 것처럼 잘 움직이고 있는 듯하다. 최소한 외관상으로는 말이다. 그러나 멀쩡한 듯한 한국사회의 곳곳에서는 이미 탈사회화의 징후가 스멀스멀 퍼져나가고 있다. 일상을 한 꺼풀만 벗겨보면, 그 징후들은 곳곳에서 구체적인 현실로 드러나고 있어서 한국사회의 탈사회화가 분명하고도 빠른 속도로 진행 중이라는 사실을 쉽사리 관측할 수 있다. 고독사는 이러한 탈사회화 현상이 멀리 떨어진 남의 일이 아니라 바로 곁에서 나의 일로 일어날 수 있으며 나의 일상에서 현실이 될 수 있음을 충격적으로 보여준다.

고독사는 인간 역사와 문화를 가로질러 존재해 온 죽음의 사회성을 부인함으로써 예외적인 형태로 존재해 온 죽음을 일반화시키고 있다. 즉, 지금까지 거의 모든 죽음은 망자를 둘러싼 사회성이 드러나는 계기가 되었고, 결국 모든 상황을 사회성으로 귀결시키는 사회적 삶의 데우스 엑스 마키나(deus ex machina)가 되어주었다. 예외적으로 신원미상의 사고나 실종에서는 그 같은 사회성이 가려졌지만 이 역시 역설적인 방법으로 사회적 삶을 증거했다. 그런데 고독사는 죽음이 간직한 이러한 사회성을 근본적으로 부정한다. 더 나아가 고독사는 죽음의 순간과 그 이후의 시간뿐만 아니라 죽음 이전의 삶 자체도 이미 사회적 관계로부터 단절되어 고립된 상태였음을 의미한다. 즉, 고독사는 죽음을 기점으로 고독한 삶이 전면에 드러나는 사건이며, 그렇기 때문에 고독사가 사회적 현상이 되었다는 것은 한국사회에서 관계단절이 그만큼 폭넓게 진행되고 있음을 암시한다.

아니나 다를까, 고독사에 대한 관심이 증가하고 그에 따른 연구와 분석이 진행될수록 고독사는 특정 세대의 문제가 아니라 한국사회 전반에 널리 퍼진 문제임이 드러나고 있다. 각 연령대별로 처한 상황은 다르지만, 근본적으로는 한국사회의 취약한 사회적 연대성이 신자유주의를 만나면서 전 세대에 삶의 위기를 불러일으켰다고 볼 수 있다. 특히 신자유주의가 낳은 무한 경쟁과 이에 대한 정당화의 논리는 결국 개인에게 모든 책임을 떠넘겼으며, 이는 한국사회의 개인이 고독사에 대해 구조적으로 사고하고 비판하는 것도 막아버렸다.

그 결과 고독사 이전에 발생하는 다양한 관계의 문제를 자기계발과 힐링, 개인적 치유와 심리코칭 등의 무한반복적 소비로 해결하도록 개인들을 몰아갔다. 지금 각종 매체에서 유행하는 다양한 유형의 상담과 자기계발, 힐링 등은 이제 거대한 시장을 이루어 관계에 목마른 개인들의 우물이 되었지만 이 우물은 도리어 갈증을 유발하기만 할 뿐이다. 오늘날 개인들은 모두 상처받고 사회적 관계가 두려운 심약한 개체가 되었으며, 그리하여 끊임없이 지도받고 치료받아야만 기본적인 관계도 가능한 존재가 되어버렸다. 그러면 그럴수록 사회적 관계는 더욱 소원해진다. 결국 한국사회의 근대화와 신자유주의 체제는 극단적 개인화와 사회적 관계의 단절로 귀착되었는데도 현재 유행하는 자기계발과 치료는 근본적인 현실을 직시하지 못하게 하고 허구의 사회적 관계를 상상하도록 만드는 셈이다. 그리하여 근본적인 문제에 눈감게 하고 더 나아가 고독사 자체로부터 눈을 돌리도록 만들고 있다.

간단히 말해 고독사는 고독한 관계를 전제로 한다. 그리고 고독사는 당연하게도 사회인과 사회적 관계를 상정했을 때 가능해진다. 다시 말해 고독사 이전에 존재하는 고립과 고독으로부터 고독사 문제가 발생하는 것이다. 최근 국가적·사회적 차원에서 고독사에 대한 대응이 잇따라 발표되고 있다. 이들 대책은 일차적으로 노인 고독사를 주된 목표로 설정하고 있으나, 이는 향후 확대될 것으로 예상된다. 그러나 고독사 이전에 사회적 관계의 몰락으로 인해 고독한 죽음으로 내몰린다는 점에서 더 근본적으로 사회의 변화가 요구되며, 노동권과 연대의 확대 같은 인권과 기본권 보장이 선행되어야 한다.

한편, 관계의 단절과 소외, 삶의 붕괴에 따라 고독사가 진행된다는 점에서 최근에는 자살을 고독사에 포함시켜야 한다는 논의도 등장하고 있다(이은영, 2018). 한국의 자살은 1997년 IMF 사태를 겪으면서 늘어난 이후 OECD 국가 중에서도 단연코 1위를 계속 유지하고 있다.

더욱이 자살은 청소년층에서부터 노인세대에 이르기까지 전 세대를 아우르고 있으며, 자살의 원인 역시 고독사와 마찬가지로 사회구조적인 문제와 직결되고 있다. 따라서 자살의 상당수는 사실상 사회적 타살에 가깝다. 그런 차원에서 자살 역시 삶의 위기 앞에 혼자 버려졌다는 사실과 연관되어 있다. 즉, 사회적 연대의 상실과 결합되어 있는 것이다. 자살 역시 사회적 관계가 절연되거나 그로부터 도피한 채 쓸쓸히 생을 마감한다는 점에서 고독사와 유사한 측면이 있으며, 그렇기 때문에 고독사와 마찬가지로 탈사회의 징후로 해석될 소지가 충분하다.

이처럼 고독사와 그 사회적 맥락, 고독사를 가능케 하는 구조를 숙고하다 보면 한국사회의 현재 모습을 생생하게 성찰할 수 있으며, 그 속에서 한국인들이 어떠한 삶을 살아가고 있는지, 이들의 인간관계가 어떻게 변화하고 있는지 검토할 수 있다. 따라서 고독사에 대한 탐구는 한국사회의 각 부분, 즉 계층과 지역, 젠더와 연령의 분석으로 심화될 수 있으며, 더 나아가 이들 각 부분의 정치, 경제, 사회, 문화를 뛰어넘어 사회 전반에 대한 숙고와 반성으로 연결될 수 있다. 그런 의미에서 고독사는 한국사회를 총체적으로 연구하기 위한 진입로 역할을 할 수 있으며, 한국사회에 대한 징후적 독해의 한 방법이 될 것이다. 고독사는 단순한 사회문제가 아니라 이를 넘어서 한국사회 이면의 근본적인 변화를 해석해야 하는 현상이기 때문이다.

짧은 시간 동안 한국사회는 급격히 변동해 왔고 한국인들은 정신없이 살아왔다. 이러한 급속한 변동이 근대 이후 한국사회에서 일반적이었다고 할지라도, 현재 한국사회에서 발생하는 탈사회화는 이전의 변동과도 다른 형태와 결과를 가져오고 있다. 즉, 전혀 새로운 사회변동인 것이다. 고독사에 주목해야 하는 이유는 탈사회화가 가져올 치명적인 현실을 생생하게 드러내며 탈사회화의 이면을 그대로 보여주기 때문이다. 한국인은 이전까지 죽음을 이렇게 고독한 상태로 겪어본 적이 없다. 이는 한국사회가 그만큼 총체적으로 고독해지고 있다는 증거이다.

참고문헌

강소랑·조규형·이서연·김민주·강시온. 2019. 『서울시 50+세대 실태조사: 직업이력 및 경제활동』. 서울시50플러스재단.

경향신문 특별취재팀. 2017. 『부들부들 청년』. 후마니타스.

고타니 미도리(小谷みのり). 2019. 『죽음과 장례의 의미를 묻는다: 고독사 시대에 변화하는 일본의 장례문화』. 현대일본사회연구회 옮김. 한울아카데미.

광주복지재단. 2018. 『광주광역시 고독사 현황과 대응방안 연구』. 광주복지재단.

구혜근. 2002. 『한국 노동계급의 형성』. 창작과비평사.

권오헌. 2006. 「IMF 이후 성공학 서적의 유행과 출판·독서시장」. ≪한국사회≫, 7(2), 91~132쪽.

_____. 2018. 「고독의 역사사회학: 한국인의 고독, 그 구조변동과 감정동학」. ≪한민족문화연구≫, 64, 119~150쪽.

권중돈. 2010. 「고독사 예방을 위한 노인돌봄 서비스 강화방안」. 이낙연 의원실. 『노인 고독사, 막을 수 없나』(정책토론회 자료집), 49~69쪽.

권혁남. 2013. 「고독사에 관한 법과 윤리적 쟁점」. ≪인문과학연구≫, 38, 463~479쪽.

권혁철. 2019. 「독거노인의 사회적 고립과 빈곤에 관한 질적 연구」. ≪사회과학연구≫, 26(3), 135~160쪽.

권형진·이종훈 엮음. 2005. 『대중독재의 영웅 만들기』. 휴머니스트.

김규원. 2014. 「한국의 청년실업과 대학교육 과정의 파행」. ≪한국학연구≫, 50, 5~33쪽.

김선기. 2019. 『청년팔이 사회』. 오월의봄.

김수정. 2020. 「비교국가적 관점에서 본 한국 청년 빈곤의 특수성」. ≪한국인구학≫, 43(2), 77~101쪽.

김연옥. 2016. 「1인 가구 시대의 도래: 특성과 생활실태」. ≪한국가족복지학≫, 52, 139~166쪽.

김열규. 2009. 『한국인의 자서전』. 웅진지식하우스.

김영화. 2016. 「청년복지학 연구서설」. ≪사회복지정책≫, 43(3), 141~163쪽.

김옥연·문영기. 2009. 「1인가구 주거실태 분석」. ≪주거환경≫, 7(2), 37~53쪽.

김익기. 1991. 「한국의 이농현상과 농촌의 구조적 빈곤」. ≪농촌사회≫, 1, 9~38쪽.

김정하. 2011. 「현대 도시의 이사민속 고찰」. ≪한국민속학≫, 54, 129~154쪽.

김춘수. 2005. 「1960~1970년대 여성노동자의 주거공간과 담론」. ≪역사연구≫, 15, 101~160쪽.

김태훈. 2017. "늘어나는 '중년층 고독사' 그 쓸쓸함에 대하여". ≪주간경향≫, 1243(2017.9.12).

김혜경·이순미. 2012. 「개인화와 위험: 경제위기 이후 청년층 성인기 이행의 불확실성과 여성내부의 계층화」. ≪페미니즘 연구≫, 12(1), 25~72쪽.

김혜영. 「유동하는 한국가족: 1인가구를 중심으로」. ≪한국사회≫, 15(2), 225~292쪽.

김희연·김군수·빈미영·신기동. 2013. 「무연사회, 우리의 미래인가?」. 경기개발연구원. ≪이슈&진단≫, 113, 1~25쪽.

나가오 가즈히로(長尾一洋). 2019. 『남자의 고독사』. 신학희 옮김. 연암서가.

남춘호. 2014. 「압축근대와 생애과정의 구조 변동」. ≪지역사회연구≫, 22(2), 1~28쪽.

남춘호·남궁명희. 2012. 「생애과정의 탈표준화 경향에 대한 경험적 연구」.
　　　≪지역사회연구≫, 20(2), 91~128쪽.

노혜진. 2018. 「청년 1인가구의 사회적 관계」. ≪보건사회연구≫, 38(2), 71~102쪽.

라더, 올라프(Olaf B. Rader). 2004. 『사자와 권력』. 김희상 옮김. 작가정신.

마쓰바라 준코(松原惇子). 2019. 『장수지옥』. 신찬 옮김. 동아M&B.

박권일. 2009. 「청년빈곤, 세대의 문제냐 성장의 단계냐」. ≪황해문화≫, 64, 63~76쪽.

박미선·조윤지. 2020. 「연령대별·성별 1인가구 증가양상과 주거특성에 따른 정책
　　　대응방향」. ≪국토정책 Brief≫, 749, 1~8쪽.

박미현. 2019. 「광역자치단체의 고독사 예방 조례에 대한 연구」. ≪글로벌사회복지연구≫,
　　　9(1), 85~119쪽.

박선희·최영화. 2020. 「중장년 남성 고독사 고위험군의 사회적 고립에 대한 탐색적
　　　사례연구: 긴급복지지원 대상자들을 중심으로」. ≪비판사회정책≫, 68, 45~78쪽.

박이대승. 2017. 『'개념'없는 사회를 위한 강의』. 오월의봄.

박태호. 2008. 『장례의 역사』. 서해문집.

박현정. 2021. 「독일의 장례의식과 장묘문화의 연구: 근대 이후 장례문화의 변천사와 죽음의
　　　현대적 의미를 중심으로」. ≪독일어문학≫, 93, 25~50쪽.

방주네프, 아르놀드[반건넵(Arnold Van Gennep)]. 2000. 『통과의례』. 전경수 옮김.
　　　을유문화사.

버거(Peter L. Berger)·버거(Brigitte Berger)·켈너(Hansfried Kellner). 1981. 『고향을 잃은
　　　사람들』. 이종수 옮김. 한벗.

벨, 캐서린(Catherine M. Bell). 2007. 『의례의 이해』. 류성민 옮김. 한신대학교출판부.

변금선. 2012. 「청년층의 근로빈곤 요인에 관한 연구」. ≪한국사회복지학≫, 64(3), 257~
　　　279쪽.

변진경. 2018. 『청년 흙밥 보고서』. 들녘.

브뢰클링, 울리히(Ulrich Brockling). 2014. 『기업가적 자아: 주체화 형식의 사회학』. 김주호
　　　옮김. 한울아카데미.

서동진. 2009. 『자유의 의지 자기계발의 의지』. 돌베개.

선은애. 2019. 「노인고독사의 관리에 관한 법 제도적 연구」. ≪토지공법연구≫, 86,
　　　281~308쪽.

성영태·최인규. 2020. 「한국 노인빈곤의 원인과 과제」. ≪사회융합연구≫, 4(2), 169~179쪽.

성유진·이수진·오소영. 2017. 『남자 혼자 죽다: 세상에 없는 죽음, 무연사 209인의 기록』.
　　　생각의힘.

소영현. 2014. 「근대의 노스탤지어, 사회의 자기조절」. ≪한국문학연구≫, 47, 355~398쪽.

송동욱·이기형. 2017. 「불안정한 현실과 대면하는 이 시대 청년들의 삶에 관한 질적인 분석」.
　　　≪한국언론정보학보≫, 84, 28~98쪽.

송인주. 2016. 『서울시 고독사 실태파악 및 지원방안 연구』. 서울시복지재단.

슈미트, 장 클로드(Jran-Claude Schmitt). 2015. 『유령의 역사: 중세 사회의 산 자와 죽은 자』.
　　　주나미 옮김. 오롯.

신명호. 2015. 『빈곤을 보는 눈』. 개마고원.

신원철. 2005. 「1960~1970년대 기계산업 노동자의 여가 및 소비생활, 그리고 노동자 정체성」. ≪경제와 사회≫, 68, 44~70쪽.

신현주. 2017. 「청년 고독사의 실태 및 정책적 개선방안」. ≪한국행정학회 동계학술발표논문집≫, 1401~1414쪽.

_____. 2018. 「한국사회의 변화하는 고독사 현상과 대책에 관한 연구」. ≪한국범죄심리연구≫, 14(2), 63~78쪽.

아리에스, 필립(Philippe Ariès). 1997. 『죽음 앞에 선 인간』(상). 유선자 옮김. 동문선.

_____. 1998. 『죽음의 역사』. 이종민 옮김. 동문선

에런라이크, 바버라(Barbara Ehrenreich). 2012. 『희망의 배신』. 전미영 옮김. 부키.

엘리아스, 노베르트(Norbert Elias). 1998. 『죽어가는 자의 고독』. 김수정 옮김. 문학동네.

오태헌·이준엽. 2019. 「한국과 일본의 싱글이코노미 특성 비교」. ≪일본연구≫, 31, 303~321쪽.

요시다 타이치(吉田太一). 2019. 『유품정리인은 보았다』. 김석중 옮김. 황금부엉이.

윤상우. 2006. 「한국 발전국가의 형성 변동과 세계체제적 조건, 1960~1990」. ≪경제와사회≫, 72, 69~94쪽.

_____. 2007. 「한국의 압축적 산업화와 도농문제: 성찰과 전망」. ≪지역사회학≫, 9(1), 5~40쪽.

이명진·최유정·이상수. 2014. 「1인 가구의 현황과 사회적 함의에 관한 탐색적 연구」. ≪사회과학연구≫, 27(1), 229~253쪽.

이미애. 2012. 「일본사회 고령자의 죽음의 문화변용: 개인화하는 죽음 '고독사'를 중심으로」. ≪일본학보≫, 93, 339~350쪽.

_____. 2013. 「일본의 고독사 현상과 대책에 대한 과제」. ≪일본어문학≫, 63, 349~370쪽.

_____. 2014. 『일본의 고령화와 장례묘지문제: 지연의 혈연공동체에서 개인의 문제로』. 인문사.

이민홍·전용호·김영선·강은나. 2015. 『1인가구 증가에 따른 신사회적 위험 대응 전략』. 보건복지부.

이상명. 2016. 「고독사에 대한 법적 고찰: 노인 고독사에 대한 법사회학적 논의를 중심으로」. ≪법과 정책연구≫, 16(4), 59~87쪽.

이은영. 2018. 「외로움과 관계단절로부터 야기되는 자살은 고독사로 지정될 수 있는가?」. ≪인간환경미래≫, 21, 71~102쪽.

이정관·김준현. 2013. 「서울특별시 독거노인 실태에 관한 연구」. ≪서울도시연구≫, 14(3), 191~211쪽.

이진아. 2013. 「일본의 경험을 통해서 본 고독사 예방과 대책에 관한 탐색」. ≪지역과사회≫, 37(3), 63~86쪽.

임유진·박미현. 2018. 「기초자치단체의 고독사 예방 조례 분석」. ≪사회복지법제연구≫, 9(2), 3~29쪽.

임윤서. 2018. 「대학생의 시선을 통해서 본 청년 세대의 불안경험」. ≪민주주의와 인권≫, 18(1), 105~152쪽.

전광식. 1999. 『고향: 그 철학적 반성』. 문학과지성사.

전진성·이재원. 2009. 『기억과 전쟁: 미화와 추모 사이에서』. 휴머니스트.

정수남. 2010. 「공포, 개인화 그리고 축소된 주체」. ≪한국학≫, 33(4), 329~357쪽.

정승화. 2011. 「1950~60년대 한국사회 경제구조의 변화와 가족동반자살」. ≪내일을 여는 역사≫, 42, 180~200쪽.

조성숙. 2018. 「중년 고독사에 관한 시스템사고적 고찰」. ≪한국시스템다이내믹스 연구≫, 19(2), 117~136쪽.

조현연·김정석. 2016. 「고령화 사회, '노인빈곤' 문제와 한국 정치」. ≪민주사회와 정책연구≫, 30, 11~48쪽.

주희. 2001. 『주자가례』. 임민혁 옮김. 예문서원.

차용구. 2009. 「필립 아리에스의 죽음관에 대한 연구: 죽음에 대한 중세인의 태도를 중심으로」. ≪서양중세사연구≫, 23, 149~175쪽.

천주희. 2016. 『우리는 왜 공부할수록 가난해지는가』. 사이행성.

최선영·장경섭. 2012. 「압축산업화 시대 노동계급가족 가부장제의 물질적 모순」. ≪한국사회학≫, 46, 203~230쪽.

최성헌. 2020. 「도시 거주 노인 1인가구의 삶의 만족도 결정요인에 관한 연구」. ≪보건사회연구≫, 40(2), 244~282쪽.

최승호·조병철·전승환. 2017. 「노인 고독사 어떻게 대응할 것인가? 자기 결정론적 관점에서」. ≪한국학연구≫, 62, 403~436쪽.

최재석. 1996. 『한국가족제도사연구』. 일지사.

최현수·송인주·이재정·천미경·전지수. 2019. 『고독사 위험집단 데이터 분석 기반 예방 및 발굴 지원방안 연구』. 한국보건사회연구원.

클라이넨버그, 에릭(Eric Klinenberg). 2013. 『고잉솔로: 싱글턴이 온다』. 안진이 옮김. 더퀘스트.

프랭크(Robert H. Frank)·쿡(Philip J. Cook). 2008. 『승자독식사회』. 김양미 옮김. 웅진씽크빅.

한국청년정책연구원. 2018. 『20대 청년 심리정서 문제 및 대응방안 연구』. 한국청년정책연구원.

후지타 다카노리(藤田孝典). 2016. 『우리는 빈곤세대입니다』. 박성민 옮김. 시공사.

NHK 무연사회 프로젝트팀. 2012. 『통과의례』. 김병수 옮김. 용오름.

Bodnar, John E. 1992. *Remaking America: Public Memory, Commemoration, and Patriotism in the Twentieth Century*. Princeton: Princeton University Press.

Carolyn, Marvin and David W. Ingle. 2003. *Blood Sacrifice and the Nation: Totem Rituals and the American Flag*. Cambridge: Cambridge University Press.

Davis, Douglas. 1996. The Social Facts of Death. *Contemporary Issues in the Sociology of Death, Dying and Disposal*. New York: Palgrave Macmillan.

DeBruck, Edelgard E. and Barbara I. Gusick. 1999. *Death and Dying in the Middles Ages*. New York: Peter Lang.

Gillis, John R. 1994. *Commemoration: the Politics of National Identity*. Princeton: Princeton University Press.

Kasher, Asa. 2007. "Collective Emotions and National Mourning." Asa Kasher(ed.). *Dying and Death: Inter-Disciplinary Perspective*. Amsterdam: Rodopi.

Kastenbaum, Robert and Christopher M. Moreman. 2018. *Death, Society, and Human Experience*. New York: Routledge.

Kearl, Michael C. 1989. *Ending: A Sociology of Death and Dying*. Oxford: Oxford University Press.

Stephen, Conner. 2015. "The Global Spread of Hospice and Palliative Care." Judith M. Stillion and Thomas Attig(ed.). *Death, Dying and Bereavement: Comtemporary Perspectives, Institutions, and Practices*. New York: Springer.

Tarlow, Sarah. 1999. *Bereavement and Commemoration: an Archaeology of Mortality*. Oxford: Blackwell Publisher.

Vanderlyn, R. Pine. 2015. "Death and Funeral Service." Judith M. Stillion and Thomas Attig(ed.). *Death, Dying and Bereavement: Comtemporary Perspectives, Institutions, and Practices*. New York: Springer.

Warwick, Frost and Jennifer Laing. 2013. *Commemorative Events*. London: Routledge.

Walter, Tony. 1994. *The Revival of Death*. London: Routledge.

제8장

탈사회적 사회의 종교
자기만의 신, 신으로서의 개인

—

하홍규

> 두 신성(神性)이 있다.
>
> 세계와 나의 독립적인 나.
>
> 나는 행복하거나 불행하다. 그것이 전부이다.
>
> 이렇게 말할 수 있다. 선이나 악은 존재하지 않는다.
>
> 행복한 사람은 두려움을 갖지 말아야 한다. 심지어 죽음의 면전에서도.
>
> 시간 안에 사는 것이 아니라 현재에 사는 사람만이 행복하다.
>
> _비트겐슈타인, 『노트북 1914~1916』

들어가기: 탈사회의 사회와 종교

오늘날 근대성과 종교에 대한 종교 사회학적 논의는 근대화와 세속화가 같은 현상을 지칭하는 말이 아니었다는 것으로 귀결되고 있다. 즉, 종교는 근대성의 안티테제가 아니었다는 것이다. 오히려 이른바 고전 사회학자들, 특별히 에밀 뒤르켐, 게오르그 짐멜, 막스 베버 등이 사회학 이론 구성에서 종교를 핵심적인 관심사로 삼았던 것은 근대적 삶에서 종교가 차지하는 중요성을 반증한다. 근대사회에서 종교가 차지하는 핵심적인 위치에 예민한 관심을 가졌던 고전 사회학자들의 논의를 반드시 빌리지 않더라도, 지난 몇십 년 동안 관찰되는 전 세계적인 종교의 부흥을 단순히 종교의 귀환으로 판단하는 것은 재고와 수정을 요구한다. 종교의 귀환은 같은 의미를 담고 있는 '세계의 재주술화'와 마찬가지로 종교의 소멸, 곧 '세계의 탈주술화'를 전제해야만 가능한 말이다. 따라서 종교의 소멸을 기정사실화할 수 없다면 종교의 귀환은 오늘날의 종교 상황을 일컫는 표현으로 적절치 않아 보인다. 그럼에도 불구하고 귀환이라는 말을 굳이 그대로 쓰기를 원한다면 주의해야 할 것이 있다. 그것은 종교의 귀환이 결코 전통적인 종교의 모습 그대로의 귀환이 아니라는 것이다. 뒤에서 종교에 대한 뒤르켐의 생각을 더 풍부하게 다루겠지만, 글을 시작하는 지점에서 뒤르켐의 생각 가운데 하나를 되새길 필요가 있다. "어떤 점에서 종교가 없어서는 안 될 것이라면, 종교란 변화한다는 것, 곧 어제의 종교가 내일의 종교가 될 수 없다는 것도 틀림없는 사실이다. 그러므로 중요한 것은 내일의 종교는 어떤 것이어야 하는가를 말해주는 것이다"(뒤르켐, 1979: 14).

뒤르켐의 글은 우리가 목격하고 있는 종교의 부흥은 종교에 대한 근대 이성의 승리라는 도식적 이해를 넘어서며, 종교의 소멸과 부활이 아닌 종교의 변형에 대해 이야기하는 것이 정당하다는 점을 증명한다. 나는 이 글에서 오늘날의 사회가 '탈사회적'이라는 독해를 통해 탈사회적 사회에서는 종교의 소멸이 아니라 종교의 변형이 일어난다는 전제하에 현대인들의 종교 생활에 대해 내가 포착한 이야기를 하고자 한다. 여기서 '탈사회적(postsocial)'이라는 말은 "인간의 상호작용과 연대의 핵심 개념에 도전하고, 고도의 사회 구성체 시기를 넘어 보다 제한된 사회성과 대안적인 자아와 타자의 결속 형식으로 이행하는 현대적 전환에 분석적인 빛을 비춘다"(Knorr-Cetina, 2005: 585)라는 것을 뜻한다. 즉, '탈사회'는 현재의 사회적 형식과 사회성의 중요한 변화를 포착해서 새로운 사회적 관계 맺음의 형식을 조명하고자 하는 용어이다. 탈사회적 사회라는 조망 속에 나는 나름의 종교적 실천을 실행하는 많은 개인을 만났다. 내가 만난 개인들은 다원화된 세계 속에서 뿌리 뽑힌 채 소외되어 살아가는 '고향 잃은 사람들'(버거·버거·켈너, 1981; 하홍규, 2019)이 아니다. 그들은 현대 문화의 성장 속에서 집합 구조-중심이기보다는 주체-중심적인, 개인화된 존재이다. 그들은 고전 사회학자들이 근심 어린 시선으로 보았던 개별화된 존재, 파편화된 존재, 소외된 존재가 아니라, 사회적 삶에 적극적으로 개입하는 개인화된 존재이다.

이 글은 이러한 개인화된 존재들의 종교적 삶에 대해 두 가지 이야기를 펼치는 것을 목적으로 한다. 첫째 이야기는 사회의 개인화 과정 가운데 일어나는 개인의 종교 생활에 대한 것이다. 우리는 그것을 주관적 종교라고 부를 수 있을 것이다. 이것은 종교 제도에서 탈배태되어(disembedded) 위태로워 보이기는 하지만, 매우 적극적인 종교적 삶을 살아가는 사람들에 대한 이야기이다. 둘째는 우리가 종교라고 부르지는 않지만, 현대인의 사회적 삶이 보여주는 종교적 차원에 대한 이야기이다. 이 둘째 이야기에서 현대의 개인들은 바로 숭배의 대상인 신이며, 오늘날의 사회적 삶은 신들 사이의 의례적 상호 행위로 파악된다.

주관적 종교: 종교성이 종교를 창조한다

생동하는 종교성: 영성 추구자들

'탈사회적 사회'를 가장 먼저 조망한 이는 놀랍게도 고전 사회학자 게오르그 짐멜(Georg Simmel)이다. 짐멜은 근대 세계의 드라마를 '문화의 비극'으로 읽어낸다. 그는 주체와 객체의 관계를 전제 조건으로 문화 개념을 구성하는데, 그에 따르면 문화는 주체와 객체가 변증법적 상호작용을 하는 가운데, "느끼고 자발적으로 내적 완성을 추구하는 주관적인 삶은 … 결코 스스로 달성할 수 없고, 오로지 삶의 형식에 완전히 이질적으로 되어버린, 그리고 자족적이고 폐쇄적인 구조로 결정화된 것을 경유해야만 달성할 수 있는" 역설적인 상황 속에 있다(짐멜, 2007: 25). 그 결과로 주관적인 영혼과 객관적인 정신의 산물은 서로 대립하고 "우리의 문화 내용은 실상 주체에 의해 창조되고 주체를 위해 결정되지만" 문화적 생산물이 "취하는 객관성의 중간 형식에서 내재적인 발전 논리를 따르며, 그 결과 자신의 근원과 목적에서 소외된다"(짐멜, 2007: 51). 영어권 학자 가운데 짐멜에 대해 가장 정통한 데이비드 프리스비(David Frisby)는 점점 더 벌어지는 객관문화와 주관

문화 사이의 간극으로 표현된 짐멜의 근대성 진단이 짐멜의 후기 저작들에서 나타나는 소외의 보편적인 문화 이론의 토대가 된다고 주장한다(Frisby, 1990: 70). 짐멜이 인상파 화가 같은 솜씨로 그려내는 근대의 풍경을 보면 팽창하는 객관 문화와 움츠러든 주관 문화 사이의 간극이 점점 더 벌어지고 있는 모습이다. 그리하여 짐멜에게 근대 세계는 계몽이 약속한 희망의 드라마가 아니라 비극으로 인식된다.

그렇다면 이 문화의 비극은 어떻게 경험되는가? "근대성의 징후에 대한 짐멜의 논의는 내적 경험과 시간, 공간, 인과성을 경험하는 안정된 형식의 해체에 초점을 두고 있다"(Frisby, 1990: 60). 이제 근대 세계에서 삶을 살아가는 개인들은 점증하는 객관 문화에 맞닥뜨려서 파편화된 주관적 경험의 경향성을 보일 수밖에 없다. 분업의 결과로 "문화 생산물의 제작에 참여하는 영혼이 많으면 많을수록 개별적인 문화 생산물에 깃드는 영혼은 더욱더 적어진다." 그러나 이 객관 문화에도 결여된 것이 있으니, 그것은 바로 "사물성으로 해체될 수 없는 인격이라는 가치"이다. "인격의 영혼성은 순수한 형식으로서 가치를 갖고 있으니, 이 가치는 그 영혼성의 그때그때 내용이 아무리 열등하고 반(反)이상적일지라도 관철된다"(짐멜, 2013: 822). 객관 문화가 지배적으로 우세한 경향 속에서도 주관 문화가 간헐적으로나마 우위를 차지할 수 있는 가능성은 바로 이 영혼의 힘에 있다. 필연적으로 자신의 창조물과 대립해야만 비극적인 운명 가운데 있는 주체에게 "자신을 객체로 창조하고 이러한 창조를 통해 더욱 풍부해진 상태로 자신에게로 되돌아가고자 하는 정신의 위대한 기획"(짐멜, 2007: 61)을 성공시킬 수 있는 가능성이 완전히 박탈된 것은 아니었던 것이다.

짐멜의 종교 연구는 인간의 내적 삶에 초점을 두는 보다 넓은 근대성 이론의 중요한 부분으로서 그 의의를 갖는다. 짐멜은 "종교가 현대 세계와 현대인에 대해 가지는 의미와 기능"(김덕영, 2007: 426)이라는 측면에서 종교에 다가선다. 주관적 요소에 대해 민감했던 그는 기성 제도 종교가 쇠퇴함에 따라 현대인들이 직면할 수밖에 없는 심리적이고 감정적인 어려움을 도외시할 수 없었다. 짐멜이 보기에 현대인은 실로 당혹스러운 상황에 처해 있다. 현대인은 "한편으로는 자신의 지적 양심으로 받아들일 수 없는 믿음의 사실들이 존재한다는 것과 다른 한편으로는 최고의 지적인 능력을 가진 뛰어난 사상가들이 이 믿음의 사실들이 모든 가능한 의심을 넘어 실재한다고 주장하는 것"(Simmel, 1997: 8) 사이에서, 남들은 거룩한 존재의 실재를 경험한다고 주장하지만, 자신은 사실적 내용을 아무것도 감각적으로 지각해 낼 수 없는 어려움에 봉착해 있다. 이것이 실로 오늘날 종교가 가진 문제이다. 삶의 역동적인 힘이 객관화되고 물화된 문화적 형성물과 대립되는 비극은 종교에서도 일어난다. 즉, "종교적 충동이 특정 교리의 보배로 결정화되고, 이 교리가 노동 분업의 원리에 따라 신자들로부터 고립된 단체에 의해 담지되자마자, 종교도 똑같은 운명에 처하게 된다"(짐멜, 2013: 817~818). 객관화된 종교는 종교인들의 종교적 욕구를 더 이상 충족시킬 수 없는 상태에 이른다. 문화의 비극이 주관성의 가치를 배양하는 데 실패한 것을 의미한다면, 우리는 객관화된 종교―서구에서는 주로 기독교―의 실패, 종말, 사망을 말할 수 있다. 그러나 여기서 객관화된 종교의 실패, 종말, 사망은 종교 자체가 사라짐을 뜻하는 것이 아니라, 종교가 이 세계를 위한 조직화 능력을 상실했음을 뜻할 것이다(Vandenberghe, 2010: 18).

　그럼에도 불구하고 이렇게 현대인이 처한 당혹스러운 상황 가운데서 짐멜이 주목하는 것은 종교성, 종교적인 필요, 종교적 욕구, 종교적 갈망, 종교적 에너지의 변함없는 존재이다. 종교의 근원은 바로 이 종교성이다. 즉, 종교가 종교성을 창조하는 것이 아니라 종교성이 종교를 창조하는 것이다. 종교성은 인간의 정신과 의식의 내적-주관적 상태와 과정이며, 종교는 종교성이 외화되고 객관화되고 대상화된 세계이다. 종교성은 우리의 내적 존재 안에 선험적으로 존재하는 순수 범주로서, 그 자체로는 종교가 아니지만 삶을 종교적 지위로 고양시키는 원재료이다. "삶의 내적 특질이나 독특한 종류의 존재로서의 종교성은 세계의 물질적 다양성에 스며들 때에만 그 실체를 획득하며, 따라서 종교성 자체와 대면하게 된다"(Simmel, 1997: 144). 종교성의 순수한 본질로부터 무한히 다양한 종교적 내용이 진화할 수 있다. 종교성은 내용, 주관 종교, 주관 문화에 상응하며, 종교는 형식, 객관 종교, 객관 문화에 상응한다고 할 수 있다. 종교성이 종교를 창조하기 때문에 어떠한 종교도 종교의 원천인 이 종교성보다 더 오래 지속될 수는 없다. 한때 사람들의 마음을 흥분시켰던 제도-기반의 종교가 불가피하게 쇠퇴하는 것이 거스를 수 없는 진리가 되었을 때도, 종교성 또는 종교적 에너지는 삶의 충동으로서 여전히 사람들의 마음속에 존재했다. 그 종교성은 모든 신비한 것을 빛 가운데로 이끌어내어 그 정체를 폭로했던 '계몽'의 도도한 흐름 속에서도 결코 사라지지 않았던 삶의 힘(life force)이다. 그러므로 오늘날 발생하는 종교의 문제에 대한 해결책은 사람들의 마음속에 존재하는 이 종교적 에너지, 종교적 욕구에서 찾아야 한다. 그 힘이 만들어낼 종교의 형식이 어떤 것이든지 간에 그 종교는 사람들의 종교적 삶을 부활시킬 것이다.

기존의 제도 종교가 사람들의 종교적 필요, 욕구, 충동을 충족시키지 못했다 하더라도, 즉 초월의 관념의 정체가 환상인 것으로 밝혀져 쓸모없어졌다 하더라도 우리 영혼 안에 있는 구체적 실재인 종교성, 종교적 갈망은 남아 있을 것이다. 따라서 "객관적 제도종교가 더 이상 사회적인 것의 피안에 지향된 현대인의 종교적 욕구, 즉 내재적 초월성을 충족시켜 줄 수" 없을 때 "유일한 대안은 객관 종교에서 주관 종교로 전환하는 것이다"(김덕영, 2007: 457). 주관 종교에서는 신이 이제 더 이상 인간을 도구로 부리는 전능자가 아니다. 주관 종교에서 신은 인간의 수단으로 봉사해야 한다. 초월적 존재들의 세계에서 인간의 내재적 삶 안으로 근본적으로 전회하지 않으면, 인간의 종교적 갈망을 채울 길이 다른 어디에도 없다. 이제 종교는 "새로운 형식의 주관주의로 급진적인 전회"를 할 것으로 보인다(McCole, 2005: 35).

나는 "신앙인들의 종교적 삶의 양식이 탈제도적이고 탈조직적이며 탈회중적인 종교로 이동하고 있는 현상"(송재룡, 2013: 242)을 목격하면서, 짐멜의 예언이 실현되고 있는 것을 본다. 다만, 짐멜의 주관성, 즉 내재성은 이제 '영성(spirituality)'이라는 말로 번역되었다. 전통적으로 영성은 종교에 내재되거나 통합되어 종교의 한 속성으로 추구되는 자원이었다. 그러나 이제 영성은 반드시 제도 종교와 연관을 갖지 않더라도 많은 이들이 추구하는 무언가가 되었다. "이런 의미에서 영성은 … 내적인 삶이 신, 초월적인 것, 또는 성스러운 것을 향해 있는 개인의 특질이다"(Roberts and Yamane, 2012: 15). 사람들은 의식적으로 조직된 종교를 거부하고, 이른바 개인화된 '영적인' 신앙과 실천의 형식을 따르고 있다. 도시 곳곳에 명상 센터가 있으며, 사람들은 심신 치료를 위해 시간을 보내거나 요가를 한다. 요가를 할 때 그들에게 요가의 종교적 기원은 그다지 중요하지 않다. 단지 이들은 자기 자신에게 정신적·심리적으로 집중하고 내적인 진정성을 추구한다. 어떤 이는 이러한 모습을 "영적이지만 종교적이지는 않다(spiritual but not religious)"라고 표현한다. 그래서 교회 예배 참석(church attendance) 같은 지표로는 이들의 종교성을 측정할 수 없다.

짐멜이 근대사회에 대한 조망 속에 우리에게 들려주었던 종교 이야기는 오늘날 다시 회자될 수 있다. 오늘날 사회학자들은 이것을 영성적 전환(spiritual turn)이라고 부른다. 사람들은 오늘날의 세계를 "근대적 의미의 제도적·체계적 및 공동체적 차원의 확실성은 점점 더 위축되어 표준적 모델은 파편화되고 따라서 유동성과 모호성"이 가득 찬 곳으로 경험하며, 이로 인해 "개인들은 세상을 '홀로 대하고 선' 불안하고 고독한 취약한 존재의 상태에 빠지게 되며, 점점 더 자신이 신뢰하고 통제하고 탐구할 수 있는 유일한 대상인 자기 자신의 주관성의 차원에 집중(집착)하게 된다"(송재룡, 2013: 246). 사람들은 이제 구원에 대한 열망으로 종교에 몰입하는 것이 아니라, 이른바 영적인 관심사, 즉 자신의 삶의 의미와 목적, 자아실현, 자아 표현 등에 열정을 쏟는다.

성찰적 종교성: '자기만의 신'

짐멜이 들려주었던 이야기를 울리히 벡(Ulrich Beck)과 함께 더 이어가 보자. 벡이 말한 '자기만의 신(A God of One's Own)'은 종교의 개인화를 표현하는 매우 강력한 레토릭이다. 이 강력한 레토릭에서 신은 더 이상 공동체의 신이 아니라 개인의 신으로 다시 태어난다.

> '자기만의'라는 말은 출신과 함께 믿어야 할 신까지 정해지지 않음을 의미한다. 동시에 그것은 거대종교의 모든 신자가 '마땅히 섬겨야' 하는 집합적 신을 의미하지도 않는다. 선택의 대상이며 개인적인 신으로서, 자기만의 삶이라는 내밀함 속에 확고히 자리 잡아 거기서 분명한 제 목소리를 내는 신을 말한다. (벡, 2013: 191)

개인에게 선택받아야 하는 신은 더 이상 전능하지 않다. 자기 외에 다른 신을 질투할 수 없으며, 다른 신을 섬기는 이들을 심판할 수도 없다. 그는 더 이상 신자들을 배타적으로 독점할 수 없는 신이다. 자기만의 신을 믿으며 종교 생활을 하는 이들은 개인들일 수밖에 없다.

'자기만의 신'이란 벡이 종교적 개인화 테제를 제시하면서, 우선적으로 개인화를 가능하게 한 근원으로서 종교적 신앙의 대상을 일컫는 말이다. 자기만의 신을 섬기는 "'개인'이라는 존재 형태는 인간의 자연 상태가 아니라, 오히려 인간이 문명화하면서 등장한 존재의 형태이다. 근대사회에 이르러 비로소 사회로부터 분리되는 '개인'이라는 개념이 형성되었다"(홍찬숙, 2015: 6)고 볼 수 있다. 개인은 자신의 정체성 형성을 위해 계급이나 국가, 또는 가족과 같은 집합적 정체성에 의해 부여되었던 안정성과 확실성에 의존하지 않게 된 존재이다 (Sörbom and Wennerhag, 2011: 473). 이러한 개인들의 종교에서 종교

생활에 활력을 불어넣는 동인은 종교적 삶을 구조화해 왔던 집합체와 조직이 아니라, "'영혼의 충만함'과 결부된 완성에 대한 추구, 자아발전에 대한 개인적 추구"(벡, 2013: 48)이다.

벡에 따르면, "개인화란 기독교 전통 자체에서 유래하는 것으로서 종교적이거나 사회적인 것을 집단적으로 정의하려는 경향에 맞서 개인의 자율성을 차근차근 관철시킨 과정이다"(벡, 2013: 127). 벡은 개인화를 제1단계와 제2단계로 구분한다. 개인화 제1단계는 "종교 안에서(예컨대 프로테스탄티즘) 일어나는 개인화"를 의미하는데, "개인화와 집단화 사이의 모순과 관련된 중세적 '잠재성'이 집단적으로 방향을 틀면서(종교개혁) 기독교 내부에서 이루어진 개인화 투쟁에 관한 것이다"(벡, 2013: 116, 142). 자기만의 신을 발명한 것은 마르틴 루터였다. 루터는 "신과 개인 간의 무매개성이라는 개념을 구성함으로써 '유일한' 신과 '자기만의' 신을 결합했다"(벡, 2013: 147). 개인화 제2단계는 종교의 개인화, 곧 기독교 외부에서 '자기만의' 신이 발생했음을 의미한다. 이 두 번째 개인화의 맥락은 제2차 세계대전 이후 등장한 유럽의 복지국가이며, 이 복지국가에 의해 제도화된 개인화이다. 복지국가는 아이러니하게도 개인의 책임을 전제로 하여 공민적 기본권, 정치적 기본권, 사회적 기본권, 노동권 등이 형성된다. 그래서 제도화된 개인화는 개인들에게 선택의 기회를 주고 보호하고자 하지만 동시에 개인들에게 자기 성찰을 강요한다. 제도화된 개인화는 곧 성찰적(자기-대면적) 개인화인 것이다. 이것은 "개인들이 자기만의 삶을 구축하기 위해, 또 자신의 개인적·사회적 정체성을 구성하기 위해 이미 주어진 어떤 특정한 통제유형에서 출발할 수 없다는 사실을 의미한다"(벡, 2013: 170).

나는 이 글을 시작하면서 말한 바와 같이 여기서도 근대성의 도래와 함께 종교의 종말을 이야기하지 않으려고 한다. 반대로, 벡이 말하듯이, "종교 세속화라는 강요된 현상은 21세기에 종교성과 영성이 다시 활성화되는 데 오히려 기초를 제공한다"(벡, 2013: 47). 나는 근대화와 함께 종교의 변모에 대해 계속 이야기하고 있다. 현대인들이 부딪치는 실존적인 문제에 대해 종교의 도그마는 해답을 줄 수 있는 권위를 더 이상 갖고 있지 못하다. 개인의 선택이 확대되면서, 개인에 대한 제도 교회의 장악력은 심히 약화되었다. 교회 중심의 조직적 신앙은 더 이상 개인화된 종교에 타당성을 제공하지 못한다. 자기만의 신을 믿는 개인은 언제든지 의심할 수 있다.

> 교회의 권위를 벗어난 '자기만의 신'과 소통함으로써 급진적으로 활
> 성화되는 것은 주관적인 경험의 기초, 활동, 그리고 자기책임이다.
> 이런 개념에 기초해서 종교를 생각한다는 것은 결국 자기 자신에 대
> 해 생각하는 것이다. … 자기만의 신은 종교를 '자아종교'로, 즉 경쟁
> 적으로 '진정한 자아를 찾는 종교들'로 변화시킨다. (벡, 2013: 176)

종교 조직들에서 멤버십이 약화되고 열정적인 거대한 집합 의례의 유형이 감소하는 것은 사람들이 기왕에 공식화되어 있는 행동 유형을 따르기보다 자신의 방식대로 종교에 참여하기로 선택하고 있다는 징후가 될 것이다(Mythen, 2013: 117~118). 개인화된 신자들은 전통적인 사제들과 정통 교리의 권위에서 벗어나 있지만, 그들의 종교성은

오히려 더 활성화된다. 종교적 정통성은 약화되고 "교회는 신자를 잃지만 인간의 사고와 행위는 종교적으로 재주술화된다는 역설"을 목격하는 것이다. "종교 조직의 약화 그리고 유동적·탈교회적 종교성의 강화는 동전의 양면일 뿐이다"(벡, 2013: 124).

당연하게 여겨지는 공동체의 문화적 맥락으로부터 탈배태된 개인들은 일상의 신앙적인 실천 속에서 자신의 선택을 정당화해야 하는 의무를 지닌다(Speck, 2012: 162). 나는 이것을 '성찰적 종교성(reflexive religiosity)'이라 부르고자 한다. 개인들의 종교 생활에서 성찰성이 증가한다는 것은 개인적 선택의 영역도 증가하지만, 이와 함께 개인들에게 부여된 책임감도 증가한다는 것을 뜻한다. "비록 선택의 확대가 환상에 불과하거나 하찮거나 어려운 선택에만 국한될지라도, 그것은 개인이 다양한 의미 및 가치의 영역과 만나야 하는 현실, 다양한 라이프스타일과 문화, 그리고—아무리 제한된 것이라 하더라도—선택을 해야 하는 요청을 약화시키지는 않는다. 이것은 고양된 성찰성으로 이끈다"(Riis and Woodhead, 2010: 175).

벡의 개인화 테제가 통상적인 세속화 이론과 다른 점은 조직 종교와 개인화된 신앙을 구별하고 있다는 것이다. 그런 면에서 "벡의 접근은 지난 50년 동안 서구에서 종교적 '부흥'에 대해 설명하면서 이것을 성찰적 근대성 이론의 분석틀 및 정치적 요청과 나란히 정렬하려 했던 시도를 나타낸다"(Speck, 2012: 161). 오늘날 우리는 소속의 의무를 지지 않으면서도 종교적 삶에 참여하는 신앙인들을 너무나 많이 목격할 수 있다. 그뿐만 아니라 종교 조직 밖에서 이루어지는 '종교적' 행위, 즉 순례 여행이나 치유의식, 봉사활동 등 이른바 비제도적이지만 종교적 의미로 충만한 종교 행위를 목격하는 것도 어려운 일이 아니다(Bender, 2003). 메러디스 맥과이어(Meredith B. McGuire)가 개인들의 일상적 삶에서 표현되고 경험되는 종교, 체화된 종교적 실천에 주목해서 이름 붙인 '생생한 종교(lived religion)', 또는 코트니 벤더(Courtney Bender)의 '살아 있는 종교(living religion)', 덧붙여 낸시 애머먼(Nancy Ammerman)의 '일상 종교(everyday religion)'는 모두 그러한 일상적이고 성찰적인 종교적 실천을 포착하려는 개념적 시도이다.

가나안 성도들의 출현과 이들의 수적 증가는 현대인의 종교적 실천이 변모한 바를 크게 함축하고 있다. '가나안'이라는 말이 '안나가'라는 말에서 비롯되었다는 우스갯소리가 있듯이, 여기서 가나안 성도는 부정적으로 정의될 수도 있으나, 제도교회 밖에서 적극적인 신앙생활을 추구한다는 점에서 긍정적으로 정의될 수도 있다(양희송, 2014; 손원영, 2019). 수년 전부터 가나인 성도들을 추적해서 그 실체와 규모를 파악하고자 했던 정재영은 가나안 성도들이 "그리스도인의 정체성이 희박한 상태로 드문드문 교회를 다녔던 사람들이 아니라 10년 이상 교회에 소속되어 신앙생활을 해오던 신자들이었으며, 그 중에는 중직자들을 포함하여 직분자들도 다수 있다는 것을 확인할 수 있었다"라고 보고한다(정재영, 2020: 20). 제도 교회의 입장에서는 '고객 유출'이므로 걱정스러운 시각으로 가나안 현상을 바라보겠지만, 나는 이를 '성찰적 종교성'의 발현이라고 본다. 신앙을 유지하면서도 제도를 떠난다는 것은 선택이면서 동시에 스스로를 책임지는 일이기 때문이다. 정재영의 조사에 따르면, 가나안 성도들 가운데 교회를 떠난 가장 큰 이유로 대답한 것은 "자유로운 신앙생활을 원해서"

가 30.3%이고, "목회자에 대한 불만"이 24.3%, "교인들에 대한 불만"이 19.1%였다. "시간이 없어서"와 같은 단순 이유는 6.8%밖에 되지 않았다(정재영, 2015: 46~47). 이것은 이들이 무의식적으로 강요되는 신앙 행태를 거부하고, 적극적인 종교적 실천을 위해 제도를 이탈해서 '소속 없는 개인'을 선택한다는 것을 보여준다. 그것은 자신의 신앙에 대해 스스로 책임진다는 것을 의미하는 것이기도 하다.

징검다리: 자기만의 신이 신으로서의 개인을 만나다

자기만의 신은 그 거룩함을 홀로 독점하는 유일한 신일 수 없다. "자기만의 신은 이웃이자 동반자인 신에게 일상적으로 말을 하는 새로운 양식을 발견"(벡, 2013: 27)하는 것이다. 나는 이 징검다리를 통해 종교의 개인화를 넘어서 개인주의의 종교로 나아가고자 한다. 개인주의의 종교는 인권 개념으로 표현되는, 인간 사람의 보편적인 성스러운 가치에 대한 믿음이다(Speck, 2012: 163). 개인주의의 종교에서는 개인의 특수성, 즉 특수한 존재로서의 개인과 보편적 인간성, 즉 신성한 인류가 결합한다. 우리는 짐멜과 벡의 이야기를 듣고 나서 이 징검다리를 건너면 뒤르켐과 고프먼을 만날 수 있다.

신으로서의 개인(들): 그다지 위대하지 않은 신들

이제 둘째 이야기로 넘어간다. 둘째 이야기는 '신으로서의 개인'에 대한 것이다. 여기서 신은 개인에 대한 은유이며, 종교는 기능적으로 정의된다. 이것은 우리가 종교라고 부르지는 않지만 (나의 견해로) 현대사회의 종교라고 부를 만한 가치가 있다고 여기는 것이며, 결국 우리들 각자의 종교적 삶에 대한 이야기이다. 이 이야기는 사회생활은 그 본질상 종교적이라는 통찰을 담고 있다. 따라서 이 둘째 이야기는 원시 종교에 대한 분석을 통해 신이 곧 사회라는 것을 발견해 낸 뒤르켐과 함께 시작하는 것이 매우 적절할 것이다. 그러고 나서 내가 판단하기에 뒤르켐의 '인간성의 종교'라는 아이디어를 오늘날 현대 도시의 삶 가운데서 가장 잘 펼쳐 보여준 어빙 고프먼(Erving Goffman)의 신들 사이의 상호 행위에 대한 이야기로 넘어가고자 한다.

인간성의 종교: 신으로 다시 태어난 개인

뒤르켐은 자신의 마지막 저서 『종교생활의 원초적 형태』의 결론에서 마치 예언자처럼 "오래된 신들은 늙거나 죽었으며 다른 신들은 태어나지 않았다"(뒤르켐, 2020: 794)라고 말한다. 하지만 이것이 종교의 소멸을 의미하는 것은 결코 아니었다. 물론 그에게는 제도화된 종교(그의 경우에는 가톨릭)에 대한 불신이 학문 경력 초기부터 깊이 뿌리내리고 있었다(Joas, 2000: 55). 그는 대신 "종교는 사라진다기보다는 변형되도록 요구받는 것 같다"(뒤르켐, 2020: 798)라고 느끼고 있었다. 이러한 느낌의 배후에는 삶 자체로부터 살아 있는 숭배가 나오리라는 굳은 믿음이 있었다. 민문홍에 따르면, 뒤르켐의 마지막 저서는 "특정 사회에 새로운 도덕적 이상이 창조되는 집단역학의 메커니즘"에 대한 연구이며, 여기서 "사회는 집단적 흥분과 열정의 교환을 통해서 자기 자신을 끊임없이 재창조하는데, 이것이 인간의 존재 조건"이다(민문홍, 2001: 225). 뒤르켐이 현대사회에서의 종교의 소멸에 대해서는 전혀 고려하지 않았던 이유는 종교가 상징하는 실체인 '사회'의 영원한 힘, 영원한 원인이 작동하고 있다는 믿음 때문이었다. "사회란 물리적이고 도덕적인 힘의 강력한 집합이며" "그 어떤 관찰 가능한 존재도 필적할 수 없는 창조력을" 가지고 있다(뒤르켐, 2020: 822). 뒤르켐에게 사회는 딱딱한 구조물 같은 것이 아니다. 그것은 역동적으로 움직이는 힘이요, 흐르는 전류요, 생성하는 에너지이다. "생명 에너지는 굉장히 흥분되고, 열정은 더 생생해지며, 감각은 더 강해진다. 오직 이러한 순간에만 만들어지는 어떤 것들이 있다"(뒤르켐, 2020: 785~786). 집합 생활이 만들어내는 창조적 흥분(creative effervescence) 상태의 시간은 다시 올 것이고, 그 흥분의 시간 동안 '새로운 이상'이 나올 것이며, 현대인들의 삶의 길잡이가 될 '새로운 원리들'이 나올 것이다(뒤르켐, 2020: 794).

뒤르켐이 원시 종교의 '토템'에서 발견했던 사회의 영원한 힘은 과학 탐구에 의해 그 신비를 잃은 것처럼 보이는 오늘날의 세계에서도 여전히 강력하게 작동하고 있을 것이다. 실로 사회는 "끊임없이 온갖 종류의 성스러운 사물들을 만들어내는" 힘이다(뒤르켐, 2020: 457). 도덕의 진화 과정에서 새로운 신으로 등극한 것은 인간 자신이다. 사회는 어떠한 사물이나 어떠한 관념도 성스럽게 만드는 능력이 있었다. 프랑스 대혁명 시기에 조국과 자유와 이성이 성스럽게 여겨졌듯이, 이제 사회는 인간을 성스러운 존재로 만들었다. 우리는 사회로부터 얻은 신성을 동료 구성원들과 공유하고 있다. 뒤르켐의 표현을 빌리자면, "인간적 인격(Personne humaine)"은 "거룩한 것"이며, "어느 시대의 종교 단체이든 그들이 섬기는 숭배의 대상에게 주는 초월적 위엄을 같이 나누어 갖고 있다"(뒤르켐, 1979: 8).

토템이 눈으로 볼 수 있는 신의 몸체였다면, 그 토템은 오늘날에도 우리 눈으로 볼 수 있게 개인들에게 육화(incarnation)되었다. 창조적 흥분 가운데 개인이라는 신이 탄생했으며, 그 신은 바로 사회가 개별화된 존재이다. 그렇다면 그 신이 탄생할 수 있었던 특별한 사회적 조건이 있었는가? 새로운 신이 탄생할 수밖에 없는 필연적인 사회적 조건은 바로 '분업'이다.

> 노동의 분업이 더욱 많아지면 사람들의 마음은 각각 세계의 다른 측면을 반영하는 다른 생각에 이끌리게 되어, 결국 가치 의식(conscience)의 내용은 사람에 따라 다르게 된다. 그렇게 하여, 단 하나의 사회 집단에 소속한 구성원들은 그들의 인간성, 인격적 인간 일반의 구성 성분이 되는 속성을 제외하고는 어떤 것도 종교적인 것을 가지고 있지 않은 상태, 지금으로서는 거의 다다른 그 상태로 조금씩 나아가고 있다. … **인간 그 자신이 아니라면 사람들이 함께 사랑하고 높일 것이라곤 아무것도 남지 않을 것이다.** (뒤르켐, 1979: 14)(필자 강조)

분업이 진행되면서, 사람들은 더 이상 동일한 집합 의식을 가질 수 없는 조건에 처하게 되었다. 서로 다른 일을 하기 때문에 서로 다른 생각을 할 수밖에 없다. 각기 다른 집단에 속한 개인들이 그럼에도 불구하고 함께 공유하고 있는 것은 무엇인가? 그것은 바로 인간 그 자신이었다. 과거에 사람들을 흥분시켰던 성스러움은 사회의 기능적 분화 과정에서 결코 소멸되지 않았다. 사람들이 함께 사랑하고 함께 높일 것은 바로 '인간' 그 자신이었다. 과거의 신들이 늙거나 죽고 나서 새로이 태어난 이 종교를 '근대성의 종교'(Joas, 2013: 49)라고 부르는 것은 그리 어색한 일이 아닐 것이다. 뒤르켐은 새로운 신의 탄생을 남몰래 목격하고 비밀스레 칭송하고 있었던 것이 아니다. 그는 이 종교를 '인간성의 종교'요, '개인 일반의 칭송'이요, '사람을 존중하자는 종파'요, '개인을 존중하는 개인의 종교'라고 크게 선포한다. 뒤르켐은 자신의 선배 생시몽이 '새로운 기독교'라고 불렀던 것, 콩트가 '인간성의 종교'라고 불렀던 것을 도덕 과학으로서의 사회학에 근거해서 모든 사람이 볼 수 있도록 가시화시킨다(민문홍, 2001: 93).

새로이 탄생한 신은 뒤르켐 스스로 밝히듯이 종교에 대한 사회학적 설명과 모순되지 않는다. 왜냐하면 그 신은 사회의 종교적 힘이 개별화되어 변모된 것이기 때문이다. 뒤르켐이 오스트레일리아 원시 종교에 대한 책을 쓰기 시작하면서 자신의 관심이 결국 인간에게, 구체적으로는 현대인에게 있다는 점을 분명히 밝히고 있음을 잊지 말아야 하는 이유가 여기에 있다. 새로운 종교는 "사람이 예배자이자 예배의 대상이 되는 그러한 종교이다"(뒤르켐, 1979: 8). 새로운 종교는 개인 일반에 대한 찬미요 칭송이며, 그 원동력은 이기주의가 아니라 "모든 인간적인 것에 대한 동정, 모든 고통 받는 것과 모든 인간적인 비참한 것에 대한 보다 넓은 애석한 마음, 이 모든 것을 분쇄하고 이를 완화시키겠다는 더욱 불타는 요구, 정의에 대한 보다 큰 갈망"이다

(뒤르켐, 1979: 11). 그래서 이러한 종교는 결코 '자기 숭배'나 '자아 숭배'가 아니다.

초기 『사회분업론』 시절에 뒤르켐은 아직 새로운 신의 탄생에 대해 확실성을 갖고 믿을 수 없었지만, 『자살론』에 이르면 인간 숭배에 적극적인 의미를 부여하게 된다(김종엽, 1998: 225). 오늘날 자살에 대한 금지가 공식화되는 이유는, 신체를 부모에게서 받았으므로 신체를 훼손하는 것이 불효이기 때문이 아니라 자살은 "인간의 인격에 대한 새로운 관념"(뒤르켐, 2008: 425)을 위반하는 것이기 때문이다. 바꾸어 말해, 자살은 인격의 성스러움을 훼손하는 것이기에 금지된다는 것이다. 이제 "인격은 신성한 것, 아무도 침해할 수 없는 가장 신성한 것이 되었다." "오늘날 개인의 생명은 자신과 사회를 초월하는 일종의 존엄성을 갖고 있다. 인간은 자신의 행실로 인해 인간으로서의 자격을 상실하지 않는 한, 모든 종교가 신에게 부여하는 신성(神性)을 인간도 어느 정도 소유하고 있는 것으로 생각되기 때문에 신이 아닌 유한한 존재들이 범접할 수 없는 존재가 된다"(뒤르켐, 2008: 425~426).

페르디난트 퇴니스(Ferdinand Tönnies)는 이익 사회(Gesellschaft)의 도래에 대해 비관적인 전망을 가져 이익 사회의 승리를 '문화 자체의 죽음'으로 보았지만(Tönnies, 1957: 231), 뒤르켐은 근대사회가 개인주의로 인해 해체되는 사회가 결코 아니라고 보았다. 오히려 오늘날의 사회는 신성성으로 충만한 사회일 수 있다. 사회는 죽지 않는다. 생물학적 법칙의 제한을 받는 개인은 유한하더라도 사회는 영원의 법칙 아래 있다. "인간 숭배는 인간을 사회로부터 또는 개인을 초월한 모든 목적으로부터 유리시키는 것이 아니라 오히려 개인들을 하나의 목표 아래 결합시키고 같은 일을 위해 노력하도록 한다"(뒤르켐, 2008: 431). 현대사회에서 집합 표상으로서의 개인은 실로 성스러운 존재이다. 뒤르켐에게 그 성스러운 개인은 그 개인에게 내재화된 '사회적 사실'이다. "실재에서, 개인을 존중하는 개인의 종교는 우리가 알고 있는 모든 종교가 그렇듯이 사회적으로 성립되었다"(뒤르켐, 1979: 17). 개인은 육화된 신으로서, 단순히 구성된 관념이나 철학적 허구가 아니다. 그러나 동시에 사회적 신성화 과정을 통해 거룩한 존재가 된 개인들은 자신의 신성함을 자신의 물질적 본질로부터 찾아서는 안 된다(Joas, 2000: 57).

그렇다면 이러한 종교의 기능은 무엇인가? 인간을 신으로 만든 종교는 신이 된 그 인간을 강하게 만들어준다. "종교의 기능은 우리를 활동하게 하고 우리가 살아가는 데 도움을 주는 것이다. 자신의 신과 연대감을 가진 신도는 비신자가 모르는 새로운 진리들을 볼 수 있는 사람일 뿐 아니라 더욱더 능력 있는 사람이다. 그는 생존의 시련을 견디거나 이길 수 있는 더 많은 힘을 자신 속에 가진 사람이다"(뒤르켐, 2020: 777). 새로운 종교는 사람들을 통제하지 않고, 의무를 부과하지 않으며, 명령하지도 않는다. 뒤르켐이 발견한 신은 매력적이고, 그 신자들의 역량을 강화하며(empowering), 열정적인 행위를 하도록 동기를 제공한다. 이 능력 있는 사람은 "어느 군대의 장성의 명령에도 스스로 논리를 굽히기를 끈질기게 거부"하고 "스스로 문제를 결정할 수 있는 권리를 행사"하는 개인이다(뒤르켐, 1979: 5).

강한 국가로서의 국가의 신성함에 도전했던 이들을 강하게 처벌해왔던 우리 사회에서 처벌의 위협에도 불구하고 병역 거부 운동을 하는 사람들을 보라. 인권은 성화된 사람(sacralized person)에 대한 가치의 표현으로서 실로 현대의 종교라 할 만하다. 성스러운 가치를 체화하고 있는 신으로서의 개인은 국가가 아무리 강력한 힘으로 위협을 가하더라도 비용-편익의 계산을 넘어 자신에게 가해질 처벌을 무릅쓰고 저항할 수 있는 능력 있는 인간이다. 이렇듯 신으로서의 개인은 사적 영역으로 움츠러들어 자기만의 왕국에서 왕 노릇하는 존재가 아니라 새로운 공적 역할을 감당할 수 있는 가능성을 실현하는 존재이다(Mythen, 2013: 120). 뒤르켐은 드레퓌스 사건으로 나라가 들끓었을 때 국가 안보의 필수불가결함을 외치는 사람들에게 이렇게 물었다. "공공 생활의 조직이 아무리 중요하다 하더라도 그것은 목적에 이르는 도구이며 수단일 뿐이다. 만약 목적이 없어진다면 수단을 그처럼 신중히 유지하려는 것은 어떤 의도에 도움을 주는가? 살기 위하여 삶을 값있게 하고 품위 있게 하는 모든 것을 거부하려는 것은 얼마나 처참한 생각인가?"(뒤르켐, 1979: 17) 목적으로서의 인간에 대한 신앙, 이것이 오늘날 우리가 믿어야 할 참 종교가 아닐까. 따라서 우리가 서로 연대할 수 있다면, 연대의 희망을 가질 수 있다면, 그것은 개인이 가진 가치 의식의 온전성에 대한 우리의 믿음에 근거해야 할 것이다.

신으로서의 개인: 상호작용하는 신들

고프먼은 뒤르켐의 개인의 신성화 프로젝트를 통해 거룩해진 개인을 도시에서 활개 치는 '공적인 사람'으로 부활시킨다. 사실 고프먼은 두 개의 얼굴을 갖고 있다. "고프먼 분석의 한쪽이 마키아벨리적이라면, 다른 한쪽은 자기 일생의 대부분을 우리를 사회의 성원들로 하나로 묶어주는 연대의 끈을 탐구하는 데 바친 초기 프랑스 사회학자 에밀 뒤르켐을 생각나게 한다"(리그니, 2018: 221). 나는 이러한 고프먼의 두 개의 얼굴 가운데 뒤르켐의 모습을 현현한 고프먼의 얼굴에 깊은 관심을 갖고 있다. 뒤르켐적 고프먼은 기만적 술수로 정보 게임을 하는 데 관심이 있는 것이 아니라 "일상적 삶의 규범과 관습―이를테면 에티켓의 규칙, 공통 예절의 의례화된 교환―에 부호화되어 있는 상호 신뢰와 존중의 의례화된 표현들에 … 관심을 기울인다"(리그니, 2018: 221). 고프먼은 뒤르켐이 오스트레일리아 원시 종교에 대한 연구에서 사용했던 의례적 개념들을 '존대(deference)'와 '처신(demeanor)'으로 재구성함으로써 오늘날 거대한 도시의 세속적 세계에 거주하는 개인들에게 성스러움이 부여되어 있다는 것을 보여준다. 고프먼은 집합적 흥분 속에 수많은 이들이 존경해마지 않았던 과거의 신들이 늙고 죽었다는 뒤르켐의 판단에 공감하면서, "수많은 신들이 소임을 다한 후에 사라졌지만 개인 자신의 신성은 엄청나게 중요해졌고 견고하게 남아 있다"(고프먼, 2013: 103)라고 자신의 판단을 덧붙인다.

뒤르켐에게서 신성한 것은 열정적인 감정과 결합되어 있었으나, 고프먼의 개인 신은 그렇게 감정적으로 충만해 있지는 않다. 오히려 그 개인은 짐멜이 살았던 대도시에서 살아가는 차갑고 냉담하고 무관심한 존재이다(짐멜, 2005). 열정적인 감정은 식었지만, 그 가운데 태어난 신은 그 신성을 유지하고 있다. 고프먼에게 현대 도시를 살아가는 개인들은 거룩하다. '성스럽다', '거룩하다'는 것은 '구별된다'는 뜻이다. 그러나 개인이라는 신은 아무리 거룩하더라도 다른 존재들로부터 완전히 구별되어 살 수 없는 운명에 처해 있다. 개인은 혼자서만 거룩할 수 없으며, 홀로 존재할 때는 오히려 무척 약한 존재이다. 왜냐하면 사회의 신성성은 이제 모든 개인에게 골고루 나누어져 있기 때문이다. 사회의 영원성을 골고루 나누어 받은 개인 신들에게는 다른 개인들도 역시 신이다. 그들과 구별됨으로써 나는 거룩하나, 나를 거룩하게 해야 하는 그들도 거룩하다. 그래서 우리는 유일신처럼 전능하지는 않지만, 나누어 받은 신성성을 가지고 일상을 살아가야 한다. 성스러운 개인은 신비스러운 산꼭대기와 같이 그 숭배자들로부터 거리를 두고 존재하는 것이 아니라, 같은 신성을 나누어 가지고 있는 동료들과의 상호 행위 가운데 존재한다.

고프먼은 자신이 "행위자가 자신이 얼마나 존중받을 가치가 있는 존재인지, 그리고 자기가 얼마나 다른 사람들을 존중하는지를 표현하는 상징적 의미가 담긴 행위자의 언행을 다루기 때문"에 '의례'라는 표현을 사용한다고 천명한다. "아무리 사사롭고 세속적인 행동이라 해도 개인은 자기에게 특별히 소중한 대상 앞에서는 행동의 상징적 의미를 생각하고 행동 방식을 조절하기 때문"에 특별히 '의례'라는 용어가 필요하다(고프먼, 2013: 30, 67). 이 의례 가운데 우리 개인들은 서로가 서로에게 "의례적 조심성을 가지고 대해야 할 신성한 존재"이며, 이 대인 관계의 의례 속에서 거룩함, 즉 "사람됨이 완전히 드러나려면 각자가 서로 존대와 처신을 주고받는 의례 사슬에서 손을 잡고 있어야 한다"(고프먼, 2013: 93). 물론 그렇다고 해서 완전히 섞여 살아갈 수도 없다. 그렇다면 그의 신성성은 너무나 쉽게 훼손되어 버릴 것이다. 개인은 아무리 복잡한 도시 가운데 살아가더라도 자신의 '영토

(territory)'를 주장하며 삶을 살아간다(Goffman, 1971).

개인들은 의례적 존경을 받는 신이면서 동시에 같은 신성을 나누어 가진 동료 신에게 봉헌하는 신도로 서로 만나기에 한 신에게 집중되었던 위엄을 이제는 나누어 가져야만 한다. 그리고 이제는 타인들이 알아볼 수 있도록 자신의 신성을 극적으로 연출해서 표현해야 한다. 개인은 자신의 신성을 표현하는 유능한 신이 되어야 한다. 그에게는 존재들 사이를 중재할 사제가 필요 없다. 그러나 이 성스러움의 표현이 성공하기 위해서는 반드시 타인에게 의존해야 한다. 각자 자신의 신성은 '처신'으로, 타인의 신성은 '존대'로 표현해야 한다. 자신역시 신으로서 다른 신들의 입장을 이해할 수 있기에 타인이 저지를 수도 있는 무례에 대해서는 언제나 어느 정도 감내할 준비가 되어 있어야 한다. 개인은 자신의 신성을 잃지 않기 위해 용서할 채비를 늘 갖추고 있는 자비로운 신들의 의례에 자발적으로 협조해야 한다. 안타깝게도 신성 훼손의 가능성은 언제나 열려 있다. 그러기에 우리는 훼손되기 쉬운 신성을 회복하려는 노력을 함께 해야만 한다. 오다가다 우연히 부딪칠 때 "어이구, 죄송합니다"라고 말하면 "괜찮습니다"라고 되돌려줄 수 있어야 한다. 이것은 양쪽 모두의 신성성을 보호하는 "의례 균형의 복원 과정"이다. 이러한 자발적 의존성이 바로 상호행위 질서(Goffman, 1983)를 이루는 기본 요소이다. 그래서 개인에게서 발견되는 고유한 신성은 협동 작업의 결과일 수밖에 없다. 뒤르켐도 "사회란 무엇보다도 적극적인 협동이다"(뒤르켐, 2020: 780)라고 말하지 않았던가?

개인을 절대화하는 것은 우상 숭배이다. 우상 숭배는 부분적이고 파편적이고 유한한 것을 절대화하고 전능하게 만드는 것이다. 개인은 신이지만 절대적인 존재가 아니며, 결코 절대화되어서는 안 되는 존재이다. 그래서 우리는 전능하지 않은 신에 대해 '적절한' 예배만 드려야 한다. 개인 신에 대한 과도한 관심은 금물이다. 그것은 자기 신에게도 타인 신에게도 마찬가지이다. 절대화되지 않은 신들이 서로를 인정하며 살아가야 하는 곳이 근대 도시의 사회이다. 따라서 "예의 있는 무관심(civil inattention)"은 결코 상대에 대한 무시가 아니라 오히려 적절한 예절이다. 심지어 우리는 복잡한 도시 사회 속에서 무관심을 받을 권리를 갖고 있다(Goffman, 1963). 여기서 예의 있는 무관심은 "다른 사람이 존재하는 것을 인식하고 있다는 것을 (그리고 그를 봤다는 것을 솔직히 인정한다는 것을) 보여주기에 충분한 시각적 신호를 상대방에게 보내는 한편, 바로 다음 순간에 그가 특별한 호기심이나 설계의 대상이 아니라는 것을 표현하기 위해 그로부터 관심을 거두어들이는 것이다"(Goffman, 1963: 84). 이 세속 도시에서 개별적인 신들이 서로를 향해 펼치는 상호작용 의례에서는 뒤르켐이 원시 종교에서 확인했던 집합적 흥분을 느끼기 어렵다. "흥분과 열정은 없을지라도 도시의 거리에서 마주치는 낯선 이들과의 우연한 찰나적 만남 속에서 서로를 거룩하게 대하고 서로에게 마땅한 존경을 표하고 처신할 수 있는 사회적 삶은 진정으로 도덕적인 삶이다"(하홍규, 2013: 180).

로베르토 웅거(Roberto Unger)의 웅변대로, "유한성과 필멸성이라는 우리의 확정적인 조건을 피할 수 있는 양 허세를 부리지만 않는다면, 우리는 오히려 신과 같은 위치에 오를 수 있다"(웅거, 2012: 136).

웅거의 인간 신성화 기획에 "허세를 부리지만 않는다면"이라는 조건이 붙어 있는 것에 주목하자. 그 신은 다른 신들의 현존 속에 겸손할 수밖에 없는 존재이다. 그러므로 개인들을 무시하고 모욕하는 것은 그 개인들의 신성성을 훼손하는 것이다. 그렇다면 진정한 의미에서 세속화는 제도 교회의 쇠퇴가 아니라 개인의 신성 훼손을 뜻하는 것이 아닐까. 개인의 신성을 훼손하는 의례는 고프먼의 희극을 비극으로 만든다. 스스로 힘 있다 여기고 상대를 함부로 대하는 이들은 의례 상대를 동료 신이 아니라 오염된 존재로 여기면서 의례 행위를 펼친다. 그렇기 때문에 성스러움을 훼손당한 신을 목격할 때마다 실로 가슴이 아프다.

다른 이들과의 관계에서 다른 이의 신성성을 훼손하고도 양심의 가책을 느끼지 않는 자들은 사회적 삶에서 더 이상 타인의 도덕적 지지가 필요하지 않는다고 주장하는, 스스로 의로운 자들이다. 그러나 타인의 도덕적 지지 없이 신이 될 수 있는 개인은 없다. 다른 이를 무시함으로써 스스로 의로운 자들은 결국 자신의 신성도 훼손하고 있는 것이다. 그래서 우리는 상호 행위에 참여하는 자들의 자격을 물어야 한다. 상호 행위에 참여하는 사람은 누구나 "다른 사람들이 어떤 자격으로 참여해서 어떤 의무를 지고 있든 간에 그들을 상호작용자 자격으로 대해야 한다"(고프먼, 2013: 126). 구약에 나오는 전능한 신조차도 자신의 백성들과 계약을 맺고 자신의 의무를 이행했었는데, 달리 말하면 그 신도 자신의 의무를 다함으로써 신으로서의 자격을 증명했었는데, 하물며 전능할 수 없는 신으로서의 개인은 져야 할 의무가 더 있는 것이 아닐까. 우리는 일상에서 상호작용자로서 서로에게 저야 할 의무를 이행해야만 나 자신의 신성성을 유지할 수 있다. 의무의 짐을 나누어지는 것이 나 자신의 성스러움을 지킬 수 있는 유일한 길이다. 또 다시 기억할 것은 나의 성스러움은 나 자신의 본성에서 유래한 것이 아니라는 것이다.

우리를 오염시킨다고 여기는 사람들의 부류가 있는가 하면, 우리가 오염시키는 사람들의 부류도 있다. 우리는 오염의 위험을 느끼는 존재들에게 능숙하게 낙인을 찍고 아주 '정당하게' 멸시의 시선을 보낸다. 낙인찍힌 사람들과 "관계하는 사람들은 그의 사회적 정체성 가운데 오염되지 않은 부분에 대해 마땅히 표해야 하고 그 또한 마땅히 받을 것으로 기대하는 존중과 관심을 그에게 부여하지 않는다. 그는 자신의 일부 속성으로 인해 그런 존중이 보증된다는 생각 아래 이들의 거부에 반응하게 된다"(고프먼, 2009: 23). 그런데 다시 중요한 것은 우리의 신성이 우리의 본성에서 유래한 것이 아니듯이, 우리의 오염도 우리의 본성에서 유래한 것이 아니라는 점이다. 추정적 오염의 근원이 기형이나 불구와 같이 신체적인 혐오에 있든, 정신장애나 중독과 같이 성격상의 결함에 있든, 인종, 민족, 종교 등과 같이 특정 집단 소속에 있든 간에 신으로서의 개인이 마땅히 받아야 할 존중으로부터 배제되어야 할 이유는 사실상 어디에도 없다.

신성한 이기주의를 향하여

이 글에서 나는 오늘날 발견할 수 있는 두 가지 종교 이야기를 소개했다. 하나는 자기만의 신으로 대표되는 개인화된 종교 이야기이고, 다른 하나는 신으로서의 개인이라는 개인주의의 종교 이야기이다. 나는 오늘날 종교적 풍경의 모든 장면을 그리고자 이 글을 계획했던 것이 아니다. 이 글에서 그려낸 풍경은 그래서 오늘날 사회에서 포착되는 부분적인 모습일 뿐이다. 탈사회의 사회라는 조망 역시 우리 사회를 총체적으로 파악한 것은 아니다. 그렇다고 해서 탈사회적 상황을 유동적이거나 불확실하거나 모호한 것으로만 읽어내려고 하지는 않았다. 나는 오래 전부터 포스트모던 상황을 주장하는 사람들이 항상 과장이 심하다고 생각해 온 터였다. 따라서 나는 탈사회 시대에 삶을 살아가는 개인들을 그저 고독하고 불안하고 취약한 존재로만 볼 수 없다고 생각한다. 어쩌면 이 개인들은 차가운 열정으로 (종교적) 삶을 살아가는 존재일 수 있다. 글을 시작하며 말했던 것처럼, 두 가지 이야기 속에 등장하는 개인들은 그저 '고향 상실'의 상태에서 외로운 사람이 아니라, 집합체, 제도, 조직에서 탈배태되어 그 존재 양식이 불안해 보일지라도 실상은 삶에 적극적으로 개입하는 주체-중심적인 존재이다.

이 세계는 우리가 과학으로 파악할 수 있게 된 이래로 더 이상 신비로운 장소가 되지 못한다. 우리는 차가운 건물들에 둘러싸여 더 이상 신령님이나 숲의 정령들을 만날 수 없다. 오늘날 사람들이 주로 사는 아파트에는 정화수를 떠놓고 치성을 드릴 만한 공간도 없다. 인공물들로 가득 차 있는 현대 도시의 사회에서 신성함의 기운을 느낄 수 있는 곳은 매우 드물다. 더구나 과학이 모든 것을 설명해 주는 세계에서 성스러움이라는 기운은 느끼기 어렵다. 하지만 차가운 도시 속에 살아가는 우리 자신 안에서 고귀한 '신성'을 발견할 수 있다면, 그리고 타인들 속에서도 그 거룩한 기운을 느낄 수 있다면, 그 신성성이 우리들의 인간 본질에서 나온 것은 아니라 할지라도 우리 모두는 더 인간적일 수 있을 것이며, '몰락한 신'의 길을 가지 않을 수 있을 것이다(웅거, 2020). 나 자신이 '신'임을 기억하자. 그리고 타인도 '신'임을 기억하자. 짐멜이 시인이자 평론가였던 카를 빌헬름 프리드리히 슐레겔(Karl Wilhelm Friedrich Schlegel)의 새로운 개인주의의 정식화에서 발견했던 것처럼, "다름 아닌 개체성이 인간에서 원천적인 것이고 영원한 것이다." 그러나 우리 모두는 그리 위대한 신은 아니다. 우리는 신성을 나누어 가진 존재들일 뿐이다. 그런 의미에서 "인격—절대적 자아라는 의미에서의—은 그렇게 소중한 것이 아니다." 그러니 자신의 인격을, 아니 신성을 너무 과시하지는 말자. 소유를 지향하는 이기주의는 자신뿐 아니라 다른 이들도 더 많은 것을 가지기를 원하는 객체들로 만들기 때문에 비인격적이고 보편적인 것을 지향하며, 따라서 오히려 탈개인화한다. 대신에 "개체성의 형성과 발전을 최상의 소명으로 추구하는 것은 신성한 이기주의(divine egoism)가 될 것이다"(Simmel, 1950: 80).

참고문헌

고프먼, 어빙(Erving Goffman). 2009. 『스티그마: 장애의 세계와 사회적응』. 윤선길·정기현 옮김. 한신대학교 출판부.
_____. 2013. 『상호작용 의례: 대면 행동에 관한 에세이』. 진수미 옮김. 아카넷.
김덕영. 2007. 『게오르그 짐멜의 모더니티 풍경 11가지』. 길.
김동춘 엮음. 2020. 『탈교회: 탈교회 시대, 교회를 말하다』. 느헤미야.
김종엽. 1998. 『연대와 열광: 에밀 뒤르켐의 현대성 비판 연구』. 창작과비평사.
뒤르켐, 에밀(Emile Durkheim). 1979. 「개인주의와 지성인」. ≪현상과 인식≫, 3권 4호, 5~20쪽.
_____. 2008. 『에밀 뒤르켐의 자살론』. 황보종우 옮김. 청아출판사.
_____. 2020. 『종교생활의 원초적 형태』. 민혜숙·노치준 옮김. 한길사.
리그니, 대니얼(Daniel Rigney). 2018. 『은유로 사회 읽기』. 박형신 옮김. 한울아카데미.
민문홍. 2001. 『에밀 뒤르켐의 사회학: 현대성 위기 극복을 위한 새로운 패러다임을 찾아서』. 아카넷.
버거(Peter L. Berger)·버거(Brigitte Berger)·켈너(Hansfried Kellner). 1981. 『고향을 잃은 사람들』. 이종수 옮김. 한벗.
벡, 울리히(Ulrich Beck). 2013. 『자기만의 신: 우리에게 아직 신은 존재할 수 있는가?』. 홍찬숙 옮김. 길.
손원영 엮음. 2019. 『교회 밖 교회』. 예술과 영성.
송재룡. 2013. 「영성사회학」. 김성건 외. 『21세기 종교사회학』. 다산출판사.
양희송. 2014. 『가나안 성도 교회 밖 신앙』. 포이에마.
웅거, 로베르토(Roberto Unger). 2012. 『주체의 각성: 사회개혁의 철학적 문법』. 이재승 옮김. 앨피.
_____. 2020. 『미래의 종교』. 이재승 옮김. 앨피.
정재영. 2015. 『교회 안 나가는 그리스도인』. 한국기독학생회출판부.
_____. 2020. 「그들은 왜 교회를 떠나는가? 한국교회의 가나안 성도 현상에 대한 이해」. 김동춘 엮음. 『탈교회: 탈교회 시대, 교회를 말하다』. 느헤미야.
짐멜, 게오르그(Georg Simmel). 2005. 「대도시와 정신적 삶」. 『짐멜의 모더니티 읽기』. 김덕영·윤미애 옮김. 새물결.
_____. 2007. 『게오르그 짐멜의 문화이론』. 김덕영 옮김. 길.
_____. 2013. 『돈의 철학』. 김덕영 옮김. 길.
하홍규. 2013. 「[서평] 도시 속의 성스러움」. ≪문화와 사회≫, 제15권, 177~186쪽.
_____. 2019. 『피터 버거』. 커뮤니케이션북스.
홍찬숙. 2015. 『개인화: 해방과 위험의 양면성』. 서울대학교출판문화원.

Ammerman, Nancy(ed.). 2007. *Everyday Religion: Observing Modern Religious Lives*. Oxford: Oxford University Press.
_____. 2003. "Religious Identities and Religious Institutions." in Michele Dillon(ed.).

Handbook of the Sociology of Religion. Cambridge: Cambridge University Press.

Aupers, Stef and Dick Houtman. 2007. "The Sacralization of the Self-Relocating the Sacred on the Ruins of Tradition." in Hent de Vries(ed.). *Religion-Beyond A Concept*. New York: Fordham University Press.

Beckford, James. 1999. "Postmodernity, High Modernity and New Modernity: Three Concepts in Search of Religion." in K. Flanagan and P. C. Jupp(eds.). *Postmodernity, Sociology and Religion*. Basingstoke: Macmillan.

Bender, Courtney. 2003. *Heaven's Kitchen-Living Religion at God's Love We Deliver*. Chicago and London: The University of Chicago Press.

Bruce, Steve. 2006. "Secularization and the Importance of Individualized Religion." *The Hedgehog Review: After Secularization*, Vol.8, No.1~2, pp.35~45.

Frisby, David. 1990. "Georg Simmel and the Study of Modernity." in Michael Kaern, B. S. Phillips and Robert S. Cohen(eds.). *Georg Simmel and Contemporary Sociology*. Dordrecht/Boston/London: Kluwer Academic Publishers.

Goffman, Erving. 1963. *Behavior in Public Places*. New York: The Free Press.

_____. 1971. *Relations in Public-Microstudies of the Public Order*. New Brunswick, USA and London: Transaction Publishers.

_____. 1983. "The Interaction Order: American Sociological Association, 1982 Presidential Address." *American Sociological Review*, Vol.48, No.1, pp.1~17.

Joas, Hans. 2000. *The Genesis of Values*. translated by Gregory Moore. Chicago: The University of Chicago Press.

_____. 2013. *The Sacredness of the Person-A New Genealogy of Human Rights*. Washington, DC: Georgetown University Press.

Knorr Cetina, Karin. 2005. "Postsocial." in George Ritzer(ed). *Encyclopedia of Social Theory*, Vol.2. Thousand Oaks, London and New Delhi: Sage Publications.

Hervieu-Léger, Danièle. 2001. "Individualism, the Validation of Faith, and the Social Nature of Religion in Modernity." in Richard K. Fenn(ed.). *The Blackwell Companion to Sociology of Religion*. Malden, USA and Oxford, UK: Blackwell Publishing Ltd.

McCole, John. 2005. "Georg Simmel and the Philosophy of Religion." *New German Critique*, No.94, pp.8~35.

McGuire, Meredith B. 2008. *Lived Religion-Faith and Practice in Everyday Life*. Oxford: Oxford University Press.

Mythen, Gabe. 2013. "Ulrich Beck, Cosmopolitanism and the Individualization of Religion." *Theory, Culture and Society*, Vol.30, No.3, pp.114~127.

Riis, Ole and Linda Woodhead. 2010. *A Sociology of Religious Emotion*. Oxford: Oxford University Press.

Roberts, Keith A. and David Yamane. 2012. *Religion in Sociological Perspective*. Fifth Edition. Los Angeles, London, New Delhi, Singapore and Washington DC: Sage Publications.

Simmel, Georg. 1950. *The Sociology of Georg Simmel.* edited and translated by Kurt H. Wolff. New York and London: The Free Press.

_____. 1997. *Georg Simmel-Essays on Religion.* edited and translated by Horst Jürgen Helle/Ludwig Nieder. New Haven and London: Yale University Press.

Sörbom, Adrienne and Magnus Wennerhag. 2011. "Individualization, Life Politics, and the Reformulation of Social Critique: An Analysis of the Global Justice Movement." *Critical Sociology*, Vol.39, No.3, pp.453~478.

Speck, Simon. 2012. "Ulrich Beck's 'Reflecting Faith': Individualization, Religion and the Desecularization of Reflexive Modernity." *Sociology*, Vol.47, No.1, pp.157~172.

Tönnies, Ferdinand. 1957. *Community and Society(Gemeinschaft und Gesellschaft).* New York, Evanston and London: Harper & Row, Publishers.

Vandenberghe, Frédéric. 2010. "Immanent transcendence in Georg Simmel's sociology of religion." *Journal of Classical Sociology*, Vol.10, No.1, pp.5~32.

Wilke, Annette. 2013. "Individualisation of Religion." *International Social Science Journal*, Vol.64, Issues 213/214, pp.263~277.

찾아보기

알리는 글

이 책에 실린 글들 중 일부는 다른 지면을 통해 이미 발표된 바 있다. 이 글들은 이 책의 편제에 맞게 일부 수정되어 재수록되었다. 원래 글의 저자, 제목, 발표지면은 다음과 같다.

제1장 박형신. 2021. 「혼술의 감정 동학: 탈사회 시대의 하나의 취향?」. ≪감성연구≫ 제23집, 65~104쪽.

제3장 정수남. 2022. 「탈사회적 로맨스와 친밀한 시지프스: 플랫폼 짝짓기의 논리와 역설」. ≪사회와이론≫, 통권 제41집, 119~163쪽.

제5장 김영선. 2020. 「플랫폼 자본주의 시대의 노동자상」. ≪IDI 도시연구≫, 제18호, 117~146쪽.

제6장 김남옥. 2022. 「탈사회적(Postsocial) 전환과 예술: 인공지능 예술을 중심으로」. ≪사회와이론≫, 통권 제42집, 41~86쪽.

제8장 하홍규. 2021. 「탈사회적 사회의 종교: 자기만의 신, 신으로서의 개인」. ≪현상과인식≫, 제45권 3호, 71~96쪽.

지은이

김문조

조지아대학교에서 사회학 박사학위를 취득하고, 고려대학교 사회학과 교수를 역임했다. 현재는 동 대학 명예교수로 재임 중이다. 관심 분야는 현대사회사상, 사회불평등론, 문화사회학, 기술사회학 및 미래연구이며, 저서로『과학기술과 한국사회의 미래』, 『한국사회의 양극화』, 『융합문명론』, 『한국사회통합론』, *IT and the Shaping of New Social Order* 등이 있다.

박형신

고려대학교 대학원 사회학과에서 박사학위를 취득하고, 현재 연세대학교 사회발전연구소 연구교수로 일하고 있다. 사회이론, 감정사회학, 음식과 먹기의 사회학 분야의 연구에 집중한다. 저서로『정치위기의 사회학』, 『에바 일루즈』, 『감정은 사회를 어떻게 움직이는가』(공저) 등이 있다.

김봉석

성균관대학교 대학원 사회학과에서 박사학위를 취득하고, 현재 성균관대학교 사회학과 초빙교수로 재직 중이다. 주요 연구 분야는 번역사회학이다. 『현대사회이론의 모든 것』(공역), 『사회에 대해 말하기』(공역) 등을 번역했고, 「한국사회학에 대한 번역사회학적 연구 시론」 등의 논문을 발표했다.

정수남

한국학중앙연구원 한국학대학원에서 박사학위를 취득하고, 현재 전남대학교 사회학과 교수로 있다. 주요 연구 분야는 감정사회학, 문화사회학이다. 주요 저서로는『감정은 사회를 어떻게 움직이는가』(공저), 『사회적 경제의 거듭남을 위하여』(공저), 『향수 속의 한국사회』(공저) 등이 있다.

김주환

조지아주립대학교 사회학과에서 박사학위를 취득하고, 현재 동아대학교 기초교양대학 교수로 있다. 주요 연구 분야는 고전 및 현대 사회이론이다. 저서로는 『포획된 저항』이 있고, 「선물 교환에서 물신과 주술 그리고 적대와 사회적인 것의 문제」 등 다수의 논문을 발표했다.

김영선

고려대학교 대학원 사회학과에서 박사학위를 받았다. 현재 한국연구재단 인문사회 학술연구교수로 있으며, 노동시간센터에서 연구위원으로 활동하고 있다. 노동시간, 여가 문화, 과로사/과로자살을 연구한다. 저서로는 『존버씨의 죽음』, 『과로 사회』, 『정상 인간』 등이 있다.

김남옥

고려대학교 대학원 사회학과에서 박사학위를 취득하고, 고려대학교 강사로 일하고 있다. 주요 연구 분야는 문화사회학과 기술사회학이다. 저서로 『마누엘 카스텔』, 『향수 속의 한국사회』(공저), 『우리는 어떤 사회에 살고 있는가』(공저), 『불안한 사냥꾼의 사회』(공저) 등이 있다.

권오헌

고려대학교 대학원 사회학과에서 박사학위를 취득하고, 현재 고려대학교 강사로 있다. 주요 연구 분야는 사회사, 문화사회학, 일상생활의 사회학 등이다. 『낭만적 유토피아 소비하기』(공역), 『셀러브리티』(공역) 등을 번역했고, 「낭만적 사랑의 기념문화와 친밀성의 상업화」 등의 논문을 발표했다.

하홍규

보스턴대학교 사회학과에서 박사학위를 취득하고, 현재 숙명여자대학교 인문학연구소에서 HK연구교수로 재직 중이다. 주요 연구 분야는 사회이론, 문화사회학, 감정사회학이다. 저서로 『피터 버거』, 『감정의 세계, 정치』(공저), 『현대사회학이론: 패러다임적 구도와 전환』(공저) 등이 있다.

나비사회연구총서 01
한울아카데미 2400

탈사회의 사회학

ⓒ 김문조·박형신·김봉석·정수남·김주환·김영선·김남옥·권오헌·하홍규

지은이 김문조·박형신·김봉석·정수남·김주환·김영선·김남옥·권오헌·하홍규
펴낸이 김종수
펴낸곳 한울엠플러스(주)
편집 신순남

초판 1쇄 인쇄 2022년 9월 7일
초판 1쇄 발행 2022년 9월 30일

주소 10881 경기도 파주시 광인사길 153 한울시소빌딩 3층
전화 031-955-0655
팩스 031-955-0656
홈페이지 www.hanulmplus.kr
등록번호 제406-2015-000143호

Printed in Korea.
ISBN 978-89-460-7400-2 93300(양장)
      978-89-460-8212-0 93300(학생판)

※ 책값은 겉표지에 표시되어 있습니다.
※ 무선제본 책을 교재로 사용하시려면 본사로 연락해 주시기 바랍니다.